中国石油流通行业发展蓝皮书

（2020—2021）

邱建凯　孙仁金　董秀成　主编

中国石油流通协会
中国石油大学（北京）经济管理学院
对外经济贸易大学“一带一路”能源贸易发展研究中心

中国经济出版社
CHINA ECONOMIC PUBLISHING HOUSE
·北 京·

图书在版编目（CIP）数据

中国石油流通行业发展蓝皮书．2020—2021／邸建凯，孙仁金，董秀成主编．--北京：中国经济出版社，2021.3

ISBN 978－7－5136－6445－5

Ⅰ．①中… Ⅱ．①邸… ②孙… ③董… Ⅲ．①石油市场－研究报告－中国－2020－2021 Ⅳ．①F426.22

中国版本图书馆 CIP 数据核字（2021）第 054322 号

责任编辑　李玄璇
责任印制　马小宾

出版发行　中国经济出版社
印 刷 者　北京富泰印刷有限责任公司
经 销 者　各地新华书店
开　　本　787mm×1092mm　1/16
印　　张　26
字　　数　450 千字
版　　次　2021 年 3 月第 1 版
印　　次　2021 年 3 月第 1 次
定　　价　198.00 元
广告经营许可证　京西工商广字第 8179 号

中国经济出版社 **网址** www.economyph.com **社址** 北京市东城区安定门外大街 58 号 **邮编** 100011
本版图书如存在印装质量问题，请与本社销售中心联系调换（联系电话：010－57512564）

《中国石油流通行业发展蓝皮书》
（2020—2021）
编 委 会

《中国石油流通行业发展蓝皮书》
（2020—2021）
审 委 会

PREFACE 前言

从全球发展来看，2020 年是极不平凡的一年。年初新冠肺炎疫情暴发，各国纷纷出台应对措施，全球航空业遭到重创，世界经济受到严重冲击，美国、欧盟、中国等主要经济体的经济增长出现分化。中国积极应对新冠肺炎疫情，采取严格有力的防控措施，取得了积极的成效。英国脱欧，区域地缘冲突热点增加，美国和伊朗冲突加剧，阿塞拜疆和亚美尼亚在纳卡地区爆发武力冲突，全球应对气候变化进程滞后，世界多极化加速，全球治理问题凸显等都增加了国际形势的复杂性。

2020 年，特朗普奉行的单边主义导致中美贸易摩擦持续，增加了中国对外贸易的不确定性；美国大选给中美关系带来更多的利益冲突，美国频频将中国公司列入出口管制“实体清单”、指令纽约证券交易所要求中国电信运营商退市等都给中国发展带来更加复杂的国际影响。世界银行发布的《全球经济展望》显示，2020 年全球经济萎缩 4.3%，其中美国国内生产总值（Gross Domestic Product ，GDP）同比下降 3.5%，2020 年美国经济衰退 3.6%；欧元区经济衰退 7.4%；日本经济在刚结束的财年中萎缩 5.3%。中国是全球唯一实现 GDP 正增长的主要经济体，按可比价格计算，比 2019 年增长 2.3%。

国际能源署（International Energy Agency，IEA）发布《世界能源展望 2020》，预计 2020 年全球能源需求同比下降 5%，全球能源投资削减 18%，全球石油、煤炭和天然气需求将分别下降 8%、7% 和 3%，清洁能源需求将增长 0.9%。自 2020 年初新冠肺炎疫情暴发以来，国际油价进入下行通道，布伦特原油由 65.20 美元/桶下跌到 56.62 美元/桶，减少 8.58 美元/桶，跌幅为3.2%。西得克萨斯中质原油（West Texas Intermediate，WTI）由58.38美元/桶跌至51.56美元/桶，减少6.82美元/桶，跌幅为11.7%。随着中国国内新冠肺炎疫情的有效控制，以及石油输出国组织（Organization of the Petroleum Exporting Countries，OPEC）及其合作伙伴（统称为OPEC+）的减产，国内油价经历了短暂的反弹。3月，OPEC+减产协议谈判破裂，俄罗斯和沙特大打价格战。沙特发表声明将大规模增产以获取更多市场份额，双方角力，意图重新回到谈判桌上，却导致油价暴跌，WTI从3月初的47美元/桶跌至月底的20美元/桶，跌幅超过36%。随着新冠肺炎疫情在全球范围内迅速蔓延，燃料需求锐减，油价仍处在下行通道。随后OPEC+达成大规模减产协议，准备于5月及6月联合减产970万桶/天。多种因素引发了历史上首次WTI交割月合约跌至-37美元/桶，创下史无前例的负油价和石油消费有史以来最大降幅。5月以后，OPEC+进入超规模减产期，叠加新冠肺炎疫情好转，燃料需求有所恢复，国际油价开始攀升，6月末达到38美元/桶。下半年，全球新冠肺炎疫情虽仍在发酵，但经济继续复苏，油价进入相对平稳的动荡时期。11月后，新冠肺炎疫苗有了重大突破，油价上行通道开启，12月初OPEC+达成减产协议，国际油价创下近8个月的高点。截至12月28日，油价在50美元/桶左右。2020年国际原油均价42美元/桶，同比下降30%，创下近十五年来最低水平，WTI均价39美元/桶，同比下降20%。

2020年，中国正处于实现“两个一百年”奋斗目标的历史交汇时期，已经实现了绝对贫困人口全部脱贫，贫困县全部“摘帽”，脱贫攻坚工作取得重大胜利。但受新冠肺炎疫情影响，纵观全年，经济整体大幅波动，增速为2.3%，全国居民消费价格指数（Consumer Price Index，CPI）上涨2.5%。武汉暴发新冠肺炎疫情并被封城后，全国各地区陆续实行交通管制，对中国经济产生影响。第一季度，GDP同比下降6.8%；第二季度，新冠肺炎疫情防控措施强力推进，国内企业加快推进复工复产，GDP同比增长3.2%，经济运行向好；第三季度，GDP同比增长4.9%；第四季度GDP同比增长达到6.5%，全年增长达到2.3%。党的十九届五中全会指出，坚持“创新、协调、绿色、开放、共享”的新发展理念，明确中国经济由高速增长转向高质量发展，推动形成以国内大循环为主体、国内国际双循环相互促进的新发展格局。在2060年实现碳中和目标的约束下，能源行业转型将在多元平衡中稳健前行。国家能源局就《中华人民共和国能源法（征求意见稿）》公开征求意见。为贯彻落实“放管服”改革，商务部等10个部门就《关于促进石油成品油流通高质量发展的意见》公开征求意见，废止了施行13年的《成品油市场管理办法》和《原油市场管理办法》，出台了《石油成品油流通行业管理工作指引》。进一步修订了市场准入负面清单，下放成品油零售经营资格审批，大幅放宽市场准入。成品油市场化进程基本完成，绿色发展成为新趋势，对推动石油流通行业进一步市场化及高质量发展产生深远影响。

“十四五”时期，将是中国炼化行业新增产能全面释放、竞争白热化时期，也是行业整合转型升级期。截至2020年底，中国炼厂共有154家，较2019年下降19.37%。2020年，中国新增炼油能力1670万吨，一次加工能力达到8.91亿吨/年，全年加工量6.7亿吨，同比增长1.40%，平均开工率76%，进口原油5.4亿吨，同比增长7.3%，成品油出口减少1000万~4500万吨，原油、成品油库存均达到历史最高位。成品油零售价格持续下调，并多次触发成品油地板价保护机制，总体呈现前跌后涨的态势。需求端，受新冠肺炎疫情和新能源汽车等替代燃料因素的叠加影响，成品油终端消费增速放缓3.61个百分点。第一季度，国有主营炼厂开工率直线下降，平均开工率达到75.06%，创历史新低，主要原因是受年初暴发的新冠肺炎疫情影响；第二季度，国有主营炼厂平均开工率恢复至77.94%；第三季度以后，国有主营炼厂开工率达到76.85%。随着“放管服”改革政策持续推进，成品油流通事中事后监管趋严。4月，浙江石油化工有限公司获得中国民用航空局颁发的航煤技术标准规定项目批准书（CTSOA），成为继恒力石化之后又一家正式进入国内民用航空燃料市场的民企。浙江石油化工有限公司（以下简称“浙江石化”）获批拥有原油进口、成品油出口两大经营权，使市场竞争持续加剧，市场化步伐继续加快。2021年，预计中国炼油产能将增加1260万吨/年至9.05亿吨/年；预计成品油产量4.1亿吨，同比增长9%；成品油净出口量将达到4900万吨。“十三五”期间，中国淘汰炼油产能1亿吨，

“十四五”期间中国将新增炼油产能1.1亿吨，淘汰炼油产能0.3亿吨，使炼油产能增加至10亿吨/年，成为世界第一大炼油国家。

2021年伊始，OPEC+产油国达成协议，多数产油国将在2月和3月保持产量不变，俄罗斯和哈萨克斯坦小幅增产，而沙特阿拉伯将自愿额外减产100万桶/天。受此影响，布伦特原油期货上涨至55美元/桶以上。据美国能源信息署（EIA）预测，2021年美国原油日产量预计减少19万桶，这将对油价上涨起到一定的推动作用。美国原油库存持续下降，美国总统拜登可能推出大规模刺激计划以推升油价。但全球各地新冠肺炎疫情出现不同程度的反复，各大洲重新实施新冠肺炎疫情遏制措施，对旅行和其他活动实施严格限制。这将削弱石油需求复苏动力，进而抑制油价上涨。在综合分析各种预测依据的基础上，笔者认为正常情况下，2021年上半年国际油价将在50~65美元/桶震荡，如果某些地缘政治风险攀升，则国际油价可能超过70美元/桶。2021年，全球油气市场具有高度不确定性，除新冠肺炎疫情因素外，英国脱欧后续影响、美国内部矛盾不断激化、美伊关系持续紧张等地缘政治因素也将产生重大影响。此外，中国继续加强“一带一路”合作，推动全球化进程，继续深化油气市场改革，这些因素对全球油气行业的影响不容忽视。预计2021年成品油出口配额将进一步向民营炼厂倾斜。成品油定价市场化已经具备充分条件，放开价格的时机也日趋成熟，辅以恰当的配套调节机制，预计2021年成品油价格有望完全放开。

2020年，中国电动汽车销量111万辆，累计保有量达到490万辆，占汽车总保有量1.75%，充电设施154万个。基于碳中和目标要求的提出，预计2021年可再生能源投资及增速将继续扩大，能效和节能新技术将继续提高与完善，新能源汽车将成为竞争“主战场”。各国都推出了停售燃油车时间表，不仅全球汽车行业发展逐步放缓，而且传统内燃机汽车市场销量与新能源汽车相比受新冠肺炎疫情影响更大，出现大幅下滑；2021年初，世界著名电动汽车制造公司的产品在中国大幅降价，带动了国内新能源汽车的消费，燃油车市场份额被蚕食，新能源汽车市场份额将进一步扩大。预计2021年随着新能源汽车规模优势的建立和成本的降低，燃油车市场份额将受到更大冲击。

《中国石油流通行业发展蓝皮书》（以下简称《蓝皮书》）是一部全面分析和研究中国石油流通行业发展现状并对趋势予以展望的行业年度报告，由中国石油流通协会、中国石油大学（北京）经济管理学院和对外经济贸易大学“一带一路”能源贸易发展研究中心合作完成，按年度向全社会公开出版发行，此《蓝皮书》已是第四年出版。《蓝皮书》共分四大部分：宏观环境及对石油流通行业的影响分析、国内外石油市场现状、石油流通行业展望和中国石油流通行业现存的主要问题。第一部分宏观环境及对石油流通行业的影响分析，主要分析国内外宏观环境对石油流通行业发展的影响，包括国际宏观环境及对世界流通行业的影响分析和国内宏观环境及对中国石油流通行业的影响分析等；第二部分国内外石油市场现状，从产业整体发展角度重点分析国内外石油流通行业发展现状，包括国际石油市场现状、中国石油流通行业现状；第三部分石油流通行业展望，从原油市场、天然气市场、成品油市场、炼油业等角度对国内外石油流通行业进行展望预测，主要包括国际石油流通展望、国内石油流通展望等；第四部分中国石油流通行业现存的主要问题，从环保、市场、法制环境等角度分析石油流通行业现存的问题。

《蓝皮书》既不是一般意义上的年鉴，也不是以大块文字和数据图表堆积为主的学术论文组合，而是以年度分析和来年展望为基本特征的行业发展报告。宏观环境及对石油流通行业影响分析、国内外石油市场现状、石油流通行业展望和中国石油流通行业现存的主要问题等四部分具有很强的相关性和互补性，各部分在编写上独立成篇，因此读者可以根据需要和兴趣分别阅读。《蓝皮书》以文字分析为主，辅以必要的数据和图表，文字描述力求言简意赅，分析和展望力求具有逻辑性、高度性、概括性和权威性，分析结论力求对相关部门和油气企业的实际工作具有指导性。

《蓝皮书》的作者主要来自中国石油流通协会、中国石油大学（北京）经济管理学院、对外经济贸易大学“一带一路”能源贸易发展研究中心、中国石油销售有限公司、中国石化销售有限公司和中化石化销售有限公司等单位，该作者团队长期从事石油流通行业的发展研究，具有国内一流和一线的行业专业基础。作者团队本着促进中国石油流通行业发展的良好愿望，除从行业发展整体上分析外，还对有关行业热点问题提出看法和观点，希望能引起社会关注和讨论。作者团队努力开展全面、系统和深入的研究，试图得出有助于读者全面了解中国石油流通行业发展的正确结论，以尽可能客观地总结行业规律、分析发展趋势为己任。《蓝皮书》具有较强的可信度、权威性和时效性，对于理论研究者和实际工作者具有一定的参考价值。

《蓝皮书》编写分工如下。

行业环境与政策：薛淑莲、郭凤、杨鑫磊、邢阳。

炼油与市场供给：马郑玮、姜宇桐、张丹、杨荔。

成品油价格与批发：刘力、毕希、陆宽玉婷、王丽婷、刘绪康、李昱良、赵丛雨、曹峰。

成品油储运与燃料油：齐明、李昊恒、冯邵一、吕沂泽、赵雨、杨济宁。

加油站建设与经营：冯晓丽、秦曼曼、孟思琦、孙桐、张月美、李慧、郭肖月、王百照、单建明、田海杰、刘红德、薛云。

独立炼厂、航煤、石油焦和国际贸易：胡东欧、胡启迪、邓春好、娜迪拉、杨济宁。

成品油市场需求：方红、于楠、弓雷雷、马宇腾、常东超、祝蒙蒙、周海波、方梦晴。

新能源汽车：于楠、陆宽玉婷、谢亮、钟化鑫、娜迪拉。

专题：加强成品油市场管理的思考（特邀中国石油流通协会暴广军）；后疫情时代中国炼油产业高质量发展路径及建议（郭凤）；中国成品油期货市场研究（刘绪康）；中国船供油市场发展特点及2021年展望（特邀中国船舶燃料有限责任公司田明）；后疫情时代加油站非油业务发展策略研究（孟思琦）；民营加油站的智慧转型路径及建议（毕希）；石油焦行业发展现状、问题及对策（特邀上海港孚能源科技集团有限公司曾伟）；中国新能源汽车整车制造上市公司成长性评价研究（弓雷雷、方红）；中国新能源汽车发展对成品油消费的影响研究（于楠、孙桐、谢亮）；中国氢燃料电池汽车发展影响因素研究（于楠、王丽婷、钟化鑫、娜迪拉）；数字化转型在成品油销售公司的实践探索（万波、庄雪涛、侯延鑫）；中国成品油销售环境演变及营销模式创新（方红、于楠、孙仁金）；碳排放达峰对中国油气流通行业的影响（马杰）。

附录：毕希、胡启迪、刘绪康。

孙仁金、董秀成、邸建凯统领《蓝皮书》框架设计，并负责组织全书编写；于楠负责稿件收集和统稿工作；孙仁金、董秀成、邸建凯负责《蓝皮书》最终统撰与核定工作；中国石油流通协会专家委员会邸建凯、孙仁金、董秀成、暴广军、肖铁岩、丁志敏、王能全、柯晓明、王旭东、刘小丽、张建才等专家进行了审定工作。特别感谢中国经济出版社李祥柱、李玄璇编辑对本书的鼎力支持。本书撰写过程中还得到了众多专家及机构的指导和帮助，在此一并致谢。由于时间仓促、编者水平有限，书中难免有疏漏之处，恳请读者批评指正。

编委会

2021 年 2 月

CONTENTS 目 录

第三篇　成品油价格与批发

第四篇　成品油储运与燃料油

第五篇　加油站建设与经营

第六篇　独立炼厂、航煤、石油焦和国际贸易

第七篇　成品油市场需求

第八篇　新能源汽车

第九篇 专 题

附 录

第一篇

行业环境与政策

2020年，新冠肺炎疫情给中国经济带来严重冲击，在中国政府一系列防疫措施和稳增长政策的作用下，中国经济受到的影响得到控制，经济稳步复苏。5月以前，从受“春运”高峰影响的客运业，到餐饮业、旅游业、家政服务业、门店式金融服务业等，都受到剧烈冲击，中国经济呈现下降趋势；5—9月逐渐复工复产，中国经济逐步接近正常水平；9月以后，全面恢复生产，中国经济稳步复苏，呈现稳步增长态势。亚洲国家最先受到新冠肺炎疫情冲击。2020年前两个季度，多数亚洲经济体为遏制新冠肺炎疫情采取的管控措施严重影响了经济发展。除印度等国家外，亚洲大多国家在6月左右新冠肺炎疫情得到初步遏制，经济逐渐复苏；随着2020年冬季来临，日本、韩国的新冠肺炎疫情出现反弹，再次给经济带来冲击。欧洲第一波新冠肺炎疫情集中暴发于3月和4月，从6月开始新冠肺炎病例新增数量趋于平缓，但9月中旬后，第二波新冠肺炎疫情又开始在欧洲各地迅速蔓延，并且来势凶猛，以英国为代表的欧洲国家采取封锁政策，对经济造成巨大冲击。以美国为代表的美洲地区，新冠肺炎疫情自3月大规模暴发以来，形势一直比较严峻。

受新冠肺炎疫情影响，2020年全球炼油能力下滑，原油实际加工量与2019年相比大幅下降，全球炼厂开工率和毛利随之大幅下降，美国炼厂开工率下降幅度最大，亚洲炼厂毛利基本为负值。北美和欧洲地区成品油数量和价格都出现大幅下滑，亚太地区在中国的推动下，成品油消费量虽实现小幅增长，但成品油价格发生剧烈波动。新冠肺炎疫情的持续流行给2020年全球石油流通行业带来了巨大的不确定性，原油价格由于受复杂的国际地缘政治影响而不断波动，同时可再生能源发展势头强劲，对全球传统的石油流通行业造成冲击。

2020年世界政治格局剧烈动荡，传统地缘政治复杂紧张，地区经济受政治影响，不确定性加大；除中国经济实现正增长外，世界经济整体受新冠肺炎疫情影响面临衰退，全球成品油需求急剧下降，中国成品油过剩进一步加剧；虽然世界大国博弈频繁导致全球石油流通行业竞争加剧，但未来区域全面经济伙伴关系协定（RCEP）等区域合作将有利于石油流通行业的发展。

2020 年，面对复杂多变的国内外形势，中国经济仍然实现了正增长，固定资产投资完成额累计增速稳步回升，投资结构持续优化升级；全国人均可支配收入实现小幅增长，消费支出总体下降，但消费意愿随季度渐强。中国成品油需求基本恢复正常，能源供给侧结构性改革持续推进，能源消费结构不断优化。2020 年，中国出台一系列石油流通行业相关政策，为能源行业改革目标去除了政策壁垒，使成品油市场化改革更进一步推进，加剧了成品油市场的竞争程度。展望 2021 年，成品油价格改革完全市场化有望落地；政策将进一步推动碳中和目标下的石油流通行业的绿色发展；在成品油出口配额增长的同时，民营成品油出口份额也将扩大；石油流通行业市场化“放管服”政策将进一步深化。

一、2020 年全球石油流通行业发展概述

新冠肺炎疫情对全球石油流通行业造成严重冲击，扰乱了 2020 年石油市场的平衡，将全球石油库存推至历史新高。与 2019 年相比，全球石油需求量大幅萎缩，石油流通行业境况十分艰难。2020 年，不同地区原油加工量增减不一，北美、欧洲和中东地区出现下降，亚洲出现小幅上升，美国、欧洲和亚洲炼油毛利波动十分频繁且降幅较大；成品油消费方面，北美地区、欧洲地区呈现下降态势，亚太地区消费量稍微上涨，增长主要来自中国；成品油价格方面，全球汽油、柴油等成品油价格都大幅下跌。

（一）2020 年全球炼油能力、开工率及毛利情况

2020 年，全球炼厂利润率面临巨大压力，石油产品供过于求，多个炼厂面临永久性关闭，全球炼油产能、炼厂开工率以及炼油毛利都出现大幅下降。

1. 多个炼厂面临永久性关闭，全球炼油产能大幅下降

新冠肺炎疫情造成的需求量骤减对炼油利润率产生挤压，2020 年全球多地多个炼厂因燃料需求大幅减少被迫暂时关闭；因产能过剩以及炼油利润持续低迷，部分石油公司旗下的小型炼厂面临永久性关闭，导致全球炼油能力下降。2020 年，因炼厂永久性关闭，对产能造成的影响约为 38.8 万桶/天；因炼厂计划关闭，造成减产约为 22.50 万桶/天；因炼厂暂时性关闭，对产能造成的影响约为 21 万桶/天，具体炼厂关闭情况如表 1 - 1 所示。根据 IEA 预测，随着新冠肺炎疫情冲击石油产品需求，预计 2020—2021 年度受永久性关闭影响的炼油产能升至约 170 万桶/天。维多

集团首席执行长 Russell Hardy 在商品贸易峰会上表示，炼化前景仍不明朗，关闭的产能可能再增加 100 万桶/天。

表 1－1　2020 年全球关闭以及计划转型的炼厂

炼厂	所属石油公司	具体情况	受影响产能/（万桶/天）	所在国家
Tabangao 炼厂	壳牌菲律宾	永久性关闭	11	菲律宾
加州马丁内斯炼厂	马拉松石油公司	永久性关闭	18.8	美国
新墨西哥州盖洛普炼厂				
Marden Point Oil Refiner 炼厂	新西兰炼油公司	永久性关闭	9	新西兰
安特卫普炼厂	贡沃集团	计划关闭	11	比利时
大阪炼厂	新日本石油公司	计划关闭	11.5	日本
Falconara 炼厂	Gruppo api SPA	暂时性关闭	8	意大利
Comeby Chance 炼厂	北大西洋炼油公司	暂时性关闭	13	加拿大
加州罗迪欧旧金山炼厂	菲利普斯 66 公司	改造（转产再生燃料）		美国
怀俄明州 Cheyenne 炼厂	Holly Frontier	转型（转产生物柴油）		美国
Grandpuits 炼厂	道达尔石油公司	转型（转产生物燃料）		法国
Landulpho Alves 炼厂	巴西国家石油公司	计划出售	32.3	巴西
马丁内斯炼厂	壳牌	出售		美国
合　计			114.6	

数据来源：公开资料整理。

2. 全球原油加工量大幅下降，亚太地区略有上升

2020 年，全球原油加工量呈现先大幅下跌后小幅上涨的态势，从第一季度的 7931 万桶/天下降至第二季度的 7027 万桶/天，第三季度上升至 7323 万桶/天，第四季度上升至 7542 万桶/天。原因主要是新冠肺炎疫情导致的市场需求量大幅下滑，原油价格暴跌，促使石油输出国组织和俄罗斯等非 OPEC 产油国同意减少石油产量，而且其他国家也减少了石油产量。2019 年和 2020 年全球原油加工量分别为 8172 万桶/天和 7456 万桶/天，2020 年全球原油加工量大幅下降，降幅为 8.76%。全球三大炼油中心主要分布于北美、欧洲和亚太地区，其中北美和欧洲地区的原油加工量走势基本与全球原油加工量走势相同，先大幅下跌后小幅上涨。在北美地区，2020 年第一、第二、第三、第四季度原油加工量分别为 1829 万桶/天、1517 万桶/天、1632 万桶/天、1637 万桶/天，全年平均为 1654 万桶/天，与 2019 年平均 1907 万桶/天相比出现大幅下降，降幅为 13.27%。美国原油加工量相较 2019 年出现大幅下降，从 2019 年的 1697 万桶/天下降至 2020 年的 1469 万桶/天，降幅为 13.44%。在欧洲地区，2020 年四个季度原

油加工量分别为：第一季度 1168 万桶/天、第二季度 1045 万桶/天、第三季度 1083 万桶/天、第四季度 1051 万桶/天。原油加工量从 2019 年的 1209 万桶/天下降至 2020 年的 1087 万桶/天，降幅为 10.09%。在亚洲地区，2020 年原油加工量略有上升，从第一季度的 2399 万桶/天上升至第四季度的 2472 万桶/天。从 2019 年的 2375 万桶/天上升至 2020 年的 2413 万桶/天，增幅为 1.6%。亚太地区的中国和印度原油加工量增减正好相反，中国从 2019 年前三季度的 1247 万桶/天增至 2020 年同期的 1318 万桶/天，印度从 501 万桶/天下降至 429 万桶/天。2020 年，中东地区四个季度原油加工量分别为：第一季度 630 万桶/天、第二季度 590 万桶/天、第三季度 561 万桶/天、第四季度 638 万桶/天，呈现先下降后上升的趋势，如表 1－2 所示。

表 1－2　2020 年世界各地区原油加工量　　单位：万桶/天

时间	世界原油加工量	北美地区原油加工量	欧洲原油加工量	亚洲原油加工量	中东地区原油加工量
第一季度	7931	1829	1168	2399	630
第二季度	7027	1517	1045	2327	590
第三季度	7323	1632	1083	2457	561
第四季度	7542	1637	1051	2472	638

数据来源：2020 年石油输出国组织（OPEC）年度报告。

3. 全球炼厂开工率大幅下降，美国炼厂开工率下降幅度最大

在世界经济下行压力增大、石油需求增长放缓的形势下，2020 年全球炼厂开工率都出现了不同程度的下降，其中北美地区和欧洲地区炼厂开工率呈现断崖式下滑，亚洲地区炼厂加工率虽然出现上升，但是幅度相对较小，平均开工率排在三大炼油中心首位（见图 1－1）。

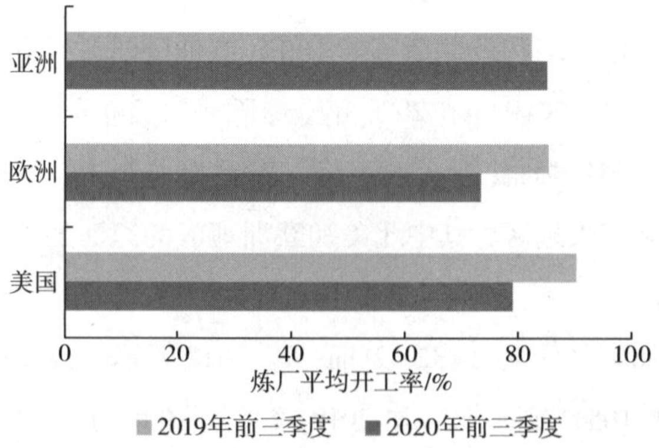

图 1－1　2019 年前三季度和 2020 年前三季度不同地区炼厂平均开工率

数据来源：公开资料整理。

2020 年，美国炼厂开工率波动十分明显，总体呈现先大幅下降后小幅上升的趋势。2020 年 1—4 月，因为受到新冠肺炎疫情的严重影响，美国炼油厂开工率出现断崖式下滑，从 1 月的 90% 下降至 4 月的 69.9%，下降 20.1 个百分点，不过随着美国各州在 4 月中旬以后陆续宣布复产复工计划，炼厂开工率逐步回升，从 5 月的 70.3% 升至 8 月的 80%，但由于 9 月和 10 月新冠肺炎疫情加重，炼厂开工率又小幅回落至 10 月的 71.03%。美国炼厂 1 月开工率最高，为 90%，4 月最低，为 69.9%，前三季度平均开工率为 79.09%，较 2019 年前三季度的 90.95% 下降 11.86 个百分点。

以法国、德国、意大利和英国为主的欧洲炼厂开工率连续下滑，从 2020 年 1 月的 81.52% 降至 4 月的 67%，下降 14.52 个百分点；受跨大西洋套利激励的出口支持，炼厂开工率从 5 月开始小幅回升，但上升幅度远小于下降幅度，从 5 月的 68.16% 上升至 8 月的 74.76%；欧洲炼厂开工率在 9 月和 10 月受汽油缺口价差上升趋势的影响，出现下降，降至 10 月的 71.8%。欧洲炼厂 1 月开工率最高，为 81.52%，4 月最低，为 67%，2020 年前三季度平均开工率为 73.5%，较 2019 年前三季度的 85.22% 下降 11.72 个百分点。

亚洲炼厂主要由中国、日本和新加坡三大炼油中心组成。2020 年 1—5 月，为防止新冠肺炎疫情的进一步扩散，亚洲各国政府采取的预防措施影响到各部门的生产活动，使亚洲炼厂开工率从 1 月的 91.62% 下降至 5 月的 79.57%；随着 6—9 月亚洲地区新冠肺炎疫情有所缓解，各国积极复工复产，炼油开工率逐渐上升至 9 月的 86.12%。亚洲炼厂 1 月开工率最高，为 91.62%，5 月最低，为 79.57%，2020 年前三季度平均开工率为 85.02%，较 2019 年前三季度的 82.4% 上升 2.62 个百分点。

4. 全球炼油毛利大幅下降，亚洲炼厂毛利基本为负

受新冠肺炎疫情影响，2020 年全球炼厂毛利大幅下降。美国航空运输业受新冠肺炎疫情的影响较为严重，毛利下降了一半左右；亚洲炼厂毛利下降幅度最大，1—10 月炼厂毛利基本都是负值。

在新冠肺炎疫情冲击下，美国国内航空运输中断，喷气燃料市场持续低迷，同时炼厂产量增加，导致燃油市场疲软，限制了炼油经济的上行。2020 年 1—10 月美国炼厂毛利在波动中下降，以 WTI 计价的美国炼厂毛利从 1 月的 12.47 美元/桶大

幅下降到10月的5.86美元/桶。2020年前三季度美国炼厂平均毛利为8.30美元/桶，与2019年同期的16.80美元/桶相比下降了一半多，降幅为50.60%。

欧洲地区受新冠肺炎疫情的冲击比较严重，加之炼厂对当地燃料需求量复苏的过度乐观，加剧了该地区的产品过剩。由于需求量复苏步伐缓慢，成品油产量完全超过了需求量复苏产生的支撑，因此以欧洲布伦特计价的欧洲炼厂毛利从1月的4.96美元/桶下降至8月的0.19美元/桶。不过，9月和10月由于汽油和燃料油板块的积极表现，减轻了欧洲炼油商的一些压力，欧洲炼厂的利润出现小幅增长，增至10月的1.90美元/桶。2020年前三季度欧洲炼厂平均毛利为2.50美元/桶，比2019年同期的5.74美元/桶下降56.44%，下降幅度超过美国。

受产品需求放缓影响，原油价格全线走软，加之需求方——运输燃料市场的预期表现不佳，市场负面情绪增加，亚洲炼厂毛利较2019年同期出现大幅下降，毛利基本都是负值。2019年前三季度亚洲炼厂平均毛利为4.89美元/桶，2020年同期为-0.32美元/桶，降幅为106.54%，炼厂毛利从1月的-0.88美元/桶下降至7月的-1.26美元/桶；8—10月，受汽油库存水平增长放缓以及燃料油需求回升的支撑，亚洲炼厂毛利小幅上升至10月的1.16美元/桶。

（二）2020年全球成品油消费量及价格

2020年，各行各业受新冠肺炎疫情影响国际需求骤减，根据石油输出国组织（OPEC）发布的数据，全球成品油消费量总体呈现下降态势，成品油价格出现大幅下滑。

1. 北美地区成品油量价齐跌，价格降幅超过40%

2020年，北美地区成品油消费量呈现先下降后上升的趋势。以美国为主的北美地区成品油消费量受新冠肺炎疫情影响大幅下滑，从第一季度的2444万桶/天降至第二季度的1927万桶/天。随着北美地区经济复苏，第三季度成品油消费量逐步回升至2347万桶/天。对比2019年前三季度的成品油消费量2522万桶/天、2538万桶/天、2603万桶/天，2020年前三季度成品油消费量大幅下降，降幅分别为3.09%、18.27%、9.83%。2020年前三季度北美地区成品油消费仍旧以汽油、柴油、液化石油气和煤油为主，消费量分别为798万桶/天、371万桶/天、110万桶/天和289万桶/天。

价格方面，2020年1—10月北美地区各类成品油价格较2019年出现大幅下降，北美地区柴油从2019年的79.01美元/桶下降到2020年的43.88美元/桶，降幅为44.46%；汽油从74.55美元/桶下降到46.99美元/桶，降幅为36.53%；液化石油气从80.14美元/桶下降到45.89美元/桶，降幅为42.74%；煤油从79.27美元/桶下降到45.79美元/桶，降幅为42.24%。

2. 欧洲地区成品油消费大幅下滑，价格降幅超过1/3

2020年，欧洲地区成品油消费量呈现先下降后小幅上升的态势。以德国、法国、意大利和英国为主的欧洲地区成品油消费量从第一季度的1330万桶/天下降至第二季度的1019万桶/天，在美国原油库存整体下滑、新冠肺炎疫苗研制进度预估乐观、OPEC+减产执行度较高等多重因素的影响下，第三季度欧洲地区成品油消费量小幅上升至1289万桶/天。对比2019年前三季度的成品油消费量1399万桶/天、1423万桶/天和1468万桶/天，2020年前三季度欧洲地区成品油消费量出现大幅下降，降幅分别为5.15%、28.39%和12.19%。2020年前三季度欧洲地区成品油消费以柴油、汽油为主，消费量分别为290万桶/天、91万桶/天。

价格方面，相比2019年煤油价格80.22美元/桶和汽油价格79.42美元/桶，2020年1—10月煤油和汽油的价格呈现下降态势，分别为44.83美元/桶和51.06美元/桶，下降幅度分别为44.11%和35.71%。

3. 亚太地区成品油消费量小幅增长，价格剧烈波动

2020年，亚太地区成品油消费量呈现小幅上升的趋势，增长主要来自中国。中国成品油消费量从2020年第一季度的1027万桶/天增至第二季度的1255万桶/天，随后第三季度受到国内天气炎热、外出旅行人数增多、开学季等因素的影响，国内成品油需求表现较好，成品油消费量继续上升至1337万桶/天。虽然2020年前三季度成品油消费量递增，但是由于第一季度和第二季度受新冠肺炎疫情影响严重，与2019年前两个季度的成品油消费量1263万桶/天、1319万桶/天相比，还是出现大幅下降，下降幅度分别为18.68%、4.85%；与2019年第三季度的1298万桶/天相比，2020年第三季度成品油消费量上涨了3%。2020年，印度前三季度成品油消费量出现下降，从第一季度的474万桶/天下降至第三季度的355万桶/天。

价格方面，中国煤油和汽油的价格呈现剧烈波动态势。2020年前两个季度，煤油和汽油价格出现大幅下降，分别从1月的75.34美元/桶和76.30美元/桶下降至6月的42.75美元/桶和45.21美元/桶，下降幅度分别为45.36%和39.24%；从第三

季度开始，中国煤油和汽油价格在波动中逐渐上升，11 月煤油和汽油价格分别为 45.51 美元/桶和 47.35 美元/桶。

（三）2020 年影响全球石油流通行业发展的主要因素

新冠肺炎疫情持续冲击国际石油市场供给侧和需求侧，2020 年部分国家地缘政治博弈趋势明显，美国与中俄博弈更加激烈，同时全球坚持深化低碳经济发展，可再生能源发展势头强劲，这些都从不同方面影响了全球石油流通行业的平稳发展。

1. 新冠肺炎疫情持续流行，增大全球石油流通行业不确定性

新冠肺炎疫情对国际石油市场的各种因素均造成了一定冲击，包括对供给侧、国际油价的冲击，以及对国际石油市场需求侧的冲击，影响了全球石油流通行业的平稳发展。

第一，新冠肺炎疫情冲击国际石油市场供给侧，影响全球石油流通行业的平稳发展。一方面，疫情扰乱了 OPEC + 的减产计划，可能引起全球金融市场的短期震荡。美国页岩油持续增产使国际石油价格持续承压，为提振油价，OPEC + 于 2018 年底开始实施减产计划，最新的减产计划于 2020 年 3 月底到期。然而，减产协议对石油价格的支撑作用十分有限，而且新冠肺炎疫情进一步加剧了国际油价的下降趋势。针对新冠肺炎疫情对全球石油需求造成的负面冲击，2020 年 3 月 6 日 OPEC + 召开了协商会议，对扩大减产规模及延长减产期限的可能性进行了讨论，但由于俄罗斯的反对最终未达成协议。随后，沙特针对俄罗斯启动了石油“价格战”，宣布大幅下调原油价格并提高产量，从而使国际油价于 3 月 9 日创下自 1991 年海湾战争以来的单日最大跌幅，进而在全球股票和债券等金融市场掀起巨澜。另一方面，新冠肺炎疫情在中东地区产油国大规模暴发，对石油市场供给侧产生巨大冲击，中东地区的政治及社会矛盾也可能在新冠肺炎疫情扩散过程中持续激化，造成石油供给大幅减少甚至有中断供给的风险，极端情况下甚至可能演变为新一轮的石油危机。

第二，新冠肺炎疫情对国际石油市场需求侧的风险冲击影响全球石油流通行业的平稳发展。2020 年暴发的新冠肺炎疫情严重削弱了市场对石油的需求预期，为应对新冠肺炎疫情，在境内，企业延迟复工，且因实行交通管制政策，造成成品油需求锐减；在境外，新冠肺炎疫情的扩大抑制了全球石油需求的增长，各国采取不同程度的封闭隔离措施，对各国的经济活动造成不同程度的阻断。例如，日本、韩国及意大利等新冠肺炎疫情较为严重的国家由于在全球供应链中处于重要地位，因此

都受到不同程度的冲击。随着欧美地区二次新冠肺炎疫情的到来，市场需求下滑，原油生产方难以有效平衡市场。在原油需求放缓的大背景下，短期内油价缺乏进一步上行的动力，将维持区间震荡行情，从而导致全球石油流通行业发展出现震荡。

2. 国际地缘政治环境趋于复杂，石油价格体系波动不断

石油是一种战略资源，而且消费与供给严重不对称，在供给向消费转移的整个链条上，任何一个环节出现问题都会导致油价短期内波动，其中重大地缘事件对油价波动的影响非常显著。2020 年大国地缘政治博弈趋势明显，美国与中俄博弈更加激烈。

第一，美国针对中国崛起推进“印太战略”，搅局南海问题，插手中国香港事务，干预中国台湾政治，破坏中国新疆维吾尔自治区和西藏自治区的社会稳定，向印度洋地区增派兵力，拉拢中国周边国家形成“抗中同盟”。第二，在中东地区，阿拉伯国家与以色列冲突，伊朗核问题，叙利亚、也门和利比亚战乱不止，土耳其插手叙利亚和利比亚事务，俄罗斯直接介入中东事务，拉近与沙特、埃及等国关系。第三，美国对部分产油国实施经济制裁的力度有加大趋势。2020 年 10 月 26 日，美国针对伊朗发起新一轮制裁，此次制裁主要针对伊朗的石油化工部门，包括石油部长、国家石油公司、国家油轮公司等在内的多名伊朗人员及多个机构均被美国列入制裁名单。在美国的经济制裁下，伊朗基本上被挤出了国际原油市场。第四，新冠肺炎疫情可能通过影响地缘政治格局导致石油价格体系不稳定。在新冠肺炎疫情影响下，中东地区的石油生产及运输蒙上阴影，霍尔木兹海峡的相对战略地位在短期内下降，从而导致各方更加聚焦马六甲海峡。新冠肺炎疫情可能助推美国改变其在中东地区的战略布局，俄罗斯可能扩大其石油市场份额。在此前 OPEC + 协商会议中，俄罗斯并未同意进一步的减产计划，其原因在于俄罗斯的原油出口比重较低，一定程度的油价下跌并不会对俄罗斯的外汇储备和汇率造成较大冲击，所以其更偏好以牺牲油价换取市场份额。上述因素皆对石油价格体系造成冲击。

3. 可再生能源发展势头强劲，冲击全球传统石油流通行业

在全球应对气候变化和环境治理情况下，能源转型趋势必将加快，核心是能源结构的优化和调整，非化石能源必将逐步成为主体能源，石油替代难以避免，清洁能源增长迅速，石油在一次能源中的比重将逐步下降，能源消费结构进一步向清洁化、低碳化加速转变，煤炭消费比重下降，天然气和可再生能源消费比重上升。与

此同时，世界各国强化节能和经济结构调整，能源利用效率明显提升，包括太阳能、生物质发电、陆上风电等在内的清洁能源成本降低，不断抑制石油消费增长。另外，随着技术进步和储能容量的不断增加，清洁能源的整体竞争力将进一步增强，不断对全球石油流通行业发起冲击。

2020 年全球能源需求下降 5%，可再生能源需求领先反弹，需求总体增长 1%。可再生能源发电量比 2019 年增加 4%，而其他类型能源发电量都比 2019 年有所下降。在中国和美国的推动下，2020 年全球可再生能源净装机容量将增长近 4%，近 200 吉瓦。风电和水力发电的增加使 2020 年全球可再生能源发电量增长创下新纪录，占全球总发电量增长近 90%。太阳能发电增长预计将保持稳定。在中国和美国，风能和太阳能发电的增加量都将增长 30%。2020 年 1—10 月，拍卖的可再生能源产能比 2019 年同期增长 15%，创下新纪录。印度预计将成为 2021 年可再生能源增长的最大贡献者；在欧盟，预计 2021 年新增产能将大幅增加，主要因为法国和德国以前拍卖的公用事业规模太阳能和风能项目上线。在未来 5 年内，可再生能源所占的份额预计基本保持不变，预计 2025 年全球可再生能源热消耗量将比 2019 年高 20%。另外，随着技术进步和储能容量的不断增加，部分国家可再生能源在发电领域已具备无补贴条件下的市场竞争能力。荷兰、挪威、德国、法国等国家陆续推出全面禁售燃油车的时间表，中国也提出研究禁售时间表问题。禁售政策向社会释放出强烈的信号：大大鼓励电动车生产，促进汽车行业转型。显然，各国的多种举措抑制了石油流通行业的发展。

二、2020 年国际宏观环境及对中国石油流通行业的影响

2020 年，国际宏观环境继续延续着对抗与合作，政治、经济领域的逆全球化、单边主义在本年度达到高峰，受新冠肺炎疫情影响，经济有一定程度的衰退，深层次的矛盾不断增加和浮现，世界宏观环境深刻影响着中国石油流通行业的发展和布局。

（一）2020 年国际政治环境分析

2020 年，全球新型冠状病毒感染人数已经超过 8500 万人，检出阳性率最多的国家依次为美国、印度、巴西。世界各国依据各自的政治、经济状况，采取不同的

措施应对新冠肺炎疫情的影响。中国的新冠肺炎疫情基本得到控制，不过依然受到国外危险源输入的影响，处于“动态清零”状态。为有效应对新冠肺炎疫情，中国采取严格的入境人员检验和隔离政策，对有新出现病例区域施行大规模核酸检测和网格化管理，做到“精准施策、科学防控”，但受到气候和经贸关系的影响，国际跨境物流给中国防疫带来重大挑战。其他亚洲国家如韩国、日本等经历了第二波，甚至第三波新冠肺炎疫情影响，形势非常严峻，已经重新采取更加严格的管控措施。欧洲各国新冠肺炎疫情进入秋冬暴发季后，部分国家重新实行严格的社交隔离政策和经济活动限制政策。美国、巴西、印度等国新冠肺炎疫情防控措施已经无效，其国内政治形势受政治体制和新冠肺炎疫情交叉影响。受经济形势、国内政治状况和传统地缘政治关系的影响，中美在多个领域持续竞争，美国经历大选，特朗普已经失去连任机会，拜登成为新的总统，美国的对内、对外政策即将发生变化；英国“硬”脱欧已经达成；东非地区埃塞俄比亚国内政治不稳定、地方与中央政府之间的矛盾已经引起武装对抗；西亚外高加索地区亚美尼亚和阿塞拜疆因纳卡地区领土归属问题爆发冲突，土耳其深度卷入利比亚、叙利亚和亚阿冲突之中。中国主导的RCEP已经正式签署，部分国家逆全球化得到一定遏制，有利于全球的局势稳定和经济发展。

1. 政治格局剧烈变化，深刻影响全球政治生态

2020年，国际政治格局发生了巨大的变化，美国对中国的遏制举措仍在继续，欧洲国家政治情况复杂，政治变动深刻影响着全球的政治生态，通过对世界经济的冲击影响着石油流通行业。

（1）美国继续遏制中国发展。

2020年，在经济领域，美国继续泛化国家安全的概念，继续限制中国企业发展。美国政府先后将3个批次、总计35家中国企业列入实体制裁清单；在外交领域，美国政府频繁利用台湾问题挑战中国的底线，在中国东海和南海使用军机和战舰显示其存在性，在全球范围内打压、限制中国企业的经营活动。

2020年是美国大选年，民主党候选人拜登赢得大选，成为下一任总统。综合分析，拜登对内、对外政策将发生变化。首先，单边的经济和贸易政策将要改变，政治上多边合作和有效沟通机制也会发生作用，军事冒险主义和政治投机将受到一定抑制。其次，特朗普政府对国内炼油行业大力扶持，加速油气产业的发展，随着带

有环保属性的美国民主党上台执政，美国油气产业将不可避免受到抑制，中美双方在国际成品油市场话语权的竞争将会一直持续下去。但无论美国领导人如何变化，中美在经济和科技领域内的相互竞争是不可避免的。

（2）欧洲国家情况复杂。

欧洲各国对美国态度复杂，《巴黎协定》对碳排放的限制影响着欧洲成品油的消费量。2017 年之前欧洲与美国之间因共同的价值取向，在处理国际事务时往往能够保持一致的立场。但如今的美国政府奉行“美国第一”的对外政策，使欧洲国家与美国的分歧越来越大，外界纷纷寄希望于拜登上台后改善与欧洲之间的经贸关系，恢复跨大西洋伙伴关系。以法国为代表的欧洲国家希望在改善与美国关系的同时，可以获得在政治、经济和军事上的完全独立，成为多极世界的一支力量。以德国为代表的欧洲国家，希望经济上可以独立自主，能源安全上完全可控，能够加强与俄罗斯的能源合作并推动“北溪二号”项目的顺利进行，但在国家安全上则要依赖美国武装力量的保护。英国在 2020 年底已经正式完成脱欧，英国国内各地方政体却有不同的政治经济诉求：苏格兰寻求脱离英国重新加入欧盟，北爱尔兰地区想与爱尔兰合并加入欧盟，威尔士地区虽正处于观望状态，但分离迹象也时有显现。英国首相约翰逊是利用英国脱欧、国内单边主义和逆全球化势力占优的机会上台的，其执政方针和个人风格与美国总统特朗普非常接近，而拜登对英国脱欧是持否定态度的，英美之间的政策走向尚需要进一步观察。以波兰、波罗的海三国为代表的新欧洲国家在政治和军事上完全依赖美国，在对待俄罗斯的问题上一直非常激进，是美国在欧洲的代言人，而且欧盟的能源政策并没有给它们带来实质性的经济利益。

对全球炼化产业来说，欧洲地区既是重要的成品油产地，也是世界成品油载体——汽车和飞机制造重要的生产基地，更是重要的消费市场，但欧洲复杂的政治生态会严重影响全球炼油产业布局和成品油消费。欧洲部分国家环保意识强烈，首先建立了欧洲碳排放交易体系，以确保 2020 年温室气体排放比 1990 年至少低 20%，从而不断提高油品质量标准和汽车尾气排放标准，进一步颁布法律限制甚至取缔燃料油汽车，对炼化这种高耗能、潜在高污染的行业进行压制，这一系列政策都对国际成品油价格、供需和流通造成影响；一些欧洲国家国内极右翼势力不断抬头，对环保理念始终持否定的态度，为促进经济扶持炼化产业发展，产业政策上反对《巴黎协定》。“二战”之后，欧洲虽然经过 75 年的发展，但依然无法发出统一的声音，政策的不一致必然会影响国际炼化产业的发展前景。

综上所述，2020 年世界政治格局急剧变化，中美之间的竞争会一直存在；根据民主党长期奉行的对俄政策，俄美之间的对抗也会因民主党的上台而不断激化。未来的美国政府将继续面临抗疫不力、种族主义矛盾加深和回归国际旧有秩序不易的困难，一系列政策调整必然会对现有国际关系和国际经贸关系产生影响。世界上大部分国家的新冠肺炎疫情无法做到有效控制，与政治和经济问题叠加，必然导致部分国家的生存环境持续艰难。

2. 传统地缘政治复杂、紧张，加剧世界政治形势变化

除美欧政局变化外，传统地缘政治情况仍十分复杂，具体表现为伊朗局势持续紧张，叙利亚地区局势进入新的博弈期，南亚和西南亚地区局势动荡，中印之间存在冲突，非洲地区冲突加剧，南美地区新冠肺炎疫情失控。此外，朝鲜半岛局势缓和，海湾地区新冠肺炎疫情缓解，给世界政治局势带来了一定的缓解。

（1）伊朗局势持续紧张。

2020 年 1 月，伊朗革命卫队指挥官苏莱曼尼在伊拉克巴格达国际机场附近遭遇美国和以色列联合暗杀，伊朗表示要展开报复，中东紧张局势开始加剧。2020 年 10 月，伊朗首席核科学家穆赫辛·法赫里扎德在德黑兰附近遭遇以色列摩萨德的暗杀，伊朗最高领袖哈梅内伊表示将采取报复行动。尽管伊朗领导人一再威胁进行报复，但是他们并没有与美国公开冲突，伊朗政界和军事机构也没有表现出任何即将采取行动的迹象。无论伊朗做出何种反应，这起暗杀事件都会让拜登的任职计划复杂化，很可能影响拜登与伊朗的外交行动，削弱他重启伊朗核协议的努力。

伊朗处于世界原油的核心产区，占据石油外输重要通道——霍尔木兹海峡，是世界石油流通行业中重要的能源供应国，其与美国和以色列的关系深刻影响着世界原油供需平衡和运输安全。

伊朗一直以来炼化能力比较低下，无法满足国内成品油高速增长的需求，时常需要大量进口以弥补国内产能的不足。截至 2020 年 10 月底，伊朗炼化产品产量同比增长 8%，计划 2022 财年实现 1 亿吨/年的炼化产能，到 2025 财年实现 1.33 亿吨/年的炼化产能。伊朗国内两大炼厂正在积极出口经过加工的、具有高附加值的超清油，以实现绕开制裁、开拓市场、赚取利润的目的。

（2）叙利亚地区局势进入新的博弈期。

2020 年第一季度、第二季度，叙利亚政府军在俄罗斯的帮助下进军叙利亚西北部地区，继续压缩和消灭反对派武装和其他恐怖组织力量。与此同时，以色列加大了对疑似伊朗在叙军事目标进行军事打击的力度，叙利亚政府则指责以色列战斗机使用民用飞机作为掩护，突破叙利亚的防空系统，侵犯他国主权、制造地区混乱。土耳其政府也时常以打击恐怖分子为借口，频繁袭击叙利亚北部地区。受新冠肺炎疫情导致的经济停滞、邻国黎巴嫩金融危机、长年遭受外部制裁等多重因素的影响，叙利亚经济自 2020 年 4 月以来出现持续恶化迹象，货币大幅贬值，物价急速上涨。2020 年 6 月，美国对叙利亚实施新一轮制裁，新的制裁措施将会使叙利亚经济更加艰难。

2020 年第三季度、第四季度，叙利亚局势总体趋于平缓，但叙利亚依然没有取得统一，依然有代表外国势力的武装力量在其国土上存在。在现有的国际局势下俄罗斯无法与土耳其公开直接对抗，但协助叙利亚实现国家统一、维护自身在地中海地区的利益是俄罗斯的重要战略目标，并且不会轻易改变。土耳其作为一个地区大国，一直有谋求中东地区领导权的决心并深度介入利比亚内战、叙利亚内战和亚阿冲突。俄土之间的最终目标是有很大出入的，而美国经过换届之后预测会进一步介入叙利亚内战，叙利亚的局势充满不确定性。

叙利亚地区形势进入新的博弈期，多方势力和利益紧密交叠在一起导致冲突不断，叙利亚实现国家统一和最终和平将会遇到非常大的困难。叙利亚位于地中海沿岸，是中东地区的十字路口，靠近海湾区域核心产油区，该地区局势的稳定有利于中东地区生产的稳定和运输的安全。

（3）南亚地区局势以中印冲突为主。

2020 年前两季度印度先后与巴基斯坦、尼泊尔和中国发生激烈的边境冲突。印度与巴基斯坦因克什米尔地区历史遗留问题频繁交火，互有伤亡。印度方面长期执行地区霸权主义政策，不断打压、侵蚀尼泊尔的核心利益，威胁尼泊尔的主权和领土完整。2020 年 5 月和 6 月，印度一线边防部队违背中印双方达成的共识，多次越过实控线向中国方面挑衅，印度大规模向边境地区增兵，中印边境地区局势越发严峻。印巴克什米尔地区的冲突一直断断续续持续到 2020 年 11 月，给中国边境地区带来巨大的安全压力，对中巴经济走廊构成一定的威胁。

印度经济受新冠肺炎疫情的冲击，经济发展已经进入衰退阶段，印度本身缺乏优良、充足的医疗资源，新冠肺炎疫情已经完全失控，社会内部印度教徒和穆斯林的社会矛盾长期存在，而印度总理莫迪为赢得选举、不断制造话题、转嫁矛盾，通过挑起边境纠纷来迎合印度国内的激进民族主义势力和民粹主义势力。印度已经成为南亚次大陆最不稳定因素，“无事生非”的行事特点必然会加剧与中国等周边国家的紧张局势，威胁中巴经济走廊和“一带一路”沿线经济建设。

印度的炼化产能位于世界第四位，2020 年新冠肺炎疫情和印度经济衰退的合并作用使印度的炼化产能和消费能力受到限制，印度经济下行、需求低迷影响全球成品油的价格和供求关系。

（4）西亚地区冲突不断，影响油气运输安全。

2020 年 1 月 3 日，美国发动突袭导致伊拉克人民动员组织领导人阿布·迈赫迪·穆罕迪斯与伊朗伊斯兰 GM 卫队领导人卡西姆·苏莱马尼在空袭中身亡，注定了西亚地区灰犀牛事件的爆发。西亚地区的冲突离不开被称为“黑色金子”的原油。历次西亚地区的冲突都会引发原油市场的大幅波动，西亚地缘政治冲突问题会对原油市场产生两个方面的影响：一是对从西亚地区进口的化工品产生影响，二是原油价格上涨带来原料成本增加。

西亚地区仍是全球原油最重要的产出地，霍尔木兹海峡又是全球最为繁忙的原油通道。该区域拥有大量的油气资源，既是中国等国家进口石油的重要来源，也是国际能源市场的重要一员。该地区虽炼化产能有限，却是国际原油的重要运输通道和转输中心。西亚地区冲突不断，对全球原油、成品油价格稳定以及油气运输安全产生重大影响。

（5）海湾地区新冠肺炎疫情缓解，有利于全球石油流通行业发展。

2020 年第一季度、第二季度海湾地区沙特、伊拉克、科威特、阿联酋、卡塔尔等国家新冠肺炎疫情猛烈发展，与低油价交叉作用，导致原油生产受到巨大影响。为缓解因新冠肺炎疫情防控对经济发展的影响，至 2020 年 6 月底，海湾地区国家陆续开始复工复产、恢复国民经济，这样有助于提振原油消费，有利于全球石油流通行业的重整与恢复。2020 年第三季度、第四季度，海湾地区国家的新冠肺炎疫情持续发展，其中阿尔及利亚、伊拉克等国医疗系统面临严峻挑战，巴勒斯坦单日新增确诊病例数不断打破纪录，而沙特、阿联酋、卡塔尔等国每日新增病例数趋于平稳，并有沙特官员表示沙特已经走出新冠肺炎疫情带来的经济危机。

海湾地区既是中国石油最重要的进口来源区域，也是中国石油投资重点区域，较低的油价有利于降低原油运输成本，提高炼化等相关行业的利润；但长期的低油价必然导致对外石油投资减少，不利于原油开采、存储等相关产业的发展。新冠肺炎疫情正严重影响石油产出端和消费端，因新冠肺炎疫情导致的人员流动停滞和石油消耗缩减都在不断压缩海湾地区产油国的产能。不过进入2020年11月，在中美等国疫苗利好消息的刺激下，海湾地区主要OPEC产油国准备提高产量，以积极行动呼应不断上涨的油价。

海湾地区炼化能力约占世界总产能的10%，沙特、阿联酋等国为应对新冠肺炎疫情对经济的压力，加速推进石油产业上下游一体化进程，以提高在全球的炼化份额，进一步提高自己在能源领域的话语权。海湾地区的产业政策会进一步加剧全球成品油市场的竞争，使供大于求的状况进一步加深，成品油价格可能进一步下探。

（6）非洲地区冲突加剧，影响中国海外油气投资。

2020年非洲地区新冠肺炎疫情全面暴发。据非洲疾病预防控制中心最新数据显示，非洲地区报告累计确诊病例逾270万例，累计死亡超过69000例。南非和埃及仍是非洲新冠肺炎疫情最严重的国家。非洲大部分国家经济落后、物资匮乏、检测试剂稀缺，大部分人无法得到有效检测和医治，新冠肺炎疫情已经在非洲呈现更大范围暴发趋势。为应对新冠肺炎疫情，非洲各国采取一系列的人员流动管制措施，但这些措施会严重影响其国民的生存和收入，被迫解禁又会加剧病毒的扩散，非洲部分地区可能出现严重的人道主义危机和严重的政治危机。

东非国家埃塞俄比亚国内矛盾加剧，北部提格雷州爆发武装冲突。这场内战正在造成非洲之角的地缘政治混乱。有关数据显示，提格雷冲突爆发后，逃往苏丹的埃塞俄比亚难民人数迅速增加，给苏丹政局带来较大的压力。内战双方实力不存在较大悬殊，预计在短时间内结束内战是无法实现的。

苏丹国内政治变动和营商环境不稳定，中国石油天然气集团有限公司（以下简称“中石油”）正逐渐结束在苏丹的经营活动，退出上中下游业务；另一合作伙伴南苏丹国内油气企业正在执行本地化政策，中国石油企业的运营也会受到影响。非洲地区既是中国“一带一路”重要节点和合作伙伴，同时也是中国油气投资重要区域，非洲动乱不利于中国油气企业生产的稳定，社会政治和治安条件恶化也会严重影响中国的石油投资、开采和输送，不利于中国石油资源进口多元化。

（7）朝鲜半岛局势由紧张趋向缓和。

2020年第一季度、第二季度，朝鲜半岛局势剧烈动荡。2020年初，朝鲜没有受到新冠肺炎疫情的波及，而韩国的新冠肺炎疫情也得到有效控制，至2020年6月中旬朝鲜以韩国政府没有有效管制与“脱北者”有关联的非政府组织（NGO）向朝鲜方面投射传单为事由，炸毁了朝韩共同联络办公室，朝鲜方面同时也表示要报复到底，朝韩两军均处于高度戒备状态，朝鲜半岛局势骤然紧张。此次挑起事端的NGO与美国情报机构关系密切，不排除美国有通过在中国周边地区制造冲突来转移美国国内矛盾、阻碍中国发展的动机。

2020年第三季度、第四季度朝鲜半岛整体局势比较平稳，没有进一步升级政治对抗和军事对峙。2020年是中国人民志愿军抗美援朝出国作战70周年，受世界范围内新冠肺炎疫情暴发的影响，周边国家对朝鲜半岛局势都持慎重的态度，美国时任政府因新冠肺炎疫情影响和选举需要也没有过多参与朝鲜半岛事务。

东北亚地区的紧张局势不利于中国的安定繁荣和石油能源快捷流通，对中国的国土安全和能源安全构成严重挑战，而朝鲜半岛局势趋于缓和则有利于该区域石油能源的运输和原油价格的稳定。亚太地区特别是东北亚地区是全球炼化板块重要组成部分，该地区的稳定有利于全球炼化产业的发展，有利于全球成品油价格的稳定和供需平衡。

（8）南美地区新冠肺炎疫情失控，政治经济形势严峻。

2020年巴西等国新冠肺炎疫情大面积暴发，处于完全失控状态，巴西总统制定的防疫政策已经造成严重的公共卫生危机，不但严重威胁国民的身体健康，还造成其国内严重的政治动荡。委内瑞拉积极开展防疫工作，取得了一些效果，但其外部环境依然比较严峻。美国继续制裁委内瑞拉的经济，并资助雇佣兵对其国内进行武装入侵。虽然油价有所回升，但依然没有达到马杜罗政府的财政平衡点。委内瑞拉国内反对派虽然不被看好，但深层次的政治危机依然存在。如何在政治和经济危机中找到突破点将深刻考验马杜罗政府的执政能力。2020年南美地区相继爆发虫灾，阿根廷等国家粮食生产和牛羊养殖都受到很大的影响，本已脆弱的政治生态将进一步受到冲击。

综上所述，2020年世界政治形势因新冠肺炎疫情暴发而发生剧烈变化，各种利好或者利空因素的叠加深刻影响着世界的政治环境。

（二）2020年国际经济环境分析

受新冠肺炎疫情冲击，2020年世界经济出现深度衰退，经济规模萎缩约在

4.40%左右。伴随经济下行，各区域、各国原有政治、经济矛盾不断激化，主要经济体的经营数据和经营环境不断恶化，影响世界经济形势。美国新冠肺炎疫情全面暴发，其失业数据不断刷新纪录。欧洲地区的德国、法国、英国、意大利、西班牙等国多次封锁国境，抑制了经济发展。亚洲的印度、日本、韩国等国新冠肺炎疫情没有得到有效控制，为了维持国民经济运行不得不带疫启动经济，但经济恢复缓慢。中国经济活动逐步恢复正常，国民经济和社会生活逐步回到正轨，是世界主要经济体中唯一取得正增长的国家。

1. 世界经济受新冠肺炎疫情影响面临衰退，唯有中国实现经济正增长

美国新冠肺炎疫情全面暴发，已经失控，在新冠肺炎疫情和经济下行双重影响下，经济状况与2019年同期相比处于衰退区间。美国大选造成的国内族群分歧和新冠肺炎疫情扩散也同样影响着美国经济复苏。美国各阶层已经把新冠肺炎疫苗大面积注射当作美国经济复苏的唯一手段，国内的社会经济活动有望在2021年5月恢复正常。预计下届美国政府会改变特朗普政府一些单边主义的经济政策，这也利好于2021年全球经济复苏。欧洲地区的德国、法国、英国、意大利、西班牙等国经历了新冠肺炎疫情秋冬季节反弹，已经明显超过2020年春季的新冠肺炎疫情暴发水平，欧洲各国不得不重新采取更加严格的社交隔离措施、更加严格的经济限制措施。欧洲各国的经济生活受到不同程度的抑制，都把解决危机的手段集中在疫苗的使用上。亚洲的印度、日本、韩国等国新冠肺炎疫情没有得到有效控制，但为了维持国民经济运行不得不带疫启动经济，经济衰退的压力依然巨大。

2020年世界经济面临大面积的衰退，主要经济体的经营数据和经营环境不断恶化，世界范围的经营活动处于严重的低潮期。

对比2020年全球经济形势，中国经济活动逐步恢复正常，国民经济和社会生活逐步走向正轨，是世界主要经济体中唯一取得正增长的国家。2020年面对新冠肺炎疫情的巨大冲击和复杂严峻的国际国内政治经济环境，中国各地区、各部门科学统筹新冠肺炎疫情防控和经济社会发展，推动生产生活秩序有序恢复、工业服务业持续回升、投资消费不断改善，使国民经济得到稳定恢复。总体来看，中国国民经济增长由负转正，经济运行逐步恢复常态，全年经济有望保持较好的增长水平。

2. 地区经济发展深受政治影响，不确定性逐渐加大

2020年，世界经济深受新冠肺炎疫情和政治的双重影响，部分国家如阿根廷、

巴西、澳大利亚、新西兰和海湾诸国经济结构单一，在全球新冠肺炎疫情面前和与他国外交关系变动中经济承压能力不强，极易受到反制；美国、印度等国则以政治利益干涉市场行为、以行政命令阻碍经济活动，人为地撕裂全球经济联系。

2020年，美国为继续打压俄罗斯地缘政治、巩固在欧洲的影响力，持续扩大对"北溪二号"制裁，德国方面为保证能源安全和政治自主则考虑推动欧盟对美国采取集体反制措施。美国对伊制裁一直没有解除，叠加新冠肺炎疫情造成全球需求萎缩，伊朗的原油出口量一度下降至每日25万桶，为摆脱这种困境，伊朗推动同委内瑞拉的能源经济合作。因美国的经济封锁，委内瑞拉国内缺乏炼油设备和成品油制品，伊朗则无法有效输出，这次两国贸易活动既是互补又是互救，但这种贸易行为是否可以持久还要经受美国制裁措施的考验。2020年是美国大选年，预计下届总统拜登会大幅度修改特朗普的对内对外政策，这给伊朗核协议的转圜提供了重要机遇。

（三）2020年国际政治经济环境对中国石油流通行业的影响

2020年国际社会不稳定因素日益增多，新冠肺炎疫情已经在全球范围内大流行，全球经济衰退成为事实，造成国际油价低位运行。受国际油价低迷、国内市场供大于求、国内汛期和汽柴出口利润倒挂导致出口锐减等因素影响，中国成品油过剩加剧，特别是汽油的需求和价格增长受到抑制。中国急需更广阔的市场，为炼油产能释放提供新的机遇。

1. 新冠肺炎疫情造成全球成品油需求急剧下降，中国成品油过剩加剧

2020年国际社会不稳定因素日益增多，新冠肺炎疫情已经在全球范围内大流行，全球经济衰退的趋势已经无法改变，造成国际油价低位运行。例如，受世界经济衰退、新冠肺炎疫情大流行和美国消极的防疫政策等多重影响，美国期货交易所原油期货价格曾经一度跌至史无前例的负值。直到OPEC与俄罗斯的原油减产协议达成、2020年11月以后美国大选结果明确、新冠肺炎疫苗研制进度利好等因素加持，需求前景被看好导致全球油价有所回升，但仍然在45美元/桶上下波动。在需求下降的背景下，沙特、俄罗斯与美国原油市场之争继续加深，中国与美国发展道路之争不断加剧，伊斯兰世界领导地位之争越发频繁，各国历史遗留问题纷纷呈现。2020年12月，欧洲地区因新冠肺炎疫情反复收紧经济恢复政策、美国不顾新冠肺炎疫情形势严峻强制恢复经济，这一系列动作虽可能对油价

有良好的提振，但世界范围内新冠肺炎疫情持续严峻，导致市场对需求和经济前景的担忧依然强烈。后期来看，国际油价不会有大范围的变化，供大于求的局面依然不会改变。以上争端都会显著影响国际石油流通和油品价格。据估计 2020 年全球原油需求将以 880 万桶/天的速度下滑，创历史纪录，预计 2021 年也只有不到 2/3 的需求逐渐恢复。

在低油价、世界范围内新冠肺炎疫情暴发和国际局势紧张的背景下，2020 年中国继续加大原油进口量，相对应地国内炼油产能持续提高、大量新增产能投产，炼油产能继续过剩。柴油、煤油产能在中国经济快速发展的背景下得到有效释放，国内炼厂开工负荷保持相对较高水平。但是受国际油价低迷、国内市场供大于求、国内汛期等因素影响，中国成品油特别是汽油的需求和价格增长受到抑制。2020 年中国成品油出口量 6185.40 万吨，与 2019 年同期相比减少 462.05 万吨，下降 7.47%。相较中国成品油资源充足的供应量，中国成品油过剩进一步加剧。

2. 全球化和区域合作，有利于石油流通行业发展

全球能源需求还没有得到完全恢复，而且原油市场供大于求的状况也没有发生根本改变，全球范围内适度的防疫政策还会一直持续下去，经济活动还会受到抑制，国际油价仍会长期低位运行，抗击疫情的有效途径除了大面积注射疫苗外，还有全球的积极合作。全球化和区域合作有利于油气和石化投资领域的合作，有利于原油和成品油的流通和定价，有利于开放市场和协作共赢。2020 年 11 月 15 日，第四次区域全面经济伙伴关系协定（RCEP）领导人会议通过视频方式举行，东盟十国以及中、日、韩、澳、新等 15 个国家正式签署 RCEP，标志着人口数量最多、成员结构最多元、发展潜力最大、全球规模最大的自由贸易协定正式达成。在新冠肺炎疫情流行的背景下，RCEP 的签署有助于各国经济的恢复以及多边主义的回归。

RCEP 的签署为能源领域的合作提供新的机遇，有利于区域内原油投资和炼化产能建设，为区域内各国提供充足的资金支持、原料供应和更加广阔的市场，有利于全球成品油的供需平衡，有利于稳定国际成品油价格，有利于国际航运、陆运和铁路运输业的发展。中国的炼化产能已经过剩，需要向外寻求更广阔的市场，“一带一路”建设为国内炼油产能转移提供了契机，中国的石油企业先后投资、参与或者承建了哈萨克斯坦炼厂、阿尔及利亚炼厂、科威特炼厂、文莱炼厂等项目。RCEP

的签署更为中国炼油产能的释放提供了新的机遇。

3. 大国博弈频繁，导致全球石油流通行业竞争加剧

世界整体局势会因美国政府换届带来新的变化。对原油生产来说，一个多边的、协商的政治经济环境有利于全球原油市场的稳定和发展，互联互通有利于全球原油的顺利输送。未来一段时间中美之间的摩擦仍存在，美俄之间的威胁与零和博弈是常态，阿拉伯和美国之间对国际原油市场的争夺是新的方向。新的政治形势一方面增加国际原油来源、加大原油供应量，使国际原油市场竞争更加激烈；另一方面深刻影响原油生产、原油运输和原油价格。美国民主党与沙特上层之间的矛盾已经明显，美国国内页岩油生产已经严重动摇了沙特原油市场的领导地位；在经济下行压力下，为争夺有限市场，美国、俄罗斯和沙特之间价格战的发生频率会比较高；OPEC + 减产协议经常是先破裂后达成，反复拉锯，但 OPEC + 各产油国时刻受国内政治经济压力和域外大国施压影响，内部对协议执行力度不一，尽管减产规模空前，但全球主要产油国美国并未参与这一机制，在全球新冠肺炎疫情的影响下，国际市场原油供大于求的情况短期难有根本改观。总之，受新冠肺炎疫情和经济衰退双重影响，原油和炼化产能进一步过剩，成品油供大于求并维持价格低位，全球石油流通行业竞争加剧。

三、中国宏观环境及石油流通行业政策分析与前景展望

2020 年中国 GDP 突破 100 万亿元，成为世界主要经济体中唯一实现正增长的经济体。中国经济在 2020 年初出现断崖式下滑，随着新冠肺炎疫情得到有效控制，投资增速稳步回升，消费回暖，对外贸易实现正增长，贸易结构持续优化，居民收入增长与经济增长基本同步，城乡居民人均收入比值继续缩小。2020 年，中国 GDP 增速为 2.30%，并如期完成新时代脱贫攻坚的任务，保持平稳较快发展，就业、物价保持基本稳定，产业结构继续优化，增长质量继续提高。2021 年是“十四五”规划开局之年，中国经济抗压韧性和发展活力强劲，中国经济值得期待。

（一）2020 年中国宏观环境分析

2020 年，在严峻复杂的国内外环境特别是新冠肺炎疫情严重冲击下，在以习近平同志为核心的党中央坚强领导下，各地区各部门坚持稳中求进的工作总基调，

统筹新冠肺炎疫情防控和经济社会发展工作，扎实做好“六稳”工作、全面落实“六保”任务。2020 年，中国经济高质量发展提速；中国能源需求逐步回升，能源结构持续优化，能源消费继续回暖，能耗强度升幅不断回落。

1. 双轮驱动，中国经济高质量发展提速

2020 年，面对复杂多变的国际经济形势，中国经济以创新驱动和改革开放为两个“轮子”，全面提高经济整体竞争力，加快现代化经济体系建设。经济总体保持平稳态势，运行在合理区间，经济结构持续优化升级。2020 年中国 GDP 为 1015986 亿元，按可比价格计算，比 2019 年增长 2.3%。分季度来看，第一季度同比下降 6.8%，第二季度同比增长 3.2%，第三季度同比增长 4.9%，第四季度同比增长 6.5%。分产业来看，第一产业增加值 77754 亿元，同比增长 3%；第二产业增加值 384255 亿元，同比增长 2.6%；第三产业增加值 553977 亿元，同比增长 2.1%。

（1）固定资产投资稳步回升，高技术产业和社会领域投资增长较快。

根据国家统计局数据显示，2020 年全国固定资产投资（不含农户）为 518907 亿元，比 2019 年增长 2.9%。

分领域来看，基础设施投资增长 0.9%，制造业投资下降 2.2%，房地产开发投资增长 7%。全国商品房销售面积 176086 万平方米，增长 2.6%；商品房销售额 173613 亿元，增长 8.7%。产业投资增速全部转正，其中第一产业投资增长 19.5%，第二产业投资增长 0.1%，第三产业投资增长 3.6%。民间投资 289264 亿元，增长 1%。高技术产业投资增长 10.6%，快于全部投资 7.7 个百分点，其中高技术制造业和高技术服务业投资分别增长 11.5% 和 9.1%。高技术制造业中，医药制造业、计算机及办公设备制造业投资分别增长 28.4%、22.4%；高技术服务业中，电子商务服务业、信息服务业投资分别增长 20.2%、15.2%。社会领域投资增长 11.9%，快于全部投资 9 个百分点，其中卫生、教育投资分别增长 29.9% 和 12.3%。

（2）居民消费价格涨幅回落，工业生产者价格下降。

根据国家统计局数据显示，2020 年居民消费价格上涨 2.5%，既低于 2019 年 2.9% 的涨幅，也低于 3.5% 左右的全年预期目标。其中，城市上涨 2.3%，农村上涨 3%。分类别来看，食品烟酒价格上涨 8.3%，衣着下降 0.2%，居住下降 0.4%，生活用品及服务持平，交通和通信下降3.5%，教育文化和娱乐上涨1.3%，医疗保健上涨1.8%，其他用品和服务上涨4.3%。在食品烟酒价格中，粮食价格上涨1.2%，鲜菜价格上涨7.1%，猪肉价格上涨49.7%。扣除食品和能源价格的核心CPI上涨0.8%。

2020年工业生产者出厂价格比2019年下降1.8%，工业生产者购进价格比2019年下降2.3%。

（3）对外贸易实现正增长，贸易结构持续优化。

根据国家统计局数据显示，2020年货物进出口总额321557亿元，比2019年增长1.9%。其中，出口179326亿元，增长4%；进口142231亿元，下降0.7%。进出口相抵，顺差为37096亿元。机电产品出口增长6%，占出口总额的59.4%，比2019年提高1.1个百分点。一般贸易进出口占进出口总额的比重为59.9%，比2019年提高0.9个百分点。民营企业进出口增长11.1%，占进出口总额的比重为46.6%，比2019年提高3.9个百分点。

（4）居民收入增长与经济增长基本同步，城乡居民人均收入比继续缩小。

根据国家统计局数据显示，2020年全国居民人均可支配收入32189元，比2019年名义增长4.7%，扣除价格因素实际增长2.1%，与经济增长基本同步。按常住地划分，城镇居民人均可支配收入43834元，比2019年名义增长3.5%，扣除价格因素实际增长1.2%；农村居民人均可支配收入17131元，比2019年名义增长6.9%，扣除价格因素实际增长3.8%。城乡居民人均收入比值为2.56，比2019年缩小0.08。全国居民人均可支配收入中位数为27540元，比2019年名义增长3.8%。按全国居民五等份收入分组，低收入组人均可支配收入7869元，中间偏下收入组人均可支配收入16443元，中间收入组人均可支配收入26249元，中间偏上收入组人均可支配收入41172元，高收入组人均可支配收入80294元。

2020年，全国居民人均消费支出21210元，比2019年名义下降1.6%，扣除价格因素实际下降4%。按常住地划分，城镇居民人均消费支出27007元，名义下降3.8%；农村居民人均消费支出13713元，名义增长2.9%。

（5）实施积极的财政政策、稳健的货币政策和就业优先政策。

2020年，面对新冠肺炎疫情的巨大冲击和复杂严峻的国内外环境，中国统筹新冠肺炎疫情防控和经济社会发展，实施积极的财政政策和稳健的货币政策，大力深化改革开放，扎实做好“六稳”工作，全面落实“六保”任务，国民经济呈现稳定恢复态势。

根据国家统计局数据，2020 年国家通过各项措施为企业减负超过 2.5 万亿元，主要针对“应急”、“复工复产”和“支持小微企业”，具体包括对新冠肺炎疫情防控重点保障物资生产供应给予税收优惠；对受新冠肺炎疫情影响较大的行业企业给予税费减免；对防疫补助收入免征个人所得税；加大个体工商户和小微企业税收优惠力度；扩大汽车消费的减税降费政策。政府通过提高财政赤字率、发行抗疫特别国债新增 2 万亿元财政资金等措施，实施积极的财政政策，建立了直达市县基层、直接惠企利民的机制，及时弥补基层因减税降费出现的财力缺口，提高了宏观政策的时效性，全面强化就业优先政策，注重以市场化方式稳定和扩大就业。中国人民银行加大货币政策的逆周期调节力度，采取多种措施向实体经济提供流动性支持，创新出台直达实体企业的政策工具。

2. 中国能源需求逐步回暖，能源投资增速回升

2020 年，国民经济稳定恢复，能源领域深入贯彻落实中央“六保”工作部署，规模以上工业原煤产量略有增加，原油生产增速加快，天然气保持快速增长，电力生产稳定增长。能源生产稳中有增，基础性保障作用有效发挥；能源消费继续回暖，结构持续优化，单位 GDP 能耗不断下降。

（1）主体能源生产稳中有增，能源消费继续回暖。

根据国家统计局数据显示，2020 年规模以上工业能源生产都保持稳定增长态势。

原煤生产有所加速。2020 年原煤生产 38.4 亿吨，比 2019 年增长 0.9%。2020 年 12 月原煤生产 3.5 亿吨，同比增长 3.2%，增速比 11 月快 1.7 个百分点；日产 1135 万吨，环比减少 23 万吨。

煤炭进口数量增加。2020 年煤炭进口 3.04 亿吨，比 2019 年增长 1.5%。2020 年 12 月煤炭进口 3908 万吨，环比增加 2732 万吨。

原油生产增速略有放缓。2020 年原油生产 1.95 亿吨，比 2019 年增长 1.6%；原油加工 6.7 亿吨，增长 3%。2020 年 12 月原油生产 1627 万吨，同比增长 0.9%，增速比 11 月回落 0.3 个百分点；日产 52.5 万吨，环比减少 0.7 万吨。2020 年 12 月原油加工 6000 万吨，同比增长 2.1%，增速比 11 月回落 1.1 个百分点。

原油进口降幅扩大，国际原油价格继续上涨。2020 年原油进口 5.4 亿吨，比

2019 年增长 7.3%。12 月 31 日，布伦特原油现货离岸价格为 51.22 美元/桶，比 11 月 30 日的 46.84 美元/桶上涨 9.4%。2020 年 12 月原油进口 3847 万吨，环比减少 689 万吨，同比下降 15.4%，降幅比 11 月扩大 14.6 个百分点。

天然气生产持续快速增长。2020 年天然气生产 1888 亿立方米，比 2019 年增长 9.8%，连续四年增产超过 100 亿立方米。2020 年 12 月天然气生产 187 亿立方米，同比增长 13.7%，增速比 11 月快 1.9 个百分点；日产 6 亿立方米，环比增加 0.4 亿立方米。

天然气进口由降转增。2020 年天然气进口 1.02 亿吨，比 2019 年增长 5.3%。2020 年 12 月天然气进口 1123 万吨，同比增长 18%，环比下降 2.4%。

（2）国内成品油市场需求基本恢复正常。

2020 年第一季度受国内新冠肺炎疫情影响，中国成品油需求大幅萎缩。第二季度以来，国内新冠肺炎疫情防控取得阶段性成效，消费需求逐步恢复，但受国际新冠肺炎疫情扩散影响，总需求复苏受到一定影响。2020 年，中国成品油表观消费量 28981.12 万吨，同比下降 6.55%，较 2019 年增速放慢 3.61 个百分点。

2020 年，中国共出口成品油 6183.2 万吨，同比减少 7.5%；累计出口额 254.74 亿美元，同比下降 33.7%。据此推算，2020 年，中国成品油出口均价为 411.98 美元/吨。

（3）能源供给侧改革持续推进，能源消费结构优化。

2020 年，中国持续深化供给侧结构性改革，国家和电力行业高度重视化解煤电过剩产能。2020 年 7 月，国家能源局发布关于下达 2020 年煤电行业淘汰落后产能目标任务的通知。列入 2020 年度煤电行业淘汰落后产能目标任务的煤电机组，除明确作为煤电应急备用电源的机组外，须在 2020 年 12 月底前完成拆除工作，至少拆除锅炉、汽轮机、发电机、输煤栈桥、冷却塔、烟囱中的任意两项。未按照淘汰关停标准拆除的机组，不得享受相关支持政策。对于未纳入国家年度淘汰落后产能目标任务，已停运多年、短期内不具备恢复生产条件的“僵尸”煤电机组，各地要结合实际情况，推动企业尽快完成淘汰关停工作。

中国能源结构加速从以原煤为主向多元化、清洁化转变，发展动力由传统能源加速向新能源转变。中国鼓励发展水电、风能、太阳能、地热、海洋能等清洁能源，且优先等级度高。2020 年，发电量 74170 亿千瓦·时，比 2019 年增长 2.7%。从品种来看，2020 年 12 月火电、风电、太阳能发电增速加快，核电增速由负转正，水电增速与11月持平。其中，火电同比增长9.2%，比11月快2.6个百分点；风电增长7.1%，比11月快1.2个百分点；太阳能发电增长8.9%，比11月快3.6个百分点；核电增长6.2%，比11月下降0.8个百分点；水电增长11.3%。

3. 中国宏观环境对中国石油流通行业的影响

2020年，中国能源生产继续回暖，油气进口增长加快，能源结构持续优化，能源消费继续回暖。中国石油流通行业要适应长期处于低油价时代，需要进行产业结构的转型升级和优化调整。

（1）成品油需求虽受到较大冲击，但随经济复苏回暖。

2020年，中国成品油市场受新冠肺炎疫情冲击消费萎缩、复工复产拉动需求复苏、国际油价大起大落、市场进入门槛降低等复杂因素的影响，成品油表观消费量28974.52万吨，同比下降6.57%，较2019年增速放慢3.61个百分点。

随着国内企业陆续复工复产，国内成品油需求也随经济复苏回暖，市场需求基本恢复正常。

（2）石油相关产品价格震荡下跌，成品油价格波动上行。

石油相关行业价格大幅震荡。2020年上半年，受主要产油国“价格战”叠加新冠肺炎疫情等因素影响，国际原油价格剧烈波动，国内石油和天然气开采业价格出现震荡，各月环比涨跌幅在-35.7%~38.2%，同比涨跌幅在-57.6%~17.5%，上半年平均下降27%。下游的化学纤维制造业、石油煤炭及其他燃料加工业、化学原料和化学制品制造业，以及橡胶和塑料制品业价格均随之下行，上半年降幅分别为13.8%、12.3%、6.5%和1.7%。上述五个行业合计影响生产价格指数（PPI）下降约1.3个百分点，占PPI总降幅的近七成。

从2020年下半年开始，虽然新冠肺炎疫情仍在发酵，但经济继续复苏，油价进入相对平稳阶段，7月OPEC+延长了一个月的超规模减产（970万桶/天），减产规模从8月开始降至770万桶/天。7—10月，油价始终涨涨跌跌，以区间震荡为主。其间国内成品油市场价格逐步反弹，但整体反弹幅度不大，6—10月汽油价格涨幅4.5%、柴油价格继续下跌8.4%，且缺乏其他利好消息刺激，6—10月国内成品油价格表现不温不火，处于低位运行。

2020年11月以后，新冠肺炎疫苗有了重大突破，叠加12月初OPEC+达成减产协议也向油市释放了积极信号，国际油价开启上行通道。国内成品油调价迎来

"四连涨"，带动国内成品油价格上行。11—12 月汽油价格涨幅 10.08%，柴油价格涨幅 6.12%。

（3）中国石化行业将持续优化产业结构，推进供给侧结构性改革。

2020 年，中国石化行业总体思路是推进石油化工行业高质量发展，以"去产能、补短板"为核心，以"调结构、促升级"为主线，推进供给侧结构性改革进入新阶段。大力实施创新性驱动和绿色可持续性发展战略，结合战略性新兴产业，推动产业结构、产品结构、组织结构和布局结构的不断优化。着力提升产业的国际竞争力和可持续发展能力，推动中国向石油化工产业强国迈进。国内石化行业将持续优化产业结构，全行业开工率和产业集中度将明显提升，原料结构、产品结构持续优化。

（二）2020 年中国石油流通行业政策

2020 年，中国出台一系列石油流通行业相关政策，大大降低了行业准入门槛，为能源行业改革目标去除了政策壁垒，有助于促进原油、成品油批发零售市场化，能够继续提升市场竞争程度，加快现代能源体系的构建。石油市场化改革步伐进一步加快。

1. 商务部决定废止"两个办法"，推动石油流通行业市场化

2020 年 7 月 3 日，商务部贯彻落实《优化营商环境条例》和国务院有关石油成品油流通管理"放管服"改革工作的要求，对相关规章进行了清理，决定废止《成品油市场管理办法》（商务部令 2006 年第 23 号，经商务部令 2015 年第 2 号、商务部令 2019 年第 1 号修订）、《原油市场管理办法》（商务部令 2006 年第 24 号，经商务部令 2015 年第 2 号修订）（以下简称"两个办法"）。"两个办法"的废止意味着中国原油市场准入门槛正在降低、审批环节正在缩减与下放，有助于促进原油、成品油批发零售环境市场化，能够继续提升市场竞争程度，加快现代能源体系的构建。此次彻底废止"两个办法"，同样是为了继续优化营商环境，落实国务院有关原油成品油流通管理"放管服"改革工作的要求，同时将引入更多的市场竞争者。

"两个办法"废止后，原油、成品油批发、仓储、销售审批路径发生变化，负责审批的政府部门等级下移，审批环节简化，服务效率提升。审批权限的下放意味着企业将有更多的机会获得原油及成品油的销售及仓储资质，更多的民营企业将参与其中。"两个办法"废止后，除了成品油零售资格审批下放到地市级政府外，其

他资格审批全部取消。“两个办法”的废止，将使更多民营企业和外资企业有机会参与到中国成品油市场竞争中。汽油、柴油购销价格将逐渐放开，资源采购更加灵活，最终实现完全市场化。政府的角色也将发生转变，更偏重监管等环节。油品价格的信号功能加强，有利于资源合理配置。大型国有石油石化企业等主营单位也逐渐放开对外采购以应对竞争，同时对经营操作提出了更高要求，推进整个石油流通行业市场化。但“两个办法”废止后，新的管理办法没有及时出台，短期内市场监管部门缺失执法依据，或将造成无证经营成品油的单位得不到相应的处罚。

2. 促进原油成品油流通高质量发展，加快完善新的石油流通管理体制

2020 年 4 月 17 日，商务部会同发展改革委等 10 个部门起草了《关于促进石油成品油流通高质量发展的意见（征求意见稿）》，国家对成品油零售经营实施许可管理，进一步简化成品油零售经营资格审批程序，明确成品油零售网点改（扩）建、租赁经营、特许经营及企业停歇业、应急保供等管理规范。根据当地实际，进一步优化、简化对原址改建和符合规划的高速公路服务区新建零售网点的审批服务。

3. 取消和下放行政审批事项，发挥市场配置资源的作用

2020 年 8 月 24 日，国家能源局修订印发了《对取消和下放行政审批事项加强后续监管的指导意见（2020 年版）》（国能法改〔2020〕42 号）。其主要内容：一是进一步明确对取消下放行政审批事项加强后续监管的总体要求，牢固树立新发展理念，充分发挥市场在资源配置中的决定性作用；二是对基本原则进行了简化，省略了前后重复的有关闭环监管的内容，细化了依法监管的有关要求；三是进一步要求健全监管规则和标准，落实《国务院关于加强和规范事中事后监管的指导意见》（国发〔2019〕18 号）（以下简称“国发 18 号文”）有关健全监管规则和标准的规定，增加健全监管规则和标准相关内容；四是创新监管方式和提升服务水平，落实国发 18 号文有关推进“互联网 + 监管”、全面实施“双随机、一公开”监管的规定，增加依托国家“互联网 + 监管”系统加强监管信息归集共享、全面实施“双随机、一公开”监管等内容；五是聚焦对取消和下放行政审批事项加强后续监管的目标，删除了不再属于突出问题的事项；六是增加加强部门联动、政策联动和业务联动，协同发力、充分发挥整体工作效能的内容。

2020 年 9 月 13 日，国务院正式印发《关于取消和下放一批行政许可事项的决定》（国发〔2020〕13 号），其中决定取消的行政许可事项包括石油成品油批发、

仓储经营资格审批，取消许可后商务部门会同有关部门加强监管；决定下放审批层级的行政许可事项包括成品油零售经营资格审批，下放后设区的市级人民政府主管部门会同有关部门加强监管。

4. 加强加油站计量监督管理，维护国家成品油零售税收征管秩序

2020年10月23日，国家市场监督管理总局令第31号第2次修订《加油站计量监督管理办法》，根据《中华人民共和国计量法》和国务院赋予国家市场监督管理总局的职责制定该办法，旨在加强加油站计量监督管理，规范加油站计量行为，维护国家成品油零售税收征管秩序，保护消费者的合法权益。

5. 国际航行船舶加注燃料油实行出口退（免）税政策，促进中国船用燃料油结构性调整

2019年10月23日，中华人民共和国海事局发布关于《2020年全球船用燃油限硫令实施方案》的公告。国际海事组织海上环境保护委员会第70届会议决定自2020年1月1日起在全球范围内实施船用燃油硫含量不超过0.50% m/m的规定，并出台了相关的《国际防止船舶造成污染公约》修正案、导则和通函等。

2020年1月22日，财政部、税务总局、海关总署联合发布《关于对国际航行船舶加注燃料油实行出口退税政策的公告》，规定对国际航行船舶在中国沿海港口加注的燃料油实行出口退（免）税政策，增值税出口退税率为13%。此次退税政策的公布，一方面是响应2020年市场对低硫燃料油的需求提升，保障中国保税船供油市场供应，另一方面可以发挥中国炼厂低硫燃料油供应能力优势，打破长期以来依靠进口的局面。2020年是中国保税船用燃料油市场转折性的一年，退税政策的落地将令国内炼厂生产加工低硫船燃料并供应至保税燃料油市场成为可能，中国保税船用燃料油较周边国家的价格优势或将凸显。

6. 民营企业获得成品油出口配额，推动市场公平竞争

2020年11月23日，中华人民共和国商务部发布《商务部关于下达2020年第三批成品油出口配额的通知》（商贸函〔2020〕636号），2020年第三批成品油一般贸易出口配额正式下发，合计300万吨，其中中石油获得195万吨；浙江石油化工有限公司获得100万吨；中国兵器工业集团有限公司获得5万吨，由现有国营贸易企业代理出口。浙江石油化工有限公司成为首家获得出口资质及配额的民营炼化企业。民营企业获得成品油出口配额有助于推动民营企业和国有企业公平竞争。

7. 国家能源局发布《中华人民共和国能源法（征求意见稿）》，调整和优化能源产业结构和消费结构

2020年4月10日，国家能源局发布《中华人民共和国能源法（征求意见稿）》，此版征求意见稿规定，区分不同能源品种特性，推动煤炭、电力、石油、天然气等能源市场建设，建立主体多元、统一开放、竞争有序、有效监管的能源市场体系，实现能源资源在更大范围的优化配置（第六十五条）；能源领域的竞争性环节主要由市场形成价格（第六十六条）；合理布局交易机构和交易平台（第六十八条）。这些条文明确了能源受价格规律和供求关系调节，可由竞争配置资源、由供求决定价格、由契约规范交易。

（三）2021年中国石油流通行业政策前景展望

在世界经济增速放缓、全球石油消费临近峰值、能源转型加速推进、可再生能源已具备相当竞争力的大背景下，低油价的回归将不会是短期现象，未来较长时期内低油价或将常态化。

2021年将是中国“十四五”规划实施的第一年，迈向“以国内大循环为主体、国内国际双循环相互促进的新发展格局”决定了战略转型和战略替换将是经济运行的核心主题，中国石油流通行业必将进行新一轮产业结构的转型升级和优化调整。展望2021年，中国石油流通行业的政策将聚焦在以下几个方面：一是商务部将正式出台《关于促进石油成品油流通高质量发展的意见》；二是成品油价格改革完全市场化有望落地；三是政策将进一步推动碳中和目标下的石油流通行业绿色发展；四是成品油出口配额增长的同时，民营成品油出口份额也将扩大；五是中国成品油期货交易所可能建立；六是石油流通行业市场化“放管服”政策将进一步深化。

1. 商务部将正式出台“关于促进石油成品油流通高质量发展的意见”

2020年4月17日，商务部等10个部门起草了《关于促进石油成品油流通高质量发展的意见（征求意见稿）》，其中提到加强石油成品油流通法规和标准体系建设，提高依法行政和标准化水平。具体相关意见还未出台。

预计2021年商务部将会出台“关于促进石油成品油流通高质量发展的意见”，将加大对各地的指导力度，全面落实“放管服”改革任务，促进石油流通规范、有序、高质量发展，更好地服务民生、扩大消费。

2. 成品油价格改革完全市场化有望落地

改革开放以来，中国成品油价格改革一直在朝着完全市场化的方向稳步前行，成品油价格形成机制经历了多轮改革，实现了从国家直接定价到政府指导价的转变，并逐步向完全市场化迈进。从长期看，中国成品油价格市场化程度取决于在多大程度上打破现有石油进口、上游勘探、生产和管输环节的利益格局，以及如何促进下游市场竞争。国家发展改革委也提出“成品油价格将视体制改革进程全面放开，由市场形成”的改革方向。

2021 年从国际环境看，在新冠肺炎疫情冲击下，国际低油价时代持续时间可能不短，市场供需宽松，之前过分强调石油的战略属性而忽视其商品属性的论调逐渐减弱，为成品油定价市场化提供了良好的外部条件。由于推进改革可能产生的阻力、成本及风险会相对较小，因此是推进中国成品油价格机制市场化改革的好时机。2021 年成品油价格改革完全市场化有望落地。

3. 推动碳中和目标下石化行业绿色发展

2020 年 9 月 22 日，国家主席习近平在第 75 届联合国大会上宣布，中国将提高国家自主贡献力度，采取更加有力的政策和措施，二氧化碳排放力争于 2030 年前达到峰值，努力争取 2060 年前实现碳中和。随后，习近平主席在第三届巴黎和平论坛、“金砖国家”领导人第十二次会晤、二十国集团领导人利雅得峰会以及气候雄心峰会等场合发表的重要讲话中，多次重申中国将提高国家自主贡献力度，采取更有力的政策和举措，努力实现碳达峰目标及碳中和愿景，并进一步提出了到 2060 年实现碳中和。

要实现碳中和，对中国来说必须建立低碳、清洁、高效、安全、可持续的能源体系，开发利用清洁能源，持续优化能源结构。2021 年，中国石油石化行业节能降耗工作的形势严峻，预计政府将出台一系列政策促使石油石化行业从粗放发展向创新、绿色和高质量发展转变，全面提升绿色低碳发展水平已成为行业发展的重点任务。

4. 成品油出口配额将增长，民营成品油出口份额或将扩大

中国成品油出口量不断走高，已成为亚太地区主要的成品油出口大国。在炼油产能日趋过剩的背景下，中国成品油市场竞争更趋白热化，出口是消纳国内过剩成品油的有效途径。中国出口配额依然是国企占据主导，2020 年商务部下发的成品油出口配额为民营企业再次获得成品油出口权提供了政策导向。2021 年，随着后续政策的助推，民营配额占比或将进一步扩大，民营成品油出口份额将增长。

5. 中国成品油期货交易所有可能建立

随着原油、成品油市场管理办法的废止，进一步“松绑”原油和成品油销售、批发、仓储经营活动，中国成品油市场化放开程度更加深化，能源市场要素更加完整，产业链更加齐全，成品油期货上市成为可能。期货市场具有价格发现功能，成品油期货的推出有助于发现油品价格，为相关企业的生产经营乃至战略决策提供必要的参考。期货市场还具有避险功能，成品油期货的推出会使相关企业有更多避险工具。在充分竞争的市场中优胜劣汰极其考验企业的风险控制能力。总而言之，2021 年，成品油期货交易所有可能建立，成品油期货或将推出，倒逼现货市场改革，有助于提高成品油市场化水平。

6. 加入 RCEP 将带来更多机遇，石油流通行业市场化“放管服”将进一步深化

中国加入区域全面经济伙伴关系协定（RCEP）在短期内对出口的促进有限，逐渐推进的税率下调更多的是中长期利好。未来随着各国之间贸易商谈细节的陆续敲定，RCEP 的政策红利将逐步释放，对于中国的石油流通行业来说机遇大于挑战。2021 年，中国石油流通行业必将进行产业结构的转型升级和优化调整。

第二篇

炼油与市场供给

2020 年既是中国“十三五”规划的收官之年，也是“十四五”规划的谋划之年，是中国由小康社会向基本实现社会主义现代化迈进的开局之年。在这关键一年，受新冠肺炎疫情影响，全球经济遭受重创，供应链中断、需求被抑制，国内经济下行压力巨大。国内炼油产业也不可避免地受到冲击，2020 年上半年，炼油产能受新冠肺炎疫情影响有所降低，下半年随着新冠肺炎疫情得到有效控制恢复正常，炼油技术与设备取得有效发展，炼油企业经营效率有待进一步提升。展望 2021 年，随着全球经济情况好转，中国炼油行业也将迎来新发展，产业布局将进一步得到优化，产业结构调整带动炼油产业绿色发展，炼油产业智能化、数字化发展将进一步加快。

一、2020 年中国炼油产业发展现状分析

2020 年中国炼油产能持续上升，产品结构变化较大，原油产量 1.95 亿吨，与 2019 年比增长 2.05%；原油加工量 6.74 亿吨，与 2019 年比增长 3.44%；汽油产量 1.32 亿吨，与 2019 年比下降 6.72%；柴油产量 1.59 亿吨，与 2019 年比下降 4.41%；煤油产量 0.40 亿吨，与 2019 年比下降 23.20%；汽柴比 0.83。相较于 2019 年，2020 年第一季度炼油产能受新冠肺炎疫情影响有所降低，随着新冠肺炎疫情得到有效控制，中国炼油产能已基本恢复，但全年汽油、柴油、煤油产量比 2019 年有所下降。2020 年，中国炼化一体化项目取得了新的进展，这也使中国面临更为严重的产能过剩压力；中国炼油技术设备发展稳步跟进，但仍然存在设备运营维护等管理方面的问题；炼油行业整体利润仍不乐观，行业安全与环保问题也日益突出。在数字化技术推动下，一些企业正积极推动数字化转型并取得了良好的效果，但行业整体数字化程度不高，要想更好地提升炼油企业经营管理效率，数字化发展是必然趋势。下面将从炼油产能、炼油技术与设备、炼油企业经营与管理三个方面详细描述 2020 年中国炼油产业的发展现状。

（一）炼油产能现状分析

2020 年，中国原油产量达 1.95 亿吨，与 2019 年比增加 2.05%；原油加工量增加至 6.74 亿吨，与 2019 年比增加 3.44%。2020 年，成品油产量受新冠肺炎疫情影响随季度变化明显，但年内整体产量较 2019 年有一定程度下滑，下滑 8.15%。从汽油、柴油、煤油三种产品产量来看，柴油产量占比较大，煤油产量处于低位。2020 年，中国炼化一体化项目又取得了新的进展，大批大型炼化一体化项目相继投产，中国炼油产能将持续增长，产能过剩压力将进一步加大。下面从原油加工量、成品油产量、炼化一体化项目进展三个方面分析 2020 年中国炼油产能发展现状。

1. 2020 年中国炼油产能持续增长，产能过剩压力加剧

2020 年，在新冠肺炎疫情的影响下，中国炼油产能仍在持续增长，产能过剩的压力加剧，原油对外依存度持续增加。2020 年，国内三大石油公司集体加码油气勘探开发，贯彻执行“7 年行动计划”，全力加大勘探开发力度。2020 年，中国海洋石油集团有限公司（以下简称“中海油”）的勘探和开发资本支出预算为 663 亿元至 741 亿元，同比增长近两成。中石油将保持 50 亿元风险勘探投入，实现国内油气产量当量突破 2 亿吨。中国石油化工集团有限公司（以下简称“中石化”）推动油气和新能源板块可持续发展取得新突破，大力推进国内上游稳油增气降本。2019 年，中国原油生产总量为 1.91 亿吨，各公司积极推进油气战略部署，提升勘探开发力度，实现油气勘探“新突破”，国家能源局在印发的《2020 年能源工作指导意

图 2-1　2015—2020 年中国原油生产总量

数据来源：国家统计局。

见》中提出2020年中国石油产量约为1.94亿吨。如图2－1所示，2020年中国实际原油产量为1.95亿吨，同比增加2.09%。但中国原油对外依存度依然保持增长态势，2020年原油进口量5.40亿吨，对外依存度攀升到73.50%的新高。

2020年，受新冠肺炎疫情影响导致的油气产品需求骤减，以及沙特和俄罗斯等产油国在抢占市场方面的矛盾加剧，给全球炼油产能带来了更多的不确定性。由于全球成品油需求大幅下降，2020年全球炼油产能大幅缩减。在全球范围内出现炼油产能缩减的情况下，中国的炼油产能仍在持续增加，2020年主营炼厂开工率为76.90%，独立炼厂开工率为69.76%，与2019年比主营炼厂开工率下降1.12%，独立炼厂开工率上升8.28%。如图2－2所示，自1978年以来，中国炼油能力持续增加，2020年炼油能力增长至9.50亿吨。

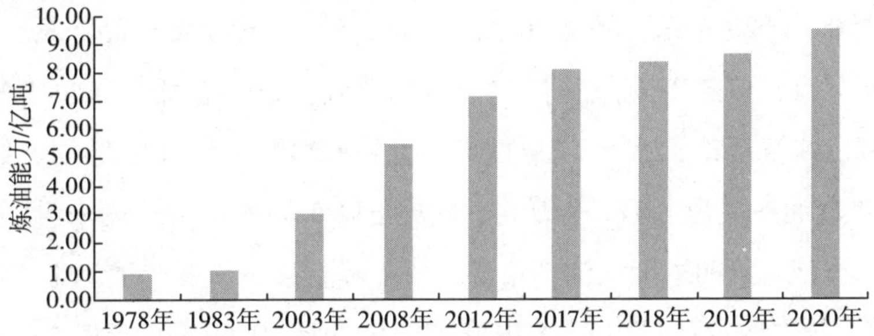

图2－2　1978—2020年中国炼油能力

数据来源：公开资料整理。

如图2－3所示，分季度来看，与2019年相比，受新冠肺炎疫情影响，2020年第一季度中国原油加工量为1.49亿吨，同比下降3.90%，但第二季度过后中国原油加工量迅速增长至1.70亿吨，较第一季度增长14%，第三季度稳步提升至1.76亿吨，第四季度更是达到了1.79亿吨，后三个季度与2019年相比都有很大幅度的增长，中国炼油能力在新冠肺炎疫情得到有效控制后迅速恢复。整体来看，中国炼油能力没有改变历年来持续增长的一贯趋势，虽然受到了新冠肺炎疫情的影响，但已恢复至正常水平。但在全球范围内油气相关产品的需求大幅下滑，这将加剧中国炼油市场的产能过剩压力。

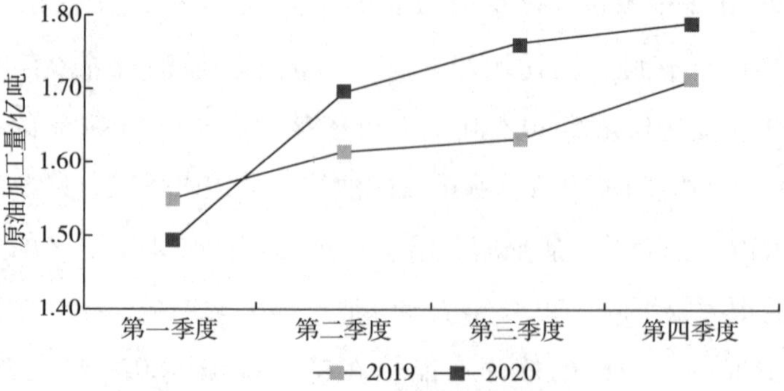

图 2－3　2019—2020 年各季度中国原油加工量

数据来源：国家统计局。

2. 2020 年中国成品油产量小幅增长，结构变化较大

总体来看，2020 年第一季度汽油、柴油、煤油三种主要产品产量受新冠肺炎疫情影响有所下滑，但随着新冠肺炎疫情得到有效控制，企业逐步复工复产，汽油、柴油产能都已恢复至正常水平，煤油产量受需求端影响仍处于低位。如表 2－1 所示，2020 年汽油产量为 13171. 7 万吨，同比下降 6. 72%。分季度来看，2020 年第一季度、第二季度、第四季度汽油产量都有所下降，第一季度产量 2987 万吨，同比下降 16. 70%；第二季度产量 3083. 8 万吨，同比下降 10. 60%；第四季度产量 3535. 3 万吨，同比下降 2. 91%；第三季度汽油产量与 2019 年同期相比有小幅增长。2020 年，柴油产量为 15904. 9 万吨，同比下降 4. 41%。分季度来看，2020 年柴油产量第一、第四季度低于 2019 年同期，第二季度同比增长 4. 08%，第三季度同比增长 1. 80%。2020 年煤油产量为 4049. 4 万吨，比 2019 年降低 23. 20%，降幅较大。分季度来看，煤油产量各个季度较 2019 年同期都出现了下滑，这是因为受新冠肺炎疫情影响，航空用煤油需求骤减，炼厂缩减煤油产量。

表 2－1　2019—2020 年各季度中国成品油产量　　单位：万吨

年份	成品油	第一季度	第二季度	第三季度	第四季度	合计
2019	汽油	3586. 4	3449. 6	3443. 5	3641. 2	14120. 7
	柴油	4133. 9	3946. 7	4187. 5	4370. 2	16638. 3
	煤油	1218. 6	1291. 2	1393. 2	1369. 6	5272. 6
2020	汽油	2987. 0	3083. 8	3565. 6	3535. 3	13171. 7
	柴油	3596. 6	4108. 0	4264. 9	3935. 4	15904. 9
	煤油	1048. 9	846. 9	1035. 9	1117. 7	4049. 4

数据来源：国家统计局。

如图 2 –4 所示，整体来看，2020 年柴油产量 > 汽油产量 > 煤油产量。分季度来看，前三季度汽油、柴油产量呈现逐渐增长的趋势，第四季度产量回落。第二季度煤油产量仅 846. 9 万吨，较第一季度下降 19. 30%，第三季度煤油产量回升至 1035. 9 万吨，但仍未能达到 2020 年初水平，煤油产量受新冠肺炎疫情的影响最为严重。

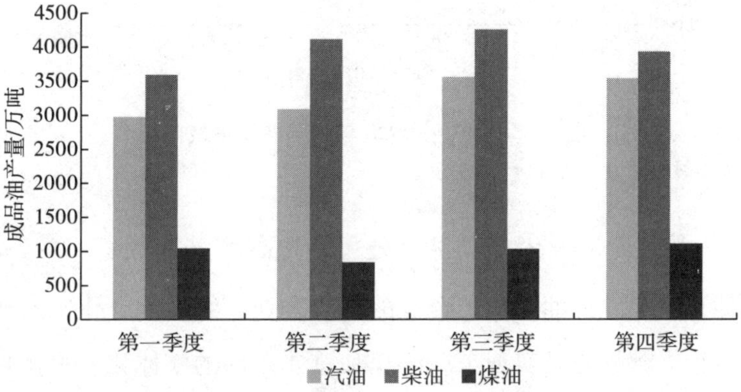

图 2 –4　2020 年各季度成品油产量

数据来源：国家统计局。

2020 年，成品油表观消费量 28981. 12 万吨，同比下降 6. 55%。其中，汽油同比下降 7. 59%，柴油同比下降 3. 71%，煤油同比下降 14. 52%。从供需两端情况来看，国内成品油生产仍将处于高位，而需求端受新冠肺炎疫情影响，成品油消费疲软，市场仍呈现供过于求状态，成品油产能过剩趋于严重。此外，随着化工品产量的增加，合成材料消费增速加快，市场对于高端油品需求扩大，炼油行业多年来一直存在的基础油品过剩、高端油品短缺问题也进一步加剧，产能不均衡问题日益突出。

分季度来看，2019—2020 年汽柴比整体在 0. 80 上下浮动，2020 年汽柴比整体低于 2019 年，如图 2 –5 所示。第二季度大部分企业积极复工复产，工业设备用柴油需求大幅增加，汽油表观消费量相较柴油表观消费量的比重有所下降，汽柴比降为 0. 75。随着国内新冠肺炎疫情得到有效控制，出行需求提升，汽油表观消费量较柴油表观消费量比重上升，汽柴比又上升至第四季度的 0. 89。总体来看，2020 年成品油产量结构变化较大，柴油需求较旺盛。

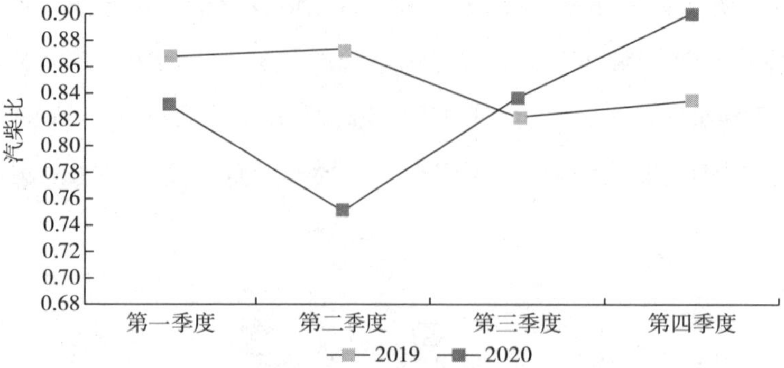

图 2-5　2019—2020 年中国各季度汽柴比

数据来源：国家统计局数。

3. 2020 年中国炼化一体化取得新进展，进程明显加快

炼化一体化是建立炼油与化工企业的联合企业，将炼油、化工及成品油营销全面一体化的过程，其核心是实现工厂流程和总体布局的整体化和最优化。与炼化分立模式相比，炼化一体化主要具有三个方面的优势：第一，炼化一体化能够有效整合资源，实现资源的优化配置，有效提高资源综合利用率；第二，炼化一体化可以大幅改善炼化主要经济技术指标；第三，炼化一体化实现公用工程和辅助工程共享，大大减少投资、节约成本，提高公用工程的利用效率。中国炼化一体化经历了松散一体化阶段、紧密一体化阶段和全面一体化阶段。炼化一体化正从传统的炼油向乙烯提供原料的简单一体化，向炼油化工纵深集成一体化发展。在采用以炼厂装置生产汽柴油基础上继续生产乙烯及聚烯烃产品的炼油乙烯一体化的传统模式外，中国陆续发展了炼油芳烃一体化、炼油乙烯芳烃一体化、炼油发电蒸汽一体化等多种一体化模式。炼化企业从大量生产成品油和大宗石化原料，转向多产高附加值油品和优质石化原料。“十三五”时期以来，中国石化工业园区建设掀起了又一个高潮，进入了提质增效的新阶段。中国“十三五”期间新规划了大连长兴岛、上海漕泾、广东惠州、福建古雷、河北曹妃甸、江苏连云港、浙江宁波七大石化产业基地，要求新建项目必须设置在产业基地内，原则上不再新增布点。预计到 2025 年，七大石化基地的炼油产能将占全国总产能的 40%。积极推进炼化一体化项目建设，虽对中国炼油企业降本增效具有至关重要的作用，但也要严格把控项目发展速度、质量和规模，如果炼化一体化项目一味增加基础油品炼化装置建设，将会进一步加大中国油品结构性产能过剩问题，因此要促进炼化一体化辅助高端化油品发展。

2020 年，中国炼化一体化的发展进程较快，如在广东省湛江经济技术开发区东海岛新区，由中石油与科威特国家石油有限公司共同控制的中科合资广东炼化一体化项目于 2020 年 6 月 16 日投产，项目总规划炼油 1500 万吨/年，生产乙烯 100 万吨/年，配套建设湛江港东海岛港区 30 万吨级原油码头，是国内国产化率最高的炼化一体化项目。2020 年 9 月 22 日，随着第一批俄罗斯原油正式进入大庆石化，“大庆石化炼油结构调整转型升级项目”的“大炼油”装置正式进入投料试车阶段；10 月 26 日，该项目 12 套主体装置全部实现开车一次成功，进入正常生产阶段，新增 350 万吨/年俄油炼能，与大庆原油采用分炼模式，至此大庆石化正式跨入千万吨级炼化一体化企业行列。福建古雷炼化一体化项目位于福建省漳州古雷石化基地，该项目是迄今为止两岸最大的石化产业合作项目，主要建设 1600 万吨/年炼油工程、120 万吨/年乙烯工程等，2020 年 9 月 28 日，该项目聚丙烯装置顺利实现中间交接。中海油惠州石化有限公司产品结构优化及质量升级项目位于广东省惠州市大亚湾石化区，该项目新建 150 万吨/年芳烃联合装置、130 万吨/年连续重整装置、160 万吨/年加氢裂化装置、40 万吨/年轻汽油醚化装置以及配套系统工程，2020 年 3 月 26 日，该项目顺利通过了基础设计审查。位于浙江省舟山隶属于民营企业荣盛石化的浙江石化二期项目建设安装进入高峰期，预计 2021 年投产，项目总投资 1731 亿元，建成后主要生产规模炼油 4000 万吨/年，芳烃产能 1040 万吨/年，乙烯产能 280 万吨/年。

炼化一体化项目建设呈现三大特点：第一，随着油气体制改革不断推进，炼化领域进一步开放市场，引进民营企业、外资等多种市场竞争主体，竞争有利于提升企业的管理能力和盈利能力。第二，新兴民营企业主导这一轮炼油投资热潮，中国炼油产能的增量主要来自三方面——一是大型民营纺织企业为解决原料瓶颈进行的逆向一体化炼化扩张；二是市场竞争越来越激烈，市场主体越来越多，行业外新投资主体纷纷涌入；三是国有炼油企业进行基地化扩能，规模化趋势明显。第三，中国炼油行业新一轮扩张聚焦转型，企业利用自身优势提高竞争力，实现油品向化工品转型，通过建设先进产能，淘汰落后产能，提高产业集中度，实现产业升级，并且积极与外资合作促进炼化产业转型。

（二）技术与设备发展分析

2020 年，中国炼油技术稳步发展，总体达到世界领先水平，炼油技术发展主要围绕劣质重油加工、清洁燃料生产、新型催化剂等方面，研发投入正在逐渐加大。

中国炼油设备发展不断推进，主要在提质增效、环保等方面取得了不错的成绩，但设备管理和维护问题仍然存在。下面分别对2020年中国技术和设备的发展现状进行分析。

1. 2020年中国炼油技术稳步发展，高尖端生产技术不断攻克

中国炼化工业已形成完整的技术体系，国内外围绕劣质重油加工、安全环保持续升级、化工原料需求旺盛等要求，炼油技术在劣质重油加工、清洁燃料生产、炼油向化工转型等方面取得持续发展。通过不断自主创新、科研攻关，开发和引进相结合的方式，中国炼油技术已经实现了跨越式发展，总体上达到了世界先进水平，部分处于世界领先水平。中国已具备自主建设现代化炼油千万吨级大型成套装置的工程技术能力，拥有生产相当于欧Ⅴ、欧Ⅵ质量标准汽柴油的核心技术，在重油和渣油加工、高含硫原油加工等多项技术领域与国际同步。另外，中国炼油所需的催化剂已实现自给，部分外销出口。中国炼油工业已拥有一批具有自主知识产权的核心技术和专有技术，部分技术已实现出口转让，如今中国一些大炼厂已具备加工世界上160多种来自不同国家、不同性质原油的能力，综合加工能力、深加工能力虽大大加强，但整体炼化技术实力与发达国家相比还存在差距。另外，除了在传统的重质劣质油加工、清洁燃料生产等技术方面努力外，中国应当积极关注攻克国防、航天等尖端工业的合成润滑油基础油生产技术，高纯度氧化铝等催化新材料制备技术，高端化工品生产等卡脖子技术。

总体来看，2020年中国炼油技术发展重点围绕劣质重油加工与高效转化技术、清洁燃料生产技术、新型催化剂技术等方面，研发投入力度也在逐渐增大，相较2019年，国内几大石油公司纷纷加大了技术研发投入，2020年前三季度中石油、中石化和中海油的研发投入分别为1041400万元、744800万元和55200万元。2020年，中国炼油技术又取得了新的进展，下面从三个方面列举2020年中国炼油技术的新进展。

（1）劣质重油加工与高效转化技术。

①劣质重油高效催化裂解（RTC）技术。

催化裂解是对重质油进行高温催化裂解生产丙烯、乙烯等低碳烯烃，同时兼产高辛烷值汽油。该技术的最大痛点在于不可直接加工劣质重油。2020年9月，中石化自主研发的RTC技术宣布开发成功，该技术以劣质重油为原料生产丙烯、乙烯及

高辛烷值汽油，破解了利用劣质重油生产丙烯、乙烯的世界难题，与国内外重油催化裂解（DCC）技术相比，RTC 技术具有更好的乙烯、丙烯选择性和更低的焦炭选择性。

该技术主要创新点：一是基于对催化裂解过程反应化学、过程强化以及加氢渣油分子水平的新认识，开发了独特结构、可控性优异的反应器，使以往无法加工的劣质重油得以从容加工；二是独特结构的反应器使生产反应过程的选择性大大提高，不仅可提高乙烯和丙烯产率，同时还降低焦炭产率，提升了汽油品质。2020 年 1 月，RTC 技术在中国石化安庆分公司 65 × 104 吨/年催化裂解装置上一次开车成功，在高掺渣比原料情况下，产物中的乙烯和丙烯产率比原有工艺分别提高 0.5% 和 2% 以上，焦炭产率下降 0.5%，同时汽油烯烃含量也明显降低，辛烷值有所提高，展示了 RTC 技术良好的工业应用效果。RTC 技术试验期间，反应温度首次达到 583℃，装置极限卡边操作；首次实现原料油上下喷嘴在线无扰动切换；首次实现新型再生剂冷却器在线投用。相较于原有工艺，RTC 技术在采用掺混不同比例的劣质重油作为原料时，加工每吨原料可增加效益 65 ~ 105 元，为炼化企业带来显著的经济收益。

RTC 技术的成功开发，不仅拓宽了石油化工行业生产烯烃的原料来源，而且具有更好的产品选择性和产品性质，实现了重质原油的高值化利用。与 DCC 技术相比，RTC 技术不仅提高了液化气产率，而且提升了液化气中的丙烯浓度和干气中的乙烯浓度，焦炭产率明显降低，并同时改善了汽油性质。

②俄罗斯渣油加氢技术。

俄罗斯原油属于含硫中间基原油，杂质含量较高，加工难度大。2020 年，中石油自主研发的俄罗斯渣油加氢技术已在大连石化成功完成工业应用试验，将为锦州石化、锦西石化和吉林石化等增炼俄罗斯渣油、转型升级提供有力技术支撑。

该技术主要创新点：一是分析了俄罗斯渣油中硫、氮和沥青质等化合物的分子结构特点，发现氮化物和稠环类化合物分子量偏高、高不饱和度杂原子化合物丰度高是造成俄油加氢脱氮率和残炭转化率低的原因，提出了强化脱氮催化剂加氢饱和性能实现深度脱氮、脱残炭的技术思路；二是创新活性组分与浸渍助剂相互作用的调控方法，增加Ⅱ类加氢活性相的比例，优化 B 酸/L 酸比例，提高了催化剂的加氢性能和抑制结焦能力，实现深度脱氮脱残炭和长周期之间的协调统一，各项产品性质均满足设计要求，催化剂寿命预计超过设计值 30%；三是构建俄罗斯渣油加氢转化反应网络，定制开发了俄罗斯渣油加氢提温模型，实际温度与预测值偏差小于

1%，精准指导工业运转，为装置安稳运行提供保障。

俄罗斯渣油加氢处理技术在大连石化已平稳运转超过12200小时，超过设计运行周期，催化剂活性和稳定性性能优异。对于原料ω（S）≤0.30%、ω（N）≤2300μg/g、ω（CCR）≤5%、ω（Ni+V）≤12μg/g的俄罗斯渣油，初期、中期、末期标定结果表明，各项产品性质均满足或优于产品指标要求。

③煤焦油沸腾床加氢裂化技术。

2020年7月，中国首套50×104吨/年中低温煤焦油STRONG沸腾床加氢裂化装置开车成功，该装置完全采用中石化自主研发的煤焦油STRONG沸腾床加氢技术，可提高液体收率15%以上；同时，在国际上首次实现微球型催化剂连续化工业生产，有利于中国煤焦油加氢行业提质增效和转型升级。

该技术主要创新点：一是相比传统加工技术，可提高液体收率15%以上，同时大幅降低能耗；二是该套装置使用的FEC-10微球型催化剂为全球首次实现微球型催化剂连续化工业生产，攻克了金属脱除、胶质和沥青质加氢全转化及装置长周期运行等难题，大幅提升了装置的经济效益。

（2）清洁燃料生产技术。

①烯烃定向转化（CCOC）技术。

中石油围绕国Ⅵ汽油质量升级开展联合攻关，研发了深度降烯烃的CCOC工艺技术及配套烯烃催化剂，开辟了新型降烯烃反应模式，成功破解了降烯烃和保持辛烷值这一制约汽油清洁化的科学难题。在庆阳石化、兰州石化等企业已成功实现工业应用，油品质量满足国ⅥA和国ⅥB车用汽油标准。

该技术主要创新点：一是通过对催化汽油不同馏程下的烯烃分布分析和可裂化性能评价研究，开发了高烯烃催化汽油分子在催化剂上优先吸附裂化反应技术，强化烯烃分子的动力学反应，达到降低汽油烯烃的目的；二是通过采用硅铝羟基聚合反应控制及酸性位定向引入技术，低成本合成了大孔酸性载体材料，辅以离子配位改性技术，经减活处理后的材料比表面积保留率由20%提高到85%；三是通过降烯烃工艺和降烯烃催化剂的组合应用，催化混合汽油烯烃含量下降3.3%，汽油研究法辛烷值（RON）不降低，成品汽油烯烃含量下降2%，干气和焦炭产率增加小于0.3%，解决了降烯烃与RON下降的矛盾。

②柴油吸附分离技术。

由中石油中国昆仑工程有限公司与中海油天津化工研究设计院共同开发的柴油

吸附分离技术，在山东滨化滨阳燃化有限公司 40 万吨/年工业示范装置成功应用，标志着首套柴油吸附分离技术工业应用取得成功。

该技术主要创新点：一是实现了专有柴油馏分吸附分离工艺、专有高吸附容量吸附剂、吸附分离专利格栅装备、吸附分离专用控制系统等 4 项重大技术创新，形成特色鲜明的油品分质加工平台成套技术；二是该技术有机衔接了炼油、芳烃、烯烃和高端化工品领域，为下游产品加工路线的选择开辟了空间，使上下游加工流程更加优化、更有弹性，高度契合了炼化产业发展趋势。

（3）新型催化剂技术。

①催化裂化催化剂成套技术。

2020 年 6 月，中油（长汀）催化剂有限公司 1.5 万吨/年分子筛装置打通全流程，生产出了合格产品。该公司采用中石油的催化裂化催化剂成套技术，量产优质的分子筛和催化剂产品，过程环保节能、产品质稳性优。

该技术主要创新点：一是集成了 1.5 万吨/年高效节能分子筛制备工艺技术、中国最大成胶反应釜（25 立方米）技术、5 万吨/年喷雾干燥成型技术、灵活精准混仓调配技术、氨氮回收、污水处理、盐回收等技术，自主开发建成了 5 万吨/年大型催化裂化催化剂成套生产装置。二是首创环保型高性能系列分子筛合成和改性技术，中国首次工业合成了结晶度高达 95% 的 Y 型晶体结构分子筛的钠型（NaY），投料氧化钠减少 30%，盐类排放降低 15%；采用创新高效改性工艺，使改性元素全部定位于分子筛方钠石笼，污染物降低 60% 以上，改性元素利用率大幅提高，在分子筛晶胞降低 0.1A 的同时，结晶度提高 5 个单位以上，活性提高 45%，解决了传统分子筛低晶胞与高活性相互制约的技术瓶颈。三是开发了新一代高性能催化剂制备技术，采用新开发的高性能分子筛，结合催化剂酸性与堆比优化技术，在分子筛含量降低 34% 的同时，催化剂 17 小时活性提高 20%，解决了低分子筛含量与高活性、大孔体积的矛盾。

②PHK－101 航煤加氢催化剂。

2020 年 8 月，中石油自主研发的 PHK－101 催化剂在宁夏石化 40 万吨/年航煤加氢装置成功实现工业应用。该催化剂以脱硫、脱氮、改善油品安定性为主要目的，具有加氢活性高、催化剂成本低、开工过程快速环保等特点。

该技术主要创新点：一是首次提出利用多元醇类助剂与磷元素的协同效应机制，在二氧化钛－氧化铝（$TiO_2-Al_2O_3$）复合载体上构建适宜堆积层数和晶片长度的二硫化钼（MoS_2）晶粒，提高硫化态镍（Ni）、钼（Mo）表面原子浓度，催化剂脱氮活性提高60%以上，攻克了传统航煤加氢催化剂低温条件下脱氮活性低、产品安定性差的难题；二是首次以真硫化态催化剂用于宁夏石化40万吨/年航煤加氢装置开工，开工时间从过去的40小时以上缩短到6小时，创造了同类装置开车成功的最快纪录，同时避免了二甲基二硫（$C_2H_6S_2$）、二硫化碳（CS_2）等危化品的使用，克服了装置开工过程耗时长、不环保的弊端。宁夏石化40万吨/年航煤加氢装置自开工以来装置运行平稳，以常一线为原料，在反应压力1.50兆帕斯卡、反应温度240摄氏度、氢油体积比150∶1条件下，产品硫醇硫1.03μg/g，硫含量3.10μg/g，产品质量完全满足《3号喷气燃料》国家标准（GB 6537－2018）要求。

③GARDES－II和M－PHG系列硫化态催化剂。

免活化硫化态加氢催化剂与传统的器内硫化和载硫型器外预硫化技术相比，具有环境友好、开工时间短、经济效益显著等优势。中石油采用的GARDES－II及M－PHG系列硫化态催化剂分别在呼和浩特石化120万吨/年及庆阳石化100万吨/年催化汽油加氢装置成功应用，产品满足国Ⅵ标准，硫含量<10μg/g、烯烃体积分数降幅$>10\%$、辛烷值损失<1.50，同步实现了催化汽油深度脱硫、降烯烃和保持辛烷值，整体技术达到国际先进水平。

该技术主要创新点：一是将催化剂硫化过程与钝化工艺有机耦合，在制备具有高加氢活性硫化态催化剂的同时，创新性地利用硫化反应产物的副反应，在硫化态催化剂表面适度积碳，丝状碳既可以部分覆盖加氢活性超高的配位不饱和硫原子，又不会造成催化剂失活，实现硫化态催化剂加氢活性不降低，开工和催化剂钝化时间大幅缩短，运输装填过程无安全风险的“三元一体”效果。二是应用结果表明，开工过程省去氮气干燥和器内硫化等环节，缩短开工时间120小时以上；开工过程安全环保，无酸性废水、酸性废气排放；与传统器内硫化方式相比，节约开工费用500万元以上，在开工时间、安全环保、开工成本等方面优势显著。该技术可推广应用至加氢裂化、加氢精制、渣油加氢等全系列加氢催化剂硫化生产领域，尤其适用于催化剂撇头等快速换剂场合。

2.2020年中国炼油设备发展不断推进，管理与维护仍存在问题

炼油设备是石油炼化行业的重要组成部分，炼油设备主要包含冷凝器、电控柜、燃烧室、破碎机、除尘器、液封、油罐、冷却塔等各个部件。总体来说，中国不断

进行自主创新，先后开发出了顺丁橡胶、异戊橡胶生产技术，乙烯及芳烃成套技术装备，千万吨炼油装置国产化率超过95%、百万吨乙烯装置国产化率达到90%左右，许多技术装备打破了国际垄断，达到或接近世界先进水平。随着国内炼油化工设备技术水平的不断提升，一方面加快了行业进口替代，另一方面加快了产品出口，原先不少主要依靠进口的石化产品实现了进口替代。2020年，中国炼油相关设备装置发展又取得了不错的成绩，但设备管理和维护方面的问题仍然存在，下面进行详细阐述。

2020年，中国在炼油设备装置方面又有了很多新的进展，表2－2列举了15项2020年新的炼油相关设备装置专利。通过这些专利可以看出，2020年新的设备装置技术特点主要关键词有杂质过滤、效率提升、油品质量提升、减少环境污染、缓解工作人员疲劳等，这些技术特点正是顺应了中国炼油产业提质增效、注重环保的整体行业发展要求。中国要积极推动将这些相关新设备、新装置运用到炼油企业的实际生产中，使中国炼油产业朝着更高效、更清洁、更安全的方向发展；中国要积极学习国外先进炼油设备技术，顺应全球发展形势，不断自主创新，推进中国炼油设备技术又好又快发展。

表2－2　2020年炼油装置相关专利授权信息

专利名称（专利号）	授权公告日	专利技术特点
一种杂质过滤及过滤道防堵塞便于清洗的炼油装置（CN201811290741.2）	2020－10－30	对没有进行加工的原油进行过滤；预防主体的原油进口堵塞；提高原油加工质量、预防原油杂质对炼油设备的腐蚀
一种用于热解炼油设备中的液压进料系统（CN202020084025.5）	2020－10－16	减轻工人工作量；提高工人工作效率
一种用于热解炼油设备中的密封出渣负压输送系统（CN202020085613.0）	2020－10－16	在排渣的时候减少对环境污染
一种用于炼油化工污水水样的抽样设备（CN202020169844.X）	2020－09－25	便于根据实际污水池内的污水进行稳定的取样采集；便于握住U形杆带动收集盒移动、避免污水洒溅
一种用于环保炼油设备的油气净化装置（CN202010643780.7）	2020－09－25	该装置可将炼油时产生的热的油气进行冷凝，使油气中的油滴冷凝落下，并且在冷凝后对油气进行燃烧处理，除尽油气中的油滴，避免排放的废气中存在油滴而污染环境
一种炼油设备的过滤装置（CN201921767820.8）	2020－08－11	能够最大限度地保证油品的流动性，使油品全面接触到两组反渗透滤层与泡沫铁镍层进行过滤，并且能让炼油设备产出的油品得到最全面快速的过滤，实用性更强

续表

专利名称（专利号）	授权公告日	专利技术特点
一种用于石油化工的炼油过滤设备（CN202010220465.3）	2020-07-17	该技术解决了由于传统滤布的过滤效率低下，难以满足实际的过滤需求，而且密封板为间歇式打开，难以连续对石油进行过滤，给使用带来不便的问题
一种连续性炼油设备用的中和器（CN201921049719.9）	2020-07-14	本实用新型使用时首先从进气孔进入氯等酸性气体，然后经过中和液的中和，再从出气孔排出，使气体进入燃烧机，当酸碱显示计显示酸性时，进中和液孔的电磁阀打开，使中和液进入其中进行中和，之后产生的盐液会从放盐液孔放出，然后经过烘干做成工业盐，使整套设备没有废水废气排出，达到了无污染的目的
一种炼油设备（CN202010239984.4）	2020-07-10	该设备能够对罐体进行降温散热、避免油因高温变化导致罐内出现大量的泡沫；该设备既能够将泡沫割破，防止泡沫过多溢出导致油的浪费，也能避免油与泡沫接触发生化学反应，使油的品质不受影响
一种燃料型炼油设备（CN202010278932.8）	2020-06-26	该设备能够使原油在加热炉内部受热时温度上升得更加精确，以便对在不同温度下蒸发的烃类化合物进行分类收集；能够避免不同温度下蒸发的烃类化合物在收集过程中相互混合，从而大大提高液体产品质量，有利于环保
一种常减压设备用塔顶注入炼油助剂装置（CN201921267749.7）	2020-06-09	本实用新型通过设置密封垫、第一卡块以及第二卡块，密封垫与进水口以及连接口的连接处贴合，实现了对进水口与连接口连接处的密封，增加了密封效果，解决了进水口与连接口的连接处密封性差的问题，设置了第一插块、第二插块以及安装杆，实现了第一连接块与第二连接块的快速安装，拆卸简单，易于使用
一种炼油设备中的在线喷油装置（CN201920809045.1）	2020-03-31	该装置能够有效避免炼油设备中的压缩机内部工艺出现高温结焦现象
炼油生产用废气收集设备（CN201911114861.1）	2020-02-21	设备使挡片以转轴为圆点进行转动，并使挡片不再抵压插销，第一弹簧弹性形变恢复，第一弹簧抵压限位块，使限位块带动插销移动，提高装置的便捷性，同时便于对清扫块进行更换
便于去杂质的炼油生产设备（CN201911091613.X）	2020-02-18	该装置加快了油液杂质分离的速度，提高了生产效率
一种炼油行业换热器高压水清洗设备（CN201920907730.8）	2020-01-21	本实用新型杜绝了清洗过程对施工人员的人身伤害；解决了施工人员的疲劳问题，实现了自动清洗，提高了清洗效率

资料来源：公开资料整理。

在新时期炼油设备越来越复杂的背景下，设备维修的难度和成本也越来越高，降低设备维修难度和成本是提升中国炼油设备发展水平亟待解决的问题，炼油企业在生产过程中仍然存在管理和维护不到位等现象，提高管理效率、加强检前维护对中国炼油设备的发展至关重要。

（1）设备管理机制不够完善、管理机构设置不够科学、设备管理不够集中。随着中国经济体制改革的深化和国际竞争的加剧，原来的设备管理制度已不能适应现有的企业要求，虽然中国通过借鉴国外先进管理经验建立了一些基础的设备管理制度，但还是远远不够。一般设备管理机构为职能型组织机构，负责企业内部的控制、指挥与协调，经常和生产、工艺、质量等部门的工作产生矛盾和冲突。炼厂使用的设备有大型化和集约化的特点，设备需求量大，但在设备的购进环节上缺少统筹规划，很多企业在采购设备时，没有根据实际生产发展需要适时恰当地购买所需设备，造成部分设备闲置，而部分设备却处于超负荷运转状态，使设备故障增多，增加了炼化企业的运营成本。

（2）炼化设备磨损、腐蚀等现象依然严重，使用过程中存在维护不当等问题，防腐检测技术虽有所发展但仍有待改进；炼油设备在使用过程中，长期受到外界自然环境和生产腐蚀的双重影响，设备极易出现磨损、生锈、腐蚀等现象，其中腐蚀现象最严重，设备腐蚀部位也呈现多样化的特点。轻微破损设备不能进行及时的维护、保养，设备超负荷运转等情况不仅使设备故障率较高，缩短了设备的寿命，影响生产效率，还存在极大的安全隐患。另外，由于炼厂各个厂区的设备差异较大，造成管理困难、维修不便、互换性较差，由此造成严重的资源浪费。针对较为严重的腐蚀问题，中国也做出了很多努力，并取得了一定的效果，炼油设备工艺防腐技术正在不断完善，一脱四注炼油工艺不断发展，在未来能够很大程度上改善炼油设备腐蚀情况。同时，在线腐蚀监测技术也不断发展，很多仪器工具和新型理论方法都运用到腐蚀监测工作当中，而且也收获了不小的成效，如广泛应用的 pH 探针等，能快速发现腐蚀问题，再通过专用数据服务器汇总分析，对炼油设备防腐管理产生了非常大的影响。另外，一些企业还利用互联网资源建立起腐蚀数据库管理系统，通过新型科技应用，使腐蚀数据得到了更加规范化的管理，更有利于企业进行设备检测和维护。但是，这些设备和技术在运用时还会有一些问题，在未来还需要不断攻克技术难关，防腐技术的不断改进能够为炼油设备注入新的发展生机。在炼化行业向大型化、规划化转型的推动下，炼油化工设备行业技术水平实现快速上升，但由于中国炼油化工机械行业生产企业规模普遍较小，缺乏绝对的大型龙头型企业，因此产业集中度仍然较低，行业内排名前十的企业仅占整个市场的30%左右。

（三）经营与管理发展分析

2020年，中国炼油行业企业注册数量下跌为零，上半年炼油行业营业收入利润率为-1.51%，相比2019年末下跌3.86个百分点，炼油企业效益下行压力增加。受新冠肺炎疫情影响，2020年炼油行业利润呈现触底反弹的趋势，效益在4月触底，5月开始回升，但总体效益非常不理想。2020年，政府在安全与环保方面的监管力度持续增加，行业安全与环境问题仍然很突出，炼油企业必须强化安全清洁生产过程。2020年，数字化技术不断推动炼油企业向智能化转型，国内几大国有企业已经有了比较好的示范，但中国炼油企业智能化水平与发达国家相比还存在差距，在发展过程中也有很多难点亟待攻克，中国炼油行业要实现智能化转型还有很长的路要走。下面分别从行业效益、安全与环保水平、数字化建设进度三个方面对2020年中国炼油行业的经营与管理发展情况进行分析。

1. 2020年上半年中国炼油行业企业注册数量骤减，行业经营利润触底回升

在国民经济行业分类中，中国精炼石油产品制造行业有5000余家企业，2017年之前相关企业的年注册数量逐年递增，但在2018年十部委联合发文整顿炼油产业后，近两年注册量大幅下滑，2019年新注册企业仅20家，2020年新增企业数量为零。从地区分布来看，山东省以668家企业排名第一位，辽宁省、河北省分居第二、第三位。

2020年上半年炼油行业效益整体亏损，但呈现触底回升的趋势。炼油行业效益在4月触底，5月开始回升，6月回升明显加快。截至6月底，炼油业规模以上企业共1090家，盈亏相抵后累计亏损244亿元，亏损额较前5个月减少170.50亿元，利润回升呈加快趋势。1—6月，炼油业营业收入利润率为-1.51%，降幅较1—5月缩小1.59个百分点，利润率较2019年的2.35%下跌了3.86个百分点，行业盈利能力显著下降，究其原因主要是受新冠肺炎疫情影响。

如图2-6所示，从炼油行业利润总额数据来看，2017年之前炼油行业利润呈增长趋势，而2017年之后利润总额逐渐下滑，下滑幅度逐渐加大，2019年跌幅达到42.1%。受行业自身经营效益下行和新冠肺炎疫情的双重影响，2020年上半年中国炼油行业利润率跌为负值，炼油行业经营效益下行压力增大。以中石油为例，中

石油炼油与化工板块2020年前三季度经营亏损16.68亿元，比2019年同期的90.04亿元下降118.5%，其中炼油业务经营亏损82.70亿元，比2019年同期的52.81亿元下降256.6%。

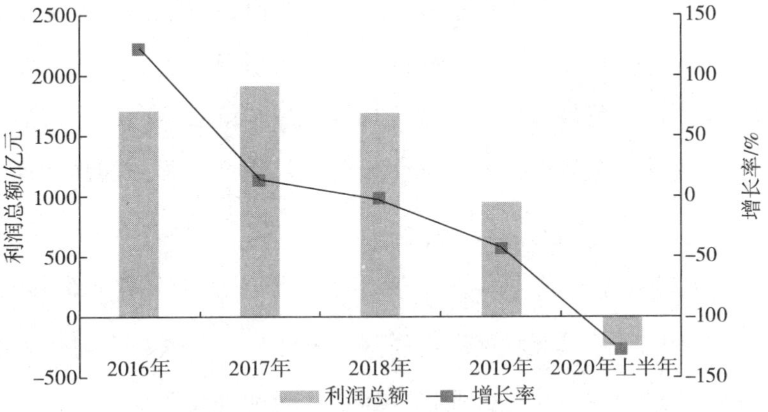

图2-6　2016—2020年上半年中国炼油行业利润总额及增长率

数据来源：前瞻产业研究院数据整理。

2. 2020年中国炼油行业监管压力增大，安全与环境问题仍很突出

2020年，中国炼油和石化行业的重点和挑战集中在减少污染物排放上，中国政府高度重视炼化行业的安全环保监管，密集制（修）订出台了《中华人民共和国安全生产法》《中华人民共和国环境保护法》《能源行业大气污染治理方案》《石油炼制工业污染物排放标准》《打赢蓝天保卫战三年行动计划》等一系列行业监管与安全环保政策法规，对炼化行业的安全环保发展和污染物排放要求更加严格，监管也愈加严厉，企业面临的环境保护与安全生产压力不断加大。

在监管越发严厉的大背景下，炼油行业安全与环境问题仍然很突出。炼油行业是典型的高污染、高排放行业，炼化过程中产生的氮氧化物和二氧化硫等废气对大气环境产生严重威胁，随着中国原油对外依存度的不断提高，炼油和石油化工排放二氧化碳在石油工业中的比重不断增加，已超过60%。炼油厂的规模、原油品质、加工深度、油品标准、设备和管理水平都会显著影响炼厂排放水平。另外，炼油行业生产工艺技术复杂，运行条件苛刻，具有高温高压、易燃易爆的特点，安全风险较大，污染性较强，而部分炼化企业还存在安全管理意识不足、员工培训不到位、安全管理执行力度不足等问题。2018年以来，中国陆续发生了几次重大安全事故，尤其是2019年3月响水化工厂大爆炸事故造成78人死亡；2018年11月28日的张家口化工厂爆炸事故造成23人死亡；2018年11月4日的福建泉港碳九芳烃泄漏事故造成6.97吨碳九芳烃泄漏，造成重大损失和恶劣影响；2020年1月14日，广东珠海高栏港一化工厂发生爆炸，该公司在事故前就被发现存在高达15项安全隐患；2020年4月21日，位于江苏连云港市赣榆区城头镇的一家化工厂发生火灾，引起了非常高的舆论关注，行业的安全环保问题已处于风口浪尖。炼化行业想要顺应国家安全环保要求、减弱负外部性、实现可持续发展，就必须向安全清洁绿色生产转型，注重应用先进的安全环保技术，强化安全清洁生产过程，加强管理，提高管理效率。

3. 2020年中国数字化技术加快发展，推动炼油企业向智能化转型

随着以人工智能、移动互联网、物联网、云计算、大数据等为代表的新一代信息技术加速突破应用，石油化工行业也提出了“智能炼化”的概念，炼化企业在强化炼化一体化、大型化、规模化发展，能源和资源多元化的同时，也积极通过数字化转型达到提高炼厂生产经验效率和提高工作效率的目的。面对能源革命和能源转型加快推进的新形势新趋势，炼化企业必须有效利用数字技术，驱动业务模式重构、管理模式变革、商业模式创新与核心能力提升，实现产业的转型升级和价值增长。

国外智能炼化企业建设主要是横向供应链和纵向生产链的智能化建设，以及注重环保、节能、安全和资产的综合管理等方面；在运营管理上，国外炼化企业在企业组织系统上构架智能优化管理团队和技术团队，开发和应用先进的技术和软件，打造先进的智能优化工具，强化系统间集成提高智能优化效率，为企业带来了巨大的经济效益。中国炼化企业的智能炼厂建设整体水平较低，大部分炼厂还未达到智能工厂1.0的水平；虽然建设覆盖范围广、涵盖内容多，但各领域的建设从专业团队的组织架构、建设精度和先进程度方面与国外相比仍有较大差距。

国内几大主营炼厂在数字化转型方面已经小有进展。中石油经过20年集中统一的信息化建设，已经建成涵盖生产管理、经营管理、综合管理、基础设施和网络安全的80个集中统一的信息系统，实现了信息化从分散向集中、从集中向集成的两次阶段性跨越。中石油炼化企业的信息化建设平台依托Honeywell公司的分散控制系统（DCS）、制造企业生产过程执行管理系统（MES）、软件项目管理系统（RPMS）进行建设，在智能炼化纵向链的建设方面，依托中石油兰州石化有限公司重点建设了炼油装置三维建模，实施了“数字化工厂研究与试点应用”项目。作为中石油旗

下首个国家“智能工厂”和“人工智能应用”双试点的企业，中石油长庆石化有限公司已于2019年率先启动“两化融合”示范试点建设。中国石油石化企业将炼油生产自动化与信息化相结合，不断推动生产管理由数字化向智能化迈进。中石化九江石化分公司在国内首次采用核磁共振原油快速评价系统实现了对原油及中间馏分性质的快速评价，并将该系统在全流程优化中深度应用，提升了个人信息管理体系软件（PIMS）、遥感信息模型软件（RSIM）、超导磁系统（SMES）全流程一体化优化基础数据的准确性和敏捷性。在先进控制方面，九江石化主要以实现先进控制系统（APC）为主，已经实现了23套装置的先进控制系统安装。

从数字化发展来看，中国炼油企业在生产、管理、运营等方面还有以下几个行业“痛点”：供应方面，市场数据和内部供需信息主要依靠人工获取，效率低下；与供应商的沟通缺乏平台支撑，采购的预测也不够精准；生产过程中也缺乏有效的数据共享和集成，信息传递不畅影响计划的准确性与效率。运行保障方面，设备预防性计划体系没有实时准确的设备状态信息支持，安全与环保源头上缺乏有效的实时监控工具，无法及时预警与预报；没有完善的质检数据管理和发布工具，质量问题趋势分析以及合理的工艺改进建议工作有待加强。财务方面，没有建立共享的、全面的信息查询途径，财务分析困难，财务业务数据分散，无法满足财务业务一体化管理。只有逐步攻克这些难点，才能进一步推进炼油企业智能化进程，提升企业运营效率。

二、2021年中国炼油产业发展前景展望

2020年初中国暴发新冠肺炎疫情，对国内的炼油产业产生巨大影响。为了防止新冠肺炎疫情进一步扩大，各地对企业的生产和物流进行了严格管控，这对炼油化工企业化工产品的运输产生了一定的影响。展望2021年，中国国内新冠肺炎疫情将得到有效控制，中国炼油产业将加快发展。

（一）炼油产能发展前景展望

2020年，中国炼化产业存在布局分散、规模参差不齐、炼制成本高等弊端。炼化一体化逐渐受到重视，结合国家布局规划相关要求、区域资源、市场、环境承载力和空间物流条件，2021年炼化行情向园区化、规模化、同质化、低成本化方向发

展的速度将加快。除此之外，2021 年炼油行业将进一步加快产业供给侧结构性改革，优化资源配置和装置结构，推动燃料型炼厂向燃料—化工型、特色油品型炼厂转型发展。

1. 产业布局将进一步优化，逐步实现区域协调绿色发展

2021 年，中国将进一步加快人口密集区和环境敏感区企业搬迁入园工作，淘汰和引导落后产能有序退出，严格控制投资投产节奏，优化产业总体布局，实现区域协调、绿色发展。单一炼厂不具备竞争优势，如山东省独立炼厂占全国独立炼厂总产能的一半以上，但伴随着国内大型炼化项目竞相上马，国内成品油需求增速不断下滑等局面，山东独立炼厂整合将进一步加速。根据规划，山东石化产业将“压小上大”“压低上高”，逐步关停 300 万吨/年以下独立炼厂产能，再进一步关停 500 万吨/年以下产能。2021 年前完成整合转移的独立炼厂预计 11 家，以推动炼化一体化，发展高端及精细化工项目。随着民企产能的加速扩张，预计 2021 年中国炼油行业市场供给规模将达到 5.21 万亿元。随着下游需求不断增加，预计 2021 年中国炼油行业需求会增加到 4.7 万亿元，同比增加 0.5 万亿元左右；炼油产量预计增加到 8.1 亿吨，同比增加 0.6 亿吨左右；炼油销售量预计增加到 7.6 亿吨，同比增加 0.3 亿吨左右。

炼油向园区化转型，中国重点建设沿海七大石化产业基地，包括长兴岛、河北曹妃甸、江苏连云港、上海漕泾、浙江宁波、广东惠州、福建古雷。从规划来看，积极推进炼化一体化发展，建设炼化工业园区，提升高效益、高端精细化工，提高化工新材料发展水平，推动绿色石化产业的高效发展，是国内炼化行业前进的方向。纵观全球炼化行业发展，大炼化逐渐向集中园区化发展是化工行业未来的大趋势。

炼油逐步规模化发展，全球炼化行业已经形成美国墨西哥湾、日本东京湾、新加坡裕廊岛、沙特朱拜勒和延布石化工业园、荷兰鹿特丹、韩国蔚山等一批世界级炼化基地。国内方面，已经形成了环渤海湾、长三角地区杭州湾、珠三角地区惠州大亚湾等炼化企业集中区域。通过规划优化产业布局，从源头上破解产业发展的“邻避困境”，提高发展质量，推动行业高效、安全发展。国家发展改革委表示，要落实好石化产业规划布局方案，统一项目审批方式，并设定新建项目相关指标要求，其中单系列常减压装置原油年加工能力达到 1500 万吨及以上，乙烯装置年生产能力达到 100 万吨及以上等。促进石化产业转型升级和相关产业的发展，对拉动社会投

资和稳定经济增长也具有重要的作用。2021 年多个炼化项目将有序展开，包括浙江石化 4000 万吨/年炼化一体化二期项目、唐山旭阳石化 1500 万吨/年炼化一体化项目和盛虹炼化一体化项目等。

大型炼化规模化从初步的炼化一体化逐步转为炼油与石油化工在物料、能源、公用工程共享的模式，以提高炼化企业资源配置，有效地降低了产品生产成本，提高了炼化企业的整体盈利水平。未来，中国将逐步形成上海漕泾、浙江宁波、广东惠州、福建古雷、大连长兴岛、河北曹妃甸、江苏连云港等七大世界级石化基地。

炼油生产向同质化发展，从中国新建大型炼油化工一体化来看，普遍大幅压缩成品油产出收率，部分一体化企业成品油收率甚至低于 40%，同时大幅增加了化工原料级产品和精细化工产品的产出。与此同时，除炼化一体化之外，不建炼油装置，由蒸汽裂解乙烯直接向下游高品质化工产品延伸的方式已经出现端倪。比如，巴斯夫将在广东惠州建设 100 万吨/年的蒸汽裂解乙烯装置，作为该石化项目价值链的开端，后续将建立多套下游装置；此外，埃克森美孚也在积极采用原油直接裂解制烯烃的方式。同时，埃克森美孚在惠州的化工项目中，一期项目包括年产 120 万吨乙烯的灵活性进料蒸汽裂解联合装置、两条高性能聚乙烯生产线和两条差异化的聚丙烯生产线。未来，纯炼油向化工倾斜的速度将会加快，化工产业板块的同质化竞争压力也将越来越大。

按照中国大炼化项目的建设计划，都是大炼油、大烯烃、大芳烃的发展路线。尽管炼化行业正在努力“降油增化”，延伸下游产业链，但不可回避的是下游石化产品低端化、同质化的不容乐观的产品竞争前景。

炼油生产将更加低成本化，中国石化产业存在大而不强的问题，有一点突出的表现就是低端化工产品不良竞争，而高端、高性能化工产品却严重依赖进口。中国的消费现状已经对高端、高性能精细化工产品、新材料提出了较高的要求，发展高端、高品质化工已经成为行业重点。中国在大炼化项目上，尤其在民营大型炼化一体化项目上发展迅猛，基础化工产品由紧缺到过剩只会是时间问题。大炼化利用产业规模降低石化产品的生产成本，在保障下游高端化工项目稳定原料供应的同时，也将具备颇具竞争力的成本优势。大型炼化一体化原料供应完整，有具备成本优势的原材料及产品，势必有利于高端精细化工及化工新材料的发展。因此，大型炼化一体化低成本化既是趋势，更是优势。

在中央和地方政府出台的产业规划和政策下，2021 年中国炼化产业在安全、环保的前提下，会进一步向园区化、规模化、同质化和低成本化发展。

2. 结构调整进一步加快，将推动产业绿色发展

2021 年，炼油行业将进一步加快产业供给侧结构性改革，优化资源配置和装置结构，推动燃料型炼厂向燃料—化工型、特色油品型炼厂转型发展，结合区域优势，延伸特色产业链条，深度挖掘副产品综合利用潜值，加速单厂优化向区域协同优化转型，加速炼油产业清洁、低碳、循环化升级改造，驱动产业和产品结构的高端化、绿色化发展。

在结构调整过程中带动产业绿色化发展。结构调整的方向和目标是要达到适应市场发展需求的合理结构，包括优化调整产业结构、装置结构和产品结构，其重点在于调节柴汽比、完成油品质量升级、降低物耗能耗和实现最大化增值。2021 年，产业结构调整的方向将实现传统炼油向炼化一体化和油化结合方向转型升级。装置结构的调整是结构调整的重要手段，通过进一步完善二次、三次加工装置，以满足产业转型升级、油品质量升级、安全环保等方面的相关要求。通过装置结构的优化满足产品结构调整的需求，包括调节区域柴汽比以适应市场需求，提高高端油品和化工原料产品收率，实现低端副产品（催柴、油浆、石油焦等）的增值利用等。通过结构调整解决部分炼厂仍存在的物耗、能耗高，安全、环保水平差等方面的问题，提升行业总体绿色化发展水平。

（二）技术与设备发展前景展望

党的十九届五中全会提出“推动绿色发展，促进人与自然和谐共生”“坚持绿水青山就是金山银山理念”。石油炼化行业作为中国国民经济的重要支柱型产业，实现绿色发展的意义重大。这也说明，绿色发展是 2021 年中国炼化产业的发展新趋势。

1. 节能减排将进一步强化，资源利用效率将进一步提升

2021 年将继续强化节能减排：加强节能和“三废”治理，强化污染源头管控和末端治理相结合，源头强化原油资源清洁高效利用，末端强化“三废”集中处理和回收循环，首尾呼应实现产业节能、环保、绿色发展。通过加强政府监管力度提高资源利用效率，推广环境优化的工艺技术以及强化炼油过程节能和“三废”减排，进一步强化产业节能减排力度，促进绿色发展。

通过加强政府监管力度提高资源利用效率，推广环境优化的工艺技术以及强化

炼油过程节能和“三废”减排，进一步强化产业节能减排力度，促进绿色发展。具体来讲，在加强政府监管方面，通过政府督促企业严格执行环保法规相关要求；在提高资源利用效率方面，包括提高重油转化效率和轻油收率，降低油品存储损耗，合理回收利用炼厂气，加强“三废”回收利用等；在推广环境友好工艺技术方面，包括推广固体酸/离子液体烷基化技术，实施加热炉燃料脱硫净化技术，采用减少催化裂化烟气中二氧化硫（SO_2）和氮氧化物（NO_x）颗粒物排放的催化剂及工程技术，推广延迟焦化装置焦炭、污水和废气的全密闭处理技术等；在强化炼油过程节能和“三废”减排方面，包括强化炼油各生产单元联合和集成设计，合理利用蒸汽和低温热能，开展能量系统优化，采用精馏节能（高效塔内件和塔器）技术等，提高过程节能水平；推行源头控制和炼油污水深度处理，实现重复利用，降低炼油水耗，污水近零排放；采用先进的设备和材料进行精细化管理，利用泄漏监测与维修程序等控制挥发性有机污染物排放；加大对动力锅炉烟气、催化裂化再生烟气的脱硫脱硝和除尘治理；对活性污泥、含油废渣等进行无害化处理，分类处置炼油废催化剂，回收金属组分，减量填埋处理。

2. 创新力度将持续增大，绿色炼油技术将是研发与应用重点

创新绿色炼油技术是持续推动炼油产业绿色可持续发展的原动力。2021 年，在国际大环境影响下，一方面，中国炼油技术原始创新力度将进一步加强，重点发展方向包括开发新型催化材料、推广分子炼油技术等。另一方面，工艺技术研发及先进工艺技术的推广力度将会加大，包括油品质量升级技术，重点发展方向如固体酸烷基化、离子液体烷基化、催化柴油高效转化等；重油高效转化技术，重点发展方向如长周期运转固定床渣油加氢与催化裂化高效组合技术，沸腾床渣油加氢裂化技术、浆态床渣油加氢技术等；过程清洁化技术，如全封闭延迟焦化技术；新型制氢及组合技术，如硫化氢制氢技术，渣油制氢技术（组合技术）等；油化结合技术，如轻烃催化裂解技术等；环保节能技术，如挥发性有机物（VOCs）治理，温室气体减排技术（温室气体捕集回收分离技术），二氧化碳（CO_2）捕获及合成化学品（如甲醇、二甲醚等）技术等。此外，2021 年在炼油企业将更加注重战略性技术的研发与应用，包括油煤混炼、油煤气混炼、油煤气生物质混炼及耦合技术等。

（三）经营与管理发展前景展望

2021 年炼油行业的经营管理将更加完善。智能炼厂建设将成为产业转型的重要

推动力，除此之外，绿色管理体系也是2021年炼油产业绿色发展不可或缺的重要组成部分。

1. 智能炼厂建设进一步加快，将推动炼厂向智能型转变

智能化、数字化炼厂既是炼油产业发展的必然趋势，也是炼油产业绿色发展的重要组成部分。通过推动工业互联网、电子商务、智慧物流等在炼厂的应用，实现炼油产业在物流采购、生产控制、经营管理、设计研发、市场营销等全链条的智能化，推动企业向智能型转变和绿色化发展。

2021年，炼厂智能化建设将重点涉及生产运营、安全环保、一体化管理等方面。在生产运营方面，通过集成生产、管理信息系统实现生产运营管理的数字化、可视化，进一步优化资源利用；在安全环保方面，通过实时监测预警和专家远程技术诊断，提升安全环保水平和应急指挥能力，实现污染物、危化品等全生命周期跟踪、调控，保障生产装置安稳高效运行；在一体化管理方面，通过对原油选择、调配、加工、油品调和生产链的优化管控，以及供应链、产业链、价值链的协同优化，实现一体化、智能化生产制造。2021年，通过开发共享上下游协同优化，有望实现炼油企业与智慧园区、智慧城市协同发展。

2. 绿色管理体系将进一步健全，加快绿色标准体系制定

根据中央和政府部门提出的政策及规划，2021年炼化产业将进一步健全炼油产业绿色发展标准管理体系，加快绿色产品、绿色工厂等标准体系制定、实施、评估与管理，构建绿色产品、绿色企业等绿色品质标签，以绿色管理理念驱动形成绿色生产方式，引领产业绿色发展。炼油产业绿色体系的建设需通过指标管理体系的建设实现，可具体分为结构性指标体系和量化指标体系，从宏观和微观两个层面评价炼油产业和各炼油企业的绿色发展水平。

炼油产业提升绿色化发展水平的过程也是炼油产业践行高质量发展的过程。站在新时期，在国家石化产业规划布局和绿色发展的政策指引下，优化产业布局、加快结构调整、强化节能减排。

第三篇

成品油价格与批发

2020年，中国成品油市场受政策调整和新冠肺炎疫情影响，成品油零售价格和批发价格发生了巨大变化。一方面，成品油零售价格持续下调，并多次触发成品油地板价保护机制；另一方面，国内成品油价格也与国际原油价格愈加紧密联动，总体呈现前跌后涨的态势。而在成品油批发市场，受宏观和行业政策影响，市场呈现出较为明显的区域特征，成品油批发市场价格总体呈现下降趋势，汽油、柴油呈现不同的分布。

2021年，预计国际原油价格呈现中低位波动，国内成品油在政府指导价和供求关系综合影响下，整体价格可能较2020年略有小幅上升，总体呈现年初上行年末下行，保持中低位波动趋势。中国成品油价格批发走势呈现震荡前行趋势，批发市场主体将会多元化，进一步加剧成品油批发市场竞争局势，从而催生新的批发商业模式，批发市场将主要向多元化、差异化、竞争化、合规化方向发展。

一、中国成品油零售价格现状与前景展望

2020年，成品油价格处于政府指导价管理阶段，上半年受新冠肺炎疫情、国际原油价格暴跌影响，成品油价格持续下调，并多次触发成品油地板价保护机制。随着中国原油进口对外依存度不断攀升，国内成品油价格也与国际原油价格联动愈加紧密，总体上中国成品油价格与西得克萨斯中质原油（WTI）价格变化趋势更为相近。2020年成品油价格遵循市场供求关系变化，总体呈现前跌后涨的态势。2021年进入后疫情阶段，预计国际原油价格呈现中低位波动，国内成品油在政府指导价和供求关系综合影响下，整体价格可能较2020年略有小幅上升，总体呈现年初上行年末下行，保持中低位波动趋势。

（一）2020年中国成品油零售价格现状分析

2020年，中国现行成品油价格机制仍以政府定价为主，挂靠国际油价。受年初

新冠肺炎疫情冲击，国际油价出现大幅下跌，成品油触发地板价保护机制。2020 年全年调价共计 25 次，其中 12 次不作调整。总体来说，中国成品油价格与 WTI 价格变化趋势更为相近，成品油价格与成品油供求关系紧密相关，呈现前跌后涨的态势。展望 2021 年，预计中国成品油价格将大概率呈现在中高位震荡的态势。

1. 2020 年成品油零售价格监管政策分析

2020 年，中国现行成品油定价机制主要包括政府定价和成品油消费税两个部分。中国现行成品油定价机制是政府根据国际油价行情确定，挂靠布伦特、迪拜和米纳斯三个国际油种，采用这三地原油现货价格的加权平均值，即布伦特、迪拜、米纳斯三者之比为 4∶3∶3。成品油的定价以原油成本定价为基准，加上关税、消费税、增值税、运费、炼油成本和利润空间等，共同形成中国成品油零售基准价。

当国际市场原油价格低于 80 美元/桶时，按正常加工利润率计算成品油价格；高于 80 美元/桶时，开始扣减加工利润率，直至按加工零利润计算成品油价格；高于 130 美元/桶时，按照兼顾生产者、消费者利益，保持国民经济平稳运行的原则，采取适当财税政策保证成品油生产和供应，汽油、柴油价格原则上不提或少提。国家对成品油实行的是最高限价机制，即国家发展改革委规定最高零售限价，各企业可在最高限价之下自行定价，同时设置了调控的上下限：调控上限为 130 美元/桶，下限为 40 美元/桶，即当国际市场油价高于 130 美元/桶时，汽油、柴油最高零售价格不提或少提；低于 40 美元/桶时，汽油、柴油最高零售价格不降低；在 40 ~ 130 美元/桶运行时，国内成品油价格机制正常调整。

根据《石油价格管理办法（试行）》的规定，国内汽柴油价格根据国际市场原油价格变化每 10 个工作日调整一次，调价生效时间为调价发布日 24 时，当调价幅度低于 50 元/吨时不作调整，纳入下次调价时累加或冲抵。此办法通过市场发现和形成价格，逐渐让市场因素在油气资源配置中发挥决定性作用，成品油价格市场化进一步加速。

截至 2020 年 11 月 4 日，受国际油价震荡下跌影响，中国成品油价格挂靠的国际市场原油前 10 个工作日平均价格低于 40 美元/桶。根据《石油价格管理办法》和《油价调控风险准备金征收管理办法》中的有关规定，自 2020 年 11 月 5 日 24 时起，国内汽油、柴油价格分别降低 160 元/吨、150 元/吨，低于 40 美元/桶未调金额将全部纳入油价调控风险准备金，全额上缴国库。

2. 2020 年成品油零售价格调整分析

2020 年国内成品油价格共经历 25 次调价窗口，其中 5 次下调、8 次上调、12 次不作调整。2020 年上半年新冠肺炎疫情加剧缩减市场对成品油的需求，以及下半年产油国之间的博弈和产出政策的转变，是影响 2020 年油价走势的两大主要因素。2020 年汽油累计跌幅为 1295 元/吨，柴油累计跌幅为 1250 元/吨。2020 年下半年因前期 EIA 原油库存减少，OPEC + 达成减产后续协议，导致国际油价处于震荡中小幅上涨的态势，国内油价参考的原油变化率持续处于正值。2020 年最大一次涨幅发生在 12 月 3 日 24 时，汽油、柴油价格分别上涨 250 元/吨、240 元/吨。

2020 年成品油政府指导价调整情况如图 3 - 1 所示。自 2020 年 1 月起价格调整后，12 月 30 日各省区市和中心城市汽油、柴油最高零售价格见表 3 - 1 所示。

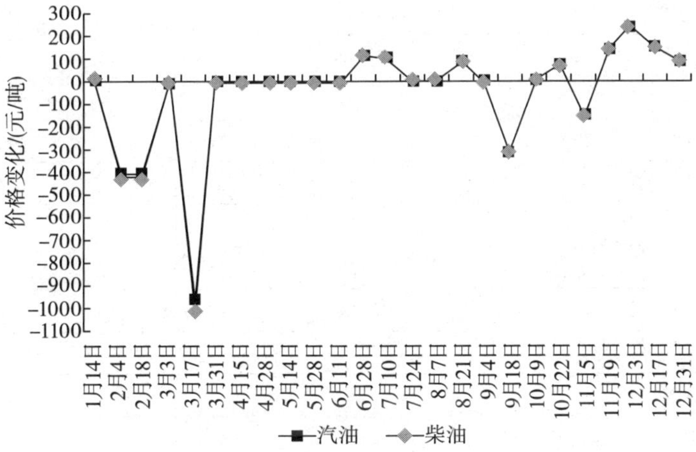

图 3 - 1　2020 年成品油政府指导价调整情况

数据来源：国家发展改革委价格司。

表 3 - 1　2020 年 12 月 30 日各省区市和中心城市汽油、柴油最高零售价格

单位：元/吨

地区	汽油（标准品）	柴油（标准品）
一、实行一省一价的地区		
北京市	7410	6460
天津市	7375	6425
河北省	7375	6425
山西省	7445	6480
辽宁省	7375	6425

续表

地区	汽油（标准品）	柴油（标准品）
吉林省	7375	6425
黑龙江省	7375	6425
上海市	7390	6430
江苏省	7430	6465
浙江省	7430	6480
安徽省	7425	6475
福建省	7450	6490
江西省	7430	6485
山东省	7385	6435
湖北省	7400	6450
湖南省	7440	6510
河南省	7395	6445
海南省	7520	6560
重庆市	7590	6635
广东省	7455	6495
广西壮族自治区	7520	6560
宁夏回族自治区	7380	6425
甘肃省	7360	6445
新疆维吾尔自治区	7155	6320
二、暂不实行一省一价的地区		
呼和浩特市	7390	6440
成都市	7595	6660
贵阳市	7555	6585
昆明市	7585	6615
西安市	7360	6435
西宁市	7340	6470

数据来源：国家发展改革委价格司。

3. 2020 年成品油市场价格变动关联分析

2020 年 1—4 月，新冠肺炎疫情突发导致用油需求锐减、仓储库容极度短缺，国际油价大幅下跌至近 20 年来最低位。WTI 原油期货第一季度下跌逾 66%，WTI 和布伦特原油期货维持在 20 美元/桶以上，4 月 20 日纽约 WTI 原油 5 月合约临近交割前甚至跌至 -37.63 美元/桶的负值。极低的油价给沙特、俄罗斯等主要产油国带来沉重压力，并促使各方达成新一轮历史性最大力度减产协议。同样在 1—4 月，中国成品油价格受国际市场油价影响，汽油累计降低1850元/吨，柴油累计降低1780元/吨，国内成品油连续三次价格下调。随着5月OPEC+正式推进减产，美国等产油国在低油价下产量也出现下降，同时更多海外国家放宽新冠肺炎疫情管制，需求预期得到改善，国际油价逐步回升。

3月中旬停调之后，直到6月28日迎来了国内汽油和柴油价格2020年的首次上调，分别提高120元/吨和110元/吨。时隔三个月，国际油价再次上升至40美元/桶。其中，本轮成品油调价周期内（6月11—27日），伦敦布伦特油价最高为43.08美元/桶，平均为40.87美元/桶。进入9月上旬，以沙特为代表的产油国放弃了原油减产协议，开始降价抛售原油。欧美经济疲软，石油需求的进一步降低使国际油价再次暴跌，一度跌破40美元/桶大关。受此影响，国内成品油9月18日调价，汽油和柴油价格分别下调315元/吨和300元/吨。

12月3日，OPEC+达成新版减产协议，决定以渐进方式缩小减产规模。受此影响，12月17日，国内成品油零售限价上调窗口开启，汽油上调155元/吨、柴油上调150元/吨。此次调价既是成品油价格年内第七次上调，也是年内首个“三连涨”。此次调价过后，2020年成品油调价呈现“七涨五跌十二搁浅”的格局，2020年汽油累计下调1295元/吨，柴油累计下调1250元/吨。

2020年国际原油价格变化走势如图3-2所示，中国成品油柴油终端购进价格变化如图3-3所示。

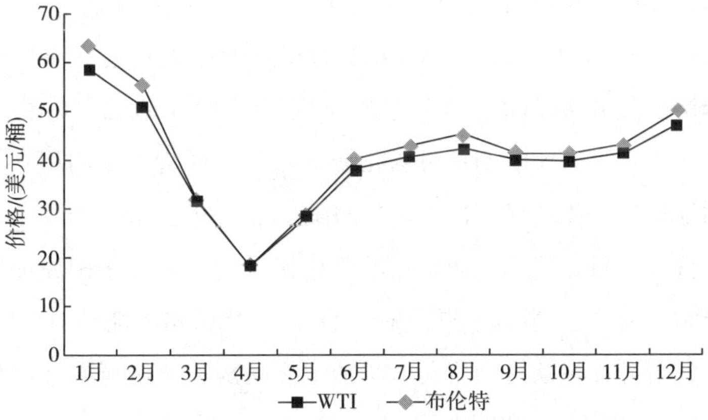

图3-2　2020年国际原油价格走势

数据来源：中国石油和化工联合会。

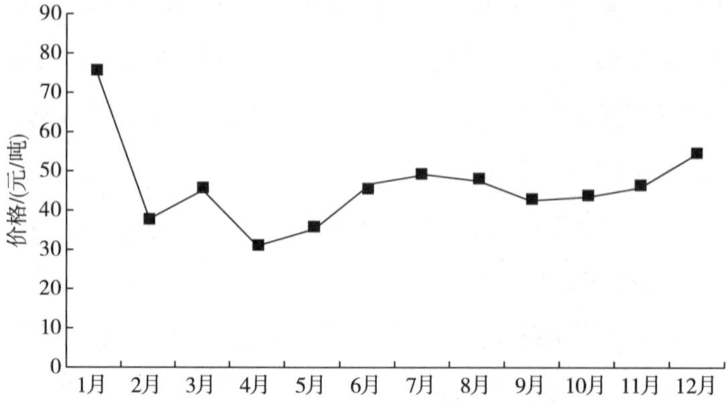

图 3-3　2020 年成品油柴油报价

数据来源：中国石油和化工联合会。

2020 年，中国成品油价格变化的主要特点体现在以下几个方面。

（1）中国成品油价格与 WTI 价格变化趋势更为相近。

相比布伦特价格，中国成品油价格与 WTI 价格变化趋势更为相近。中国成品油油价出现与国际油价 WTI 相同的变化趋势，与布伦特价格变化趋势不相关。

2020 年下半年，国际原油期货价格整体呈现震荡上行态势。11 月，OPEC + 会议讨论对减产联盟承诺的减产执行不力情况，且随着第二波新冠肺炎疫情冲击需求量，该组织计划采取行动来进一步支撑市场，以提振原油市场。OPEC + 联合技术委员会建议将原油增产计划延迟 3 ~ 6 个月，缓解了供给方面的压力，为油价提供支撑，美国石油钻井数连续 9 周增加，EIA 原油库存数据大幅增加。

中国成品油价格与 WTI 价格变化趋势更为相近的原因可能在于：WTI 期货价格、WTI 现货价格以及大庆原油现货价格之间相互影响，WTI 价格和中国原油现货价格之间的联系更为紧密。WTI 期货市场在期货市场与现货市场的相互关系影响中处于绝对优势的地位，WTI 期货价格引领 WTI 现货价格的发展。但由于中国在国际原油市场缺乏定价权，只是国际原油市场的价格接受者，所以中国原油价格更多地受到国际油价影响，而非主动影响国际油价。WTI 现货价格的波动对中国的 GDP 造成一定的影响，其上升在短期内会带动 CPI 和工业品出厂价格指数（PPI）的升高，油价上涨的冲击对中国 CPI 和 PPI 的影响比下跌的冲击更大。

（2）成品油价格与成品油供求关系紧密相关。

在国际原油价格波动沿着产业链向国内成品油市场传导的过程中，中国成品油价格形成机制发挥着“合理释放预期、降低非理性波动”的功能，保障了国内成品油市场交易秩序的稳定，为国民经济稳健运行提供了有力支撑。

成品油主要包括汽油、煤油、柴油及其他替代燃料，其中原油炼化的汽油、柴油是微观主体开展交通运输、物流仓储等经济活动最常用的成品油。在绿色能源与碳减排政策的影响下，全球汽油、柴油两类成品油在能源消费增长边际的占比有所下降，尤其受2020年全球新冠肺炎疫情冲击影响，成品油市场需求大幅下降。

从微观层面看，中国成品油价格变化深受供求关系的影响，而供求关系主要随政策、季节性、经济等因素的变化而变化。其中，季节性因素、经济因素等传统影响因素最终都呈现在成品油价格的短期波动中。2020年对成品油供求关系影响最大的因素是综合性因素。

成品油市场的政策变化引起供应结构的变革，新冠肺炎疫情影响炼厂开工率，国内成品油供应量应声下滑。在需求端，很大程度上受新冠肺炎疫情影响，需求量大幅缩减，正好解释了2020年中国成品油价格总体呈现下滑趋势的原因。

（3）成品油价格震荡下行，波动较少。

成品油零售价格天然与国际原油价格高度联动，持续承受国际原油市场的价格冲击。中国产业门类较为齐全，其中多数产业依赖石化能源供给，因此成品油零售价格波动的实际波及面大于一般国家。中国成品油价格的形成为国家发展改革委在兼顾上游原油进口与生产成本基本面、国民经济需求结构特征以及市场预期的基础上，按照一定的成品油价格形成机制向社会公布相应的成品油零售指导价格，以引导零售终端价格进行相应调整。现有的成品油价格形成机制为进一步兼顾市场机制决定因素，增加了指导价格调整频率，从而使中国成品油价格形成机制更灵活、更富有弹性。

2020年，国内成品油价格按机制共进行了25次调整，呈现“八涨五跌十二搁浅”的格局。其中，2020年最大一次涨幅发生在12月3日24时，汽油、柴油价格分别上涨250元/吨、240元/吨，最大一次跌幅发生在3月17日24时，汽油、柴油价格分别下调1015元/吨、975元/吨。最后一轮调价落实后，全年涨跌互抵，汽油累计下调1295元/吨，柴油累计下调1250元/吨，相比2019年油价行情整体下行。

（4）成品油市场主体多元化格局继续深化，竞争更加激烈。

自2019年10月1日起，山东省商务厅不再受理成品油零售经营资格审批事项。成品油零售市场集中度的变化可以判断行业的竞争程度。从经营主体看，中国成品油零售市场由中石油、中石化以及其他国有公司、民营企业等主体组成。中国加油站数量 2013 年接近 11 万座，并基本保持至今。非中石油、中石化的加油站数量占比逐年增加。随着成品油经营准入门槛的下放，成品油市场经营主体将进一步增加，民营及外资加油站实现连锁化、网络化，销量的市场集中度也将进一步下降，主体多元化格局继续深化，竞争将更加激烈。

（二）2021 年中国成品油零售价格前景展望

2021 年，随着全球范围内新冠肺炎疫苗的接种，经济有望向正常状态恢复，但全球新冠肺炎疫情的控制依然存在不确定性。若 2021 年上半年全球新冠肺炎疫情得到良好控制，原油价格将维持在 50 ~ 65 美元/桶。如果某些地缘政治风险攀升，则国际油价可能超过 70 美元/桶。伴随国际油价的波动，后疫情时代，由于中国经济的强劲复苏，预计国内成品油零售价格将大概率呈现逐步回升直至稳定的状态。同时，各类市场主体将在成品油零售市场进一步使用价格竞争结合其他方式的手段进行公平竞争。

1. 受原油价格波动影响，成品油零售价格大概率呈现逐步回升直至稳定的态势

国内成品油价格波动依然主要受制于原油价格的波动。从供需面分析，新冠肺炎疫苗的大规模接种有助于控制新冠肺炎疫情，恢复世界经济，刺激能源需求。IEA 将其对 2021 年全球石油需求的预期调至 9710 万桶/天。IEA 指出将 2021 年全球石油供应量减少 710 万桶/天转为增加 160 万桶/天。OPEC 及俄罗斯等产油国组成的 OPEC + 存在将减产协议的计划延期至 2021 年的可能性，这会影响供应。地缘政治风险依然存在，会驱动油价短期波动，同时新冠肺炎疫情的控制情况是影响世界经济能否回到正轨的不确定因素。2021 年 1 月，原油价格已经超过 55 美元/桶，若 2021 年上半年全球新冠肺炎疫情得到良好控制，原油价格将维持在 50 ~ 65 美元/桶。如果某些地缘政治风险攀升，则国际油价可能超过 70 美元/桶。伴随国际油价的波动，后疫情时代由于中国经济的强劲复苏，2021 年国内成品油价格总体将继续维持新冠肺炎疫情前已形成的成品油价格变化趋势，全年大概率呈现逐步回升直至稳定态势。

2021 年，汽柴煤油价格将全年震荡上行，航煤价格或逐步提升。随着炼化一体化项目相继投产，成品油市场供应增加，中国经济的增长势头将刺激成品油需求增长，但中国成品油市场供大于求的矛盾依然在进一步加重。随着生产、生活以及各

项经济、文化等活动的常态运行，成品油价格将继续新冠肺炎疫情前已形成的变化趋势，汽油全年震荡上行，由中位进入高位；柴油全年在中高位震荡；煤油全年震荡上行，由中位进入高位，中国新冠肺炎疫情控制稳定，航空市场恢复稳定运转，将会实现往年增长态势，航煤需求量或将增加，带动航空煤油价格恢复。

2. 各项改革政策相继发挥作用，成品油零售价格将维持平稳

中国公布的《优化营商环境条例》和国务院有关石油成品油流通管理“放管服”改革等政策的实施使得市场主体增加，各类主体的采购、生产、储存、运输、零售等能力增强，国内成品油市场供应能力不断提高，在成品油需求增速趋缓的总体趋势下，导致供需矛盾加大，市场竞争激烈，这将加剧各类所有制成品油销售企业成品油价格的竞争。其中，河北、福建、山东、河南、广西、云南、宁夏某些地区的企业间汽油价格差较大，河北、黑龙江、吉林、福建、山东、河南、广西某些地区的企业间柴油价格差较大。同时，随着各项政策的实施，能源交易机构和交易平台不断完善，中国成品油定价机制在市场透明度方面不断提升，中国成品油价格中的中国市场因素信息将会更具体地得到反映。2020 年“两会”期间，有关消费税议题的内容主要包括把成品油消费税的征收由生产环节调整到终端环节，同时把价内税改为价外税，把成品油消费税改为中央地方共享税。这两项措施有助于增强地方对炼油企业安全环保质量和发展监管的积极性。将成品油消费税征收放到终端环节对于生产企业来说，意味着综合生产成本将会有一定程度的下降，成品油生产成本的下降可能抑制出售成本，因此成品油零售价格将维持平稳。

3. 新能源和可再生能源替代逐步增强，成品油价格上涨可能性微弱

随着新能源汽车的快速发展，传统油气企业已经意识到成品油市场面临的发展瓶颈，部分油气企业开始实施转型战略。国内汽车保有量的稳定、新能源汽车在公共领域的普及进一步加快，以及共享出行方式的转变，综合能源供应站配套的完善，导致终端成品油的需求增速放缓。

2020 年，新增补贴资金额度 50 亿元用于支持新增风电、太阳能发电、生物质发电项目，2021 年国内可再生能源将进一步得到开发，可再生能源和清洁能源的替代作用将进一步发挥。中国继续加强清洁能源和可再生能源的开发利用，推动能源生产和消费革命，清洁能源替代作用继续显现。受新能源汽车的发展和可再生能源不断加强的替代作用的影响，节能、提高能效、降碳、各种替代燃料替代汽油的数

量将会明显增加，成品油消费增速将出现下滑趋势，价格上涨可能性微弱。

二、中国成品油批发市场现状与发展前景展望

2020 年，中国成品油批发市场受政策调整和新冠肺炎疫情影响，竞争较为激励，且市场呈现较为明显的区域特征。成品油批发市场价格总体呈现下降趋势，其中汽油批发价格最大变动量为 1707 元/吨，柴油批发价格最大变动量为 1779 元/吨。展望 2021 年，中国成品油价格批发走势震荡，批发市场主体多元化，将进一步加剧竞争态势从而催生新的批发商业模式。未来批发市场将主要向多元化、差异化、竞争化、合规化方向发展。

（一）2020 年中国成品油批发市场现状分析

2020 年，中国“放管服”改革继续推进，国家政策强调增强监督力，导致成品油批发市场竞争激烈。各省市纷纷出台相应条例，地市级政府对于成品油批发审批和监督没有工作经验，且国家尚未发布相关准则，成品油审批和监督工作推进困难，且成品油批发市场区域性特征显著。受新冠肺炎疫情等因素的影响，成品油批发市场价格总体呈现下降趋势，成品油批发市场价格亦呈现区域性特征。

1. 2020 年成品油批发市场政策分析

（1）“放管服”改革加速推进，成品油批发申请门槛降低。

2020 年，中国成品油批发市场在政策的调整下迎来巨变。2019 年，商务部下发《商务部关于做好石油成品油流通管理“放管服”改革工作的通知》后，为推进成品油“放管服”改革的进程，2020 年 4 月，商务部公开《关于促进石油成品油流通高质量发展的意见（征求意见稿）》，但仍未出台新的成品油市场管理政策。

在“放管服”改革中提到“各级商务主管部门不再受理销售、仓储和成品油批发、仓储经营资格申请，不再受理上述经营资格证书的变更、换证和注销申请，现有证书在有效期满后自动失效，不再收回。从事石油成品油批发、仓储经营活动的市场主体应当依据企业登记注册、国土资源、规划建设、油品质量、安全、环保、消防、税务、交通、气象、计量等方面法律法规和管理规定开展经营”。成品油批发资质申请门槛降低，且申请周期缩短，成品油批发资质申请手续变化如图 3 -4 所示。

（2）改革强调加大监管力度，推进批发市场信息化建设。

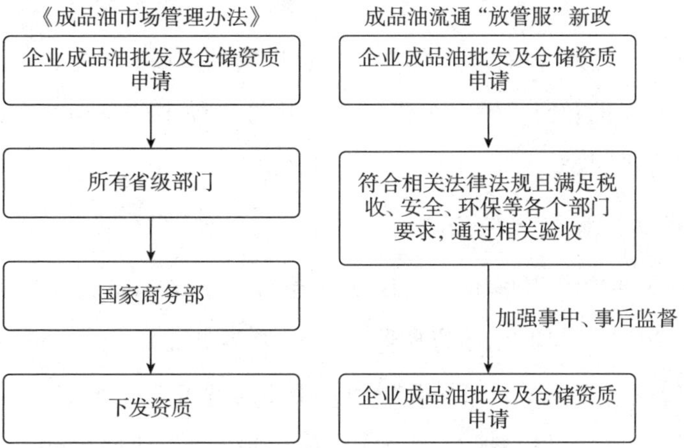

图 3-4　成品油批发资质申请变化

数据来源：网络资讯。

国务院发布的《国务院对确需保留的行政审批项目设定行政许可的决定》中，提到国家和省级商务部确立加强成品油批发资格审批的事中、事后监管措施原则，内容包括商务部门严格落实石油成品油流通行业监管职责；地方政府严格落实监管职责，建立跨部门联合监管机制；相关部门严格落实专项监管职责；加强石油成品油批发、行业监管信息共享运用。要求各市场监管部门要及时将新登记经营范围涉及石油成品油批发的企业推送至有关主管部门，商务部要将改革前已取得相应批发资格的企业信息或无照经营信息及时推送至有关主管部门，充分利用信息化有针对性地加强监管执法。不仅政府、监管部门需提高信息化水平，打通各信息平台壁垒，还需要间接对企业的信息化水平提出要求。经营成品油批发企业需提高信息化管理水平，以便为有关部门监管提供有效信息，改革进一步推进了成品油批发市场信息化建设。

（3）各省市加大监督力度，成品油批发市场区域性特征显著。

各省市政府都依据自身发展特点拟定了成品油批发资质的申请要求，同时各地级市都下发文件强调要加强事中、事后监管和资质审查的力度，且各省市都提出加强行政审批队伍建设，加强对成品油审批相关法律、法规和政策、规定的学习，提高审批人员业务素质。

从能源行业政策的改革发展来看，行业准入门槛确有降低，但入市则是“宽进严管”。各省市的监管政策整体方向一致，但部分细则还是有所区别的。个别省市没有明确的监管细则，且部分省市尚未明确主要负责监管的部门。部分地区的政府商务部门于2020年曾公开向社会征集成品油审批辅助事项服务单位，说明地市级政府对于成品油批发审批和监督没有工作经验，且国家尚未发布相关准则，使成品油审批和监督工作推进困难。

2. 2020年成品油批发市场价格变化分析

2020年，成品油批发市场价格呈现下降趋势，上半年受新冠肺炎疫情影响较大，批发价格与2019年同期相比有所降低，上半年末成品油批发市场行情开始回暖，下半年价格趋于稳定。如图3-5所示，2020年全年92号汽油、95号汽油和0号柴油的平均批发价格价格呈现"L"形走势，即价格先快速下跌，然后上下震荡波动。2020年，92号汽油年度批发均价与2019年比下跌15.4%，95号汽油年度批发均价与2019年比下跌14.1%，柴油年度批发均价与2019年比下跌8.8%。

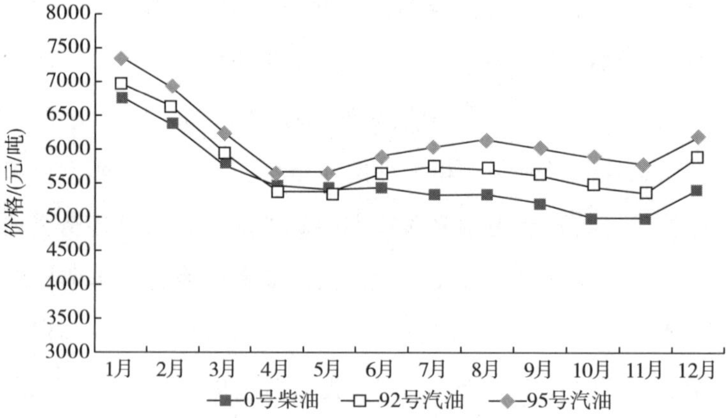

图3-5　2020年成品油批发价格走势

数据来源：隆众资讯。

（1）2020年上半年成品油批发价格跌幅较大，下半年价格趋于稳定。

2020年上半年成品油需求受新冠肺炎疫情影响严重，批发市场月度平均价格一路下跌，上半年末批发价格与年初价格相比，92号汽油降低1351元/吨，95号汽油降低1707元/吨，0号柴油降低1350元/吨。如图3-6所示，汽油批发价格在3月、4月降幅最多，接近10%；柴油在3月降幅最大，为9.4%。主要受新冠肺炎疫情影响，汽柴油下游需求均降至冰点，总体市场处于供大于求阶段。三大国有石油公司及独立炼厂库存在第一季度持续处于高位，山东部分独立炼厂最高达到库存5成以上。为了处理库存，刺激销售市场，减轻运营压力，价格不得不持续走低。随着新冠肺炎疫情对中国的影响持续减弱，中国全面复工复产有序进行，使处于新冠肺炎疫情冰冻时期的市场逐渐复苏。成品油批发行情在3月中旬因批零限价大幅下调而经历大幅下滑，但在中国“地板价”运行机制之下保持稳健运行，4月OPEC联盟达成协议将在未来一年内减产，5月、6月日减产1000万桶力挺油价。中国第二季度成品油产量也缩减至5209.30万吨，与2019年比下降10.36%。进入第二季度，中国市场虽陆续恢复，各地工程基建、交通运输等用油需求稳步提升，但为了尽快消耗库存，亦导致卖方市场陷入抢夺客户资源、市场份额的竞争环境中，各地商家让利促量等销售政策纷纷出现，批发“价格战”此起彼伏，导致批发价格一再下降。直至6月初，中国天气转热，新冠肺炎疫情基本得到全面控制，人们的出行频次及半径不断增加，车用空调用油不断增强，汽油顺利进入需求旺季，中国汽油价格开始打破第一季度一直以来的弱势调整，汽柴油批发价格都有所回升，2020年首次批发价格环比为正。

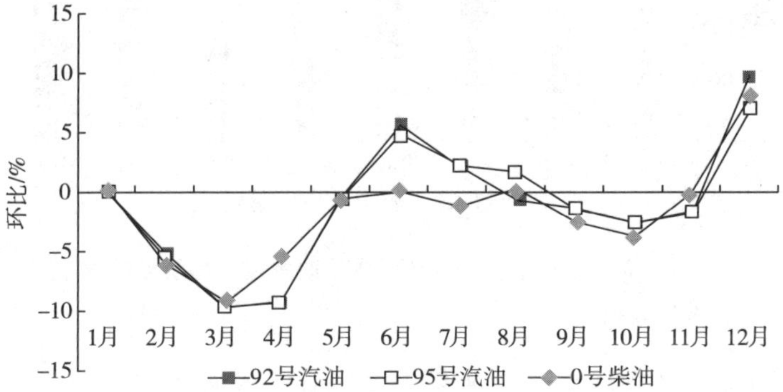

图3-6　2020年成品油批发价格月度环比

数据来源：隆众资讯。

由于国际上新冠肺炎疫情的迅速蔓延，WTI 5月期货遭遇疯狂抛售，国际原油价格一度暴跌至负值。但期货价格波动对价格市场具有滞后性影响，加上供需关系开始逐步缓和，下半年成品油批发价格趋势逐渐平稳，汽油在第三季度达到下半年价格高峰，然后开始震荡回落；柴油则在下半年一直处于下调趋势，价格不断探底。截至9月底，汽油出口量同比增长2.9%，而柴油出口量同比下降13.3%。柴油出口受阻，同比对外出口量减少217万吨，且在7月、8月柴油还未进入传统需求旺季，所以柴油价格走势与汽油价格不同，一直呈现下行趋势。

（2）成品油批发价格区域性特征明显，东北、华东价格低，西北、西南价格高。

2020 年，中国成品油批发市场呈现区域性特征。汽油批发市场价格特征主要表现为：一是东北地区与华东地区汽油全年批发均价低于全国年度均价，其中华东地区汽油全年批发均价全国最低，东北地区 95 号汽油全年价格波动最为剧烈；二是西北地区在汽油批发价格上领跑全国，其中 92 号汽油全年批发均价高出全国年度均价 406 元/吨，95 号汽油高出全国年度均价 439 元/吨；三是西南地区汽油全年批发均价在全国处于高位，但其 92 号汽油全年价格波动最为显著。2020 年全国各地区成品油批发价格波动方差见图 3 – 7。

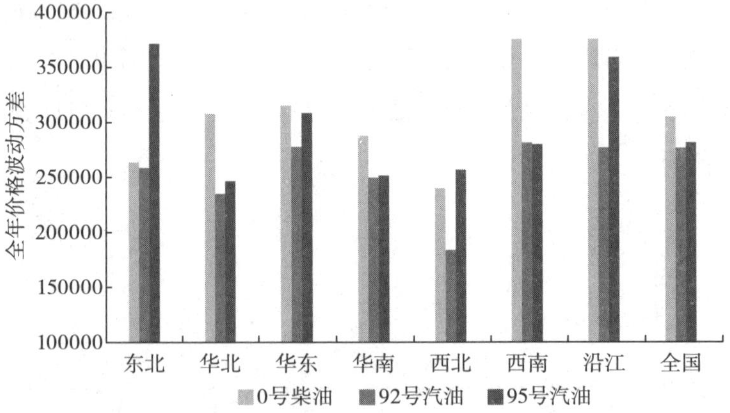

图 3 – 7　2020 年全国各地区成品油批发价格波动情况

数据来源：隆众资讯。

柴油批发市场价格特征主要表现为：华东地区柴油全年批发均价在全国最低，为 5435 元/吨，每吨低于全国年度均价 122 元，华东地区柴油月度均价也一直处于全国月度均价之下；东北、华北地区虽有部分月份柴油批发价格高于全国月度均价，但从整体来看，柴油全年批发均价低于全国年度均价。另外，东北地区柴油批发价格在全国波动最小，价格最为稳定；其他地区柴油批发价格差异也很明显，如 2020 年 1 月西北地区与东北地区月均柴油批发价格差为全年各地区月均柴油批发价格最大差值，西北地区高出东北地区 515 元/吨；西南与沿江地区柴油批发价格最高，其中西南地区柴油批发价格在全国领跑，年均价格高出全国价格 178 元/吨，且西南地区柴油批发价格全年波动最为激烈，月均最高价格与最低价格之差为 2002 元/吨，参见图 3 – 7。

3. 2020 年成品油批发市场竞争分析

随着国家对成品油“放管服”改革的持续推进，以及炼油产能过剩压力的进一步凸显，加上 2020 年新冠肺炎疫情的严重影响，中国成品油批发市场竞争日趋激烈。

截至 2018 年底，具备国家公布的成品油批发资质企业共有 2808 家。在石油流通行业中，成品油批发行业具有经营贸易量大、消费用户稳定、价格升跌波动基本有序等特点，具有其他大多数商贸流通业难以具备的经营机会。成品油批发行业的经营资格放开，除了原有的业内企业参与外，还吸引资金充沛的投资者。由于行业的容量有限，极大程度上加剧了中国成品油批发市场竞争。

成品油批发降低准入门槛，一方面是为了吸引更多的投资以将其汇集在成品油流通行业，另一方面也是对成品油批发市场主体的全面提升，提升市场繁荣度。希望通过市场推动流通环节的优胜劣汰，改善油品批发企业小、散、乱的现状。中国政府将逐步加强对成品油批发市场及批发主体的监管力度，大部分石油企业面临转型升级、重新布局、调整渠道等问题，成品油批发市场企业更替换代速度加快，部分功能不完善且抗风险能力不强的企业逐步面临淘汰，成品油批发企业内的新进入者与闪退者并存，企业新生与消亡的新陈代谢更迭加快，成为成品油批发领域特有的新业态形式。在激烈的竞争环境下，用油终端企业在产业链的议价能力大大提升，成品油批发企业除了在价格和产品质量上竞争外，附加服务也成为其竞争优势。另外，“放管服”改革进一步推进了成品油批发市场信息化建设，削弱了成品油批发市场的信息不对称性，依赖信息便利性经营的批发企业丧失原有竞争优势，成品油批发市场的竞争将更加纯粹转换为价格、产品质量和服务的竞争。

（二）2021 年中国成品油批发市场发展前景展望

展望 2021 年，中国成品油批发价格走势趋稳，批发市场主体多元化和竞争加剧，催生新的商业模式，市场繁荣度将提升。投资者将增加，市场监管力度将进一步加强，未来的成品油批发市场必然向多元化、差异化、竞争化、合规化方向发展。对中国成品油批发市场的前景展望和分析如下。

1. 受国际油价和国内供需端双重影响，中国成品油批发价格或将完全放开

原油作为成品油行业的上游端口，国际油价是影响成品油批发价格走势的重要因素之一。2020 年 12 月 4 日，OPEC + 达成延续减产协议，至 2021 年 1 月，有望继

续提振油价；世界多国计划在2020年底前开启第一批新型冠状病毒肺炎疫苗接种，或将减缓新冠肺炎疫情冲击；中东、中美地缘政治将呈现高动荡、低烈度的新格局，国际油价将保持震荡走势的新常态。预计2021年上半年，国际原油价格将保持在30～40美元/桶，下半年将保持在40～60美元/桶，而中国现行的成品油定价机制决定了国内成品油批发价格随着国际原油价格变动。

随着国有炼厂和独立炼厂新增产能的陆续投产，成品油供应量将继续增加，同时民营炼厂的出口资质开放，国内成品油批发市场供应压力或将有所缓解。各省将陆续出台对成品油生产经营企业征收风险准备金政策，成品油生产成本将提高，进而影响成品油批发价格走势。“十四五”期间，受新能源汽车发展及炼化行业“炼化一体化”转型升级的影响，油品需求增速将继续放缓。因此，从国际原油价格及国内成品油批发市场供需端来看，2021年中国成品油批发市场价格或将完全放开。

2. 成品油批发市场省级以下监管力度将会进一步加大，区域特征更加明显

中国成品油批发市场新政出台后，由于国家尚未发布整体实施准则，各地市级政府对于成品油批发审批和监管工作经验不足，因此没有配套的制度保障。中国将在《关于促进石油成品油流通高质量发展的意见（征求意见稿）》中进一步明确相关部门责任。国内各个省市经济、科技发展差异较大，部分省市成品油流通行业发展稳健，因此新政策可能在各省市改革落地效果不同，监管力度也不同，导致成品油批发市场区域性特征更加明显。

根据《关于做好石油成品油流通管理“放管服”改革工作的通知》要求，政府的监管要从事前审批延后到经营的事中与事后。随着成品油批发、仓储等领域准入门槛的降低，市场监管力度将进一步加强，部分民企经营将更加合规化，批发企业管理成本将提高。国家对成品油“放管服”改革的持续推进，以及炼油产能过剩压力的进一步凸显，将使中国成品油批发市场竞争日趋激烈。市场准入放开的前提条件必然是要有规范、严格的监管制度，政府各有关部门对成品油批发经营的事中与事后监管内容有更多的后续措施，税票问题与油品质量问题也将是未来政府监管的重要方面。

3. 成品油批发市场竞争将进一步加剧，催生商业模式创新

成品油批发市场在石油流通行业的地位特殊，具有经营贸易量大、消费用户稳定、价格波动基本有序等特点。在新政策环境影响下，成品油批发市场准入门槛降

低，将吸引更多其他行业投资者加入，成品油批发市场主体更加多元化，市场繁荣度将提升。新的投资者不仅使市场竞争进一步加剧，也将带来新的经营理念，从而催生商业模式的创新，与5G数字信息技术理念相结合，搭建线上成品油批发交易平台，建立稳定的成品油批发交易体系和便捷的物流服务体系，降低物流成本，提高运营效率，使油源供应渠道更加透明，以提升批发企业品牌形象。成品油批发市场企业新生与消亡的新陈代谢更迭将加快，整体向高质量发展。

第四篇

成品油储运与燃料油

2020年，中国成品油库存市场受新冠肺炎疫情叠加长期供需矛盾失衡的影响，汽油和柴油需求大幅下降，导致汽油和柴油库存增加。运输规模因停工停产下降较大，运输成本因相关维护成本提高而上升。在运输模式方面，管道运输依然占据较大份额。工业生产活动积极性的降低导致工业用燃料油的需求也受到了一定的影响。全球限硫令正式生效，中国燃料油市场全面迎来低硫时代。展望2021年，中国成品油库容仍将保持增长态势，成品油码头建设将更加完善，泊位或将继续增加。成品油需求反弹将对成品油物流市场产生积极影响，物流运输管理将进一步优化，船用燃料油市场和工业用燃料油市场将继续复苏和回暖。

一、中国成品油仓储、码头现状与发展前景展望

2020年，中国成品油仓储处于较高水平，油库建设受政策影响加快，主要集中在国内成品油消费较为旺盛的区域。“放管服”改革的推进增加了成品油的需求，成品油码头泊位数量较2019年增加，港口基础设施投资呈现智能化、信息化、综合化趋势。但是，国内主营油企依然面临高库存压力，且出口量持续亏损，预计2021年国内成品油需求依然不高，供给可能进一步增加，供大于求的现象将越发严重，导致成品油库存增加。展望2021年，中国成品油库容仍将保持增长态势，成品油码头建设将更加完善，泊位或将继续增加。国内成品油市场供过于求的状况可能依旧难以有实质性的改变，2021年成品油库存将继续保持高位。

（一）2020年中国成品油仓储现状分析

从2020年开始，因需求受客观因素影响处于较低水平，所以中国汽柴油社会库存、成品油库容一直保持高位。国家通过采取扩大基础设施和产业投资，鼓励汽车发展、基础建设等措施，扩大了国内市场需求，稳定了经济增速，使下游需求出现了复苏迹象，对成品油市场形成了短暂的支撑作用。汽柴油供应增加、需求低迷、

出口等因素对成品油市场制约较大，供大于求的格局是中国汽柴油库存高企最为核心的原因。国家增加成品油码头泊位，推进港口基础设施智能化的投资，出台促进企业积极扩张油库建设等政策都在积极应对需求下降的局面。2020年，成品油仓储存在以下几方面特点。

1. 成品油库容持续稳步增长，主要集中在消费较为旺盛的区域

中石油、中石化两大公司占据成品油库市场主导地位，并按照国家的战略部署及自身的销售需求加快成品油库的建设。很多新建、在建项目都是30万立方米以上的超大型油库。其中，中石油在上海建设的洋山港巨型石油储运基地是中国在建面积最大的成品油仓储基地，三期工程全部建成后，洋山港石油储运基地的规模总量将超过200万立方米。与此同时，社会经营单位的成品油库容持续稳步增长，许多油库新建完成并投入使用，逐步发挥储备和调节作用。2020年，社会经营单位油库规模占全国的比例基本维持在40%左右，在成品油资源充裕的情况下具备较强的市场操控能力。

从区域来看，中国成品油库主要集中在国内成品油消费较为旺盛的区域。总库容及总数量排名前十位的民营商业油库主要集中在华东、华南等地区，华东地区覆盖江苏、浙江、上海、山东等省市，以上地区成品油的消费量也在国内排名前十位。造成成品油库容区域特点的原因主要有两个方面：一方面，江、浙、沪同属经济开发区；另一方面，沿海地区靠近河流，具有丰富的石油产品，原材料都是从华东地区进口的，这就需要大量的仓储来完成成品油的周转和调配，长江上游省份的航运资源基本上都来自华东地区。山东作为中国独立炼厂的聚集地，具有内在的价格优势和调整能力。由于存在石油原料的优势，山东建设了许多社会和商业油库，在成品油采购和成品油调配方面优势明显。

华南地区覆盖广东、广西、福建三省（自治区），其中广东省汽油、柴油消费量均居全国首位，云贵一带地区成品油资源除云南石化的供应之外，其他成品油用量80%以上来自广东和广西的仓储资源，华南一带地区也承接了多省的资源供应。另外，由于华南区域靠海，资源进出口具备优势，原料从华南一带地区进口上岸调配，且不少走私油资源也多从华南一带地区上岸销售，对于仓储的需求较大。如图4-1所示，广东省成品油库库容总规模约占全国的20%，华东地区的江苏、浙江、上海合计占全国的23%，华北地区的山东、河北两省也占据较高的比例，分别为7%、5%。

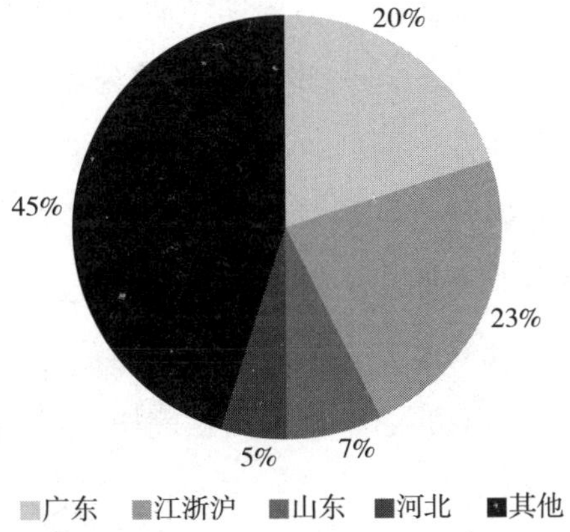

图 4－1　2020 年中国成品油库分布情况

数据来源：新华网。

2. 成品油仓储需求下降，码头基础设施建设呈现智能化趋势

成品油库与码头的发展对成品油库存的管理具有十分重要的影响。2020 年，准入政策的推进改善了成品油仓储需求较低的状况，一些成品油储备企业积极扩张油库建设，成品油码头泊位数量较 2019 年增加，港口基础设施建设呈现智能化、信息化、综合化趋势。2020 年成品油油库与码头特点的具体分析如下。

（1）成品油仓储需求低于预期，呈现供大于求的局面。

2020 年，国内成品油市场延续汽强柴弱的态势，沿海地区成品油运输需求依旧旺盛。由于前期运力紧张，大型炼厂纷纷提前锁定船舶、船期，市场有效运力缩减。因下游库容偏满，压港情况较为严重，船舶周转效率整体降低。成品油需求表现依然不佳，除了燃料油的价差结构有所转强之外（船燃消费有所复苏），其他品种的结构均为弱势。另外，下游市场库存压力仍然较大，采购动力明显不足，继而向上传导至炼厂，使炼厂产能出现明显下降。尽管国庆小长假前补货量增长，但对市场影响不明显，国内成品油需求恢复低于预期，供给大于需求，饱和库存难以消化，成品油运价下跌。

（2）准入政策影响成品油仓储需求，储备企业积极扩张油库建设。

2020 年，“放管服”改革持续推进，成品油行业格局快速更迭，仓储企业供不应求。国务院印发《关于加快发展流通促进商业消费的意见》，明确提出扩大成品油市场准入，做好批发仓储经营资格审批取消后的政策衔接、零售经营资格审批移交及相关管理制度的制定与完善等工作，油品领域改革再次提速。

中国油库数量众多，但存在地区分布不合理、油库规模不适应发展要求、部分油库实际运作效率偏低等问题。通过进一步简化审批流程，行业参与者可能增加。此次降低准入门槛，并非鼓励多方一拥而入，而是希望通过对企业审批流程的简洁化，吸引更多的优质投资者，提升市场繁荣度。另外，国家希望通过市场推动仓储环节的优胜劣汰，改善油品企业仓储小、散、乱的现状。随着市场化进程加快，国内成品油资源流通规模扩大，且流通方式多样化，成品油仓储需求增加，包括主营单位也在积极寻找外租库；市场上的油库基本出租完毕，成品油库常年处于供不应求状态。

部分新晋成品油储备企业在油库建设方面积极扩张，如表4-1所示。其中，成品油加工能力不断提升的中石化扩张速度最为明显。中石化通过在广西、河南等地建设油库以及在江苏等消费地收购社会经营单位，掌握了多个大规模的油库，市场地位正在逐步加强，并且中石化也在积极进军西南市场，在建的四川中心油库项目将成为其辐射西南地区的成品油供应、销售和物流中心。与此同时，中外合资的成品油库也在不断涌现。英国石油公司（BP）、壳牌等国际石油公司都在中国有油库分布。外资公司在中国的成品油库建设方面起步较晚，库容较少，主要与国内成品油经营单位合资建设。

表4-1　2020年中国部分油库拟新建、改造项目

项目地点	项目名称
广西壮族自治区	中国石化销售股份有限公司广西南宁石油分公司屯里油库油气回收改造项目
广西壮族自治区	中石化广西石油分公司玉林油库改扩建项目
广西壮族自治区	中海油销售桂平有限公司油库工程
四川省	中国石化销售股份有限公司四川绵阳石油分公司迁建新皂油库项目
湖南省	中国石化销售股份有限公司湖南益阳石油分公司益阳油库建设项目
安徽省	中国石油天然气股份有限公司安徽销售分公司油库项目
河南省	中国石化销售股份有限公司河南周口石油分公司扶沟油库改造项目
河南省	中国石化销售股份有限公司河南濮阳石油分公司油库项目
江苏省	中国石化销售股份有限公司江苏石油分公司盐城上冈油库项目
广东省	中国石化销售股份有限公司广东石油仓储公司油库SCADA系统集成现场施工项目
新疆维吾尔自治区	中国石油新疆销售有限公司仓储分公司奎屯油库改造项目
湖北省	中石化湖北石油分公司荆州油库迁建工程
湖北省	中国航空油料有限责任公司鄂州机场码头成品油库工程
湖北省	中国石化销售有限公司湖北石油分公司宜昌枝江油库新建（王家河油库迁建）项目

续表

项目地点	项目名称
湖北省	中国石油天然气股份有限公司湖北销售公司迁建宜昌油库项目
云南省	中国石化销售股份有限公司云南昆明石油分公司长坡油库扩建3万立方库容土建项目
河北省	沧州三聚石油产品有限公司十万吨油库工程
山东省	青岛中石油仓储有限公司青岛董家口原油库工程
福建省	福建省泉州空港油料有限公司泉州晋江机场油库迁建工程
贵州省	贵州昊升新能源有限责任公司3万立方米成品油库建设项目
新疆维吾尔自治区	新疆巴音郭楞蒙古自治州若羌油库工程
甘肃省	中国石化销售有限公司甘肃石油分公司兰州油库搬迁改造工程

数据来源：公开资料整理。

（3）水运建设工程市场投资前景堪忧，成品油码头泊位同比增加。

中国已经形成环渤海、长江三角洲、东南沿海、珠江三角洲和西南沿海5个港口群，煤炭、石油、铁矿石、集装箱、粮食、商品汽车、陆岛滚装和旅客运输等8个运输系统布局。截至2020年底，全国港口拥有生产用码头泊位22893个，比2019年增加1026个，增长4.69%。其中，万吨级及以上泊位2520个，比2019年增加76个，增长3.11%。全国港口万吨级及以上泊位中，沿海港口万吨级及以上泊位2076个，比2019年增加69个，增长3.44%；内河港口万吨级及以上泊位444个，比2019年增加7个，增长1.60%。按照泊位吨级来划分，中国1万~3万吨级和5万~10万吨级泊位是主要组成部分。

（4）成品油港口基础设施建设呈现智能化趋势，优化码头作业水平。

成品油港口基础设施建设呈现智能化、信息化、综合化趋势，智能转型正成为港口企业应对行业不景气、自身供给能力过剩，提升核心竞争力的主要方式。为应对新冠肺炎疫情的影响，满足市场需求，各码头以提升成品油码头装卸效率为重心，全力以赴做好防疫期码头油轮的靠离泊和装卸工作，以优质高效的服务全力做好市场保供。以茂名石化码头为例，其港口分部兼顾新冠肺炎疫情防控与现场油轮作业管理，码头员工认真落实防外输入十四条防疫措施，确保防疫工作与生产经营两不误、两促进；为提升码头效率，港口分部按照《港口码头作业主要节点用时标准》落实奖励分配和考核方案，做好码头船舶作业情况记录，建立了“一船一积分”劳动竞赛看板，坚持每周统计分析码头作业情况，暴露影响码头效率的问题，并进行协调解决；做大社会油品的接卸量，多创效益；优化码头作业，中转社会产品占码头装卸总量的 22.3%，比 2019 年增长 33.4%。

3. 成品油库存各季度走势不同，呈现先下降后上升趋势

2020 年第一季度初，受原油库存整体波动较小，新冠肺炎疫情蔓延，工厂、基建、制造业、交通运输业出现较大程度停工，以及假期延长、出行受限等因素的影响，成品油需求大幅下滑，而主营、独立炼厂资源供应正常。春节过后，受新冠肺炎疫情和成品油库存增加的影响，独立炼厂普遍降低加工负荷，然而主营市场资源供应充裕，因此随着成品油需求的大幅下滑，成品油库存量迅速走高。虽然国内炼厂已经出现停工和降负荷，但需求的迅速下滑还是很难保证库存的消化速度，成品油库存水平出现较大幅度增长。第一季度末，国内油市资源供应较第一季度初有所增加，主要因为独立炼厂开复工积极，与此同时，中下游需求也在快速恢复，资源供应和需求同步增加。随着需求回升明显，成品油库存水平在季度末开始出现下跌趋势。

第二季度，由于国际形势比较严峻，主要出口目的地成品油需求减少，导致主营出口资源内销。加上中国复工复产进程加速，国内成品油需求处于增长阶段，供应也在增加，国内主营加工负荷提升，虽不及 2019 年同期，但是环比有所增加。成品油需求虽增加，但整体涨幅不及供应涨幅，需求增加赶不上供给增加，导致国内油价窄幅波动、震荡前行。受成品油价格变动影响，第二季度成品油库存出现明显下滑趋势。

第三季度初期，成品油库存经历了更为严峻的供大于求局势，在供应端高负荷生产之下，供应压力持续加大，大部分省市主营单位均呈现高库存压力，因此各销售公司出台不同降库存手段，包括收取库存费及提油优惠政策等。独立炼厂、主营销售公司及社会贸易商库存均出现明显走高趋势，但终端需求不高，抄底备货客户较少，且大多数以按需采购为主。在高供应局势之下，汽柴油库存继续增加。第三季度末，成品油市场供大于求局势得到缓解，首先，生产环节不同程度降幅，供应压力减弱；其次，进入成品油传统销售旺季，下游需求对于库存下降带来明显利好支撑。主营销售公司在第三季度末开启国内大范围降价促销活动，成品油销售情况明显转好，主营库存开始出现明显下滑。社会及贸易商库存压力也随着需求面转好而呈现明显下滑态势。

如图 4-2 所示，第四季度成品油市场供大于求局势稍有缓解，特别是在国庆假

期期间，汽油消费量上涨明显，随着假日结束，下游补货的行为也较为频繁。在成品油价格拉升的同时部分下游追涨，商业库存从独立炼厂、贸易商、主营公司向终端单位转移，又因成品油价格的提升，部分贸易商逢价格高的时候出货，主营也适当清库存，两者库存降幅高于独立炼厂。

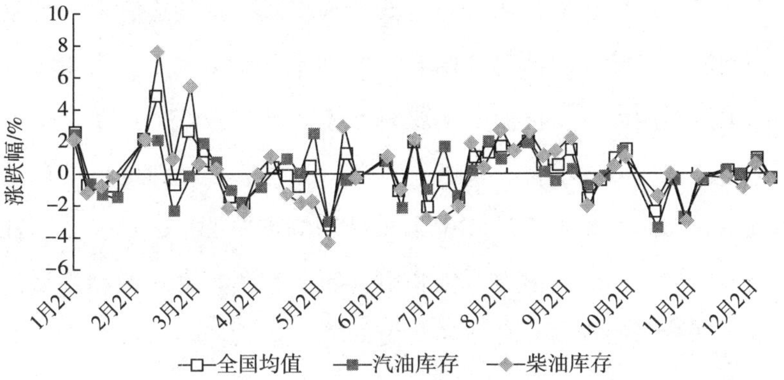

图 4－2　2020 年成品油库存涨跌幅

数据来源：隆众资讯。

自 2020 年起，中国成品油社会库存一直保持较高的水平，国家通过采取扩大基础设施和产业投资，鼓励汽车发展、基础设施建设等措施，很好地扩大了国内市场需求，稳定了经济增速，使下游需求出现了复苏迹象，对市场形成了短暂的支撑作用。但是，汽柴油供应增加、需求低迷、出口效益不佳等因素仍对成品油市场制约较大。

（二）2021 年中国成品油仓储发展前景展望

2021 年，中国成品油仍将面临供过于求的局面，炼厂扩建导致成品油产量持续走高，库存或将继续增加，而出口贸易环境的改善将进一步加大成品油出口总量，这在一定程度上可以缓解国内成品油库存压力。

1. 港口码头增加成品油存储，国内成品油产量保持高位

2021 年，国内成品油供需基本面失衡状态难以改变，加之根据国务院有关石油成品油流通管理“放管服”改革工作的要求需清除部分行业政策壁垒，市场准入门槛降低使参与者增加，势必加剧行业竞争，故预计成品油价格难有较好表现。具体影响因素如下：供应方面，国内主营炼厂及独立炼厂开工负荷保持稳定，随着浙江石化二期、盛虹石化、海南炼化等新建及扩建的炼油项目继续进行，2021 年国内一

次炼油能力或接近10亿吨/年，这将导致国内成品油产量保持高位。

中国的储备行业已成为成品油的关键买家。中国正在制定计划，2021年继续大量购买成品油，进一步增加进口量。2020年，中国私人油库运营商、炼油商和交易商的储油量增加了3.1亿~6亿桶，在新冠肺炎疫情带来的需求大幅削减之际，这种购买行为提振了全球成品油市场，并为低价囤积成品油的运营商、交易商和炼油商带来了巨额利润。尽管油价已部分回升，但仍低于历史水平。由于中国的需求是成品油市场的关键影响因素，再加上主要石油生产国的减产，以及全球燃料需求迅速恢复，中国厂商增加储存量将会获利。目前，一些关键港口的已经严重拥堵导致油轮无法卸货，新的储油空间集中在中国东部的炼油中心——山东、浙江，以及东北的辽宁。例如，独立炼油商恒力石化和山东宏润集团，大宗商品交易商山东华信工贸集团以及东部沿海的青岛、日照和舟山的港口运营商，已成为中国商业仓储领域的关键参与者。

2. 国内成品油需求下降，成品油库存依然保持供过于求态势

成品油库存主要由成品油供给与需求决定。受新冠肺炎疫情持续影响，预计2021年独立炼厂开工负荷将继续下降，产品供应将明显回落，国内成品油需求下降。国内经济增速放缓，大宗货物运输方式结构转化，这些因素将影响以物流、仓储为主要消费结构的柴油需求市场，国内成品油市场供需失衡状况依旧明显。

浙江石化等新扩建炼厂投入生产，产品产出后将对国内成品油市场带来较大冲击，国内成品油市场供大于求的现象或许愈演愈烈。但是，随着《关于营造更好发展环境支持民营企业改革发展的意见》的下发，2021年国内部分民营企业进行成品油出口贸易环境转好，加之主营单位出口量逐年递增，预计2021年国内成品油出口总量将进一步加大。

二、中国成品油物流现状与发展前景展望

2020年受全球新冠肺炎疫情影响，中国成品油物流运输市场存在部分困难，处于趋于平稳的状态，运输规模因停工停产原因缩减较大，运输成本因相关维护成本上升而上升，运输模式也产生了较大变化，管道运输所占比重增大。从下半年开始，随着中国新冠肺炎疫情得到逐步控制，大量复工复产，中国成品油物流运输市场逐

步好转。展望2021年，受益于成品油需求的逐渐好转，成品油物流市场将趋好，物流运输管理将进一步优化。

（一）2020年中国成品油物流现状分析

为深化油气行业体制改革，提高油气资源配置效率，促进油气行业高质量发展，2020年国家石油天然气管网集团有限公司（以下简称国家管网公司）正式组建运营，此后逐渐完成与中石油、中石化和中海油的资产、人员和运营权的交接工作，使管网分离改革再获实质性进展，油气市场化改革拉开序幕。成品油管道划归国家管网公司管理，成品油运输市场的市场化程度进一步提高，保障了成品油供应，促进了成品油终端需求增长。受全球新冠肺炎疫情影响，中国成品油水路运输整体呈现出先下降后复苏的趋势。虽然随着物流运输政策的完善和管道建设的迅速发展，中国成品油物流市场无论从运输规模，还是从运输效率方面都得到了提升，但仍存在如成品油二次配送有局限、成品油管理制度不合理等问题。2020年成品油物流现状具体分析如下。

1. 成品油管道划归国家管网公司，管网建设能力和效益进一步提高

2020年成品油管道划归国家管网公司，使成品油物流市场进一步得到发展。成品油管道整体划归国家管网公司，由国家管网公司统一管理，不再由国内三大石油公司进行相关的基础设施建设与运营工作。成品油管道划归国家管网公司，有助于进一步提高成品油运输市场的市场化程度，推动市场多元主体的加入，提高基础设施建设能力，提高成品油供应，促进终端需求增长，终端用户也将有更多选择机会，市场竞争将更加充分，有利于促进管网建设、改善管网投资建设效益。此外，可以消除由于管道投资建设不足带来的天然气供应瓶颈，拓宽管网建设的资金来源，未来通过资本化、证券化的渠道将上市募资广泛引入社会资本，从而释放管网投资建设的巨大潜力，改善管网投资建设的效益。

2. 管道运输效率提升，水路运输持续回暖

2020年，中国成品油物流运输方式主要由管道运输和水路运输组成。物流运输的多种方式并存，可以方便连接各大炼厂、大区调运公司、各级销售公司和最终用户等物流节点。

成品油管道运输依然是最成熟、最安全的成品油运输方式。2020年，中国已建成成品油管道12000千米，新增一次输油能力0.9亿吨/年。2020年11月19日，为

推进中国成品油油气管网系统市场化改革，国家管网公司华东公司与盛虹控股集团在连云港签署协议，双方合资共同建设、运营连云港—徐州—郑州成品油管道及配套油库项目，成品油管线总长约 680 千米，总投资约 40 亿元。该管道可与国内干线管网联通，将成为国家干线油气管道之一，实现成品油跨区域灵活调配，还会成为国家干线管道面向社会公平开放的样板工程，并首次实现社会成品油资源大规模进入国家干线成品油管网。油气管道的口径不断增大、运输能力大幅度提高、油气管道运距迅速增加是油气管道运输的发展趋势。

成品油水路运输也在 2020 年取得了阶段性的建设成果。2020 年 10 月，中远海运石油与中石油东北销售公司共同发起动议。11 月 2 日，启动“昆仑油 202”班轮运输首航任务，这是双方协同推进中石油下海成品油资源运输优化的重要举措。东北销售大连分公司下达靠泊计划，协同做好信息对接工作；中石油大连石化公司负责备货，在码头泊位协同方面给予支持；东北销售南京分公司负责收货库容、泊位安排，为船舶直靠提供保障。11 月 5 日完成装货，7 日抵达长江口，班轮运输首航任务圆满完成，标志着中国开启石油直炼成品油下海油班轮运输新篇章。

2020 年，中国沿海成品油周运价呈现先下降、后复苏、再下降的态势，呈现季节性波动现象。2020 年第一季度，由于新冠肺炎疫情的影响，中国沿海成品油综合指数、配送运价指数以及市场运价指数均有大幅下降，综合指数从 2020 年 1 月 3 日的 1400.70 连续下降，在 3 月 20 日达到 954.55 低点，相比 1 月 3 日下降了 31.85%。此外，3 月 20 日的配送运价指数相比 1 月 3 日下降了 25.95%，市场运价指数下降了 38.39%。第二季度国内新冠肺炎疫情得到有效控制，各行各业复工复产，中国沿海成品油运输市场逐渐复苏，运输指数呈现上升趋势，综合指数一路上升。第三季度，中国沿海成品油市场增长态势趋于平缓，在 2020 年 7 月 3 日达到最高值 1334.07，相比 3 月 20 日的最低点上涨 39.76%，而配送运价指数上涨 17.96%，市场运价指数上涨 68.80%。虽然在 7 月中旬之后略有下降，但相比新冠肺炎疫情影响下的第一季度而言，下降幅度小。第四季度，由于冬季温度等气候原因导致沿海成品油运价在 9 月、10 月小幅波动，11 月略有下降，但下降幅度小。

3. 物流运输政策发布以及管道建设加快，新冠肺炎疫情影响物流效率提升

2020 年，中国成品油物流运输市场发展取得了较好的成绩，随着原油、成品油市场管理办法的废止，加油站等零售端准入门槛进一步降低，国内加油站等零售终

端的审批效率显著加快。部分省市陆续出台落实市场放开政策，使市场主体进一步增长。地方也加快了成品油管道建设步伐，2020 年 11 月 19 日，国家管网公司华东公司与盛虹控股集团签订合作协议，双方将合资共同建设、运营连云港—徐州—郑州成品油管道及配套油库项目，盛虹石化未来的成品油将通过此管道以更低成本直输郑州。山东 80% 的规模炼厂已有一条或多条管道直通炼厂，山东独立炼厂管输原油占比从 10% 上升至 42%，管输与汽运联运占比也从不足 15% 升至 28%，全程铁路和汽运占比已降至 30%，地区吨油运输成本降低 30 元/吨左右，年节省运费成本 30 亿元。

2020 年，中国成品油物流运输市场虽然取得了明显的进步，但是在一些具体领域仍然存在问题，其中以成品油物流的长鞭效应、管理体制制约效应、物流节点布局合理性不足、二次配送局限效应尤为显著。由于成品油物流过程的长鞭效应，政策的实施会因为对下级企业信息掌握的不充分而产生影响，并且存在情况不断加深的趋势。此外，由于传统的配送与管理方式对管理区域进行了划分，致使成品油销售与运输无法实现大面积覆盖。同时，中国成品油物流配送运输与管理过程主要以零售模式为主，而成品油的配送运输及管理是按照各地区 1 ~ 2 个油库进行划分的，呈现出与当地市场经济发展趋势不吻合的现象。最后，由于中国国土辽阔，不同地区市场经济和区域经济发展不一致，成品油的配送运输与管理也受到了不同的限制。

（二）2021 年中国成品油物流市场发展前景展望

展望 2021 年，将是中国成品油物流市场加快发展的一年。国家管网公司的成立势必加速成品油物流体制改革，再加上成品油物流市场准入逐步放开和民营企业的深度参与，成品油物流市场会更加市场化、更加繁荣；随着科技进步，成品油物流领域信息科技化也会加速推进，成品油与物联网的结合将更加紧密；随着成品油出口管制放宽，物流市场势必会更具活力。

1. 后疫情时代成品油需求反弹，将带动成品油物流行业繁荣

中国在新冠肺炎疫情控制方面较为优秀，大量复工复产，经济不会出现明显倒退。中国成品油市场相较全球成品油市场也会趋于乐观，中国成品油物流市场也会有更多机会。展望 2021 年，首先，在石化产业上高端烯烃材料将获得突破，进口替代市场势必会有较大提升；其次，车用燃料结构将加速转移，成品油需求峰值将会

到来；最后，因为全球化受阻，新冠肺炎疫情反复，需求上限较低，减产联盟的减产将使油价稳定，市场价格也会更加稳定。2021 年，随着全球新冠肺炎疫情逐渐好转，航空旅行的需求会上升，航空燃油和煤油日需求量将会增加。上述表现是有利于 2021 年成品油需求逐步增大的利好表现，预计 2021 年成品油需求将出现创纪录的反弹，这也能促进成品油物流运输市场的好转。

利用具有长短期记忆的机器学习方法对中国沿海地区成品油周运价指数数据进行预测，结果表明，2021 年中国沿海地区成品油周运价指数整体呈现波动趋势，市场运价指数与配送运价指数的峰值与低值相比综合指数虽会提前一两个月，但总体呈现围绕 1120 点震荡的态势。由于中国新冠肺炎疫情控制程度良好，整体运输市场呈现复苏上涨的趋势，再加上市场全面复苏带来市场需求侧的增加，2021 年第一季度中国沿海成品油运价呈现上升态势，综合指数在 2 月达到高点 1321. 33，但在 3 月有所下降；第二季度整体呈现下降趋势，市场运价指数在 6 月初达到最低，只有 972. 47；第三季度有所回升，综合指数、配送运价指数以及市场运价指数均有所上升；由于受季节周期性影响，第四季度又有所下降。

2. 信息技术深度优化物流管理，物联网技术推动成品油物流行业发展

2021 年，将对中国成品油物流管理工作进行优化，在成品油物流配送运输与管理当中，运输成本与运输方案之间的关联性很大，所以要制定科学的运输管理计划，制定最为合适的运输路线，选择最适宜的运输工具，降低运输成本、缩短运输距离，保证以最快的速度、最低的价格开展运输工作。此外，物联网的快速发展将推动中国成品油物流产业升级。在物联网的支撑下，成品油物流系统的运行状况都是透明可见的，系统成员之间能够实现信息共享，提高数据采集的效率、准确性和完备性，使信息在成品油物流系统中智能地流通。

三、中国燃料油市场现状与发展前景展望

2020 年新冠肺炎疫情来袭，中国燃料油市场遭受巨大冲击。工业生产活动积极性的降低导致工业用燃料油的需求受到一定的影响。全球限硫令正式生效，中国燃料油市场迎来低硫时代。因为原油价格变化，船用燃料油价格震荡下行成为 2020 年中国燃料油市场的主要特点。低硫燃料油期货的上市以及保税燃料油出口退（免）

税政策等的提出，为中国燃料油市场注入了新的活力。展望2021年，新冠肺炎疫苗有望于2021年研制成功并进入批量生产阶段，新冠肺炎疫情将会逐步得到控制，船用燃料油市场和工业用燃料油市场或将复苏和回暖。船燃低硫化仍是大趋势，国内炼化企业低硫船燃生产步伐加快，相关交易机构也应遵循和落实相关法规政策，减少和避免操作风险及市场风险，提高应对风险能力。

（一）2020年中国燃料油市场现状分析

受新冠肺炎疫情影响，中国工业用燃料油需求出现下滑，船用燃料油需求及价格走势整体偏弱，低硫燃料油期货和低硫出口退（免）税政策为整体承压的中国炼化行业和燃料油市场带来了新的希望。与2019年相比，2020年中国燃料油市场"低硫"的特性更加突出，低硫燃料油供需的变动成为影响中国燃料油市场的核心因素。2020年燃料油市场现状具体分析如下。

1. 中国燃料油产量提升，船用燃料油整体供需萎靡

随着中国石化企业不断发展，国内炼厂炼油能力持续增长，燃料油产量相应增加。特别是2020年随着燃料油出口退（免）税相关政策落实，国内炼厂开始参与生产加工低硫船用燃料油，燃料油产量整体增长明显。如图4-3所示，5月全国燃料油产量达到高位383万吨。截至2020年10月，中国原油加工量为55518.1万吨，与2019年同期相比增长2.9%；燃料油产量2923.1万吨，与2019年同期相比增长44.2%。

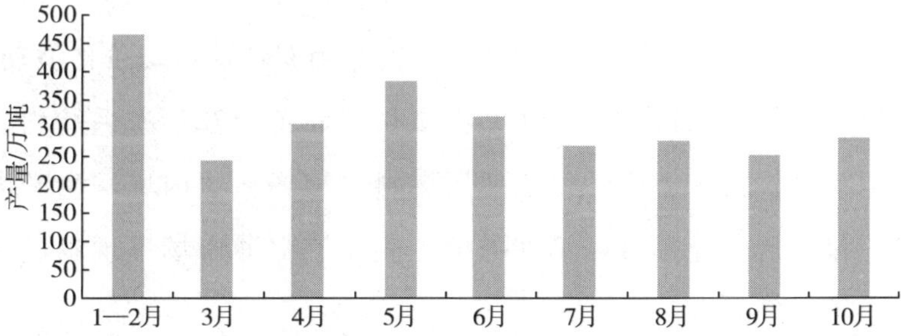

图4-3　2020年1—10月中国燃料油产量

数据来源：隆众资讯。

2020年，中国燃料油进出口情况也出现了较大变化。1—9月，中国燃料油进口量为1002.7万吨，与2019年同期相比下降7.3%；出口量为1082万吨，与2019年同期相比增长42.2%，产量的大幅提高使燃料油市场呈现进口小幅下跌、出口大幅

上涨的态势。前三季度，中国燃料油进口依存度为 -3.1%，与 2019 年同期相比下降 18.30%。从进口来源国来看，2020 年中国进口的燃料油主要来自马来西亚、新加坡、韩国、俄罗斯、阿联酋、埃及、日本 7 个国家。上半年，中国从这些国家进口的燃料油数量占进口总量的 91.2%，其中马来西亚、新加坡、韩国占进口总量的 65.43%。与 2019 年同期相比，新加坡燃料油进口份额下滑明显，而马来西亚和韩国进口份额却有明显提升。作为低硫化元年，低硫燃料油的供应能力成为占领市场的首要因素，韩国和马来西亚在生产低硫燃料油方面，较其他国家产能及产量明显提升，中国的采购量随之提升。

燃料油分为工业用燃料油和船用燃料油，其中船用燃料油占主要部分。受新冠肺炎疫情影响，工业生产活动的积极性普遍降低，使工业用燃料油需求出现了一定的下滑。船用燃料油占比较大，所以主要对船用燃料油的供需情况进行分析。船用燃料油的供需情况分析如下：

第一季度，新冠肺炎疫情导致炼厂停工停产，供应面、需求面同步萎靡。3 月，批发市场需求低迷，出货水平偏低；供船市场因终端需求难有起色，部分地区有价无市，全国成交冷清。船用燃料油市场受下游需求疲软拖累，供船市场整体成交低迷，成交量与 2019 年相比下跌约 40%。第二季度，国际原油走势不明，航运需求无向好表现，而船用燃料油混兑利润微薄，商家生产积极性不高，多数商家成品油库存低位，原料采购谨慎按需，生产以供应少量刚需为主，市场活跃度有限。5 月进入休渔期后，市场仅零星低硫燃料油可供小型货船加油，燃料油市场购销两淡。进入第三季度，一方面，内贸船用燃料油市场价格波动仍不明显，利润薄弱，供应端操作多以守稳为主，批发供应商备货及下游采购均处于谨慎状态，整体供需疲软；另一方面，保税船用燃料油市场在国内炼厂生产供应的积极推动下，供应量出现明显提升。第四季度，船用燃料油市场呈现以供应过剩为主导、终端需求不足的局面。

2. 燃料油价格震荡下行，整体呈现低位波动态势

2020 年上半年，燃料油价格走势大起大落，整体呈现下降态势；下半年低位徘徊，整体变化幅度小。如图 4-4 所示，第一季度初，受国际原油价格大涨影响，国产燃料油市场迅速作出回应，燃料油价格随之上涨，并迅速达到 2020 年高位。紧接着国际原油价格暴跌，下游各产品价格随之下行，国产燃料油价格也从 1 月的价格

高位快速下滑。2 月 1 日，中国燃料油出口退（免）税政策正式生效，国内炼厂克服了春节前后新冠肺炎疫情影响，于 2 月 13 日实现了第一单燃料油出口退税业务流程打通，使燃料油价格有所回升。3 月，船用燃料油市场价格延续弱势下行趋势。原油价格持续探底，内贸市场看空情绪加重，船用燃料油整体弱势运行。批发市场，商家库存偏高，出货压力大，价格持续下探；供船市场，以价格跟跌为主，成交冷清。第二季度，受全球新冠肺炎疫情影响，航运市场大环境不景气。4 月，因原油价格波动，加之新冠肺炎疫情的发酵，船用燃料油价格再次下跌。内贸市场中，虽沿海干散货运价指数及中国出口集装箱运价指数保持微幅上涨势头，但船用燃料油整体需求淡稳，未有实质性回暖表现，市场利好有限，燃料油价格仅有小幅回升。5 月，进入休渔期后，行情波动几乎停滞。第三季度，经过长期调整，蜡油价格在 8 月开始迅速上涨，带动了燃料油价格的小幅上涨。第四季度，10 月中旬，国际原油价格下跌，带动内贸船用 180 斯托克斯（cst）批发及供船价走势偏弱。11 月，原油连涨提振内贸船用燃料油价格，内贸船用 180cst 批发及供船价有明显探涨表现。

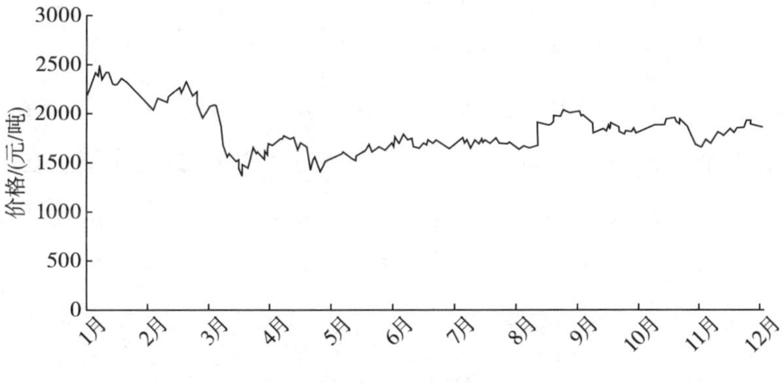

图 4－4　2020 年燃料油价格

数据来源：WIND 数据。

3. 限硫令促进低硫燃料油市场发展，推动低硫燃料油期货上市

2020 年是低硫切换元年，受“限硫令”影响，船舶燃料油市场中低硫燃料油的市场份额大幅提升，替代了高硫燃料油和部分船用柴油。为了应对快速增长的低硫船用燃料油需求，中国石油炼化行业低硫船用燃料油的生产能力全面提升，国内首批低硫船用燃料油出厂。各企业首批低硫船用燃料油出厂量如表 4－2 所示。

表 4-2　2020 年部分企业首批低硫船用燃料油出厂量

日期	企业名称	低硫船燃油出厂量/吨
2 月 2 日	青岛石化	1700
2 月 14 日	茂名石化	3000
2 月 22 日	齐鲁石化	1800
2 月 26 日	高桥石化	3200
2 月 27 日	金陵石化	4000
	湛江石化	10400
2 月 28 日	上海石化	8200
	海南炼化	1000
3 月 12 日	镇海炼化	2000
	广州石化	700
4 月 23 日	胜利石化	800
5 月 31 日	九江石化	3000
6 月 22 日	安庆石化	2600
6 月 25 日	长岭石化	2700

数据来源：公开资料整理。

2020 年 6 月 22 日，低硫燃料油期货在上海期货交易所所属上海国际能源交易中心挂牌上市。低硫燃料油期货上市契合了国际海事组织从 2020 年 1 月 1 日开始实施的“限硫令”，即全球范围内船用燃料油硫含量从 3.50% m/m 直降到 0.50% m/m 的大背景，对低硫燃料油市场的规范发展起到了积极的促进作用。在全球范围新冠肺炎疫情影响航运需求的大背景下，中国石油市场与炼化行业遭受严重冲击，下游成品油需求衰减、炼厂开工被动下滑，低硫燃料油期货为中国燃料油市场带来了新的希望。首先，将促进形成低硫燃料油统一的品质标准。在由高硫向低硫转换的过程中，低硫燃料油的供应能力明显不足，导致供应商普遍采取了高硫和低硫燃料油混兑、调和的方式以满足市场需求，而且在品质上只对含硫量不大于 0.50% m/m 燃料油进行控制，对黏度、密度、金属含量等指标没有一致的标准。中国的低硫燃料油期货在合约设计上规定实物交割标的为低硫船用燃料油，并对可交割燃料油的品质从含硫量、运动黏度、密度、净热值、酸值、闪点、倾点、硫化氢以及金属含量等 21 个方面作出了明确规定。随着中国低硫燃料油期货的发展和广泛应用，期货合约规定的交割品质有望成为行业领先的品质标准，并发展成为亚太地区，乃至全球低硫船用燃料油的品质标准。其次，低硫燃料油期货上市增强中国船用燃料油市场的国际影响力。随着中国经济进一步发展和对外开放提升到新水平，特别是沿海地区自由贸易试验区和海南自由贸易港的加速建设，带动了中国国际航运市场的快速发展，保税船用燃料油需求呈现出高速增长的态势，低硫燃料油期货的上市有助于使中国发展成为亚太地区重要的国际船用燃料油市场。再次，为中国市场争取低硫燃料油定价权提供了可能性。传统高硫时代，中国低硫燃料油价格基本依靠新加坡市场价格，且始终没有形成市场统一的定价模式。国际化低硫燃料油期货的上市将有助于中国争取合理的定价机制，为中国的低硫燃料油市场争取话语权。最后，为企业提供了避险工具。中国低硫燃料油期货与现货市场相结合，为船东和保税船供油企业提供了套期保值的工具，为企业发展提供了有力的避险操作渠道。

纵观低硫燃料油上市以来的价格走势，如图4－5所示，6月底低硫燃料油期货合约价格在上市初期受市场推涨情绪的影响出现大幅上涨，之后在国际原油价格波动及新加坡燃料油市场供需变动的影响下开始短期下跌。7—8月，随着持仓和成交量的稳步上升，低硫燃料油期货合约的价格逐步回升，而后在2500元/吨的价格附近波动。9月初，全球船用燃料油需求不足，低硫燃料油整体库存处于季节性高位，期货价格承压明显开始大幅下跌。尽管后来全球现货市场对于低硫燃料油的需求呈现逐步恢复的态势，但在全球新冠肺炎疫情快速蔓延的背景下，仍无法恢复到新冠肺炎疫情之前的水平，使低硫燃料油期货的价格长期处于低位波动的状态。10月底至11月初，受国际原油价格波动的影响，低硫燃料油期货价格进一步下降至新低位。11月，中国低硫燃料油现货市场供需两旺，引领期货价格逐步回升。

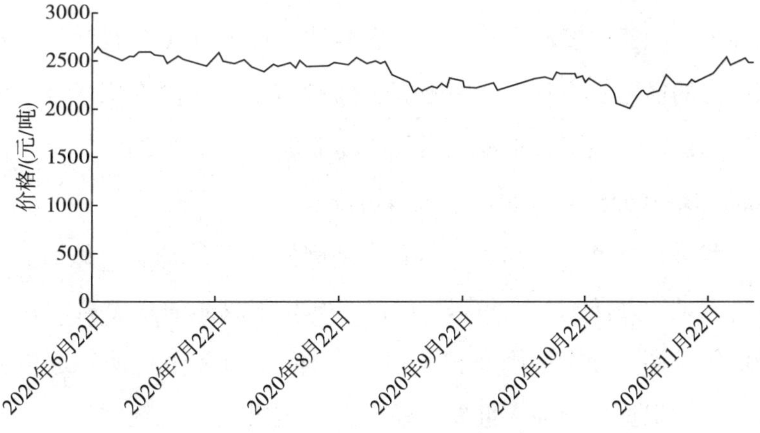

图4－5　2020年低硫燃料油期货结算价

数据来源：WIND数据。

4. 相关政策公布，燃料油进出口市场进一步完善

（1）燃料油出口退（免）税政策出台，国内产能进一步得以释放。

2020 年 1 月 22 日，财政部、税务总局、海关总署联合发布《关于对国际航行船舶加注燃料油实行出口退税政策的公告》，明确自 2020 年 2 月 1 日起对国际航行船舶在中国沿海港口加注的燃料油（编码为 27101922）实行出口退（免）税政策，增值税出口退税率为 13%。首先，退税政策的落地有望释放国内产能，炼厂利润与开工得以提振。其次，退税政策将大大提高中国保税船供油商的竞争优势，行业规模有望迎来突破。再次，退税政策有望改变亚太超低硫燃料油（VLSFO）供需格局，低硫燃料油市场将迎来新的交易机会。燃料油出口退（免）税政策的发布将改变中国保税船用油全部依赖进口的现状，对于降低国内港口加注成本以及打造东北亚船燃加注中心具有切实的影响，对于缓和国内成品油供应过剩的局面也有积极的意义。

在该政策的指导下，商务部进一步下达了 2020 年第一批低硫船用燃料油出口配额，自 2020 年 5 月 1 日起，中国将低硫的 5—7 号燃料油（硫含量不高于 0.50% m/m，海关商品编码 2710192210）纳入出口许可证管理货物目录。同期，商务部下达 2020 年第一批低硫船用燃料油出口配额的通知，针对 5 家石油企业一般贸易出口配额总计约 1000 万吨。其中，中石化 429 万吨，占 43%；中石油 295 万吨，占 29%；中海油 86 万吨，占 9%；中化集团 90 万吨，占 9%；浙江石化 100 万吨，占 10%。低硫船用燃料油出口配额的发放意味着中国燃料油出口退（免）税政策基本成型，国内炼厂与保税区的通道有序建成。中国保税船燃市场开启国内炼厂自主供应、摆脱依赖高价进口的供需新模式，未来在国际市场上也将更具竞争优势。

（2）成品油申领分配办法制定，进口市场进一步规范化。

根据《中华人民共和国货物进出口管理条例》和《原油、成品油、化肥国营贸易进口经营管理试行办法》，商务部制定了《2020 年成品油（燃料油）非国营贸易进口允许量申领条件、分配原则及相关程序》。成品油（燃料油）进口管理实行国营贸易管理，同时根据中国加入世界贸易组织议定书的相关规定，对一定数量的燃料油进口实行非国营贸易管理，由符合非国营贸易资格条件的企业在年度进口允许量内进口。规定燃料油非国营贸易进口允许量为 1620 万吨，同时明确了 2020 年燃料油进口允许量实行“先来先领”的分配方式、燃料油自动进口许可证的申领资

料、未使用燃料油进口允许量的公布条件、企业的相关责任等问题。完善了燃料油非国营贸易进口资格条件、资格申请报送材料、资格审核程序、2020 年起始进口允许量、退出和公示机制等程序。说明了燃料油自动进口许可证的受理及发放，燃料油自动进口许可证的有效期、更改和遗失，未使用燃料油自动进口许可证的退还等问题。针对成品油贸易进口，中国制定了更加详尽的条例，可以更好地规范成品油贸易进口市场，同时为成品油贸易进口市场的参与者提供了明确的分工与责任，以便更好地发展中国成品油贸易进口市场。

（二）2021 年中国燃料油市场发展前景展望

展望 2021 年，新冠肺炎疫情有望得到控制，燃料油的需求预计会上升，这将使燃料油交易价格震荡上扬。2021 年上半年，燃料油期货价格总体呈现逐步上升趋势，在环保压力加大的情况下，燃料油的供给降低，预计价格将会进一步上升。2021 年预计中国低硫燃料油价格波动不大，基本保持平稳。随着燃油税收政策的落实，船用和工业燃料油产品供应将保持稳定，进一步保证燃料油市场的平稳发展。

1. 新冠肺炎疫情逐步得到控制，推动燃料油价格上涨

中国燃料油需求与供给市场受到新冠肺炎疫情明显的影响，一是由于需求端对于燃料油及船用燃料油的需求减少，二是由于供给端部分炼化企业减产或停产会影响产品质量。新冠肺炎疫苗有望于 2021 年研发成功并批量生产，会带动经济的复苏、石油加工和交通运输业的发展。此时供求将发生变化，燃料油产量增加，航运事业的发展带动燃料油需求的增加，燃料油的交易价格上升。利用具有长短期记忆的机器学习方法对 2021 年上半年燃料油期货结算价格数据进行分析预测，发现 2021 年上半年燃料油期货价格总体呈现逐步上升趋势。在整个上升趋势中，中间虽然有价格反弹，但是燃料油期货价格上升趋势并未改变；在波动幅度方面，2021 年上半年燃料油期货价格最高点与最低点差距将近 800 元/吨，如图 4－6 所示。新冠肺炎疫情在 2021 年将逐步得到控制，一方面，经济复苏需要更多的能源，这就使得需求增加，将导致燃料油价格的上升；另一方面，应环保部门的要求，加大力度开发和使用低硫燃料油，这就使得燃料油的供给降低，在需求不变的情况下，将会使价格上升。

根据 2020 年低硫燃料油期货结算价（活跃合约）数据，对 2021 年第一季度中

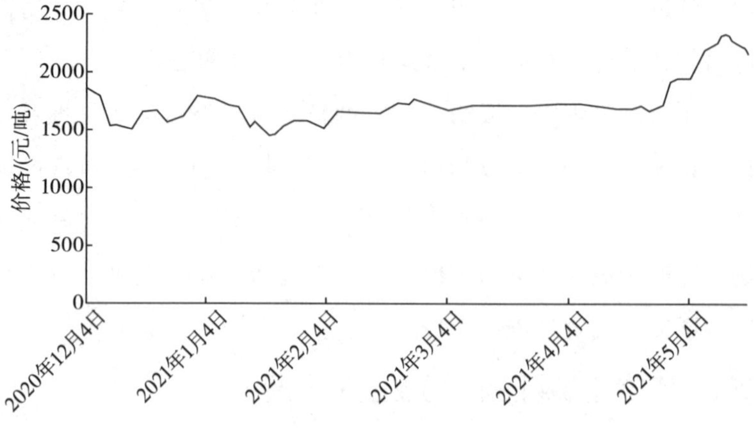

图 4-6　2021 年上半年燃料油期货结算价格预测

国低硫燃料油期货结算价格进行了预测。低硫燃料油价格波动不大，但是到 2021 年第一季度末，价格将可能下降。国务院生态环境部在防控新冠肺炎疫情的情况下，修订了新的《中华人民共和国固体废物污染环境防治法》，并于 2020 年 9 月 1 日开始实施，2021 年第一季度期货价格总体保持平稳。2021 年第一季度末，低硫燃料油价格预计下降，冬季过后气温偏冷，中国北方地区供暖需求增加，导致低硫燃料油需求增加。

2. 落实相关政策，燃料油市场持续复苏

中国对内销和出口燃料油均征收高额消费税，严重影响了炼油企业的生产积极性。为了促进中国船用燃料油市场的繁荣发展，预计在 2021 年将对燃料油产品实施更为灵活的税收政策。在 2021 年将落实燃料油税收政策，这样不仅可以方便企业采用多种贸易方式灵活安排出口时间和出口量，还可以提高企业生产积极性，稳定船用和工业燃料油产品供应，减少运作成本，也有利于新冠肺炎疫情影响下的国内和国际两个市场的复苏。随着“限硫令”政策的逐步落实，市场会将更多注意力放在液化天然气（LNG）产品的发展上。世界上环保先进国家都在推广使用 LNG，中国在这一领域起步晚，所以与世界主要发达国家相比仍存在较大的差距。为发展新的替代燃油，预计 2021 年发展的重点将是寻找天然气气源、提高天然气液化技术和装备以及提高液化天然气议价话语权等方面，以此加快建设中国燃料油市场，促进整个行业更好地发展。

只有实施更为灵活的税收政策和法律法规，才可以吸引更多国内和国外的船只，这样可以节省大量的时间成本以及人力物力，可以提高炼油企业的生产积极性和产品的竞争力，促进中国船用燃料油市场以及沿岸港口经济的繁荣发展。燃料油税收政策的改革对中国经济的发展具有重大意义，这不仅体现在航运方面，同时对冬季供暖也有重大影响，燃料油产业的发展可以提高燃料油的品质和使用效率，对环境保护也具有重大推动作用。

第五篇

加油站建设与经营

2020 年新冠肺炎疫情的暴发严重影响了成品油需求，加剧了市场供需矛盾，加油站投资热情降低，加油站总量微弱增长，增速持续放缓。上半年加油站建设进程缓慢，下半年随着新冠肺炎疫情的好转，加油站投资建设进程加快。国有石油公司致力于加油站的改扩建，新建加油站数量极少；民营加油站新建、改扩建积极性也降低，且其规模扩张主要通过加盟来实现。外资加油站受新冠肺炎疫情影响，成品油终端零售市场布局推进速度变缓。

随着市场扩大开放及各项政策的出台和实施，成品油流通市场化进程加快。新冠肺炎疫情使成品油销售企业经营压力大增，但企业积极调整经营策略，创新服务模式，促进业务多元化，提供无接触、一键加油等安全、便捷服务的同时，开展生鲜蔬菜、抗疫物资供应等业务，并推动线上、线下渠道的融合，通过直播带货等形式创新销售手段，非油业务销售规模逆势上升，经营效益有所提高，成为加油站新的利润增长点。新冠肺炎疫情也使石油公司更加认识到数字化转型的重要性，国有石油公司将数字化转型上升到战略高度，加快推进智慧加油站建设。伴随着新能源汽车产业的快速发展，石油公司加紧综合能源服务站建设，提升清洁能源供应能力，其中尤其重视氢能站的建设。

2020 年第一季度，成品油需求锐减并伴随着油价重跌，成品油销量及销售利润大幅下滑；第二季度，国内新冠肺炎疫情形势好转，经济逐渐恢复，零售价格及销量缓慢复苏；第三季度和第四季度，成品油零售市场趋于平稳，价格在 9 月之后逐渐回升，但全年整体销量与 2019 年比下滑约 10%，利润亦不及 2019 年。

2020 年底，商务部办公厅印发《石油成品油流通行业管理工作指引》。随着国家持续推进“放管服”改革工作，2021 年上半年将出台《关于促进石油成品油流通高质量发展的意见》。各地方政府也将陆续发布成品油零售体系发展规划和成品油零售资格审批标准，成品油流通事中事后监管趋严。随着新冠肺炎疫情的有效控制，成品油需求回升，市场不断放开，外资布局零售终端力度加大。在政策支持下，乡镇、农村市场的终端建设增速。石油公司将数字化转型上升到战略高度后，智慧加油站建设将快速推进。后疫情时代，加油站将全面实现线上、线下多渠道融合发展；非油业务高质量发展的同时，也成为加油站抵御经营风险和创造新的营利点的有力支撑。石油公司将抓住新能源汽车产业快速发展的机遇，利用自身优势加快布局综合能源服务站的建设，尤其是通过加油站改造，加快充换电站和加氢站建设。

一、2020 年中国加油站投资与建设现状分析

2020 年，成品油零售市场的全面放开，以及汽车保有量的持续增加，客观上为加油站数量增长带来了机会，但加油站数量已接近饱和，新冠肺炎疫情严重影响了成品油需求，石油公司加油站投资建设热情有所降低，加油站总量微弱增长，增速持续放缓，加油站密度略有降低，单站服务车辆数显著增加。国有石油公司致力于通过加油站的改扩建达到提质增效的目的，新建加油站数量极少，拟新建加油站主要集中于城乡区域；民营加油站在新建和改扩建方面的积极性差；政策的不断放开，加速了外企零售终端的布局。上半年，受新冠肺炎疫情影响，加油站投资建设进程推进较为缓慢；下半年，随着新冠肺炎疫情的好转，拟新建或迁建进程与上半年相比迅速推进。

（一）加油站数量变化分析

新冠肺炎疫情严重影响了成品油需求，石油公司普遍减少了对加油站的投资，汽车保有量增长有限，成品油零售市场全面放开，加油站总量略有增长，增速持续放缓。2020 年，加油站总量从 2019 年的 10.66 万座增加到 10.75 万座，增速为 0.84%。加油站数量的增速不及公路里程及汽车保有量的增长速度，加油站密度继续走低，单站服务车辆数显著增加。加油站数量的变化及呈现的特点具体分析如下。

1. 加油站数量略有增长，增速继续放缓

加油站总量趋于饱和，增长潜力较小。由于新能源汽车的快速增长及新冠肺炎疫情对成品油需求的严重影响，导致石油公司的投资减少，2020 年上半年投资建设进程缓慢，影响了加油站数量的增长。总体来看，2020 年加油站数量略有增长，但增速持续放缓。

2020 年上半年，受新冠肺炎疫情影响，成品油需求呈断崖式下滑，出行需求明

显降低，对能源零售行业终端的影响严重。下半年，国内经济逐渐复苏，对成品油消费量有一定带动作用，但国际上新冠肺炎疫情并未得到较好控制，国内新冠肺炎疫情也存在反复。成品油需求的上涨并不会直接对国内加油站数量的增加起到大力推进作用，相反，为应对新冠肺炎疫情不可预期的变化，加油站需“降本增效”，体现自身便捷高效的优势。此外，加油站数量已经接近饱和，2020 年加油站数量增长空间较小。新能源汽车在相关政策的推动下，核心技术快速发展，替代燃油汽车的速度加快，进而影响加油站数量的增长。在各种因素叠加影响之下，加油站总量仍保持增长，但增速持续放缓。若以中石油、中石化和中海油等代表性国有石油公司加油站总量变化的增速来预估国内加油站总量变化，全国加油站总量约为 10.75 万座，比 2016 年增加超过 1 万座，但比 2019 年仅增加 900 多座；增速由 2019 年的 1.77% 降为 0.84%，具体如图 5－1 所示。

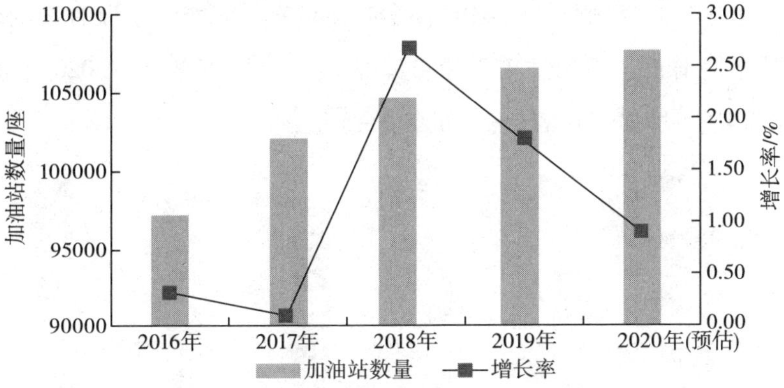

图 5－1　2016—2020 年加油站数量及增长率变化

数据来源：前瞻产业研究院、隆众资讯及预测。

2. 加油站密度略有降低，单站服务车辆数显著增加

随着汽车保有量快速增长，中国交通基础设施不断建设与改善。2020 年中国交通基础设施的建设投资仍保持较快增长。2020 年 1—11 月，全国公路建设投资完成 2.26 万亿元，同比增长 11.88%，增速远高于 2019 年同期的 1.90%，据此，2020 年中国公路里程仍会保持较快增长。若以 2019 年的公路里程增速为基础进行保守估计，2020 年公路里程将达到 518 万千米。加油站数量的低速增长和公路里程建设的较快增长，导致 2020 年加油站密度仍会降低，约为 2.07 座/百公里，呈现出连续四年下降的趋势，如图 5－2 所示。

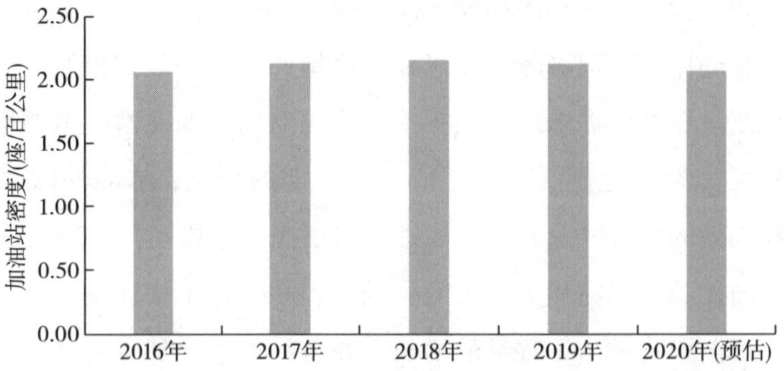

图 5－2　2016—2020 年加油站密度

数据来源：公开资料整理及预测。

2020 年第一季度汽车市场受新冠肺炎疫情影响明显；第二季度汽车消费市场开始复苏；第三季度汽车消费市场明显反弹，保持快速增长态势。截至 2020 年底，全国汽车保有量达 2.81 亿辆，比 2019 年增加 7.46%。随着汽车保有量的较快增加及加油站数量缓慢增长，加油站单站服务车辆数还会继续增加，2020 年达到约 2600 辆/座，比 2019 年增加 170 辆/座，如图 5－3 所示。

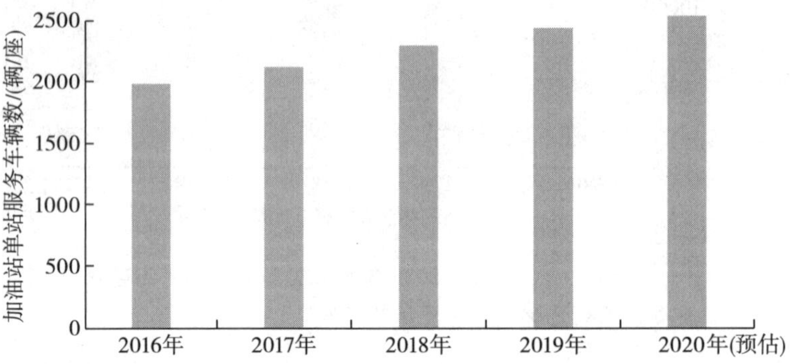

图 5－3　2016—2020 年加油站单站服务车辆数

数据来源：公开资料整理及预测。

（二）国有石油公司加油站投资及建设现状分析

2020 年，受新冠肺炎疫情影响，国有石油公司纷纷削减支出，整体投资规划进行调整，加油站投资建设减少，因此国有石油公司加油站增量极少。中石油、中石化、中海油三大国有石油公司加油站总量约为 5.50 万座，比 2019 年增加约 500 座，增幅仅 0.91%，如图 5－4 所示。随着城市成品油零售网络的饱和，城乡市场将逐渐成为新市场，国有石油公司在省道、乡道的拟新建加油站数量较 2019 年都有明显增加，尤其是中石化。近几年以城市为主的家庭用车购买量已逐步饱和，而因为乡镇的城镇化改造，乡镇公路的建设拓展，以及农村用车政策的倾斜，乡镇与一些农村的家庭用车和农用车将成为汽车消费的新增主体。中石油、中石化及中海油等国有石油公司加油站投资及建设现状具体分析如下。

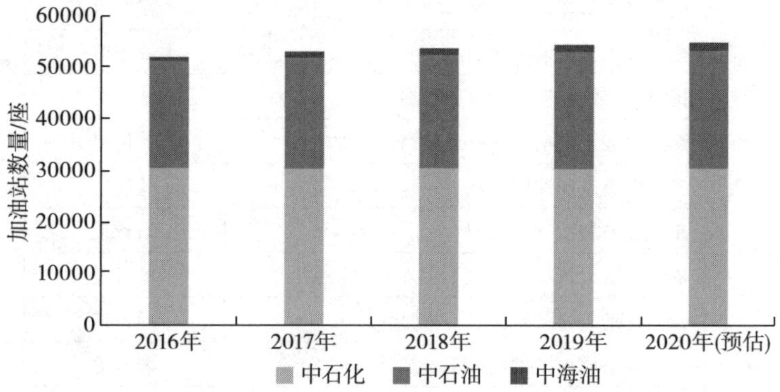

图 5－4　2016—2020 年中石油、中石化和中海油加油站数量

数据来源：公开资料整理及预测。

1. 中石油新增加油站数量减少，优质区域及城乡网络开发力度加大

受国际油价大幅下跌、国内油气需求严重萎缩的不利影响，中石油的生产经营受到严重冲击。为尽可能降低损失，中石油严格控制成本费用和资本性支出，投资新增加油站数量减少。若将 2020 年前三季度的新增 158 座加油站均摊，每个季度平均增加约 53 座，以此估算，全年将增加约 210 座，加油站总量约 22733 座，与 2019 年相比增数减少约 370 座，增幅仅 1.65%，远低于 2019 年 2.70% 的增幅。中石油拟新建加油站主要在国道、省道和城区等人口密集的优质区域。全国多数省区市加油站密度饱和程度较高，2020 年新疆、内蒙古为全国省区市拟建加油站中数量最多的，其中改扩建或迁建加油站数量较少。随着乡镇与一些农村家庭用车和农用车的增加，2020 年拟新建加油站位于乡道或乡村的较 2019 年增多。2020 年中石油部分加油站拟新建、迁建项目如表 5－1 所示。

表 5-1　2020 年中石油部分加油站拟新建、迁建项目

地点	加油站名称	位置分类	说明
新疆维吾尔自治区	中石油塔城市二工镇头工村加油站	国省道	新建
	中石油额敏县工业园南加油站	国道	
	特克斯县孟布拉克加油加气站	县乡（景区）	
	尼勒克县东环路加油站	城区道	
	察布查尔县良繁场加油站	城区道	
	精河县工铁物流园加油加气站	城区道	
	温泉县查干屯格乡安查道路西加油加气站	乡村道	
	玉都大道东加油加气站	城区	
	布雅煤矿加油（气）站	国省道	
	皮山安徽大道加油（气）站	国省道	
	G30 高速奎屯服务区南、北加油站	国省道	
	中石油塔城市二工镇头工村加油站	国省道	迁建
	东环路加油加气站	城区	新建
陕西省	礼泉县北屯加油站	乡道	增建 LNG 加气项目
黑龙江省	海林太平沟加油站		新建
	海林二浪河加油站		
四川省	蓬安巨龙加油站	省道	
湖南省	郴州市便民加油站	城区	
	宜章县远太加油站	城区	改建
	太和乌萝加油站	乡镇	新建
浙江省	临海市北洋加油站	城区	
	临海双林南路加油站	城区	
	浙江嘉兴余新第一加油站	城区	
江苏省	江苏南京新篁加油站	乡镇	
江西省	资溪县县城加油站	城区	迁建
内蒙古自治区	湿地公园北路加油加气站	城区	新建
	通道街加油加气站	城区	
	通辽加油加气站	城区	
	安泰加油站分公司	城区	
	伊旗西山加油加气站	城区	
	乌审旗蒙佳新能源有限公司加油加气站	县乡道	

2. 中石化新建加油站数量继续维持低位，站与站距离较近

由于新冠肺炎疫情对成品油销售的影响，中石化 2020 年初步计划将资本开支下调

2.50%，销售板块的资本支出从2019年的296亿元降为220亿元。2020年前三季度资本支出719亿元，同比下降7.80%，其中用于加油（气）站、成品油库以及非油业务等项目建设138亿元。新建加油站数量继续维持低位，重点安排加油（气）站建设。根据中石化2020年第三季度报告中的单站年均加油量3605吨，推算出前三季度单站加油量约为2703.75吨，同时根据境内成品油零售量8306万吨，可推算出第三季度中石化加油站数量约为30720座，较2019年底仅增加18座。若将此增量均摊到前三季度，则每个季度平均约增加6座，以此估算，全年将增加约24座，加油站总量约为30726座，与2019年比新增数减少约17座，增幅仅0.08%，低于2019年0.10%的增幅。

中石化旗下拟新建加油站的占地面积普遍较广，储油罐为建站必配，由于现有加油站饱和程度较高，导致拟建加油站与现有加油站距离较近的不超过2千米。例如，中石化山东东营石油分公司第七十八加油站，位于城区，占地面积5400平方米，加油机4台，30立方米双层SF储油罐5座，距离最近加油站车行仅1.9千米。中石化山东东营石油分公司第七十九加油站，30立方米双层储油罐4座，距离最近加油站车行2.2千米。中石化东营广饶第六加油站，占地面积2964平方米，储油罐5个，距离最近加油站车行2.4千米。2020年中石化部分拟新建、迁建加油站如表5-2所示。

表5-2　2020年中石化部分拟新建、迁建加油站

地点	加油站名称	位置分类	说明
新疆维吾尔自治区	昭苏县赛马场加油加气站	景区	新建
	玉都加油（气）站	城区	
	策勒县城东加油站	园区道	
	民丰县工业园区尼雅南加油（气）站	园区道	
	民丰县尼雅北加油（气）站	园区道	
	独山子经济技术开发区奎屯市十号加油站	县乡（园区）道	
	奎屯开干齐乡加油站	县乡道	
	奎屯独山子经济技术开发区奎屯市五号加油站	城区道	
江西省	资溪石油分公司鹤城加油站	国道	迁建
江苏省	江苏南京高淳桠溪镇南加油站	乡镇	新建
	江苏南京横梁街道太平加油站	乡镇	
山东省	东营石油分公司第七十八加油站	城区	
	东营石油分公司第七十九加油站	国省道	
	广饶县华星小李加油站（普通合伙）	乡道	
	东营广饶第六加油站	城区	

3. 中海油通过多种模式扩大网络规模，新增加油站数量提升

2020 年中海油全力投资国内成品油销售市场，通过多种模式加快布局新区域，不断提高成品油销售网络质量。上半年，因新冠肺炎疫情影响，加油站网络开发面临巨大压力，任务完成率较低；下半年，随着新冠肺炎疫情逐渐好转，项目审批、签约的进度加快，加油站投资建设速度加快。中海油通过收购、租赁、股权投资、合作经营等多种模式，新增加油站数量约 110 座，超过 2019 年的新增数量。

（三）民营加油站投资及建设现状分析

2020 年上半年，受新冠肺炎疫情影响严重，国际油价下跌，加油站客流量大幅减少，民营加油站在新建和改扩建方面的积极性较差；下半年，随着中国经济的缓慢回暖，民营加油站的改扩建也逐渐步入进程，但国内成品油需求恢复缓慢，所以新建、改扩建加油站积极性较 2019 年有所降低。具体的投资建设现状及分析如下：

2020 年民营加油站网络扩张速度较低，较大规模的民营加油站企业如金盾石化也降低了网络扩张速度，未有新增签约及投运站点。福建、德州庆云两个地区民营加油站的网络开发数量基本处于萎缩状态。山东部分独立炼厂在经营方面存在困难，资金链紧张，网络扩张速度有所下降，如东明石化、京博石化、汇丰石化等，以收购、租赁等重资产模式进行加油站开发建设的情况基本没有。民营加油站的规模扩张主要通过油站加盟来实现，如京博石化（含山东石化）自营加油站 240 座，加盟 770 座；海科集团自营加油站 5 座，加盟 120 座；富海石化自营加油站 65 座，加盟 270 座。

民营加油站改扩建及新建项目主要分布在新疆、浙江、黑龙江等省区，根据地方政府加油站拟建公示数据表明，拟新建加油站数量较多，主要集中在黑龙江和新疆，或许是与新疆现有加油站较少、不饱和有关；同时主要分布在县乡道或乡道，与现有加油站饱和并已占据优势地理位置有关。民营加油站的改扩建项目较少。2020 年部分民营加油站拟新建、迁建加油站项目如表 5 - 3 所示。

表 5－3　2020 年部分民营加油站拟新建、迁建加油站项目

地点	加油站名称		说明
黑龙江省	齐齐哈尔市顺天逸加油加气站	城区	新建
	中恒加油站	国道	
	中塬加油站	国道	
	海林市城源加油站	国道	
江苏省	东海县张湾四营加油点	乡镇	
	中油溧水石油化工有限公司中心加油站	城区	
浙江省	临海市甲石头加油站	国省道	
	闹村综合供能服务站	县乡道	
	山门综合供能服务站	县乡道	
	温州市好客石油有限公司加油站	城区	
辽宁省	大连保税区二十里景致小区加油站	园区	
广西壮族自治区	南宁北湖加油站	城区	
江西省	南丰县成大加油站	城区	
	东乡区红光垦殖场红光加油站	乡道	
湖南省	桂阳雷坪中球加油站	乡道	
	宜章一〇七绕城中心加油站	乡道	
	鹤城加油站	乡道	
新疆维吾尔自治区	陶家宫加油站	国省道	
	团结新村加油站	国省道	
	华油加油（气）、充电站	园区道	
	洛浦县玉矿加油站	县乡道	
	皮山县藏桂乡加油站	县乡道	迁建
	皮山县杜瓦镇昆仑加油站	县乡道	新建
	托格日尕孜乡民航加油站	国省道	
	于田县阿羌乡加油站	县乡道	
	克拉玛依诺能能源有限公司加油加气站	城区道	
	尼勒克县唐布拉加油充电站（旅游加油站）	国省道	
	乔尔玛加油充电站（旅游加油站）	国省道	
	沙湾县安集海镇中润石油加油站	省道	
	西部黄金伊犁公司加油站（自用）	县乡道	
	新源县铁新路加油站	城区	
	特克斯县呼吉尔特蒙古乡加油加气充电站	城区	
	沙湾县安集海镇中润石油加油站	省道	
云南省	蒙自市北京路下行加油站	省道	
	蒙自市北京路上行加油站	省道	

（四）外资加油站投资及建设现状分析

2020 年，受新冠肺炎疫情影响，国际石油巨头在中国的成品油终端零售市场布局推进速度变缓。壳牌、BP 等代表性品牌的加油站投资建设情况如下：

2020 年，壳牌在营的加油站总数约为 1500 座。壳牌在华北区域的网络扩张速度有所下降，网络开发模式变成停止收购、减少租赁、加大特许加盟、提供优惠的加盟条件，吸引民营加油站业主加盟，加盟加油站的数量在未来几年将大幅增加。2020 年壳牌正式进入南京。同时，壳牌在河北省大力推行“DO 站”加盟模式，用国际化成品油销售运营标准帮助民营企业在销售规范化、油品质量把控、营销推广等多角度进行提升，帮助民营企业逐步摆脱加油站销量低迷的困境。在石家庄新增 3 座加油站，分别为壳牌华中能源中山路加油站、壳牌体育北大街加油站、壳牌燕赵大街加油站。2020 年壳牌在河北省已累计建立 120 座加油站，计划在未来的 3 ~ 5 年内，在全省建设 500 座加油站，每座加油站均配备壳牌旗舰品牌便利店“壳牌优选（SELECT）”。

根据隆众资讯的数据显示，BP 在营加油站约 800 余座，其中 80% 以上的加油站分布在广东省，剩下的主要分布在浙江省和华北区域，在山东已建成加油站 12 座。BP 推出特许加盟模式，吸引民营加油站加盟，但受新冠肺炎疫情影响，山东省内 BP 加油站并未有新增。

二、2020 年中国加油站竞争与经营现状分析

2020 年新冠肺炎疫情加剧市场供需矛盾，加大石油公司的经营压力。伴随着扩大市场开放政策逐渐落地，市场化进程和公平竞争进一步加快。加油站弱化价格竞争，创新性地开展生鲜商品和新冠肺炎疫情防控物品相关业务，提供无接触服务，通过直播带货等线上、线下融合的销售模式应对新冠肺炎疫情影响，确保油品销量的同时，创造出了非油业务的逆势增长。新冠肺炎疫情加速了石油公司数字化转型和智慧加油站建设。综合能源服务站建设，尤其是氢能站的建设也在稳步推进中。2020 年成品油零售价格波动较大，整体呈现“U”形变化。成品油销量第一季度跌入低谷；第二季度随着新冠肺炎疫情形势好转，销量逐渐上升；第三季度和第四季度，成品油零售市场趋于平稳，但从全年整体来看，销量、利润较 2019 年明显降

低。2020 年成品油市场竞争及经营现状的特点具体分析如下。

（一）市场竞争现状分析

2020 年，受新冠肺炎疫情影响，成品油销售企业经营压力大增，价格竞争进一步弱化。随着扩大成品油市场准入方面相关政策的出台，中国加大成品油流通领域开放力度，降低成品油市场准入门槛。成品油市场竞争特点具体内容如下。

1. 新冠肺炎疫情影响加剧市场供过于求，成品油销售企业经营压力大增

2020 年，受新冠肺炎疫情影响，成品油生产企业及时调整生产计划，减少成品油产量，但因新冠肺炎疫情对需求的严重影响，供需矛盾仍然突出。2020 年中国成品油供需差额达到 4144.68 万吨，供需差额虽与 2019 年同期相比降低 873.62 万吨，但产量仍是表观消费量的 1.14 倍，和 2019 年同期相当，具体如表 5－4 和图 5－5 所示。成品油企业拟通过增加出口以缓解国内市场的供应压力，但海外新冠肺炎疫情形势严峻、原油价格下跌以及出口利润降低，成品油出口大幅减少。2020 年中国成品油出口量 4571.30 万吨，与 2019 年相比减少 965.98 万吨，降幅为 17.45%。2020 年成品油出口配额总计 5903 万吨，与 2019 年相比增加 303 万吨，增长 5.40%。1—12 月，出口配额完成率仅 77.44%，2019 年同期则为 98.87%，同比降低 21.43 个百分点。出口大幅减少，石油公司进而再转内销，越发加剧了国内市场的供需矛盾，成品油销售企业的经营压力前所未有。

表 5－4　2020 年 1—12 月成品油供需差量　　单位：万吨

月份	产量	表观消费量	供需差量
1—2 月	5163.60	4324.79	838.81
3 月	2469.00	1873.50	595.55
4 月	2585.00	1987.18	597.82
5 月	2630.10	2450.91	179.19
6 月	2809.00	2636.11	202.89
7 月	3021.30	2854.50	166.80
8 月	2955.80	2712.47	243.33
9 月	2879.40	2646.44	232.96
10 月	2894.60	2458.06	436.54
11 月	2840.50	2495.61	344.89
12 月	2847.40	2541.60	305.90
合计	33125.80	28981.12	4144.68

数据来源：隆众资讯。

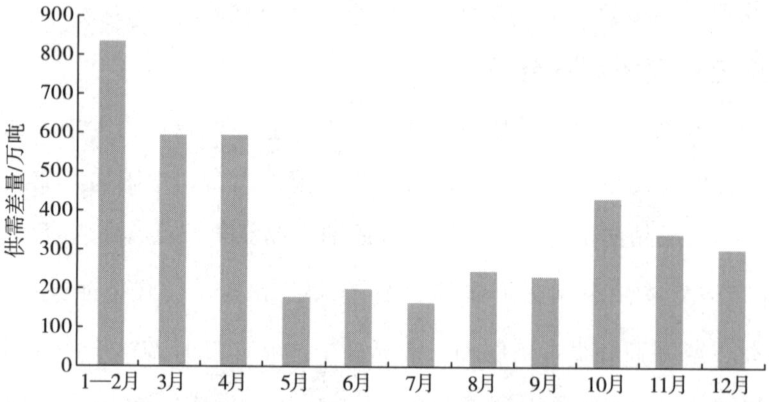

图 5－5　2020 年 1—12 月成品油供需差量

数据来源：隆众资讯。

2. 扩大市场开放政策逐渐落地，市场化进程进一步加快

2020 年扩大成品油市场开放的多个政策出台和落地，成品油流通领域开放力度继续加大，市场准入门槛降低，更多主体参与成品油市场的竞争，促进成品油市场多元化竞争更加激烈，市场化进程进一步加快。

为加快完善新的石油流通管理体制，2020 年 4 月，商务部等 10 个部门起草的《关于促进石油成品油流通高质量发展的意见（征求意见稿）》提出，国家对成品油零售经营实施许可管理，进一步简化成品油零售经营资格审批程序等；7 月，商务部宣布废止《原油市场管理办法》《成品油市场管理办法》，成品油零售资格审批下放到地市级政府，其他资格审批全部取消，预计 2020 年底，全国各省市基本完成放开成品油经营资格审批；9 月，国务院印发《国务院关于取消和下放一批行政审批项目的决定》，决定取消 29 项行政许可事项，下放 4 项行政许可事项的审批层级，其中涉及石油成品油批发、仓储及零售经营资格审批。审批权限的下放和简化以及各省市的政策落地，使更多投资者进入成品油市场，促进成品油市场形成多元化竞争格局，有利于国内石油市场化改革的进一步发展。

2020 年 3 月，国务院发布《支持中国（浙江）自由贸易试验区油气全产业链开放发展若干措施的批复》，提出要充分发挥各类企业积极性，招引油品贸易相关的中央企业、地方国有企业、民营企业在浙江自贸试验区集聚；允许浙江自贸试验区内现有符合条件的炼化一体化企业开展副产的成品油非国营贸易出口先行先试，酌情按年度安排出口数量。对民营成品油出口的支持，将为民营企业带来更多的市场机会，有利于民营主体同国有主体开展公平竞争。

3. 价格竞争弱化，利用数字化技术提升竞争层次

受新冠肺炎疫情影响，成品油量价齐跌，若各成品油零售主体还是采取以往激烈的价格战，则会造成多败俱伤。因此，成品油销售企业弱化价格竞争，更多利用数字化技术，创新销售和服务模式，提升竞争层次。

新冠肺炎疫情影响导致成品油供需矛盾加大。加油站为提升销量，通过价格促销吸引顾客是最直接的手段。伴随着国际油价的下跌，国有石油公司成品油零售利润同比下跌，如果大幅降价，则会损失更多利润。为了保证销量和利润，国有石油公司弱化价格竞争，积极调整经营策略，充分利用数字化技术，创新销售和服务模式。如应用数据挖掘、云计算等大数据分析技术开展精准营销，实施客户画像及消费规律分析，实现客户分类分级管理；建立基于大数据的营销效果评价体系，提高营销资源投放的精准性；通过提供无感支付、无接触服务，入驻各电商平台销售油品与非油，开展直播带货等多种方式，在提升顾客体验和顾客满意的同时，降低经营成本。民营加油站受新冠肺炎疫情影响，利润也严重受损，虽会有短时的价格促销，但也会以保利为主，同时快速进行数字化转型。如和顺石油积极进行数字化转型，其旗下加油站不仅支持支付宝、微信、银联扫码等支付方式，还接入了“团油”，引入数字化营销管理，提升销量和服务体验。2020 年加油站极少有大范围、大幅度的价格促销，即便有促销，也是维持在部分站点的小范围降价竞争。

（二）加油站经营现状分析

面对需求疲软、国际油价断崖式下滑以及新冠肺炎疫情带来的顾客需求的变化，各创新经营策略频出以减缓不利因素的影响。新冠肺炎疫情助推石油公司加快加油站多元化业务布局的步伐，开创性地开展生鲜蔬菜、抗疫物资供应等新冠肺炎疫情防控期间催生的满足顾客需求的新业务，积极承担社会责任的同时，创造了加油站新的利润增长点。加速数字化转型，加快智慧加油站建设，促进线上、线下业务和渠道的融合发展，打造无接触式服务，创新更安全、放心、便捷的服务新场景，改善消费体验。综合能源服务站，尤其是加氢站的建设也在稳步推进中，清洁能源供应能力不断提升。加油站经营的现状及特点分析具体如下。

1. 通过创新经营策略应对新冠肺炎疫情影响，并积极承担社会责任

面对新冠肺炎疫情及复杂的经济社会环境，石油公司创新经营策略，开展生鲜蔬菜、抗疫物资供应等新业务，展现出石油公司的担当与责任，助力抗疫工作有序开展的同时，创造出加油站新的利润增长点。

中石化第一时间郑重承诺“油品不断供，商品不涨价，服务不打烊”，对应急救援、物资运输、医护抢救等车辆提供“三免三优”服务，免费送油到火神山、雷神山医院建设现场。创新经营业态，提升服务质量。借助产业优势生产医疗卫生用品原料，帮助解决相关防疫物资，提供生产蔬菜等生活物资，开展抗疫物资、生鲜蔬菜供应等全新业务，以确保顾客在新冠肺炎疫情期间生活需求的满足。创新“一键加油”服务模式，通过App及微信小程序，方便顾客加油，保证了在新冠肺炎疫情期间减少人员接触；促进线上、线下融合发展，打造“安全加油、放心消费、高效便捷”的服务新场景，不断提升服务水平。利用网络优势，保障油品供应，积极推动实施“百日攻坚创效”行动，促进生产经营回归正轨，提高在复杂形势下的经营质量。2020年4月底，成品油的日销量从新冠肺炎疫情期间最低不足日常的20%，恢复到了正常水平的90%以上。

中石油也开展抗疫物资、生鲜蔬菜供应等业务，“中油好客e站”App可以实现线上支付并开票，车主不用下车即可完成加油，减少交叉感染的机会。中石油积极应对需求和价格下降的不利局面，重点推进提质增效，全面启动为期三个月的“战疫情、强服务、提纯枪”专项活动。多个销售公司借鉴“阿米巴”模式，激发全员经营活力，助力提质增效，在山东销售、上海销售、河南销售、陕西销售等加油站都促进了效益的提升，同时提高了员工的积极性。

民营加油站为应对新冠肺炎疫情，也积极采取开拓创新经营模式和策略，并承担社会责任。如河北个别加油站通过加盟壳牌，凭借壳牌优质的产品、完整的供应和运营体系以及网络规模、先进的IT技术，进行精准有效的合作，以应对新冠肺炎疫情带来的严重影响。同时，配合防疫相关要求，部分加油站快速开展无接触服务，确保顾客安全，积极承担社会责任。如东明石化购买一次性医用口罩、KN90口罩分配给员工及广大客户；山东石化各特许经营站向抗击新冠肺炎疫情捐款50余万元，并同时捐赠消毒液、酒精等大量爱心物品等。民营企业积极树立品牌形象，注重品牌化的进一步建设。

2. 智慧加油站建设加快，数字化转型提速

2020 年新冠肺炎疫情带来的销售模式的变化，更加速了中国智慧加油站的建设。发展智慧加油站也得到了政策层面的支持。国有石油公司将数字化转型提升到战略高度，加速企业数字化转型，加快推进智慧加油站建设。民营加油站为了应对竞争和新冠肺炎疫情影响，紧跟数字化转型潮流，借力数字化平台，有效降低了新冠肺炎疫情对经营的影响。

（1）国有石油公司数字化转型上升到战略高度，加快推进智慧加油站建设。

2020 年新冠肺炎疫情加速了油气行业数字化升级，国有石油公司将数字化转型上升到战略高度，制定出数字化转型的战略规划。加快推进智慧加油站建设进程，力图通过加速数字化转型，实现加油站数字化运营和管理。

中石油将数字化转型上升到战略高度，抓好数字化转型的顶层设计。数字化转型的总体目标和主要方向是在“十四五”末初步建成“数字中国石油”。同时，制定出数字化转型的框架方案，打造“一个整体，两个层次”的数字化转型的战略框架。中石油还提出智慧加油站新的解决方案，包括智慧支付、会员与营销、异业合作、油品物流、非油供应链协同、智能视频识别以及站级阿米巴等 7 个方面。为抗击新冠肺炎疫情，加快推进智慧加油站“加油卡移动支付平台”实施进程，全面上线“加油卡移动支付平台”，实现“不接触式加油”，为顾客提供最安全的服务方式，线上用户达到 1 亿人。通过美团、饿了么等外卖平台延伸非油产品新平台，并通过在线直播，加速线上营销，深挖线上平台“中油优途”会员客户油品以外的刚性需求，借助 5G、AR、VR 等手段，全力解决客户不进店的消费难题，持续提高非油贡献占比。

中石化始终围绕打造世界领先洁净能源化工公司远景目标和构建“一基两翼三新”发展格局，系统谋划公司数字化转型战略规划，大力推进数据中心、物联网、工业互联网等新型基础设施建设，夯实公司数字化发展的战略基石。以互联性 + 新业态为发力点，着力打造数字经济，加快智能加油服务站的建设，加速迈入数字化迭代期。为有效避免新冠肺炎疫情传播，中石化加油卡掌上营业厅 App 上线“一键加油”功能，全面实现无接触加油、无接触支付、无接触开票、无接触购物。为提高支付效率，建立加油站消费新场景，加速全国加油站智慧化、数字化进程。同时，中石化与中国移动达成战略合作，继续在推动 5G 应用、智慧加油站建设、渠道合

作、基础通信、易捷新零售等领域开展深入合作。同时试点上线数字人民币支付应用，丰富了加油站支付场景，顾客支付的便捷性进一步提高。

中海油正在进行零售管理系统 2.0 项目需求收集阶段，2020 年将完成推广应用。大数据应用、无感支付等技术都将在新的零售管理系统中加以应用。

（2）民营加油站积极借助第三方数字化平台，降低新冠肺炎疫情对经营的影响。

新冠肺炎疫情使民营加油站的经营困难重重，同时，国有加油站加速数字化转型，不断提升竞争实力，使民营加油站数字化转型的迫切性进一步增强。越来越多的民营加油站积极借助第三方能源互联网平台，实现专业化运营，提升运营效率和效益，有效降低新冠肺炎疫情对加油站经营的影响。民营加油站凭借“能链”“团油”“油掌柜”等一些新兴的第三方能源数字化平台，帮助加油站快速实现数字化转型。第三方平台依托成熟的数据管理系统和庞大的流量入口，为加油站在内部管理和外部营销等方面赋能提效，有利于帮助民营加油站在新冠肺炎疫情期间尽快走出经营困境。

“能链”已经在全国 400 多座城市连接起了约占民营加油站 40% 的 2 万余座民营加油站，其中约半数加油站接入“团油”是在新冠肺炎疫情发生的近半年内完成。“团油”为车主提供更优惠的能源补给，同时也为加油站解决了获客问题。“团油”所服务的部分加油站，在新冠肺炎疫情期间订单量从开始的 100 ~ 200 单/天增长到 700 ~ 900 单/天，利润实现了翻番。“油掌柜”服务加油站超过 2000 座，可实现自助买单、车牌付、人脸识别、自助开票等无接触支付功能。

3. 加紧综合能源服务站建设，提升清洁能源供应能力

（1）石油公司继续稳步探索综合能源服务布局，提升清洁能源供应能力。

2020 年，政府出台多项推动新能源汽车产业发展的政策，带动了新能源汽车销量快速增长，全年新能源汽车销量 136.6 万辆，增幅 7.5%。新能源汽车的发展带动了充电、加氢等基础设施的需求，石油公司顺应新能源汽车快速增长的趋势，利用已有的成品油网络优势，稳步探索综合能源服务布局，提升清洁能源供应能力。

中石油于 2020 年 6 月发布《中国石油 2019 年环境保护公报》，提出将从“油气”供应商向“综合能源”供应商转型，将提高清洁低碳能源在能源结构中的比例，采取更为积极的应对气候变化的行动措施，并提出要稳步探索“油气电氢”综

合补给站的建设运营。

中石化提出统筹天然气、加氢站布局，并在多个地区联合地方政府推进综合能源服务站建设。如广州市黄埔区与中石化签订战略合作协议，计划新建20座以上的加氢、加油、充电、非油、光伏发电等“五位一体”综合能源销售站，打造氢能汽车应用发展的基础设施先行区域。同时，该区还将开拓与中石化在数据中心和其他非油品业务等方面的合作。

（2）国有石油公司高度重视加氢站建设，以满足车用氢能需求的快速增长。

2020年发布的《关于2019年国民经济和社会发展计划执行情况与2020年国民经济和社会发展计划草案的报告》中提出，2020年国民经济和社会发展计划的主要任务包括制定国家氢能产业发展战略规划，这意味着中国已启动氢能顶层规划工作。新冠肺炎疫情并没有阻挡企业在氢能产业的投资热情，20余家大型能源央企跨界氢能产业。截至2020年底，中国累计建成加氢站118座（不含3座已拆除加氢站），在建/拟建加氢站167座。其中，101座建成的加氢站已投入运营，待运营17座，投用比例超过85%。市场需求增长及政府重视带动了国有石油公司加氢站建设的积极性，国有石油公司通过规划加氢站布局，联合地方政府和实力雄厚的其他公司合力推进加氢站的大规模建设。

中石油着力与各大公司开展合作，并成立专业公司推进加氢站建设。2020年4月，中石油与北汽福田汽车股份有限公司、北京亿华通科技股份有限公司达成合作意向，三方将发挥各自优势，共同推进北京市加氢站建设及运营。5月，中石油成立了一家合资氢能公司，业务包括氢能科技领域内的技术服务、技术开发、站用加氢及储氢设施、新能源汽车换电设施等。

中石化在氢能产业的发展力度不断加大，大规模布局氢能产业，并优先关注京津冀地区、长三角地区、珠三角地区和海南省的氢能发展。为共同实现北京机场氢能交通方案，2020年3月，中石化与北汽福田、机场巴士、亿华通签约。为推进氢能基础设施建设，4月，中石化百亿级氢能项目落户广州。2020年中石化在全国布局了近40座油氢合建站。

中海油也已开始布局新能源产业发展方向，委托金联创开展了加氢市场战略投资研究工作，完成了《加氢市场战略投资咨询报告》。同时，加氢站建设的相关技术研究工作也已完成，并获得相关技术储备。鼓励氢资源丰富的山东、上海、江苏、湖北等区域公司加强政府协调，探索通过“油氢合建站”布局取得项目土地，获取加油站项目“以油养氢”试点“加氢新能源”，为探索氢产业商业模式布局提供经验。2020 年 2 月，中海油宣布投建首座加氢站，对佛山市城北汽车加氢站项目工艺设备及安装进行国内公开招标。

（三）加油站非油业务现状分析

加油站为适应新冠肺炎疫情防控需求，创新性地开展生鲜、蔬菜零售，新冠肺炎疫情防控物资提供及贫困地区农产品销售等非油业务和服务。积极推动线上、线下销售模式的融合，通过直播带货等形式创新销售手段，使非油业务成为新的利润增长点。为适应需求，便利店的数量仍继续增加，增幅整体提升。非油业务收入和利润逆势增加。具体来讲，加油站非油业务所呈现出的特点如下。

1. 开展满足新冠肺炎疫情防控需求的非油业务，创新服务模式

在新冠肺炎疫情期间，加油站普遍利用网点优势，全力保障油气市场供应的同时，通过无接触服务、线上线下融合的方式，使民众可便捷采购生活急需的生鲜蔬菜和疫情防控物资，助力贫困地区开展特色农产品销售。

在新冠肺炎疫情期间，中石油昆仑好客便利店和中石化易捷便利店都开展了生鲜果蔬销售业务，推出口罩等抗疫急需商品。石油公司在履行社会责任的同时，创造了新的收入增长点。中石油在十余家省级公司开展蔬菜、生鲜零售业务，通过无接触服务、送货上门等方式减少聚集风险。从全国有销售优势的百座城市中，选取万座加油站，设立扶贫产品专区专柜。中石化“一键加油”小程序全国上线，旗下 3 万座加油站提供无接触购物。此外，规模性便利店以及部分民营加油站的小型便利店，积极创新服务手段，提供免费消毒等服务。

外资加油站的营利方式不止停留在油品业务的销售上，而是继续推进非油业务的多元化发展。部分外资加油站除提供酒精、消毒液等疫情防控物资外，也开展可供消费者便捷购买的生鲜商品的销售业务。如壳牌与 BP 在部分省市加油站提供了卖菜服务，并提供将蔬菜直接放置在车后备厢的服务，实现零接触。此外，BP 的加油站提供 3 公里范围内为购买两盒蔬菜以上的消费者送货上门的服务，以此树立品牌形象，增大对消费者吸引力。

2. 积极推动线上线下的融合，通过直播带货等形式创新销售手段

在保障安全的线下经营的同时，为满足消费者“云购物”需求，加油站开启非油销售新模式，将网络商城开进实体门店；通过多个平台多种形式的网络直播进行

跨界直播带货，拓展了新销售渠道，可更精准地进行异业合作。

中石化易捷旗下的“易捷海购”在加油站里开设了首座跨境闪购店，将线上线下业务融合。跨境闪购店依托中石化加油站和便利店的网络，结合“易捷海购”的全球供应链资源，在加油站购买进口商品可以享受与线上同样的优惠价格。通过“易捷海购”进行自有主播直播、与第三方企业合作直播等形式，销售便利店商品以及各种扶贫产品。

中石油昆仑好客上线天猫旗舰店，销售自有品牌、地区特产等商品。中石油多家销售公司也通过微信小程序、抖音或城市本土电商平台进行直播带货，并且多次开展扶贫产品专场直播，拉动扶贫助农产品销售。2020 年 10 月 20 日，昆仑好客与央视网“人人都爱中国造”节目合作，推出昆仑好客扶贫专场，通过知名主持人直播带货，助力贫困地区，推动扶贫产品网上销售。

3. 便利店数量继续增加，增速整体提升

新冠肺炎疫情带来的非油业务逆势增长，助推了便利店数量继续增加。以中石油和中石化等具有的大规模效益的加油站为例，2020 年上半年，中石化易捷便利店增长到 27721 座，比 2019 年底的 27600 座增加 121 座，增幅为 0. 44%，占其自营加油站数量的比例达到 90. 26%（见图 5 -6）。下半年，随着新冠肺炎疫情防控好转，便利店增加速度还会提高。截至 2020 年第三季度末，中石油加油站便利店增长到 20521 座，比 2019 年底的 20000 座增加 521 座，增幅为 2. 61%，占其加油站数量的比例达到 91. 11%（见图 5 -7）。中石化与中石油的便利店数量仍位居连锁行业便利店门店总数的第一、第二位，占全国便利店总数持续超过 40%。

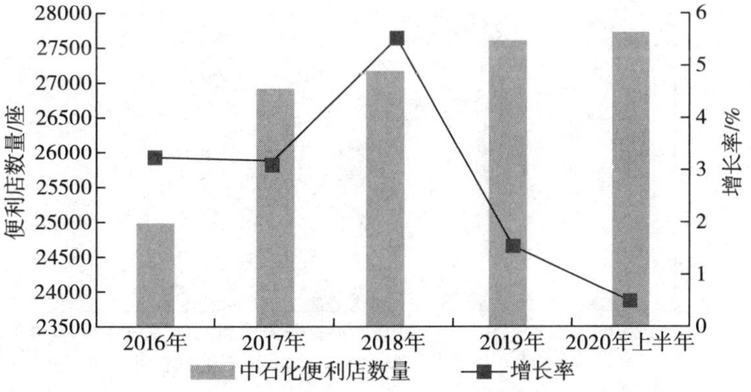

图 5 -6　2016—2020 年中石化便利店数量和增长率

数据来源：中石化年报及季度报告。

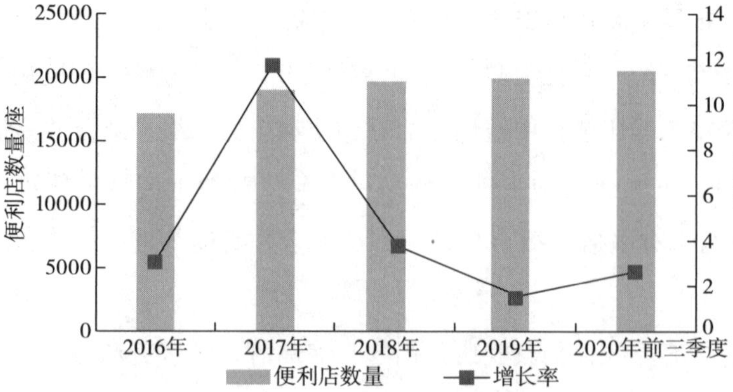

图 5－7　2016—2020 年中石油便利店数量和增长率

数据来源：中石油年报及季度报告。

4. 销售规模逆势上升，经营效益有所提高

在新冠肺炎疫情期间，国有石油公司通过拓展多元业务，创新营销模式，非油业务销售规模不降反升，经营效益也有所提升。以中石化和中石油为例，中石化 2020 年上半年非油业务收入达到 166 亿元，利润为 20 亿元，同比增长 7.40%，更是 2016 年全年利润的 1.30 倍。销售利润率为 12.05%，比 2019 年增长了 2.11%；2020 年上半年单店利润达到 7.22 万元，已达到 2019 年全年单店利润的 62.30%，具体如图 5－8 和图 5－9 所示。中石油非油业务质量持续提高。2020 年 4 月，中石油非油业务店销收入比 2019 年增长了 34%。下半年，随着新冠肺炎疫情防控形势好转，经济恢复速度加快，需求大幅提升，可以预见，2020 年非油业务的销售规模和效益整体优于 2019 年。

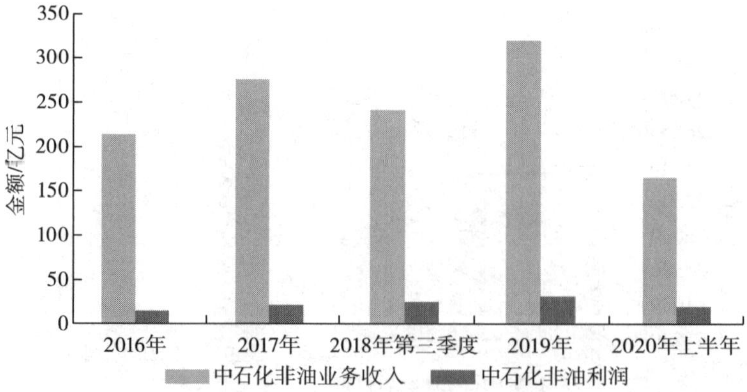

图 5－8　2016—2020 年中石化非油业务收入及利润

数据来源：中石化年报和季度报告。

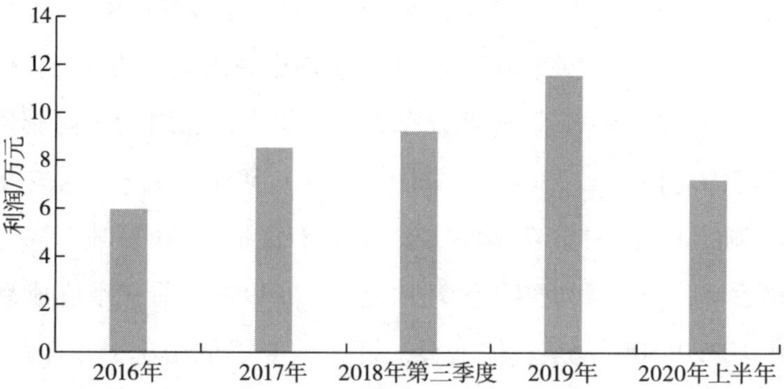

图 5－9　2016—2020 年中石化单店非油业务利润

数据来源：中石化年报和季度报告。

（四）加油站成品油零售分析

2020 年初新冠肺炎疫情暴发前，成品油零售价格基本稳定，但自新冠肺炎疫情暴发后，加油站销量与同期相比大幅降低，炼厂库存高企，市场价格暴跌。总体来说，第一季度的成品油销量及价格均急速下降，受国际油价降低并维持低位震荡的影响，成品油零售行业整体情况不容乐观。进入 5 月，国内新冠肺炎疫情形势好转，成品油的零售价格及销量处于缓慢复苏阶段，但加油站零售效率、零售利润较 2019 年明显降低。下半年，国内新冠肺炎疫情形势基本维持稳定，成品油零售市场趋于平稳，但全年整体销量及利润仍不如 2019 年。下面就成品油销售规模、零售效率、零售价格和销售利润等方面的现状和特点进行总结和分析。

1. 销售规模由大幅下降转为缓慢回升，但整体仍低于 2019 年同期

2020 年加油站销售规模经历前期大幅下降，中后期缓慢回升。第一季度，随着新冠肺炎疫情全球蔓延，世界经济下行风险显著加剧，中国 GDP 与 2019 年同期相比下降 6.8%，国际油价大幅下挫，国内成品油需求锐减，2 月上中旬国内加油站的销量水平仅相当于正常水平的 30% 左右。4 月以来，新冠肺炎疫情逐渐好转，销量逐步恢复。截至 4 月中旬，全国加油站销售量约是 2019 年同期的 85%。截至 5 月底，全国加油站销售量约是 2019 年同期的 95% 以上。截至 6 月底，全国加油站日销量恢复情况进一步转好，近 88% 的加油站销量已经达到大于或等于同期的 100% 水平。进入下半年，加油站的零售量已基本回升稳定，市场需求逐渐平稳，加油站销售情况基本达到同期水平，但全年整体销量受到上半年的锐减影响，仍低于 2019 年。

国有石油企业中，中石化第一季度成品油销量 3248 万吨，与 2019 年同期的 4561 万吨相比下降 28.79%。第二季度销量逐渐恢复，上半年成品油销量 7775 万吨，与 2019 年同期的 9177 万吨相比下降 15.30%，总销量下降幅度收窄。前三季度，成品油境内总销量 1.23 亿吨，同比下降 11.50%。从零售量来看，第一季度零售量 2183 万吨，同比下降 27.70%。上半年零售量 5250 万吨，同比下降 12.60%，零售量跌幅收窄，第二季度零售量环比增长 40.49%。前三季度成品油零售量 8306 万吨，同比下降 9.50%，从整体上看，第三季度销量相比上半年度已有明显好转，具体如图 5-10 和图 5-11 所示。中石化在全力托市增效的举措带动下，经营量已经得到持续回升，但预计全年销量将比 2019 年下降 10% 左右。

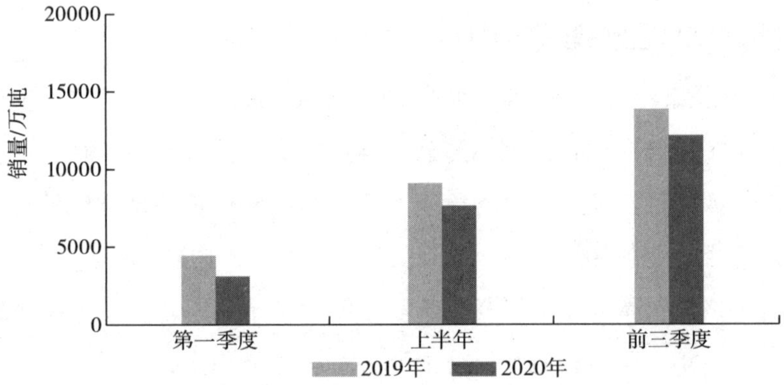

图 5-10　2019—2020 年中石化成品油销量

数据来源：中石化季度报告。

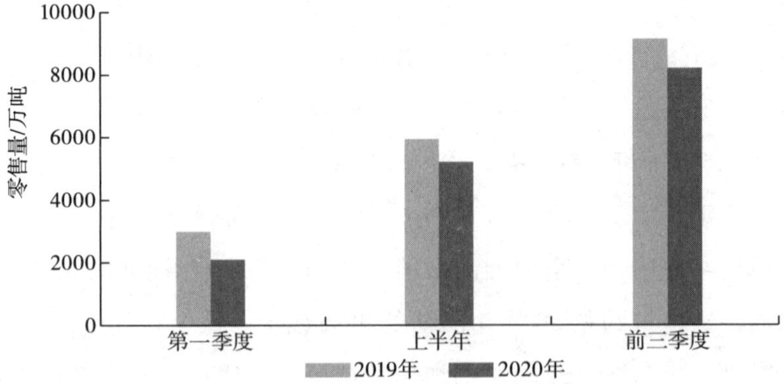

图 5-11　2019—2020 年中石化成品油零售量

数据来源：中石化季度报告。

中石油上半年成品油销量同比大幅下降，下半年随着经济恢复速度加快，销量下降幅度减少。上半年，国内成品油销量 4857 万吨，与 2019 年同期相比下降 15.60%。前三季度国内成品油销量 7784 万吨，与 2019 年同期相比下降 12.90%，降幅收窄，具体如图 5－12 所示。

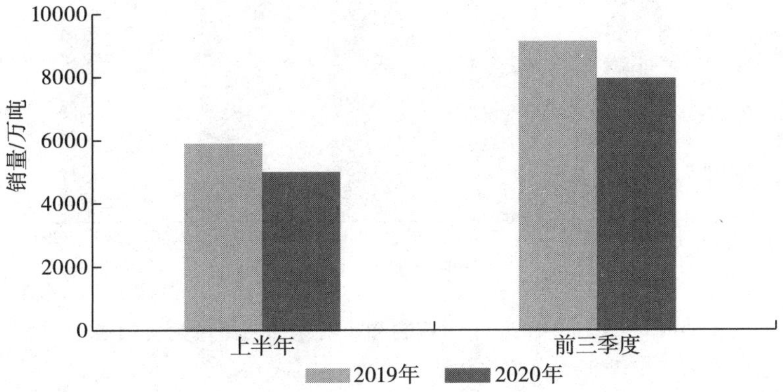

图 5－12　2019—2020 年中石油成品油国内销量

数据来源：中石油季度报告。

中海油同样受到新冠肺炎疫情影响，加油站运营方面面对重重困难。中海油积极采取多样化营销手段，借助价格优势扩大销量，但整体销量不容乐观，与 2019 年相比下降 10% 左右。

民营加油站在 2020 年初受到新冠肺炎疫情的较大影响，春节期间，民营加油站的销量降至 2019 年同期的 30%，加油站扩张速度也随之降低，重点在保障加油站的正常运营。民营加油站采取“线上＋线下”营销，稳住“老顾客”，吸引“新顾客”等举措积极应对疫情的不利影响。随着国内新冠肺炎疫情形势的好转及经济的复苏，居民出行情况增加，民营加油站也实现了销量的回升。

2. 上半年加油站零售效率明显降低，下半年有所回升

受新冠肺炎疫情影响，上半年成品油销量、零售量大幅降低，加油站零售效率也明显降低，但下半年有所回升。从加油站零售效率的主要指标——单站日销量来看，2020 年上半年，中石化单站日销量为 9.37 吨/座，与 2019 年同期相比下降 12.70%，前三季度单站日销量为 9.88 吨/座，同比下降 9.60%，但相比上半年有所提升，具体如图 5－13 所示。全年平均单站日销量明显不及 2019 年。中石油加油站数量呈现逐年上涨趋势，但由于市场竞争过于激烈，致使单站平均日加油量呈现

连续 4 年逐年下跌的趋势。2019 年下跌幅度为 2%，2020 年下跌幅度甚至可能高于 2019 年。

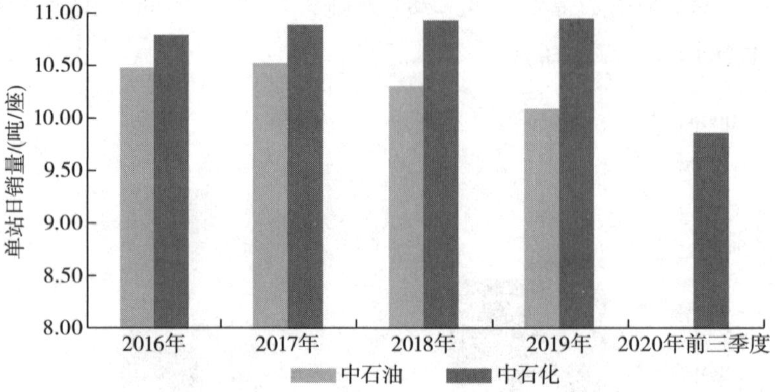

图 5-13　2016—2020 年中石油和中石化加油站单站日销量

数据来源：中石油、中石化年度及季度报告。

受新冠肺炎疫情影响，各地出行受到限制，各行业复工复产推迟，导致民营加油站的日销量也呈下降趋势，春节期间的单站日销量仅为 2019 年同期的20% ~ 30%。随着国内新冠肺炎疫情形势的逐渐稳定，各地逐渐复工复产、学生复课、物流行业恢复、交通运输需求恢复，单站日销量有所回暖。下半年，部分优势资源民营加油站通过采取合理规划、调整经营模式等方式，实现了短期的单站日加油量大幅提升。

3. 零售价格波动大，大幅下跌后反弹回升

2020 年成品油零售价格整体呈现大幅波动，各经营主体波动基本一致，与 2019 年相比波动趋势差异较大。2020 年 1—2 月的零售价格略高于 2019 年同期，但进入 3 月后，汽柴油价格大幅下跌，进入“5 元时代”，6 月出现回暖，价格逐步上升恢复，直至 10 月，市场需求逐渐增加，汽柴油零售价格开始大幅上涨，并趋于平稳，汽柴油价格逐渐达到 2019 年同期水平。

从具体月份来看，2020 年 2 月，市场对于成品油的需求减少，市场呈现明显供大于求的局面。3 月，国际油价的大幅下跌波及中国成品油零售市场，成品油零售价格出现大幅下跌，中石油 92 号汽油零售价格为 5. 93 元/升，0 号柴油零售价格为 5. 54 元/升，与 2 月相比，92 号汽油跌幅达 13. 68%、0 号柴油跌幅达 19. 59%。4 月，价格仍保持下降趋势，但与 3 月相比下降幅度减缓，这主要由于中国新冠肺炎

疫情形势有所好转。尽管国际原油行情不佳，但是随着中国经济的复苏，交通运输快速恢复，使得需求有所增加。5 月，各地复工、学校复课的进度推进，使加油站消费量得以有增加趋势，零售价格能基本维持稳定。直至 6 月，国际市场原油价格上涨，国家发改委对中国成品油价格实行 2020 年的首次上调，使成品油零售价格出现小幅度的回升趋势。

进入下半年，零售价格逐步回升，直至 10 月，零售价格有了较大波动。以 92 号汽油为例，10 月，中石油的零售价格为 6.71 元/升，中石化的零售价格为 6.70 元/升，其他经营主体的零售价格为 6.50 元/升，相比 9 月分别上涨 18.80%、18.60%、18.60%；以 0 号柴油为例，10 月，中石油的零售价格为 6.31 元/升，中石化的零售价格为 6.31 元/升，其他经营主体的零售价格为 6.23 元/升，相比 9 月分别上涨 20.70%、20.40%、20.70%。11 月汽油、柴油的零售价格基本与 2019 年同期价格持平。这主要由于国际原油价格在跌至低位后持续上涨，欧美地区新冠肺炎疫苗研发消息利好，新冠肺炎疫情有望得到较好控制，对国内成品油市场产生利好影响。进入 12 月后，市场需求减少，独立炼厂产量欠佳，同时受天气寒冷影响，独立炼厂以减少库存为主，汽柴油价格随之降低，以 0 号柴油和 92 号汽油为例，中石油、中石化、其他经营主体 12 月的零售价格分别下降 15.80% 和 15.50%、16.40% 和 15.70%、12.60% 和 16.30%，与 2019 年同期相比趋势差异较大，具体如图 5－14 和图 5－15 所示。

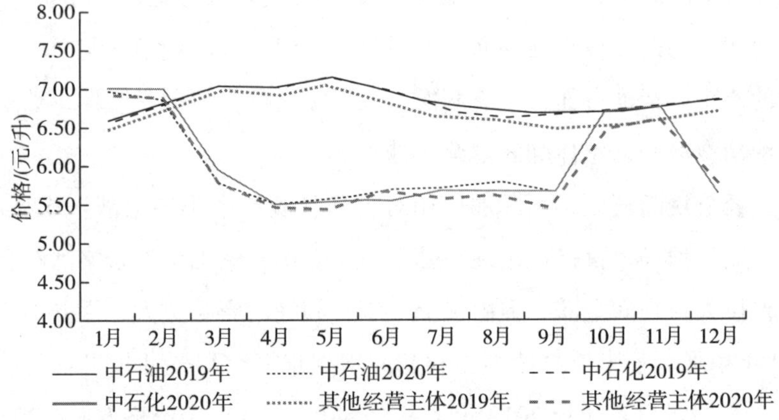

图 5－14　2019—2020 年中石油、中石化及其他经营主体 92 号汽油零售价格

数据来源：中国石油和化工经济分析月度数据。

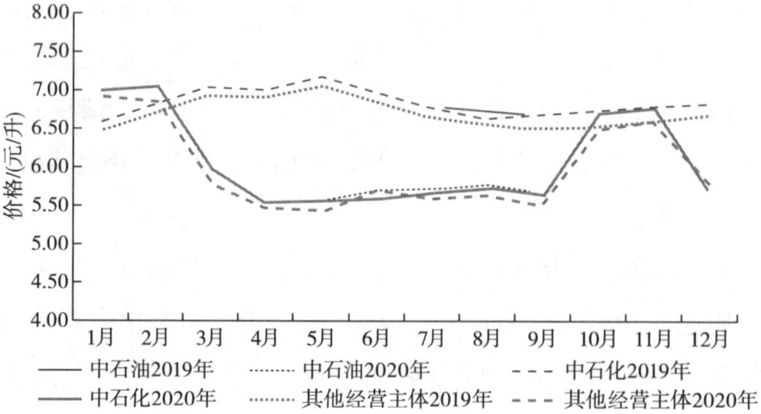

图 5-15　2019—2020 年中石油、中石化及其他经营主体 0 号柴油零售价格

数据来源：中国石油和化工经济分析月度数据。

4. 汽油、柴油零售利润同跌，石油公司销售利润降幅明显

2020 年汽油、柴油利润由 2019 年的汽涨柴跌转向汽柴同跌。一方面受到全年价格波动影响，尤其在第一季度价格波动幅度巨大，尽管后三个季度价格逐渐上涨并相对平稳，但整体仍产生较大的不利影响；另一方面上半年成品油销量大幅减少，使国有石油公司和其他经营主体整体利润均不如 2019 年。

2020 年上半年，成品油零售利润不容乐观。第一季度，成品油零售价格的下降及销量的减少，使零售利润受到一定影响。进入 4 月，成品油销量逐渐恢复，但是零售价格仍保持下降趋势，只是下降幅度减缓，压缩了利润空间，直至 6 月下旬汽油零售价格两次上调，才使汽油利润有回暖迹象，但总体利润情况与 2019 年同期相比仍有较大的差距。柴油方面，尽管两次上调了零售价格，但是整体仍然价格较低，加之处于柴油消费淡季，整体利润情况不佳。

下半年，经济逐渐复苏，国际油价相对平稳且震荡中小幅上涨，成品油批发价格趋于稳定，成品油零售价格也出现小幅上涨。其中，柴油批发价格涨幅相对较小，柴油批零价差拉大，利润上涨，但由于上半年对利润的影响更大，因此 2020 年整体利润较 2019 年稍降。下半年汽油零售利润亦不理想。全年柴油批发均价比 2019 年下跌 8.80%，汽油批发均价比 2019 年下跌 15.40%。在零售价格方面，2020 年国内成品油价格共经历 25 次调价窗口，最后一轮调价落实后，全年涨跌互抵，汽油累计下调 1295 元/吨，柴油累计下调 1250 元/吨，与 2019 年相比整体下行。据金联创数据统计显示，2020 年 0 号柴油批零价差为 817 元/吨，同比下跌 5 元/吨；92 号汽油

批零价差为1631元/吨，同比下跌606元/吨。

在国有石油公司中，2020年中石化的成品油销售利润也呈现整体大幅下跌，第一季度断崖式下滑，后三季度逐渐恢复，但前期销量的大幅下降仍然导致全年整体利润情况不佳。第一季度营销与分销事业部损失26.21亿元，而2019年同期为79.90亿元。1—9月，营销与分销事业部营业利润146.34亿元，2019年同期为231.39亿元，同比减少85.05亿元，降幅为36.77%，如图5-16所示。2020年营销与分销事业部全年利润将下跌。

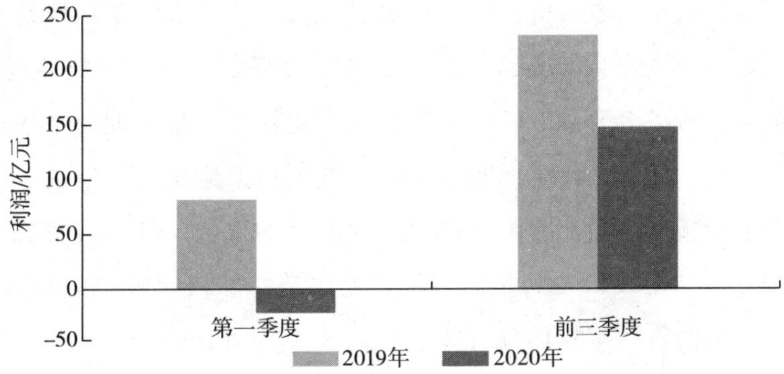

图5-16　2019—2020年中石化营销与分销事业部利润

数据来源：中石化季度报告。

中石油2020年利润同样下跌。上半年，销售板块经营亏损128.91亿元，比2019年上半年的经营利润4.94亿元减少133.86亿元。随着国内经济的稳步复苏，第三季度成品油销售利润有所好转，销售板块实现经营利润79.56亿元，环比增加42.62亿元。前三季度销售板块整体亏损49.36亿元，与2019年同期亏损14.49亿元相比，增加亏损34.87亿元，如图5-17所示。2020年整体将再次出现亏损情况。

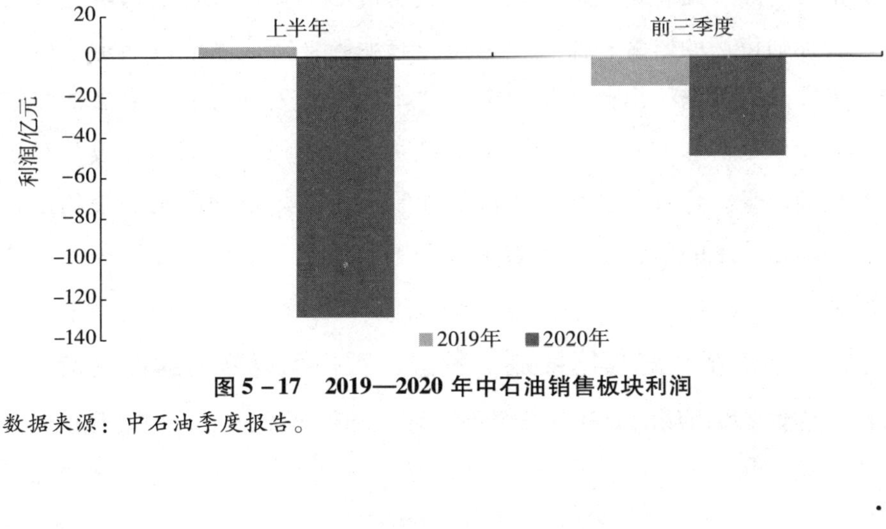

图5-17　2019—2020年中石油销售板块利润

数据来源：中石油季度报告。

民营加油站的利润整体情况不一，大部分利润严重受损，但还有少部分在上半年低油价时期加大成品油采购和存储，为其下半年销售降低了成本。如和顺石油在前三季度归属上市公司股东净利润1.21亿元，与2019年相比增长6.53%。

三、2021年中国加油站建设与经营前景展望

2021年，随着国家稳步推进“放管服”改革，各地方政府将陆续出台成品油零售体系发展规划和成品油零售资格审批标准，成品油流通事中事后监管趋严。随着市场的不断开放，外资布局零售终端力度加大，乡镇、农村市场终端建设将增速。石油公司将数字化转型上升到战略高度后，数字化转型、智慧加油站建设将快速推进。在后疫情时代，加油站将全面实现线上、线下多渠道融合，推动非油业务高质量发展。石油公司将抓住新能源汽车产业快速发展的机遇，利用自身优势，加快布局综合能源服务站的建设，尤其是通过加油站改造，加快充换电站和加氢站建设。加油站建设与经营前景展望具体分析如下。

（一）“放管服”改革持续推进，成品油流通事中事后监管趋严

2021年作为“十四五”规划的第一年，成品油流通行业旨在创造良好的营商环境，促进高质量发展的“放管服”改革仍将持续深化。预计2021年上半年将出台《关于促进石油成品油流通高质量发展的意见》（以下简称《意见》)。《意见》的出台将进一步明确成品油流通环节的具体内容，完善成品油流通环节的法规标准，推动地方政府制定成品油流通管理办法，指导各地成品油零售体系的科学规划和现代化发展。通过对成品油流通过程中规范性、指导性作用的发挥，可持续推进成品油流通规范、有序、高质量发展。同时，随着成品油营商环境的市场化发展，政府将进一步加强市场的监督，监管主体将越趋明晰，对成品油流通事中事后监管将趋严。各地政府将陆续出台成品油零售“十四五”发展规划、成品油零售资格审批标准以及市场监管方面的法规和实施细则，以加强对加油站建设与经营、安全生产管理的监督。随着一系列有关成品油零售市场规范和政策法规的出台，各主体在成品油监管中的职责分工也将更加明晰，质量、安全、环保等方面的监管将更加严格。

（二）外资加快布局零售终端，乡镇、农村市场终端建设增速

随着成品油零售市场的放开，外资进入炼化和加油站的准入门槛降低，外资正

加速布局中国加油站零售终端。2021 年，随着新冠肺炎疫情得到控制，疫情影响减弱，国内经济恢复，成品油需求也将逐步回升，成品油销售增长空间较大。这将促使外资加大对加油站零售终端的投资和建设力度。预计 2021 年，以 BP、壳牌、埃克森美孚等为代表的国际石油公司将进一步加速加油站的布局与建设。在国内市场上，随着新型城镇化建设的加快、振兴乡村战略的实施以及农村用车政策的鼓励，乡镇与农村将逐渐成为汽车消费的新增主体，与之配套的乡镇加油站将会成为成品油终端零售的新市场。“十四五”规划明确提出提高农村和边境地区交通通达深度，有关在乡镇建设加油站、加气站、充电站的鼓励政策也已出台。“十四五”期间，乡镇及农村市场的终端需求将进一步扩大，针对重点乡镇、特色小镇加油站的投资和建设将提速。

（三）加油站数字化转型快速推进，智慧加油站助力产业升级

随着新冠肺炎疫情常态化发展、油品需求增速放缓、成品油流通行业竞争加剧、客户服务需求高标准、互联网技术快速发展，传统的成品油零售方式已无法适应市场变化。为突破困境，借力数字化创新营销模式，进行加油站经营和管理的数字化转型已成为加油站发展趋势。以中石油、中石化为代表的央企已将数字化转型上升到战略高度，战略规划的出台和数字化管理部门的组建为 2021 年数字化转型的加速推进提供了条件。在智慧加油站的建设和发展中，将把互联网、大数据、云平台、人工智能、5G 等为核心的数字化新技术融入加油站传统业务的运营中，通过智慧化经营和管理提升运营效率和效益，还能为加油站培育新市场。借助智能化设备和系统，不仅可为客户的加油、支付、开票等需求提供便捷服务，还可以充分利用互联网等技术获取加油站运营及客户数据，从而制定更为有效的营销模式。加油站的智慧化正朝着实现用户需求、搭建终端平台和开发数字技术进一步深入。

（四）线上线下多渠道融合发展，非油业务加速发展为新增长点

自新冠肺炎疫情发生以来，加油站开展了如生鲜、粮油以及口罩售卖等便利业务，以创造销售业务新的利润增长点。在后疫情时代，更安全、更便捷、更多元的服务需求将促使加油站更加注重线上与线下多渠道融合。2021 年，基于现有的加油站及便利店开展线上线下多渠道融合将成为加油站零售的最显著特征。包括进一步开展线上移动加油平台的营销和各类加油 App 的推广，通过线上与客户建立紧密联系，同时提高加油站服务效率，以拓宽加油站销售市场。销售方式上，除平台静态、

单向沟通的销售方式外，实时性、互动性强的直播带货、社群营销更是加油站销售未来发展的方向。此外，提升非油业务占比，使其成为加油站经济新增长点将成为加油站的重要任务。因此，2021 年，加油站将通过数字化、互联网技术、线上线下多渠道融合进一步发展非油业务，从而更有深度地跨界、融合，构建以人为中心，扩展到车、生活等更广泛的业务生态圈，以提升非油业务占比，增强加油站抵御经营风险的能力，并成为新的收入和利润增长点。非油业务被越来越多地提到加油站经营层面上，毫无疑问油品和非油业务有机融合在市场和政策层面都将会有有力的推广。

（五）适应新能源汽车产业快速发展形势，综合能源服务站建设速度将加快

随着新能源汽车产业上升到国家战略高度，国家出台多项鼓励性政策，新能源汽车进入快速发展阶段。机动车市场中新能源汽车比例进一步加大，中国汽车工业协会预计 2021 年新能源汽车销量增速很可能超过 30%，达到全年 180 万辆。同时，《新能源汽车产业发展规划（2021—2035 年）》提出，预计 2025 年新能源汽车新车销售量将达到汽车新车销售总量的 20% 左右，并要加快充换电、加氢基础设施建设，对作为公共设施的充电桩建设给予财政支持。2021 年，国有石油公司将抓住新能源汽车产业快速发展的机遇，凭借资金和网络优势，开展油、气、氢、电综合供给服务站的建设，尤其是利用加油站的场地和设施，通过原有加油站的改造，大规模开展新能源汽车所需的充换电站和加氢站的建设。

第六篇

独立炼厂、航煤、石油焦和国际贸易

2020年，突发的新冠肺炎疫情严重影响了中国经济和成品油行业的发展。在独立炼厂方面，因终端需求变化较大，独立炼厂产能、开工率和利润在年初降幅较大，之后在中国新冠肺炎疫情得到控制和市场需求恢复的情况下逐步回暖。但总体来看，相较往年，中国独立炼厂的总体炼油产能水平仍进一步提升，库存趋于高位，促使市场催生新的销售模式，小规模独立炼厂继续面临整合或淘汰。2021年，独立炼油规模将持续快速增长，继续转型，过剩的压力可依靠出口缓解，小规模独立炼厂整合力度将增强。

在航空煤油方面，航煤消费占煤油90%以上，航空业受新冠肺炎疫情影响较大，出现深度下滑。国际航线一直难以恢复，不断发生熔断；国内航班在第二季度逐渐恢复，但较往年水平仍有一定差距，航煤需求和价格在第一季度断崖式下滑后逐渐稳步回升，但航煤市场供需矛盾仍未解决。随着国内新冠肺炎疫情逐步得到有效控制，2020年航煤进口总额较2019年减少。展望2021年，国内航空需求将会基本恢复，带动航煤需求的恢复，航煤供应能力也将持续增加，同时促进航煤出口，价格将有望趋于平稳。生物航煤一直是航空能源发展的新方向，下一步将推动生物航煤大规模产业化应用发展。

石油焦作为炼油副产品，硫含量的高低决定了其品质。石油焦在石油流通行业的重要性逐渐显现，2019年，中国石油流通协会成立石油焦行业委员会。2020年石油焦产能在年初稍有下降，但全年较为稳定；市场需求波动较大，但下降速度逐渐稳定，呈现供不应求的状态。在价格上，第一季度出现先升后降的局面，之后一直上升。石油焦的进出口逆差较大。展望2021年，预测石油焦进口量会增加，产能将相对平稳上升，新增产能较2020年有所下降，需求方面会增加。受多种不确定因素影响，价格可能会持续在高位。

在成品油进出口方面，2020年在经历出口下降情况后于第四季度有所回升，其中煤油出口受新冠肺炎疫情影响较大，汽油、柴油出口量相对逐步恢复。2020年成品油出口配额完成率有待提升，出口方式仍以一般贸易为主，其中新加坡为主要流向地。2021年，东南亚仍是主要出口消费中转地区。自贸区和RCEP的签署将会推进成品油贸易。此外，民营企业浙江石油首次获得出口配额资格。2021 年，将会逐步放开非国营贸易渠道，但不会完全放开。

一、中国独立炼厂现状与发展前景展望

2020 年受新冠肺炎疫情影响，独立炼厂产能、开工率、利润随需求端变化振幅较大，中国独立炼厂总体炼油产能水平进一步提升，加快了质量升级步伐，市场竞争能力不断增强，小规模独立炼厂面临整合或淘汰。展望 2021 年，受炼油终端需求引导、环保压力驱使以及国家政策导向等因素影响，独立炼厂整合转型将加剧。

（一）2020 年中国独立炼厂现状分析

2020 年 1—2 月，受新冠肺炎疫情影响，独立炼厂减压开工率跌破 40%，炼厂利润下降，独立炼厂以销定产，库存维持稳定；3—5 月，中国新冠肺炎疫情得到控制，需求恢复，独立炼厂减压开工率持续上涨，汽柴油价格回暖，“黑天鹅”事件导致成品油与原油裂解差增大，独立炼厂利润大涨，库存降至低位，并在此阶段推行了预售、纸货等新的销售模式；2020 年下半年，独立炼厂减压开工率在 6 月达到历史新高后维持在较高水平，前期市场囤货较多导致反常疲软，炼厂利润持续低走，库存高于 2019 年同期，因销售不畅，高额利润被主营炼厂抢占。2020 年独立炼厂炼油产能占比增长，新增炼厂呈现大规模、一体化及特色化转型。

1. 独立炼厂炼油产能占比再增大，呈现大规模一体化炼化趋势

2020 年，中国独立炼厂炼油产能占比再增大，成品油市场竞争增强。2020 年新增的独立炼厂中，如盘锦北燃、浙江石化（二期）、唐山旭阳石化、盛虹炼化等千万吨级以上炼厂较多，呈现大规模特点，如表 6－1 所示。在政策引导下，独立炼厂持续淘汰低端落后产能，炼油产能进一步集中于大型炼厂，行业集中度提高。2020 年多数新增独立炼厂集中在沿海地区，沿海地区的需求竞争将越来越大，由此推测，未来竞争格局将逐渐转移到内陆需求的开发。

大型炼化项目中，成品油收率相对传统独立炼厂较低，例如已建成投产的恒力石化和浙江石化等大型炼厂都是以生产化工品为主。大型炼厂开始以炼油为基础向化工行业延伸，如东明石化的混合烷烃脱氢，京博石化的丁基橡胶，利华益集团的丁辛醇、苯酚丙酮等装置，进一步提高了产业的轻质化与烯烃化水平，为化工产业

链延伸提供了原料基础，增强对原料的适应性，呈现一体化趋势。

表 6－1　全国独立炼厂情况统计

地区	产能/万吨	炼厂名称
山东省	<100	高青宏远、金城弘业、青岛重交、晨曦集团、宜坤化工、胜凯石化、鑫和化工、津博化工、明源石化、齐润化工、清源集团、万通石化、振华化工、鑫泰石化、齐发化工、吉诺尔石化
	100～<200	华祥石化、石大日照、海科石化、石大科技、鲁北化工、华联石化、慧凯丰化工、贝利石化、万通石化、联盟化工
	200～<500	东营联合石化、齐成石化、海右石化、恒源石化、亚通石化、京博石化、日照岚桥、鑫岳燃化、东方华龙、垦利石化、寿光鲁清石化、海科瑞林、玉皇盛世、神驰化工、新海石化、滨阳燃化、中海精细化工、东营齐润化工、胜星化工
	≥500	弘润石化、东明石化、东营华联石化、金诚石化、汇丰石化、万通石化、清源石化、天弘化学、
东北地区	<100	光大化工、北方石化、盘锦北燃、盘锦兴达、通辽亿沥、锦州沥青厂、辽宁华路、盘锦大洼石化、盘锦太平河、盘锦东方
	100～<200	沈阳东和、大连铭源、长春新大、营口佳孚
	200～<500	盘锦北方、佳兴宏泰石化、中国蓝星、首控石化
	≥1000	盛宏炼化
其他地区	<100	佛山富腾、江门盈昌、佛山龙池、三水益豪、南安新锦江、浙江泰科、番禺华鸿、广州祺美、肇庆荣泰、东莞新能、东莞晔联、福建华源、南通长江、三水海盛达、华龙石油、佛山顺燃、三水三泰、江阴宝利、上海东昊、万轩石化、舟山建呈、江门昊晟
	100～<200	番禺番龙、湖北金澳、鑫泉焦化、新疆天源、南通焯盛石化、珠海宝塔、金海宏业、河北大港、南通华大、江阴阿尔法、扬州实友、泰邦能源、润尔华化工、裕廊化工、中山天乙、珠海成城、佛山瑞丰、加盛沥青、珠海成城、钦州胜海石化、中聚能源、宁夏宝塔石化
	200～<500	信润石化、新疆宝塔、珠海华峰、盛马化工、银川宝塔精细化工、中化泉州、安徽桑铌、恒逸化工、银川宝塔
	≥2000	浙江石化（一期）、浙江石化（二期）

数据来源：公开资料整理。

2. 独立炼厂常减压开工负荷创历史新高，受多因素影响持续高位

独立炼厂开工负荷的提升也与自身装置配套性、经营能力和生产技术水平的提高有着密切关系，多方面因素共同支持独立炼厂的高负荷运营。

以山东独立炼厂为例，2020 年 1—12 月，山东独立炼厂平均开工负荷为 69.76%，比 2019 年上涨 7.94%。其中，1—2 月受新冠肺炎疫情影响，独立炼厂曾

一度陷入高库存和降负停工的局面，减压开工率持续降低，最低位不足40%；3—5月，新冠肺炎疫情得到控制，需求全面恢复，开工率上涨，独立炼厂开工负荷持续上行，并在6月创下历史新高，达到75.33%。需求端的改善是独立炼厂高负荷运转可以持续的关键要素。得益于原油低价，山东独立炼厂上半年经历了3个月的利润较高时期，促使整体开工负荷提升。低价原油成为独立炼厂开工负荷上行的“导火索”，2020年下半年，独立炼厂开工负荷持续维持在74%左右。

从成品油结构分析，市场对柴油需求恢复高于汽油，山东独立炼厂的产品以柴油为主，柴汽比在2∶1左右，生产端需求率先恢复并带动独立炼厂高负荷运行。

炼油行业属于资金密集型产业，融资成本的降低将很大程度上支撑企业的运营。2020年3月以来，社会融资规模不断提升，资金投放实体经济力度不断加大。市场利率持续走低，企业融资成本下降，显著降低了炼厂的经营负担。另外，降税减负等行政措施的推行，使企业社保、医保费用降低，也让独立炼厂从中受益。

3. 独立炼厂汽柴油价格振幅较大，利润受到挤压

2020年，独立炼厂汽柴油价格及利润受新冠肺炎疫情影响波动较大，总体平均价格下跌。原油价格下跌幅度大于汽柴油价格下跌幅度，独立炼厂加工进口原油计算平均利润为412.05元/吨，环比上涨110.37%。独立炼厂平均库存水平因新增加了预售方式而保持稳定，基本维持在库容40%以下，全年多数时间炼厂库存水平低于主营库存和社会库存。但由于终端销售不畅，导致独立炼厂高额利润持续被其他终端公司获得。

2020年1—2月，受新冠肺炎疫情影响，全国进入封闭警戒状态，汽柴油需求降至冰点，高速封路物流不畅，炼厂汽柴油出货困难，原油价格下跌，汽柴油价格也随之大幅下跌，独立炼厂以销定产，迅速调低加工负荷甚至停工，避免了库存的无限制上涨。3—5月，中国新冠肺炎疫情得到有效控制，汽柴油需求开始恢复，但国际市场“黑天鹅事件”爆发，原油价格跳水，成品油与原油裂解差增大，炼厂炼油利润大涨，最高达到1637.87元/吨；炼厂汽柴油销量较好，库存降至低位，同时炼厂推行了预售、纸货等新的销售模式以避免夏季需求淡季汽柴油累库。

2020年下半年，前期汽柴油价格较低时贸易商囤货过多、资金较少，中下游囤货积极性较差，市场反常疲软，汽柴油价格未有明显上涨，炼油利润持续低走，此阶段多数时间炼油利润不足200元/吨；相对较低的原油成本让炼厂保持了产品价格

优势，低价促进了成交出货；持续的高负荷开工使整个社会存量集中上涨，独立炼厂即便有价格优势，销售也受限制，库存高于2019年同期。

由于终端销售渠道极少，导致销售网络不畅，独立炼厂成品油市场面临激烈竞争，销售压力大，高额利润被中石油、中石化及民营加油站等终端公司获得。除东明石化、京博石化等几家炼厂有少量终端消化部分产量外，大部分独立炼厂生产的成品油以低于国家零售限价的价格流入中石油、中石化和民营的终端市场。如图6－1和6－2所示，以汽油价格为例，对比2020年6—12月山东独立炼厂92号汽油的出厂价格与主营炼厂在山东省92号汽油的批发价格，发现主营炼厂利润高于山东独立炼厂。

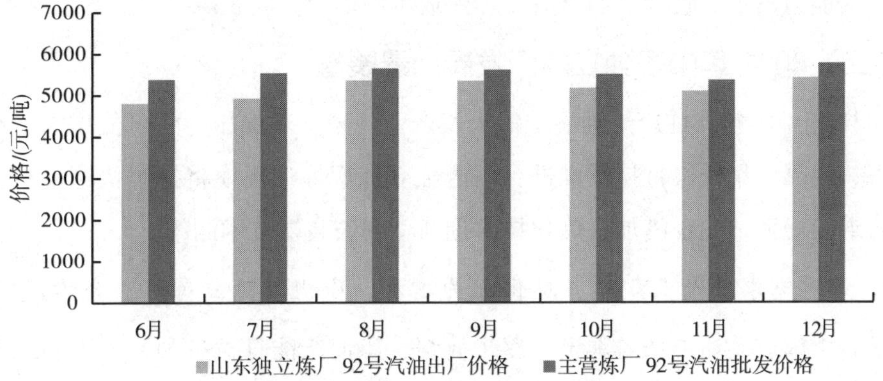

图6－1　2020年6—12月山东独立炼厂与主营炼厂汽油价格比较

数据来源：隆众资讯。

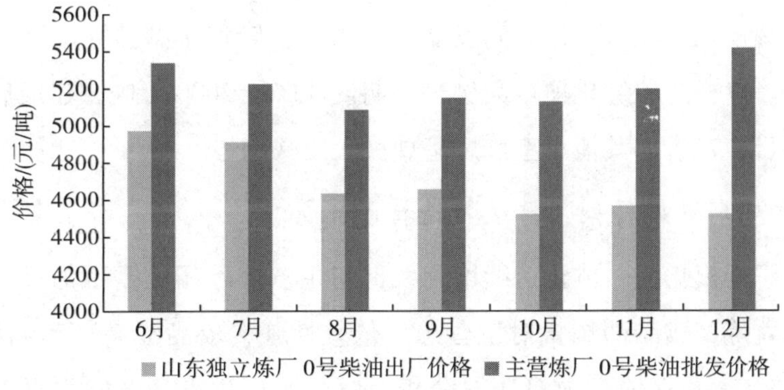

图6－2　2020年6—12月山东独立炼厂与主营炼厂柴油价格比较

数据来源：隆众资讯。

4. 独立炼厂优化资源配置，转型升级再加速

针对传统独立炼厂产业链延伸不足、产业集群效应弱、装置雷同、单体规模不

够等问题，中国不断出台产业规划和相关政策，引导炼化产业在安全、环保的前提下向规模化、一体化、园区化发展，明确提出了“以基地化、链条化、智能化为方向，加快优化产业布局和产品结构，建设高端化工产业强省”的总体目标。以山东独立炼厂为例，2020 年 6 月，裕龙岛千亿炼化一期项目获批，计划建于山东烟台龙口海上的裕龙岛，是整合山东省内炼化产能的重点项目，一期项目产能 2000 万吨，总投资 1278 亿元，建设周期 2 年。已有 10 家山东独立炼厂计划通过拆除现有炼化装置，将产能指标整合进入裕龙岛项目。山东独立炼厂进入“大拆整”新阶段，优化资源配置，加快转型升级。然而仅靠一个大型炼化一体化项目，仍无法有效解决研发创新能力不足、管理体制落后、环保成本高等众多问题。

（二）2021 年中国独立炼厂发展前景展望

2021 年中国独立炼厂炼油终端需求及产业规划、环保压力将可能增大，在国家导向下，油品质量升级将持续推进，国内独立炼厂炼油规模将持续快速增长，过剩压力将继续增强，油企将加快炼化技术创新，突破高端技术制约。

1. 终端需求及产业规划、环保压力增加，小规模独立炼厂整合力度将加大

随着中国成品油市场需求增长逐步放缓，炼油产能日益过剩，中央和地方政府不断出台炼化产业发展的相关规划，以及环保及安全方面的各种法规和要求。在促进产业转型的过程中，要求淘汰部分规模较小，不能实现转型，环保、安全等不达标的落后产能；在相关政策的助推下，民营炼厂企业规模不断扩大，同时行业整合也逐步向着规模化、深入化等方向发展，尽力整合转移小型独立炼厂，促进独立炼油产业升级。以裕龙岛炼化项目为例，一期设计产能 2000 万吨，建成后将是山东最大的炼化项目，对省内其他小型炼厂呈现极大压减趋势。

2. 独立炼厂继续转型，持续打造特色优势

独立炼厂规模化、一体化持续增强，但与主营炼厂相比差距仍较大。受销售渠道制约，独立炼厂成品油销售对主营炼厂依赖性强，成品油高额利润始终被抢夺。根据 2020 年新增独立炼厂项目情况分析，独立炼厂化工品产能将在 2021 年增加，成品油收率不足 40%，化工业将成为新的过剩产业。独立炼厂未来转型将结合地方特色，打造特色化发展，在能源和资源多元化的同时，重视信息化对炼化业务能力提升的创新，从数字炼化走向智慧炼化，应用包括物联网、大数据、人工智能等新技术，实现下游产业资源配置优化以及设备、能源、生产、销售的全生命周期管理，

全价值链优化。

3. 独立炼油规模将持续快速增长，过剩压力可依靠出口缓解

2021—2023 年，中国新增及扩建炼油产能或将达到 2.10 亿吨，国内炼油产能将达到 10.82 亿吨，新增产能主要在东部沿海七大石化产业基地。新建炼化项目主体包括中石化、中石油、中海油、中化集团以及恒力石化、浙江石化、华锦阿美等独立炼厂，其中独立炼厂新建产能接近 1.60 亿吨，占未来五年新增产能的 76.19%。2020 年，中国成品油出口权再度下放，浙江石化成为全国首家获得成品油出口资质的民营企业。未来，国家将进一步扩大油气进出口领域，授予独立炼厂成品油出口配额，充分发挥既有产能，有效缓解国内成品油市场供应过剩压力，加快中国石化产业供给侧结构性改革和新旧动能转换的步伐。

二、中国航空煤油现状与发展前景展望

2020 年，突如其来的新冠肺炎疫情导致国内外市场需求骤然萎缩、原油等大宗商品价格急剧下跌。在市场和政策的叠加影响下，全球石油石化、航空等行业效益都出现深度下滑。各国在不同程度上关闭边境，并加强乘客的健康检查流程，国际航线全年不断出现熔断情况，2 月、3 月国际航空公司大幅裁员，国际航线需求低迷。2020 年，中国航空煤油的需求和进口受挫，航煤价格不断下跌，在国家经济政策的及时反应和调整下，全国复工复产，国内航线在 5 月开始逐渐恢复，带动航煤需求的恢复，但仍然低于往年同期的正常水平。

展望 2021 年，国际航线上半年较难复苏，国内航空将稳步恢复，航煤的需求和价格将同步稳步上升；航煤的供应能力持续增强，出口量或将增加；生物航煤将是使用发展方向。

（一）2020 年中国航空煤油现状分析

2020 年，新冠肺炎疫情暴发，成品油中航煤是受影响最大的产品，年初开始，国内航班班次大量缩减，各炼厂供中国航油航煤资源随之剧减；国际市场新冠肺炎疫情较为严重，直接影响中国航煤的出口，流向市场的航煤资源增加，增加了国内航煤市场的供需矛盾。随着国内航班在下半年陆续恢复，航煤供中国航油数量逐渐增加，缓解了国内航煤市场供大于求的矛盾。

1. 航空业受到新冠肺炎疫情重创，国内民航运输总周转量稳步上涨

2020 年，在新冠肺炎疫情巨大冲击下，中国新冠肺炎疫情防控措施有力有效，中国民航在全球率先触底反弹，是全球恢复最快、运行最好的航空市场。2020 全年完成运输总周转量、旅客运输量、货邮运输量分别为 798.50 亿吨公里、4.20 亿人次、676.60 万吨，比 2019 年分别增长 61.70%、63.30%、89.80%。

突然暴发的新冠肺炎疫情导致大量航班暂停、企业关闭，一些国家出台控制移民措施和调整进口政策。随着新冠肺炎疫情进一步蔓延，国际、国内航空运输量都大幅减少，航煤需求占航煤消费市场 90% 以上，因此航煤消费受到严重冲击。如图 6－3 所示，航空企业客运市场需求在 2 月出现断崖式大幅度下跌，出行旅客大幅度减少，客座率大幅度下降，运输总周转量 25.20 亿吨公里，比 2019 年下降 73.90%；旅客运输量仅 834 万人次，比 2019 年下降 84.50%。

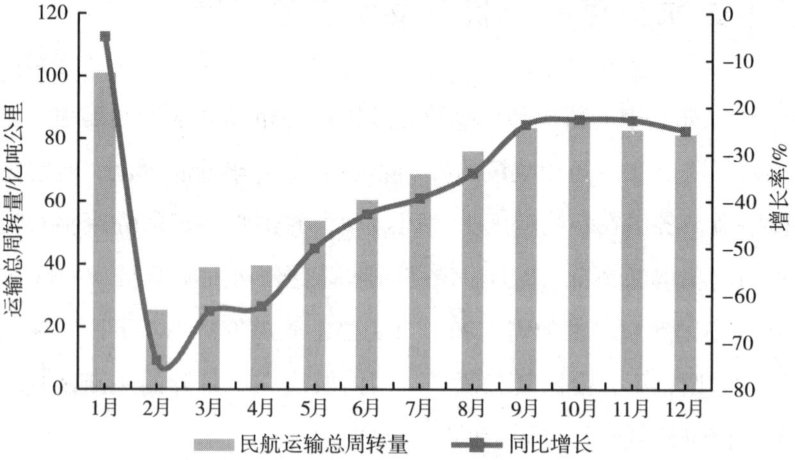

图 6－3　2020 年 1—12 月民航运输总周转量及同比增速

数据来源：中国民用航空局。

随着国内新冠肺炎疫情防控措施到位，国内生产及生活状况逐渐恢复，中国民航运输总周转量从 3 月开始呈现上涨走势，航空周转量环比好转，同比降幅缩窄，但较往年存在较大差距。2020 年 9 月开始民航完成运输总周转量维持在 80 亿吨公里以上，与 2019 年同期相比下降 22% 左右。10 月是下半年发展高点，国内航线运输总周转量为 68.20 亿吨公里，与 2019 年同期相比下滑 3.10%；国际航线运输总周转量为 15.40 亿吨公里，与 2019 年同期相比下滑 60.60%。2020 年 1—11 月旅客周转量及同比增速见图 6－4。

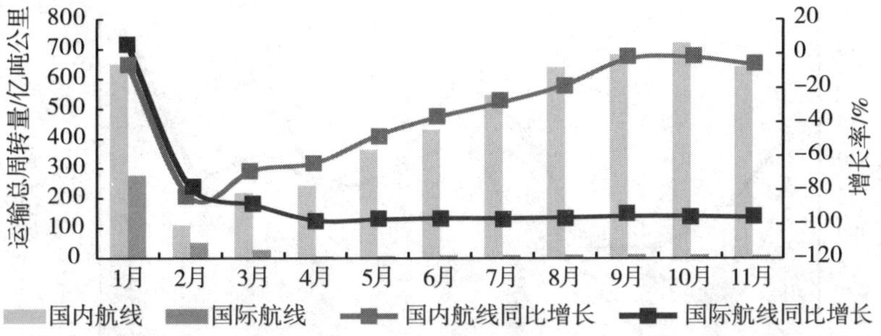

图 6-4 2020 年 1—11 月旅客周转量及同比增速

数据来源：中国民用航空局。

国内航运情况全年恢复 95% 以上，但国际新冠肺炎疫情形势严峻，民航局对多个入境航班发出熔断指令，国际航运情况不容乐观，国际航空运输总周转量回升受限，对中国民航运输总周转量产生一定影响。

中国民航第一季度旅客运输量与 2019 年同期相比下降 53.90%。4 月每日客运量同比降幅都在 70% 左右，相比 3 月无明显恢复。随后 5 月开始，旅客运输量逐渐增加，在第三季度恢复至往年同期水平，如图 6-5 所示。

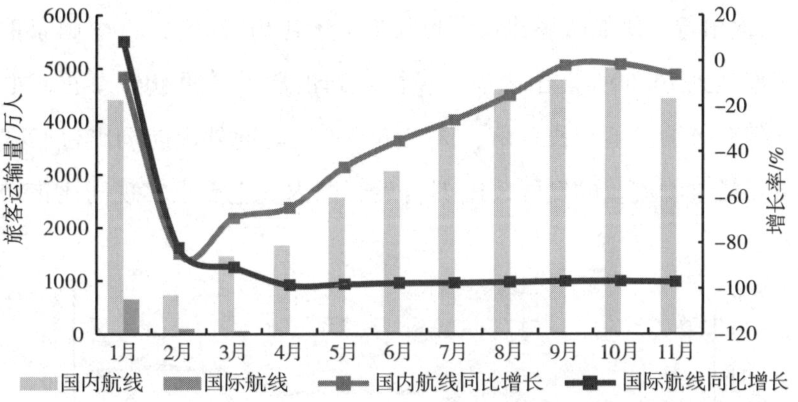

图 6-5 2020 年 1—11 月旅客运输量及同比增速

数据来源：中国民用航空局。

2020 年 2 月货邮运输量完成 29.70 万吨，与 2019 年同期相比下降 21%。中国航空货运自 3 月以来逐渐回暖，3 月国内货运投放量达到约 1812 万吨，货运航班数量 2613 班。步入 4 月，国际航运量和货运航班量均超过新冠肺炎疫情前。11 月国际航线货邮运输同比增长 1.90%，2020 年以来首次实现月度正增长，如图 6-6 所示。

春运期间，共保障各类飞行 41.20 万班次，日均 11302 班次，与 2019 年同期相

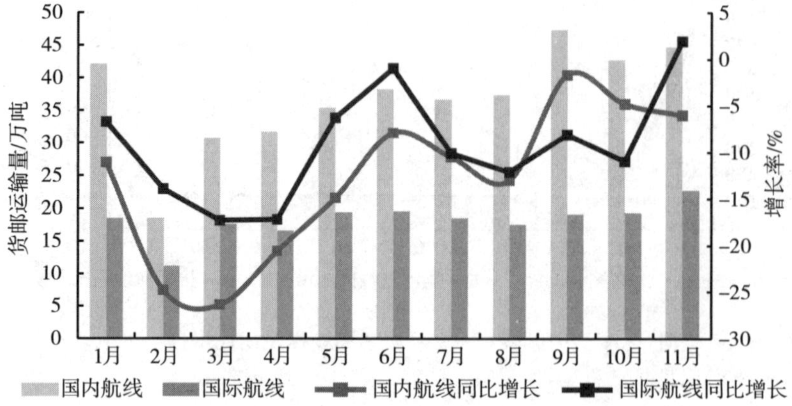

图 6-6　2020 年 1—11 月货邮运输量及同比增速

数据来源：中国民用航空局。

比下降 32%。2020 年 2 月，共保障各类飞行 15.70 万班次，日均 5425 班次，日均同比下降 67.30%。2020 年 1—11 月飞机日利用率及正班载运率如图 6-7 所示。民航局发布《关于疫情防控期间继续调减国际客运航班量的通知》，国际航班短期较难恢复。随着国内新冠肺炎疫情好转，3 月初，超过 530 班次复工复产包机保障超过 2.80 万人次出行；民航机场建设项目复工率达到 61.70%，30 个国家重大机场建设项目复工率达到 76.60%。国内航班量恢复到正常水平的 40% 左右，主要集中在西南、西北等劳务输出地到长三角、珠三角等地区。此外民航局出台五方面十六条政策措施支持航空物流业的发展，10 月开始，国内航空需求实现同比正增长，客座率恢复明显。

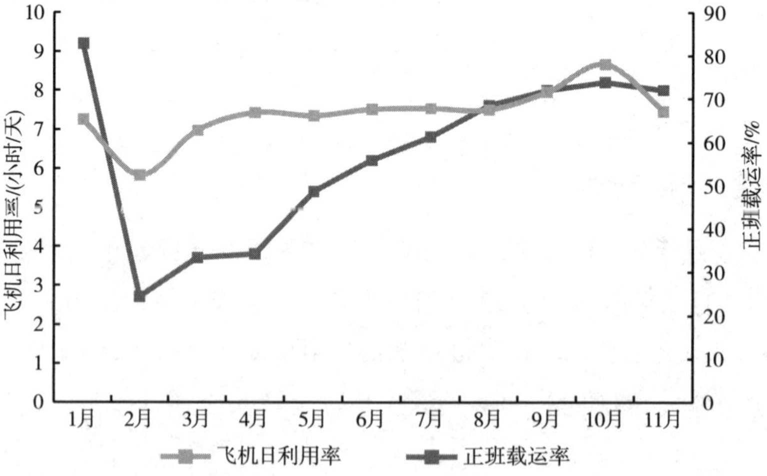

图 6-7　2020 年 1—11 月飞机日利用率及正班载运率

数据来源：中国民用航空局。

2. 煤油需求逐渐恢复，航煤市场供需矛盾仍未解决

在煤油下游消费结构中，航空用油占比达 90% 以上。受新冠肺炎疫情的冲击，国际原油价格低位徘徊，国内油品市场疲软，航煤产品严重滞销。2020 年第一季度与 2019 年同期相比表观消费量下降，2 月出现需求低点，3 月表观消费量为 150 万吨，比 2019 年同期下降 44%，之后开始呈现上涨态势。

终端煤油需求水平还未完全恢复至往常同期水平，航煤处于供大于求状态，3 月的航煤产量为 287.90 万吨，比 2019 年同期下降 31.90%；4 月航煤出货量大增，供中国航油航煤数量缩减，各炼厂低价原油到货，增大开工率，加大生产量，航煤市场资源供需矛盾越发严重。2020 年部分企业航煤生产装置情况如表 6－2 所示。

表 6－2　2020 年部分企业航煤生产装置情况

时间	航煤生产企业	航煤生产装置建设升级
2020 年 4 月	广州石化	从 3 月开展“压减航煤增产柴油”优化工作；截至 4 月底，加氢裂化装置航煤收率由 3 月的 31% 降至 18.22%，减少航煤产量 2.04 万吨
2020 年 5 月	洛阳石化	5 月 30 日，历时两年 10 个月建设的洛阳石化炼油结构调整项目中，综合加工能力将提高到 1000 万吨/年，航煤 180 万吨
2020 年 6 月	扬子石化	完成 500 吨燃料油装船作业的“新庄油 188 号”油船从贮运厂 11 号码头安全离岗，这是扬子石化改变航煤产销策略后组织生产的加氢低硫航煤（燃料油）的首次出厂
2020 年 6 月	广州石化	加氢精制装置通过优化调整，装置处理量降低约 43%，较正常生产期间累计减产航煤 3 万多吨
2020 年 7 月	茂名石化	装油车间共输送航煤出厂 13.62 万吨，环比增长 35%
2020 年 7 月	济南炼化	济南炼化投用 40 万吨/年航煤加氢装置原料进装跨线，停用航煤原料泵，从而实现原料直供的预期目标，每月节电 2 万度以上
2020 年 8 月	中石油	中石油石油化工研究院开发 PHK－101 航煤加氢催化剂技术在宁夏石化公司 40 万吨/年航煤加氢装置工业应用成功，6 小时产出合格产品，12 小时实现满负荷生产
2020 年 9 月	华东寰球公司	承担设计的大港石化公司 40 万吨/年航煤加氢装置生产产品各项指标均达到或超过设计要求，装置运行平稳可控，该装置实现了投料开车一次成功，由华东寰球公司承担设计任务的五套航煤液相加氢装置全部顺利投产，装置建成投产后，全厂增产航煤产品 40.45 万吨/年
2020 年 9 月	大港石化	航煤加氢装置总投资 7000 余万元，于 2018 年 4 月开始建设，同年 12 月建成，2020 年 8 月投产。装置采用 SRH 液相循环加氢技术，以常减压常一线油为原料，生产满足《3 号喷气燃料》（GB6537－2018）要求的航煤产品，处理能力为 40 万吨/年
2020 年 10 月	大庆炼化	启动 36 万吨/年航煤加氢项目，首批航煤产品出厂，1252 吨航煤产品进入市场；截至 11 月 2 日，炼化公司永坪炼油厂航煤生产累计完成年度计划的 74.26%

续表

时间	航煤生产企业	航煤生产装置建设升级
2020 年 11 月	中韩石化	炼油三部 2 号制氢装置新增省煤器加氢裂化装置新增航煤产品泵安装完成，航煤产量将提高至设计值的 2.20 倍
2020 年 11 月	兰州石化	90 万吨/年催化柴油加氢改质装置航煤改造项目两台加热炉成功点火，对装置实施烘炉干燥，这意味着该项目进入投产冲刺阶段。项目建成投用后，兰州石化每年可增产航煤 40 万吨，使公司航煤年生产能力由 105 万吨提升至 150 万吨，为西部航空事业大发展提供充足的油料
2020 年 11 月	长岭炼化	长岭炼化炼油一部提高 40 万吨航煤加氢装置生产负荷，加工量加大 26%，截至 11 月 15 日，累计多产航煤 2000 吨

数据来源：公开数据整理。

此外，4 月 16 日，浙江石化获得中国民用航空局颁发的航煤技术标准规定项目批准书（CTSOA），成为继恒力石化之后（恒力石化于 2019 年 10 月 22 日获得首张民企航油市场准入证）第二家获得航煤生产、销售资质的民企，正式进入国内民用航空燃料市场。随着以恒力石化、浙江石化为代表的配有航煤加氢装置的民营大炼化项目相继投产，国内航煤供应格局发生变化。

3. 受新冠肺炎疫情影响，2020 年中国航煤价格不断下跌

2020 年航煤市场价格暴跌后逐渐反弹又下跌，始终处于低位，航煤市场持续低迷。因受新冠肺炎疫情影响，导致航空领域需求不佳，航煤市场价格自 1 月开始暴跌，在 3 月中旬达到最低点 3450 元/吨。

民航局下发关于积极应对新冠肺炎疫情有关支持政策的通知，境内航空公司境内航班航煤进销差价基准价降低 8%。3 月，原油价格大幅下跌，需求锐减，航班量大幅下跌，航空公司的航油采购价格大约 4300 元/吨，但即使下降，仍高于 2019 年同期。

2020 年 4 月 7 日，民航局下发关于进一步加强新冠肺炎疫情期间国际航空运输价格管理的通知，根据《国家发展改革委关于推进航空煤油价格市场化改革有关问题的通知》，自 2020 年 5 月 1 日零时起，国产航空煤油出厂价格核定为 1680 元/吨。也就是说，航空公司内地航班第二季度航空煤油综合采购成本自 2020 年 5 月 1 日零时起由 3029 元/吨下调至 1680 元/吨，大幅降低了航空公司的运营成本。

随着终端煤油需求逐渐恢复，航煤市场价格开始大幅反弹，但由于 2020 年航煤市场供过于求较严重，导致航煤市场价格上涨趋势不明显。国内航线持续复苏，5 月大幅好转，民航局大力推动国际货运航空发展。10 月，航空煤油出厂价为 2684 元/吨，环比增加 3.10%。

4. 2020 年航煤进口数量逐步恢复，进口金额同比减少

中国航煤进口数量在2020 年呈现波浪趋势，因受新冠肺炎疫情影响，第一季度大幅减少，从第二季度开始上升，但仍少于2019 年同期。2020 年4 月，中国航煤进口数量31 万吨，与2019 年同期相比下降11. 50%，进口金额71041 万元，与2019 年同期相比下降53. 40%；出口数量203 万吨，与2019 年同期相比增长31. 40%，出口金额641385 万元，与2019 年同期相比下降3. 40%，如图6 -8 和6 -9 所示。

在5 月全国复工复产之后，加之国外新冠肺炎疫情一直处于较严重状态，中国航煤的进口在第二季度恢复高位后开始逐渐下降，第三季度平均水平处于较低位。2020 年1—11 月中国航空煤油进口数量231 万吨，降幅28. 4%；进口金额8. 24 亿美元，降幅59. 2%。2020 年1—11 月中国航空煤油进口均价3568190 美元/万吨。

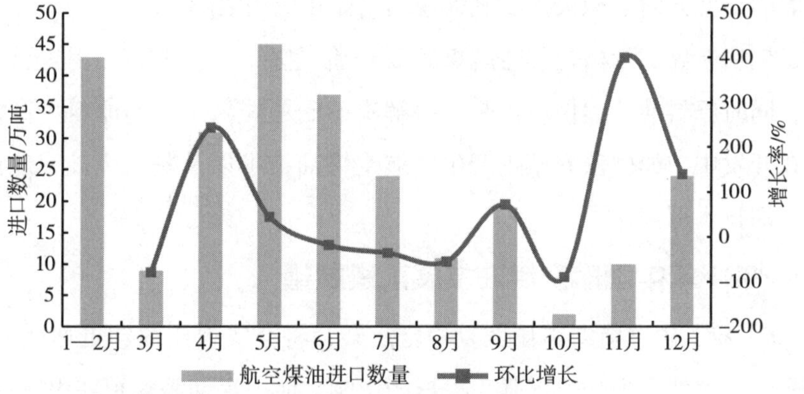

图6 -8　2020 年1—12 月中国航空煤油进口数量及环比增速

数据来源：中国海关。

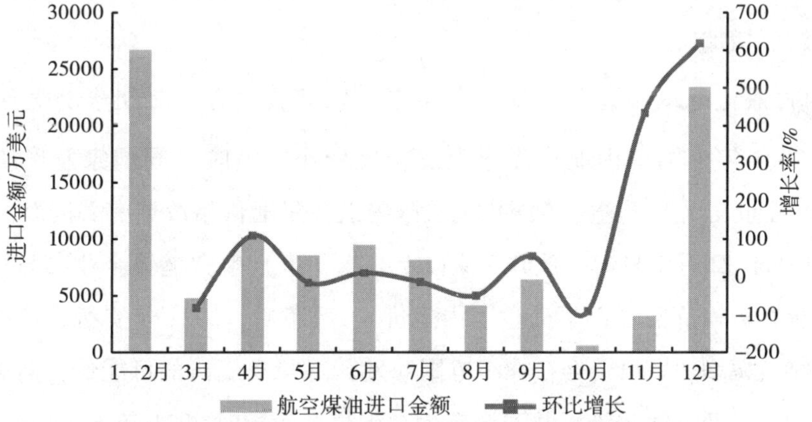

图6 -9　2020 年1—12 月中国航空煤油进口金额及环比增速

数据来源：中国海关。

5. 生物航煤是航空能源发展的重要方向，大规模产业化应用正在积极探索

2020 年 2 月，中石化镇海炼化生物航煤装置建设开始复工，生物航煤装置完成压缩机的安装和调试，进入最后的管道配接阶段。中石化镇海炼化 10 万吨/年生物航煤装置建成中交，标志着国内首套生物航煤装置开始进入产业化、商业化应用阶段。2020 年 8 月 3 日，该装置进入开工烘炉阶段，项目投产后将实现以菜籽油、棉籽油、棕榈油、酸化废油、餐饮废油为原料生产航空煤油。

打造清洁绿色可再生的生物质能源是全球能源发展的重点方向之一，各国政府纷纷出台鼓励生物质能源产业发展的政策，BP、壳牌等各大国际石化公司都在积极布局生物质能源。相比于传统航空煤油，生物航煤减少二氧化碳排放的效果十分明显。2020 年生物航煤达到航煤总量的 30%，中国正在紧紧跟随生物航煤这个全球航空燃料发展的重要方向，积极探索其大规模产业化应用之路。

此外，生物航煤的价格是普通航煤的 2 ~ 3 倍左右，成本较高，其经济性突破是一个关键，同时原料的持续供应也是需要解决的问题。采用新的原料生产航空煤油的技术也在开发中，如微藻养殖生产生物航空煤油技术以及餐饮废油、地沟油加工生产航空煤油技术等。

（二）2021 年中国航空煤油发展前景展望

展望 2021 年，中国航空市场恢复稳定运转，将会实现比往年更加增长的趋势；受国际新冠肺炎疫情及生物航煤强力发展的影响，航空煤油需求短期内涨幅将较小，随着国内新冠肺炎疫情控制稳定，航空煤油需求将长期保持稳步发展；航煤需求量的增加会带动航煤价格恢复并逐步提升；航煤供应能力也将不断增强，航煤出口量将恢复并继续增加。

1. 国内航空基本恢复但不及往年同期，国际航空需求短期难以改善

预计 2021 年中国国内航煤需求上涨幅度较小。民航局同国家发展改革委在 2020 年 11 月印发《关于进一步深化民航国内航线运输价格改革有关问题的通知》，明确自 2020 年 12 月 1 日起，放开 3 家以上（含 3 家）航空运输企业参与经营的国内航线的旅客运输价格（以下简称国内运价）。改革后，2021 年实行市场调节价的国内航线将大幅增加。虽仍会存在小范围暴发新冠肺炎疫情的可能性，但通过采取较为严格的追踪及封锁政策，并不会有大范围暴发，同时 2021 年 1—3 月会因春运返乡潮和返校、返工潮给予国内航运一定支撑，短期机场航空业务受新冠肺炎疫情

扰动会稍有下降，但国内客流恢复会较快。中国航空市场的发展及技术的进步，将使中国航空总里程恢复增长，长期来看航煤需求将稳步发展。

国际原油价格将会整体保持震荡上涨走势，低油价仍持续利好国内航空业。虽然国际国内新冠肺炎疫苗已实现顺利开发，但疫苗实际落地并且在全世界范围内普及需要一定时间，国际新冠肺炎疫情在一定程度上仍旧严峻，短期国际航线需求仍将低迷，中期可能增加。

2. 航煤产量将可能持续增加，供应能力将得到不断增强

2021 年中国航空技术将继续快速进步，推动供油基础设施网络布局和通用航空供油保障体系的进一步完善，航空煤油供应能力的提升也将进一步降低航空公司的成本，提高生产供应效率。国内主营炼厂开工率逐步提升，开工负荷相对高位，整体资源产出提升，传统独立炼厂的航煤产量呈增加趋势，且大型炼化一体化项目持续投产，生物航煤装置不断落项及开工，预计 2021 年国内航空煤油产量将稳步小幅增加。

除了恒力石化、浙江石化等民营大炼化企业已申请进入民航燃料市场，国内相继还有浙江石化二期、盛虹石化、山东裕龙岛项目等投放，并且均配有航煤加氢装置，国内民营企业煤油产能占比将会继续上升。

3. 航煤出口量将持续增加，航煤价格将有望趋于平稳

2021 年，中国扩大民营石油石化企业生产、销售航煤，国内部分炼厂开工率较高，生产航煤的炼厂将不断增加，航煤出厂率提高，航煤资源将继续增加，将导致航煤供应过剩，压力突出；国内航空领域虽逐渐恢复，但航煤市场需求增速相对较缓，航煤表观消费量增加比例相对较小。为缓解内销压力，航煤出口量或将增加。

增大航煤出口量将会缓解市场资源过剩现象，但是国外新冠肺炎疫情仍将处于比较严峻的状态，对中国航煤出口也将有所影响，加之国际原油的震荡低位运行，预计 2021 年，中国航煤市场价格较难回升。

三、中国石油焦现状与发展前景展望

石油焦是炼油过程中延迟焦化装置处理重质劣质渣油后的产物，逐渐被市场重视。2019 年 8 月 30 日，中国石油流通协会成立石油焦行业委员会，填补了国内石

油焦行业全国性组织的空白，体现了国内石油焦行业发展的重要性。

石油焦作为炼油副产品，其市场行情受宏观经济环境、国家行业政策、产品供需、库容库存、原材料价格等因素影响，面临诸多不确定性。2020 年受新冠肺炎疫情影响，石油焦市场全年波动较大，下游需求市场处于不稳定状态。

（一）中国石油焦产品介绍及行业标准

石油焦是原油经蒸馏将轻重质油分离后，重质油再经热裂转化而成的产品，颜色呈黑色或暗灰色，形状不规则，呈多孔性，带有金属光泽。其主要组成元素为 80% 以上的碳和 1.50% ~8% 左右的氢，其余为氧、氮、硫和一些金属元素等。

石油焦作为延迟焦化的副产物，产量约为原料油的 25% ~30%，被广泛应用于石墨、冶金和化工等行业。石油焦主要分为生焦和熟焦：生焦，又称“延迟石油焦”，由延迟焦化装置所得；熟焦，又称“煅烧焦”，由生焦经过高温煅烧后得到。根据硫含量的不同，石油焦可分为高硫焦（硫含量 3% 以上）、中硫焦（硫含量 1% ~3%）和低硫焦（硫含量 1% 以下），硫含量的高低决定了石油焦品质的好坏，且硫含量主要受到原料油硫分的影响。

中国现行的石油焦行业标准是国家能源局于 2019 年 12 月 30 日发布并实施的 NB/SH/T 0527—2019，其中对硫含量小于 3% 的石油焦进行了划分。该标准规定了石油加工过程中由焦化装置生产的石油焦（生焦）的产品分类、要求和试验方法、检验规则及标志、包装、运输和储存，适用于进口及国内销售的石油焦（生焦）。该标准将石油焦（生焦）划分为普通石油焦和石油针状焦。普通石油焦按灰分和硫含量的大小及用途分为 1 号、2A、2B、2C、3A、3B、3C，其中 1 号主要是用于炼钢工业中制作普通功率石墨电极，也可用于炼铝工业中制作铝用碳素；2A、2B、2C 主要是用于炼铝工业中制作铝用碳素；3A、3B、3C 主要用于制作碳化硅、工业硅、炼铝工业中制作铝用碳素等。石油针状焦按热膨胀系数和硫含量的大小分为 1 号、2 号和 3 号，1 号主要是用于制作超高、高功率石墨电极；2 号、3 号主要用于制作高功率石墨电极；1 号、2 号也可适用于制作锂离子电池负极。

此外，硫含量在 3% 以上的石油焦由企业进行标准划分。中国石化将硫含量在 3% 以上、12% 及以下的石油焦分为 4A、4B、5 号和 6 号。各类石油焦质量指标如表 6 - 3 所示。

表 6 – 3　石油焦的分类及质量指标

项目	普通石油焦（生焦）							石油针状焦（生焦）			石油焦（硫含量 3% ~12%）			
	1号	2A	2B	2C	3A	3B	3C	1号	2号	3号	4A	4B	5号	6号
硫含量（质量分数）不大于/%	0.5	1.0	1.5	1.5	2.0	2.5	3.0	0.4	0.5	0.5	5.0	7.0	9.0	12.0
挥发分（质量分数）不大于/%	12.0	12.0	12.0	12.0	12.0	12.0	12.0	6.00	8.00	10.0	14.0	16.0	18.0	18.0
灰分（质量分数）不大于/%	0.30	0.35	0.40	0.45	0.50	0.50	0.50	0.10	0.25	0.30	0.80	1.00	1.00	1.00
水分（质量分数）不大于/%	报告*							报告*			报告*			

注：*即为检验报告值，由供需双方协商确定扣水率。

数据来源：《中华人民共和国石油化工行业标准 NB/SH/T 0527 – 2019 石油焦（生焦）》。

（二）2020 年中国石油焦现状分析

2020 年国内延迟焦化装置产能变化不大，相比 2019 年略有增加，国内石油焦供应量除年初下降外全年较为稳定，炼厂开工率受多因素影响波动较为频繁，停工检修时间（多为 9 月、10 月）与往年（多为 2 月、3 月）不同。在需求端，随着国内新冠肺炎疫情控制稳定，国内复产，石油焦需求也趋于稳定，由于第二、第三季度下游需求支撑强劲，国内需求达到峰值，全年呈现供不应求的局面。石油焦价格除 3 月末受低油价冲击略有下降外，一直呈上涨趋势。在进出口贸易方面，2020 年石油焦贸易存在大幅逆差，贸易量与需求变化趋势一致；港口库存在国内供应下降时（年初和 9 月、10 月、11 月）得到释放，第二、第三季度进口企业对下游市场预期积极，为追求高利润短期内未释放库存，港口库存达到峰值。

1. 国内延迟焦化装置产能变化不大，供应量年初下降、全年稳定

截至 2020 年 8 月，国内延迟焦化装置加工能力为 1.48 亿吨/年，比 2019 年的 1.42 亿吨增加 4%。其中，中石化延迟焦化装置加工能力为 5255 万吨/年，占 36%；中石油延迟焦化装置加工能力为 1770 万吨/年，占 12%；中海油延迟焦化装置加工能力为 1000 万吨/年，占 7%；独立炼厂延迟焦化装置加工能力为 6130 万吨/年，占 41%。主营炼厂库容充足，全年出货较为稳定；独立炼厂因库容较小，对产量的调整较为频繁，对石油焦市场供应、价格等影响较大。从生产区域分布来看，华北区域占 56%，其次是东北区域，占 12%，其余华北、华南、西北、华中、西南五个区域均占 10% 以下。

2020 年，延迟焦化装置开工率在 2 月、3 月有大幅下滑，一度跌至 50% 以下；

3月末，国内新冠肺炎疫情得到控制后，延迟焦化装置开工率恢复至65%左右；9月、10月因停工检修计划和独立炼厂利润降低等原因，延迟焦化装置开工率略有下降，处于60%左右。

2020年石油焦产量2722.36万吨，与以往年份相比产量变化不大，2016—2020年石油焦产量如表6-4所示。2020年1月，因新冠肺炎疫情突发导致多数炼厂停工停产；2月，石油焦供应量急剧下降，全国石油焦产量为184.64万吨，相比1月下降25.50%；3月末，因国际油价暴跌，受原油价格低、利润空间高的驱动，同时国内新冠肺炎疫情得到有效控制，炼厂开始加大开工负荷生产，石油焦产量开始呈上升趋势。第二季度全国产量恢复到200万吨以上，与2019年相比呈相反趋势（第二季度一般是检修季）。第三季度的7月、8月，全国石油焦保持高产量；9月，独立炼厂前期低价原油炼制完成，利润下滑，部分炼厂降低产量，部分主营炼厂和独立炼厂根据装置检修计划进入停工检修期，石油焦产量略有下降。第四季度，装置停工检修基本完成，全国石油焦产量有所回升。综合来看，2020年全年，除年初因受新冠肺炎疫情影响导致石油焦产量大幅下降外，其余月份较为稳定，2019—2020年全国石油焦产量如图6-10所示。

表6-4　2016—2020年全国石油焦产量

年份	产量/万吨
2016	2553.60
2017	2721.70
2018	2700.00
2019	2766.75
2020	2722.36

数据来源：公开资料整理。

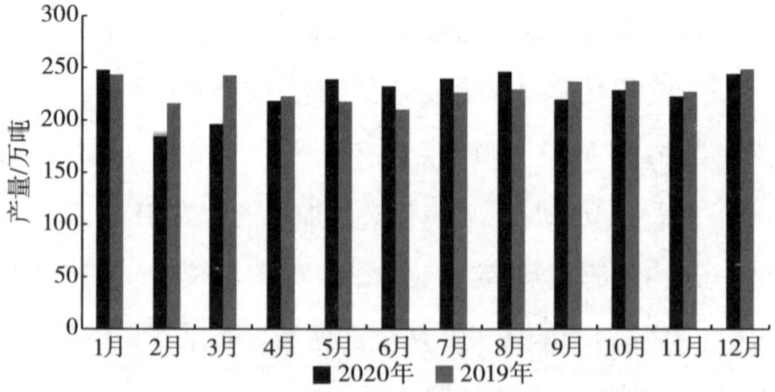

图6-10　2019—2020年全国石油焦产量

数据来源：隆众资讯。

2. 需求由下降逐渐转为稳定，整体呈现供不应求的局面

石油焦下游需求包括电解铝、燃料、碳化硅、钢用碳素等。2020 年全年石油焦表观消费量为 3579.50 万吨，在第一季度、第三季度呈下降趋势，第二季度、第四季度呈上涨趋势。中国石油焦表观消费量及产量变化如图 6－11 所示，2020 年全年呈现供不应求的局面。

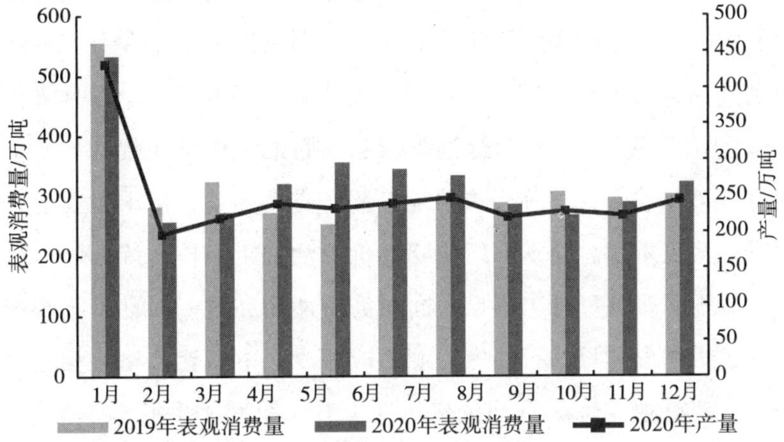

图 6－11　中国石油焦表观消费量及产量

数据来源：隆众资讯。

2020 年第一季度，石墨电极需求较为稳定，但金属硅市场处于淡季，铝市场也较为低迷，原油价格一路走低、美指推高，拖累铝价下行，同时库存继续累加，对铝价造成打压，电解铝跌势难挡，同时玻璃市场、钢铁市场库存较高，总体来看，下游需求对石油焦市场支撑较弱。进入第二季度，国际原油减产消息被连番炒作，原油价格上行对铝价也形成支撑，铝、钢铁、玻璃、金属硅等下游国内库存出现下滑，国内需求处在上升趋势。一些贸易商对后续铝价持乐观态度，减少出货量，对铝价也形成一定的支撑，石油焦需求顺势上升，6 月全国石油焦消费量达到 355.93 万吨。第三季度是电解铝市场消费淡季，需求和价格在这一时期整体呈现弱势走向，玻璃市场终端需求较为稳定，但多以削减库存为主。受阴雨天气影响，钢铁刚需市场减弱，石油焦消费量开始下降，9 月全国石油焦消费量为 285.56 万吨，下降到了 300 万吨以下。进入第四季度，下游已度过消费淡季，各新建铝厂继续投产，预焙阳极 12 月定价大幅走高，对铝用碳素市场形成一定的利好支撑，阴雨天气对工地的影响也逐渐减弱。受下游需求向好影响，石油焦整体需求回升。

3. 石油焦价格第一季度先升后降，全年价格整体呈上涨趋势

2020 年全年石油焦价格呈上涨趋势，如图 6 - 12 所示。第一季度石油焦价格呈先升后降态势，主要受供需因素的影响：一方面，受新冠肺炎疫情影响，春节以来国内各省市公共交通以及私家车出行受限，导致成品油销售不佳，节后国内炼厂焦化装置停减产数量逐步增加；另一方面，需求端下游煅烧炉不能轻易停工，停工成本过高同时影响产品质量，导致石油焦价格上涨。除供需因素外，交通运输对石油焦也有较大影响，在新冠肺炎疫情防控措施实施的情况下，企业员工及物流运输车辆难以及时到港，石油焦货源紧张，产量大幅下跌，价格上涨。3 月末，原油价格出现骤降，炼厂开工率上升，作为炼油副产品的石油焦供给大幅增加，价格随之略有下降。但进入第二季度，下游需求端复工复产支撑强劲，需求大幅上升使石油焦价格一路上升。第三季度，独立炼厂前期低价原油加工完毕，炼厂延迟焦化持续亏损。成品油利润下降，炼厂开工不足，同时沥青使用在这一时期处于高峰期，炼厂调整产品结构，影响出焦量。石油焦资源供应减少，电解铝价格大幅上涨，下游采购积极性上升，支撑独立炼厂石油价格迅速上升。第四季度石油焦价格先涨后稳，下游需求先涨后稳，对石油焦价格支撑较为强劲，10 月、11 月价格仍呈上涨趋势，12 月因供给增加，石油焦价格有所稳定。

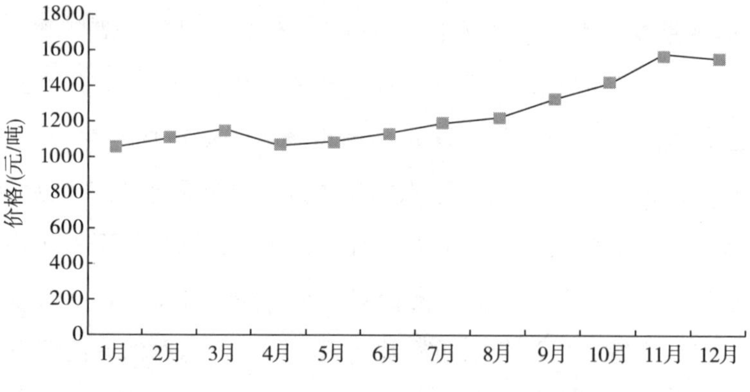

图 6 - 12　2020 年中国石油焦（合格品）价格走势

数据来源：中国石油和化工经济分析月度报告。

4. 进出口呈大幅逆差，港口库存第二、第三季度居于高位

2020 年全年石油焦进出口呈现大幅逆差现象，全年进口总量为 1027.81 万吨，出口总量为 178.38 万吨，进口量远远大于出口量。2020 年中国石油焦进出口情况

如图 6 – 13 所示。2020 年初新冠肺炎疫情暴发期间，国内外炼厂开工率降低，中国石油焦进出口量都相应减少。但随着中美签署第一阶段贸易协定，中国承诺购买更多的美国大宗能源商品，其中包括石油焦，其关税有所降低。财政部还表示中国进口商可以从 3 月 2 日起，向政府申请从批准之日起一年内的中美贸易关税豁免，产品涉及所有品质的生焦，这将有利于石油焦的进口。3 月末，国内新冠肺炎疫情得到控制，复产复工范围开始不断扩大，进口石油焦市场迎来利好，石油焦进口量不断扩大，第二季度全国石油焦进口量仍延续之前的上升趋势。进入第三季度，国内供应量恢复，下游需求端支撑不足，石油焦进口量有所下降，且进口焦外盘价格较高，进口贸易商竞标承压，第三季度石油焦进口量大幅下滑。第四季度，下游需求支撑强劲，国内石油焦价格也持续上升，进口商对市场预期良好，石油焦进口有所回升。

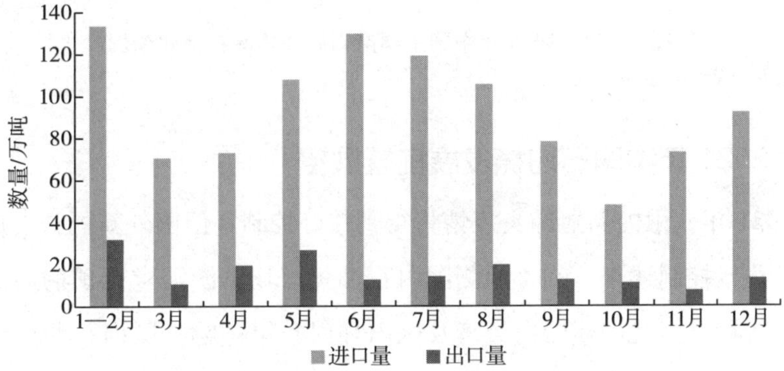

图 6 – 13　2020 年中国石油焦进出口情况

数据来源：隆众资讯。

2020 年国内主要港口石油焦库存变化情况如图 6 – 14 所示。中国进行石油焦进出口贸易的港口主要有日照港、龙口港、南京港、南通港、镇江港、南沙港、防城港、泰州港、钦州港等，库存较大的主要是日照港（50 万吨左右）、防城港（20 万吨左右）和钦州港（20 万吨左右）。2020 年第一季度，石油焦主要港口库存因国内外新冠肺炎疫情暴发，且国内供应趋紧，利好进口焦出货，港口库存处于低位，约为 150 万吨。进入第二季度，一方面下游需求强劲，部分进口企业可申请取消中美贸易关税，利好石油焦进口，港口库存有所上升；另一方面石油焦价格持续上升，进口企业对未来石油焦价格预期乐观，为追求更高利润短期内不愿释放库存，也导致港口库存不断上升。第三季度，8 月、9 月国内炼厂低价油加工完毕，国内供给下降，但石油焦价格仍处在较高水平，港口开始释放库存。第四季度，下游需求良好，石油焦价格持续升高，且因第三季度石油焦进口大幅下降，所以港口库存呈下降趋势，但因为第四季度石油焦进口有所回升，所以第四季度末主要港口库存也有所回升。

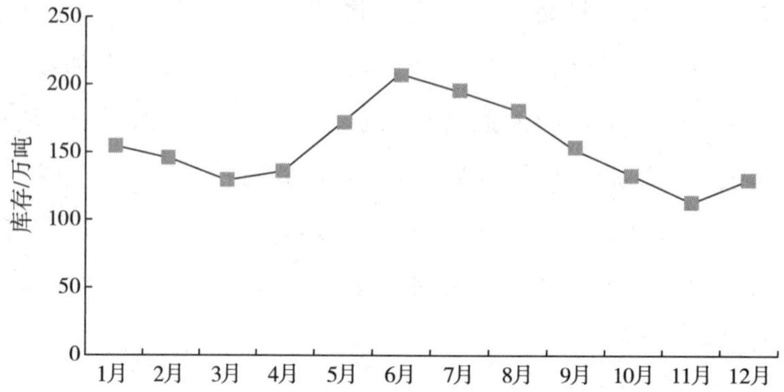

图 6－14　2020 年中国主要港口石油焦库存变化情况

数据来源：WIND 数据库。

（三）2021 年中国石油焦发展前景展望

展望 2021 年，国内新冠肺炎疫情将得到较好控制，但国外新冠肺炎疫情何时能够得到持续稳定控制还未可知，预测国内石油焦市场下游需求端预期向好，石油焦进出口贸易较稳，但受国际国内经济及国内环保政策影响，国内石油焦市场或将呈现稳中有升态势，价格持续高位，且未来不确定性因素加剧。

1. 2021 年石油焦尤其是针状焦进口量有望增加

2020 年 11 月 15 日，经过八年的谈判，RCEP 正式签署落地。RCEP 在 2012 年由东盟十国发起，邀请中国、韩国等其他几个亚太国家共同参与，旨在通过削减关税及非关税壁垒，建立统一市场的自由贸易协定。该协定签署后，将逐步削减关税和非关税壁垒。对中国来说，相当一部分进口原料和制造成本会降低，也有助于部分领域扩大出口，进一步打开对外的消费市场。石油焦就是受该协定影响较大的品种之一。RCEP 签署国家中，石油焦的主要进口国家是韩国，关税税率为 3%。关税减低或取消将利好中国石油焦进出口贸易。

2. 需求稳中有增，供给有望提升，新增产能比例下降趋势明显

预计中国 2021 年将增加铝产能 300 万吨。同时将继续以弥补不足和基础设施投

资作为稳定经济的重要支撑点，房地产投资也会保持较高的增长率，对国内钢材需求有较乐观的预期。市场对金属硅也有较好的预期，2021 年金属硅国内需求增长，尤其是多晶硅、有机硅的需求将很可能大幅提升。综上所述，下游需求端发展态势良好，对石油焦的需求预计会增加。

2021 年国内新增炼油产能中，部分新建产能包括延迟焦化装置，如广东石化新建 2000 万吨/年炼化一体化项目包含延迟焦化装置，盛虹炼化（连云港）有限公司 1600 万吨/年炼化一体化项目包含 200 万吨/年延迟焦化装置，国内石油焦供给将提升。但新增炼油产能中延迟焦化装置比例在降低。2018 年中国炼厂催化裂化、延迟焦化处理能力占炼能比分别为 27%、13%，而催化重整、加氢裂化、加氢精制的比例分别为 11%、11%、44%。（数据来源：中石化经济技术研究院。）2020—2021 年新增炼油产能的企业，如中科炼化、中化泉州、黑龙江龙油、盘锦北燃、河北鑫海等都选择加氢精制路线。对于这些新建产能，油品升级与炼化一体化是其加强重整环节的重要原因之一，更是为后续生产高端化工品铺路。预计未来新建炼油产能中延迟焦化装置的比例将有所下降。

3. 价格预计持续高位，不确定性因素仍然存在

石油焦因其产品属性独特，价格受经济宏观环境、原油价格、成品油需求、库存、下游需求等多重因素影响。全球处在变局之中，国际宏观环境、原油价格等因素若受到突发事件影响，将对国内炼厂产生很大影响，尤其是对独立炼厂，一是因为独立炼厂在国内石油焦产能中占比最大；二是其库容较小，较大的经营波动如开工停工、存货出货等对石油焦价格影响较大。2021 年，国外新冠肺炎疫情还需一定时间才能得到持续稳定的有效控制，国外市场供给和需求相对低迷，国内市场下游支撑较为有力，预计 2021 年石油焦价格将持续高位。

四、中国成品油对外贸易现状与发展前景展望

2020 年，因新冠肺炎疫情对中国成品油进出口方面形成较大影响，出口总量与 2019 年相比呈下跌趋势，但环比呈现明显上涨走势，其中煤油出口同比下滑明显；2020 年中国成品油出口配额完成率不及 2019 年。新加坡依旧是中国成品油出口主要流向地，浙江石化获得出口配额，这意味着民营石油企业的市场地位逐渐重要。

展望2021年，在国家出口政策实施的影响下，成品油进出口态势有望回温。

（一）2020年中国成品油进出口现状分析

因受新冠肺炎疫情以及中东地区、美国石油战，石油价格明显下降等影响，2020年中国成品油进出口数量呈现同比下跌的趋势，成品油全年进口量为2617.40万吨，比2019年下降2.90%；出口数量为4237.80万吨，比2019年下降29.45%。其中，成品油进出口数量在四个季度呈现的趋势如下。

1. 成品油进出口数量前三季度呈现同比下跌状态，第四季度回升

成品油进口方面，2020年受新冠肺炎疫情以及中东地区、美国石油战影响，中国成品油进口数量达到3276.9万吨，比2019年同期增长220.9万吨，增长7.23%，其中汽柴煤油进口总量为426.35万吨，同比下降14.88%；进口金额达到1325850万美元，比2019年同期减少10426834万美元，下降88.72%。2020年1—12月中国成品油进口数量和金额具体如表6-5所示。

表6-5 2020年中国成品油进口数量和金额

月份	进口数量/万吨	进口金额/万美元	数量同比增长/%
1—2月	494.3	290990	-13.6
3月	216.9	104920	-27.5
4月	250.1	88530	-28.7
5月	392.6	106550	53.2
6月	349.9	112490	75.6
7月	191.4	79430	17.6
8月	195.2	82100	-6.6
9月	185.9	79760	-13.3
10月	578.7	201490	161.1
11月	204.4	85030	-14.7
12月	217.5	94560	-34.3

数据来源：中商产业研究院。

成品油出口方面，由于新冠肺炎疫情原因，2020年成品油出口数量明显低于2019年。2020年中国成品油出口数量6185.4万吨，同比下降7.47%；出口金额2600570万美元，同比下降90.16%。2020年12月中国成品油出口数量增长，出口数量约为590万吨，环比下降13.11%；出口金额210700万美元，与2019年同期相比上涨0.7%，如表6-6所示。

表 6－6　2020 年中国成品油出口数量和金额

月份	出口数量/万吨	出口金额/万美元	数量同比增长/%
1—2 月	1075.4	625030	16.6
3 月	726.1	399260	0.7
4 月	800.1	351460	29.7
5 月	389.2	128020	－13.3
6 月	387.7	119820	－28.6
7 月	321.1	101990	－41.5
8 月	427.4	147290	4.9
9 月	394.7	143720	－30.5
10 月	578.7	201490	15.7
11 月	495.0	171790	－27.1
12 月	590.0	210700	0.7

数据来源：中商产业研究院。

2. 汽油、柴油出口量年中逐步恢复，煤油出口量处于低位

2020 年汽柴煤油出口总量 4571.30 万吨，与 2019 年同期相比下降 17.45%；汽油出口总量 1600.14 万吨，同比下降 2.26%；柴油出口总量 1976.52 万吨，同比下降 7.60%；航煤出口总量 994.64 万吨，同比下降 43.52%，航煤出口量受新冠肺炎疫情影响最为严重。2020 年中国各种成品油出口量占比情况如图 6－15 所示。

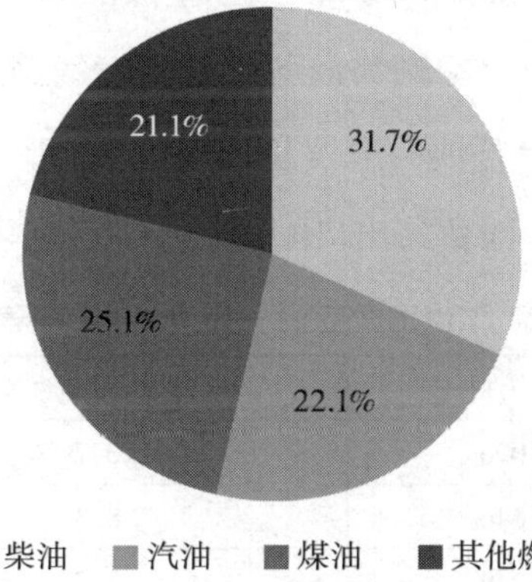

图 6－15　2020 年中国成品油出口量占比情况

数据来源：中国海关总署。

中国汽柴油出口在 6 月、7 月逐渐复苏走出低谷期。8 月汽柴油出口总量 231 万吨，较 7 月 167 万吨的年度最低增长 38%。9 月、10 月出口计划量均超过 300 万吨。10 月中国汽柴煤油出口总量环比大涨 72.60%，同比基本持平，其中，汽油出口量 191

万吨，环比上涨63.90%，同比上涨10%；柴油出口量217万吨，环比上涨81.70%，同比上涨82.50%；煤油出口量44万吨，环比上涨69.90%，同比下跌72.10%。

2020年下半年以来汽油出口利润平稳恢复并接近2019年同期的水平，相较而言，受新冠肺炎疫情冲击最小，2020年出口数量同比仍小幅正向增长。柴油出口则受到国内主营油企高库存压力影响，叠加出口持续亏损，在两大因素作用下，下半年出口数量虽有明显提升，但仍不及2019年同期水平，加之新冠肺炎疫情期间跌幅巨大，继续保持同比下跌趋势。航煤则受制于国际新冠肺炎疫情长期性的影响，出口需求萎靡不振，下半年以来出口量一直处于30万吨左右的低位水平。

3. 出口配额整体完成率不及预期，第三批全为一般贸易方式

受国内外突发新冠肺炎疫情事件影响，需求下滑，成品油出口配额完成率偏低，2020年1—9月汽柴煤出口总量3422万吨，而全年出口配额总量5602万吨，配额完成率为61.08%；2019年同期出口配额数总量5583万吨，汽柴煤油出口总量3993万吨，配额完成率为71.50%。2020年配额完成进度比上年减少10.42个百分点。

2020年前两批成品油出口配额共下发5603万吨，同比大涨12.06%。受到新冠肺炎疫情影响，成品油出口受阻，依靠国内市场消化。从月度数据上来看，1月、3月及5月成品油出口数量同比均呈现下滑，尤其是5月同比跌幅更为明显，5月中国成品油出口总量仅为269万吨，同比下降24.86%。第三批成品油出口配额合计300万吨，全部为一般贸易出口方式，此次出口配额为商务部新下发的第三批，不是由年内未完成的剩余配额进行调配。其中，中石油一般贸易出口配额195万吨，浙江石化一般贸易出口配额100万吨，北方华锦一般贸易出口配额5万吨，如表6-7所示。

表6-7　2020年中国成品油一般贸易出口配额统计

企业	第一批/万吨	第二批/万吨	第三批/万吨
中石化	1096	1047	
中石油	840	853	195
中海油	249	282	
中化集团	265	272	
中国航油	6	9	
浙江石化			100
北方华锦			5
合计	2456	2463	300

数据来源：公开资料整理。

2020 年成品油一般贸易出口配额共计下发 5219 万吨，同比上涨 404.60 万吨，增加 8.40%，成品油加工贸易出口配额仍为前两批总量 684 万吨。整体来看，2020 年成品油出口配额总计 5903 万吨，同比上涨 5.40%。

4. 浙江石化首次获得出口配额，民营企业再次实现成品油出口

2020 年第三批成品油出口配额明细中没有中石化、中海油、中航油、中化集团等传统出口国有石油企业，浙江石化成为首家获得出口资质及配额的民营炼化企业。因汽油出口存在一定利润空间，浙江石化 100 万吨的配额计划全部用于汽油出口。浙江石化新加坡分公司已经提前布局出口相关事宜，待配额下发之后，出口贸易将立即开启。中国兵器工业集团旗下华锦化工 5 万吨配额计划全部出口柴油，但并无出口资质，将由兵器集团旗下国营贸易企业振华石油代理出口。中石油 195 万吨的配额未公布具体品种，预计将根据自身产品库存及出口效益进行平衡。

此次，浙江石化和北方华锦加入成品油出口行列。其中，浙江石化是历时 4 年后，再次获得成品油出口配额的民营企业。虽然 2020 年独立炼厂出口数量对于弥补成品油出口空缺的作用较小，但意义较大。另外，在 2020 年新冠肺炎疫情暴发导致需求锐减的供需矛盾下，独立炼厂响应国家出口政策，缓解国内供应过剩，为优化国内炼油产业布局和推动成品油市场化进程带来重要意义。

5. 出口一定程度上缓解国内供需矛盾，新加坡为出口主要流向地

全球能源市场供应充足，竞争激烈，价格处于走低的过程。国内成品油市场承压明显，出口历来是作为缓解供需矛盾的有效手段。2020 年因国内外环境的特殊性，成品油出口亏损严重，出口转内销令国内成品油市场竞争愈加激烈。6 月开始国内汽油出口逐渐出现增加趋势，柴油亦在 8 月、9 月增长明显。但依靠增加出口缓解国内库存压力作用有限，出口并不能从根本上解决国内成品油市场的供需失衡问题，仅仅是在特定的阶段给出一定缓解空间。

受全球新冠肺炎疫情影响，海外成品油需求量大幅下跌，出口途径受阻。除此之外，海外成品油现货价格较低，出口呈现亏损。亚太地区仍是国内成品油出口的主要区域。如图 6-16 所示，2020 年，中国出口的成品油主要流向新加坡、菲律宾及中国香港，占比分别为 26.61%、13.48%、9.76%。其中，汽油主要流向新加坡和马来西亚，分别占汽油总出口量的 53.93%、6.44%；柴油主要流向新加坡、中国香港和菲律宾，分别占柴油总出口量的 21.56%、16.87% 和 15.00%；煤油主要

流向中国香港和美国，所占比重分别为39.58%和19.06%。

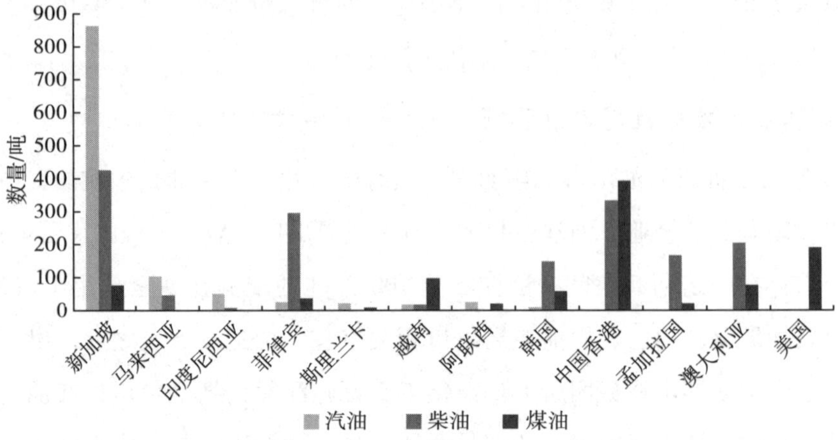

图6-16　2020年中国成品油出口分布

数据来源：中国海关总署。

2020年下半年，国有石油企业柴油库存压力高企。另外，新加坡汽油现货价格上涨，出口操作转亏为盈。第四季度部分主营炼厂有意通过继续降低开工率来内部调节高企的库存压力。亚太油品需求同样呈现疲弱，全球油品需求增量中70%仍然来自亚太地区；非洲、北美、拉美和中东地区需求增量分别占全球的9%、7%、6%和5%。

6. 自贸区（北京、浙江石化、宁波）推进成品油贸易，完善产业链

中国首次对出口实行非国营贸易管理，是主动扩大开放的重要举措，这项政策突破意义深远，有利于中国重大石化项目的顺利推进。2020年底，石化炼化一体化项目二期2000万吨/年将投入试生产，浙江石化年加工原油4000万吨的产能将集中释放，1480万吨成品油副产品投放市场。浙江石化获得成品油出口权后，将进一步开拓境外市场，参与亚洲成品油市场竞争。

获得成品油出口权，国家重点布局的石化企业可自营出口低硫船用燃料油，按照增值税13%计算，浙江石化可以享受出口退税数亿元。这一政策的获得，有利于舟山国际海事服务基地的建设。成品油出口是油气全产业链的制约瓶颈，浙江石化获得成品油出口权，意味着浙江自贸区油气全产业链又一个重要环节被打通，补齐了油气全产业链的短板。商务部在第三季度为浙江石化安排一定数量的汽煤柴出口配额，同时也是为了消纳其化工品生产中副产品的成品油，进一步支持绿色石化基

地建设。

（二）2021 年中国成品油国际贸易发展前景展望

在炼油利润收窄的现状下，成品油跌势也相应将被扭转。预计 2021 年国内成品油出口量将提升，将在一定程度上缓解国内汽柴油供应过剩的压力，抑制持续走跌的油品行情。随着新冠肺炎疫苗研制成功并陆续投放市场，可能会缓慢扭转下跌趋势，但这个过程中市场不确定因素频发，进出口量将处于不稳定的状态中。

1. 非国营贸易渠道可能获得更多配额，出口完全放开可能性甚微

商务部首次对油品出口实行非国营贸易管理，是国家主动扩大开放的重要举措。2020 年 7 月 9 日，商务部印发《关于同意赋予浙江石油化工有限公司成品油非国营贸易出口资格的批复》，浙江石化成为首家获得成品油出口资质的民营企业。这对于缓解国内油品供应过剩压力、推进供给侧结构性改革、优化国内炼油产业布局，以及深化成品油市场化改革具有重要意义。

成品油出口权的放开有可能会非常缓慢，因为大进大出的炼油产业发展模式不是政府所提倡的。在短期内放开成品油出口管理的可能性比较低，但是极有可能适当放宽出口配额。总体而言，成品油市场化进程将加快，出口权有望逐步放开。

国内外受新冠肺炎疫情影响严重，尤其海外部分国家仍有二次暴发的情况，对成品油需求增量有限，甚至出现下滑的局面，导致中国成品油出口阻力依旧不减，各企业出口配额完成率考核力度或有放宽的可能。

2. RCEP 的签署进一步促进成品油进出口贸易，但对出口影响有限

2020 年 11 月 15 日，《区域全面经济伙伴关系协定》（RCEP）正式签署，协定签署国包括东盟十国、中国、日本、韩国、澳大利亚、新西兰。该协定的签署对已经是零关税的原油、天然气等大宗原料影响较小，但可以有效促进成品油进出口。

在 RCEP 中，中国对不同来源的成品油实施不同的优惠税率管理：汽油和航煤的关税税率直接降为零，柴油税率逐年下降 0.3 个百分点，与给其他国家的优惠税率相比降速最快。虽然汽油、柴油的进口关税较低，成品油出口并无关税壁垒，但对于轻循环油、润滑油基础油等生产汽柴煤或润滑油的原料，将出现进口数量的大幅增长。轻循环油主要作为柴油的调节组分，是 100% 依靠进口的品种，由于东盟特惠国政策，从东盟国家进口的关税税率已降为零，韩国是国内轻循环油最大的进口来源国，关税税率为 4.2%；来自日本的进口数量也相对较多，关税税率为 7%。

因此，一旦后期税率下降甚至取消，在成本优势下，轻循环油的进口数量将必然增长。对于润滑油基础油，国内从东亚诸国进口基础油都有不同程度的关税，而来自韩国及新加坡的进口量占据进口总量的 70%。一旦关税减免甚至取消，成本叠加票据优势，进口量或有明显增长。

RCEP 将为中国成品油出口营造更加有利的环境。虽然 RCEP 内贸易航线较短，对全球船燃需求刺激整体有限，但因为 RCEP 对所有成员国都是平等的，所有成员国都将在同等条件下参与竞争，中国在相对薄弱的高端产品出口方面有可能落后于日本、韩国和新加坡，但总体而言仍是利好。

3. 继续依靠出口解决国内供需矛盾，东南亚仍将是主要出口消费区域

随着新冠肺炎疫情防控常态化，加之疫苗或将研发成功，2021 年全球石油需求相较 2020 年会出现上升趋势。中国原油进口数量较高，炼厂产能将逐步增加，国内成品油需求虽然会同比上升，但还需依靠出口解决供求矛盾。此外，中国石油产量也在不断增加，为实现能源独立，中国政府将充分利用国内能源资源。由于政府实施扶持性政策刺激油气行业的发展，中国将成为东南亚油气生产和消费领域的主要驱动引擎。

随着“一带一路”建设的推进，RCEP 履行，2021 年中国外贸环境会更好。较往年，2021 年东南亚仍会是中国成品油出口的主要区域，其中新加坡、菲律宾是主要消费中转国。成品油价格在 2021 年将趋于稳定，且全球经济似乎已步入复苏轨道，东南亚油气行业前景也将有所好转。在经济复苏的大环境影响下，加之中国对新冠病毒的遏制手段越发成熟，将再次推动中国对东南亚的成品油出口。

第七篇

成品油市场需求

2020 年，突发的新冠肺炎疫情给中国社会经济发展和各行业运行带来严重冲击和影响。随着第二季度新冠肺炎疫情得到有效控制，中国经济加快复苏，全年成品油需求呈先下降后上升的态势，需求量比 2019 年明显下降。从需求结构看，2020 年中国成品油市场仍是柴油消费占比最大，受基建和物流影响占比比 2019 年微增；因居民出行减少，汽油消费占比有所下降；受航空业影响，煤油消费占比较小。纵观成品油市场，2020 年中国成品油市场仍存在供需失衡的局面，受新冠肺炎疫情影响，汽柴煤油供需差量有所下降。从行业用油看，2020 年交通运输及仓储邮政业在成品油消费量上所占比例最大，农林牧渔业、批发零售和住宿餐饮业与生活消费及其他行业成品油需求呈现稳定增长态势，而工业、建筑业、交通运输及仓储邮政业的消费量是先下降后上升。展望 2021 年，中国经济将继续稳步恢复，成品油需求较 2020 年将呈现明显增长。

一、2020 年中国成品油市场需求现状

2020 年，中国受新冠肺炎疫情的影响，成品油需求量比 2019 年明显下降，全年呈先下降后上升的态势。从各季度的变化来看，第一季度中国成品油总体需求量同比大幅下降；第二季度新冠肺炎疫情有所好转，各行各业复工复产，经济稳步恢复，成品油需求量环比有所上升；第三季度受季节和国家对于经济发展的推动政策的影响，成品油消费量有相对明显的提升；第四季度成品油需求较为平稳，同比基本持平。从需求结构来看，各油品需求量占比与 2019 年相比变化不大，其中，柴油消费占比仍为最大，且受基建和物流影响占比微增；汽油消费占比由于居民出行频率降低有所下降；煤油因航空业受限，影响较为严重，消费占比大幅降低。从行业用油来看，各类油品消费仍然集中在交通运输业且所占比例最大。从供需平衡来看，成品油市场供大于求的状态仍比较明显。

(一) 成品油需求总体状况及特点

2020 年，受新冠肺炎疫情的影响，中国经济受到冲击，与 2019 年相比，GDP 小幅度增长。受经济因素影响，成品油需求全年呈波动趋势，需求量总体明显下降，整体需求略显疲软。

1. 国内经济增幅微小，成品油整体需求下降

由于中国及时采取控制新冠肺炎疫情的措施和推动经济发展的政策，新冠肺炎疫情为经济带来的不利影响逐渐被克服，经济运行呈现明显下降又恢复性增长和稳步复苏的态势，固定资产投资稳步回升，上半年被遏制的投资在下半年因实施积极的财政、货币政策，得到加倍的投入，投资结构持续改善。随着“六稳”“六保”及各类促销政策的发力，消费也呈稳步修复状态，推动了成品油的消费。

如图 7 - 1 所示，近五年中国 GDP 呈现持续增长的态势，增速有所放缓；经济增速的放缓加上产业结构的调整、节能减排技术的提高和替代能源的快速发展，中国成品油表观消费量总体呈先增加后下降的趋势，增速逐渐放缓，降速差距逐渐增大。2020 年受新冠肺炎疫情冲击，国内生产总值为 1015986 亿元，比 2019 年增长 2. 30% ，增速下降 3. 80 个百分点。中国成品油消费量达到 28981. 12 万吨，比 2019 年下降 6. 55% ，增速下滑 3. 61 个百分点；单位 GDP 耗油明显下降，2020 年降至 0. 03 吨/亿元，下降 8. 94% 。

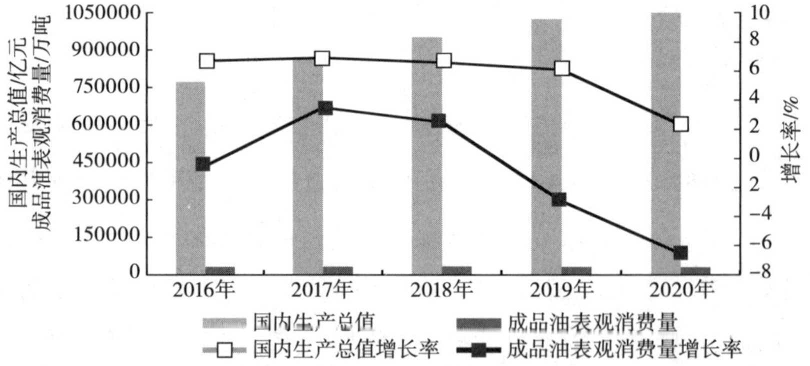

图 7 - 1　2016—2020 年国内生产总值、成品油表观消费量及增长率

数据来源：国家统计局、隆众资讯。

2. 各季度成品油需求变化不同，呈现先下降后上升的趋势

伴随着新冠肺炎疫情的变化和社会因素的影响，各季度成品油需求量具有不同特点，呈现先明显下降后稳步上升的态势。如图 7 - 2 所示，第一季度受新冠肺炎疫

情影响严重，导致 GDP 为 206504 亿元，同比下降 6. 80%，成品油消费量 6439 万吨，同比下降 12. 90%，企业复工延迟、交通物流受限令成品油消费量锐减。第二季度 GDP 为 250110 亿元，同比增长 3. 20%，成品油表观消费量 8819 万吨，比第一季度增加 2380 万吨，同比下降 6%，降速放缓。第三季度因新冠肺炎疫情得到有效控制，民众生活大致恢复正常，GDP 为 266172 亿元，同比增长 4. 90%，由于新冠肺炎疫情有所好转，民众出行频率增加，加上进入 6—7 月后，固定资产投资项目的开工和气温上升等因素，成品油需求量增加，受其影响成品油表观消费量 9544 万吨，比第二季度增加 725 万吨，同比增长 0. 90%。第四季度国内经济迅速恢复，GDP 为 296298 亿元，同比增长 6. 50%，成品油需求逐渐回暖，成品油表观消费量 7495. 27 万吨，比第三季度减少 718. 14 万吨，同比下降 6. 12%。受固定资产投资和物流业的影响，成品油需求有上行空间，但由于冬季新冠肺炎疫情小幅反弹，需求增长力度有限。

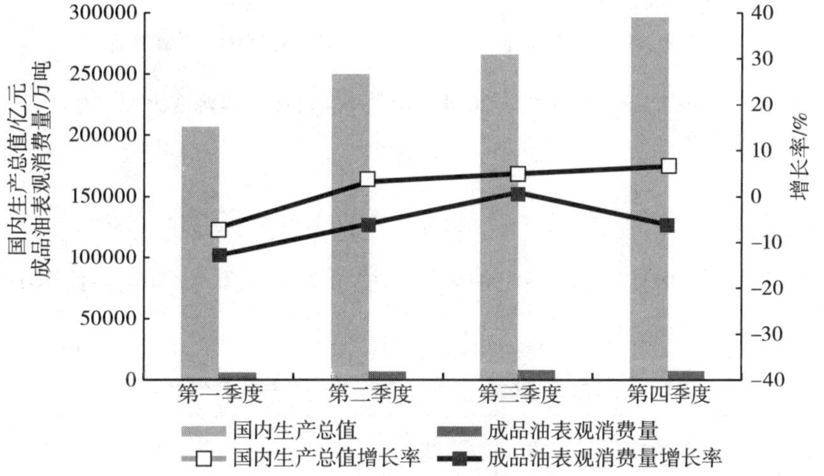

图 7－2　2020 年各季度国内生产总值、成品油表观消费量及同比增长率

数据来源：国家统计局、隆众资讯。

（二）成品油市场需求结构及主要油品消费特点

从需求结构来看，2020 年汽油消费占比较 2019 年有所下降，柴油消费占比微增，煤油消费占比明显下降。受 2020 年新冠肺炎疫情和各种能源替代力度增强的影响，柴汽比有同比增长的趋势。居民出行减少导致汽油消费有所下降；柴油消费受政策和基建项目影响，呈微小下降态势；煤油受居民出行量和航班减少的影响，降幅最大，与往年的增长情况形成对比。分行业来看，受新冠肺炎疫情影响，交通运输行业用油同比减少，但其在汽油、柴油和煤油的消费中仍保持最大占比，超过其他行业。

1. 成品油市场需求结构略有变化，煤油消费占比下降明显

如图7－3所示，2020年汽油消费占比约为40%，汽油消费占比与2019年基本持平；柴油消费占比约为48%，与2019年相比有所上升；煤油消费占比约为12%，与2019年相比有所下降。2020年的燃料结构与2019年相比，柴汽比为1.21，同比增长3.40%。

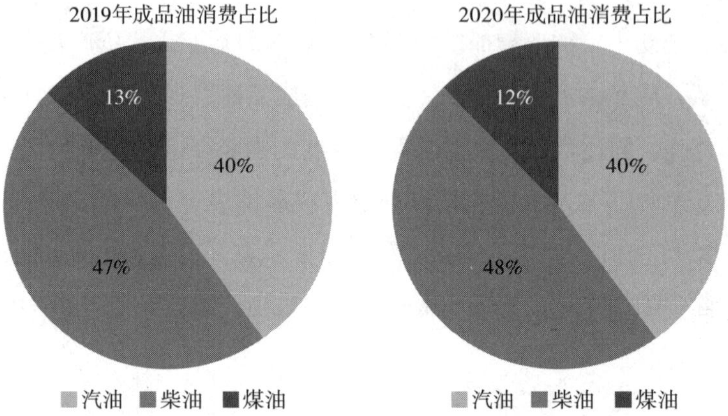

图7－3　2019年与2020年中国各类成品油消费占比

数据来源：隆众资讯。

2. 汽油需求大幅下降，全年呈现先下降后上升的趋势

如表7－1所示，2020年中国汽油表观消费量为11627.40万吨，比2019年同期大幅下降，降幅7.11%。

表7－1　2019—2020年中国汽油表观消费量及增长率

年份	汽油表观消费量/万吨	增长率/%
2019	12516.90	－1.00
2020	11627.40	－7.11

数据来源：隆众资讯。

如图7－4所示，2020年中国汽油表观消费量全年呈先上升后下降的曲线变动。第一季度，受新冠肺炎疫情影响，春节假期和企业复工延迟、交通物流受限等因素，严重制约汽油需求端，汽油表观消费量为2551.5万吨，同比下降20.7%。第二季度，随着国内新冠肺炎疫情防控措施的有效实行和企业逐渐复工，加之国家发展改革委等11个部门联合发布了《关于稳定和扩大汽车消费若干措施的通知》，对汽车消费起到了促进作用，从而推动了汽油消费量的增加。国内汽车销量连续实现同比和环比增长，产销量分别为2522.5万辆和2531.1万辆，其中商用车销量增速保持强势，

刺激了汽油消费，汽油表观消费量为2784.2万吨，比第一季度增加232.78万吨，环比上升3.38%，小幅提升。第三季度，中国生产、生活活跃度明显提高，居民出行人数上涨，再加上天气原因，终端耗油量增加，带动汽油终端需求适度提升，汽油进入消费旺季，汽油表观消费量为3217.45万吨，比第二季度增加433.16万吨，环比增长5.37%，汽油消费有大幅增加。第四季度，国庆假期期间外出旅行人数激增，带动了国内汽油需求增长，但受国内部分地区新冠肺炎疫情反复的影响，汽油表观消费量为3066.83万吨，比第三季度减少150.62万吨，环比下降0.77%，汽油消费趋于平稳。

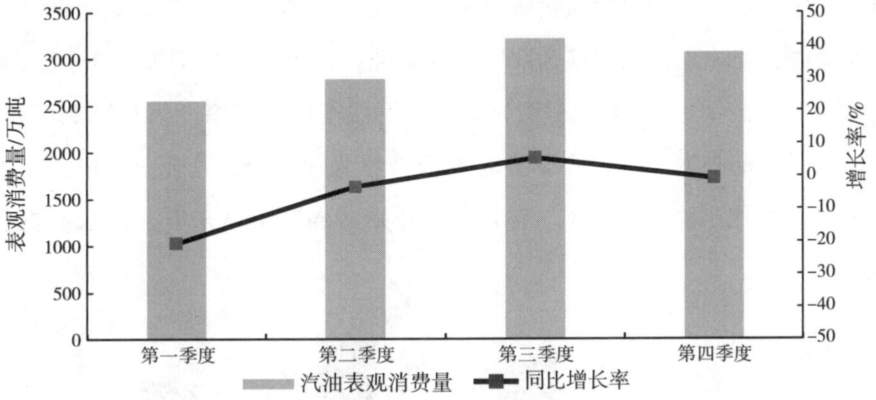

图7-4　2020年各季度汽油表观消费量及同比增长率

数据来源：国家统计局、隆众资讯。

综合来看，与2019年相比，2020年汽油消费量先减后增，总量整体呈下降趋势。随着新能源汽车的迅速推广以及共享单车、共享电动车等出行方式逐步占据一定市场，汽油需求将被部分替代。

3. 柴油需求微降，增速呈先上升后下降的态势

如表7-2所示，2020年中国柴油表观消费量为14043.40万吨，比2019年下降3.93%。可以看出2020年柴油消费继续延续往年下降趋势，但受新冠肺炎疫情影响，下降幅度变缓。

表7-2　2019—2020年中国柴油表观消费量及增长率

年份	柴油表观消费量/万吨	增长率/%
2019	14618.40	-6.26
2020	14043.40	-3.93

数据来源：隆众资讯。

柴油消费在成品油消费结构中占比最大，主要靠物流业和全社会固定资产投资

提振。如图 7 -5 所示，柴油表观消费量逐季提升，同比增速全年呈先减后增再减的变化趋势。第一季度，受新冠肺炎疫情影响，国内基建工地复工较晚，物流运输受限，柴油需求一度降至冰点，表观消费量为 2986.5 万吨，同比下降 16.1%，降幅明显。第二季度，随着企业复工复产，大规模基建项目加速落地，各种固定资产投资的项目促进了基建和建筑用油需求继续回升，快递和运输行业需求旺盛，物流用油持续向好，柴油表观消费量为 3662.8 万吨，比第一季度增加 676.3 万吨，同比增长 0.79%，柴油消费逐渐恢复。第三季度，工矿基建等行业开始加急赶工，且秋季农业增加了用油需求，同时物流运输行业也进入高峰期，柴油整体需求向好，柴油消费持续释放，柴油表观消费量为 3993.28 万吨，比第二季度增加 330.48 万吨，同比增长 6.76%，较 2019 年同期有明显提升。第四季度，因寒冷天气影响工程开工，冬季取暖季部分企业生产受限，柴油表观消费量为 3400.83 万吨，比第三季度减少 592.45 万吨，同比下降 13.38%，柴油需求开始转弱。整体来看，需求面恢复程度不及预期。

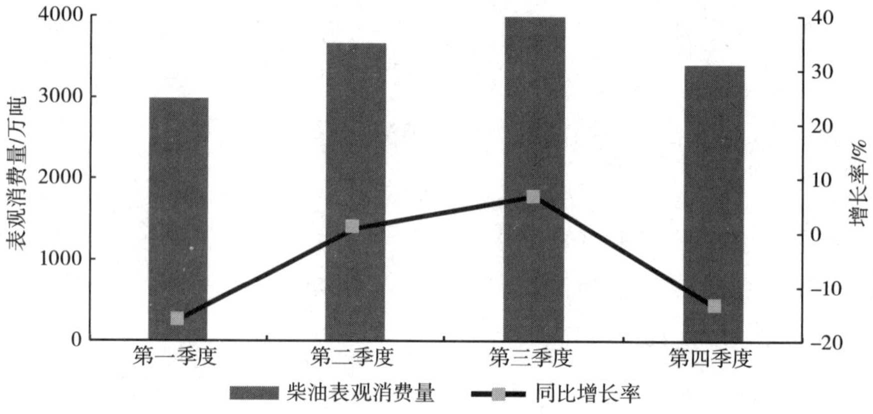

图 7 -5　2020 年各季度柴油表观消费量及同比增长率

数据来源：国家统计局、隆众资讯。

4. 航空煤油需求降幅较大，同比呈现先骤降又缓慢上升的态势

民航作为公共运输行业，受新冠肺炎疫情影响，国际国内航运市场呈现巨幅下滑，2020 年全行业完成旅客运输量 4.2 亿人次，与 2019 年相比下降 36.7%，运输总周转量 798.5 亿吨公里，同比下降 38.3%。受其影响，2020 年中国煤油表观消费量为 3310.32 万吨，增速由正转负，比 2019 年下降 14.64%，如表 7 -3 所示，下降趋势明显。

表 7 - 3　2019—2020 年中国煤油表观消费量及增长率

年份	煤油表观消费量/万吨	增长率/%
2019	3878.00	4.36
2020	3310.32	-14.64

数据来源：隆众资讯。

从各季度看，如图 7 - 6 所示，第一季度春节期间新冠肺炎疫情暴发，原本为出行旺季的春节居民出行量大幅下降，国内和国际航班减少甚至停飞的情况普遍；航空企业客运市场需求大幅度下跌，旅客运输量同比明显下降，煤油在成品油中受到的影响最大，煤油表观消费量为 660.2 万吨，同比下降 25.8%，降量明显。第二季度，随着国内新冠肺炎疫情有所好转，国内航班量持续增加，但国际航线继续受累于海外新冠肺炎疫情影响，国际航班大幅减少，民航局于 5 月下调航空煤油价格，推动了航空公司短途航班的开通，刺激了煤油的消费，但国际新冠肺炎疫情的加重导致航油消费复苏整体缓慢，煤油表观消费量为 627.1 万吨，比第一季度减少 33.1 万吨，同比下降 34.6%。第三季度，随着国内新冠肺炎疫情在一定程度上得到控制，国内航运情况已经恢复 95% 以上，但国际新冠肺炎疫情仍保持着较为严峻的态势，民航局对一些入境航班发出禁止指令，导致国际航运情况依然受限，煤油表观消费量为 1002.68 万吨，比第二季度增加 375.58 万吨，同比下降 5.1%，煤油需求量有增加的趋势，但较 2019 年同期仍有明显减少。第四季度，受季节影响国内仍旧存在小范围暴发新冠肺炎疫情的情况，从需求端来看，寒假及年底返乡流促进了航运增加，航空运输总周转量有所回升，煤油表观消费量为 1020.29 万吨，比第三季度增加 17.61 万吨，同比增长 5.44%，煤油需求缓慢上升，但与 2019 年相比仍存在差距。

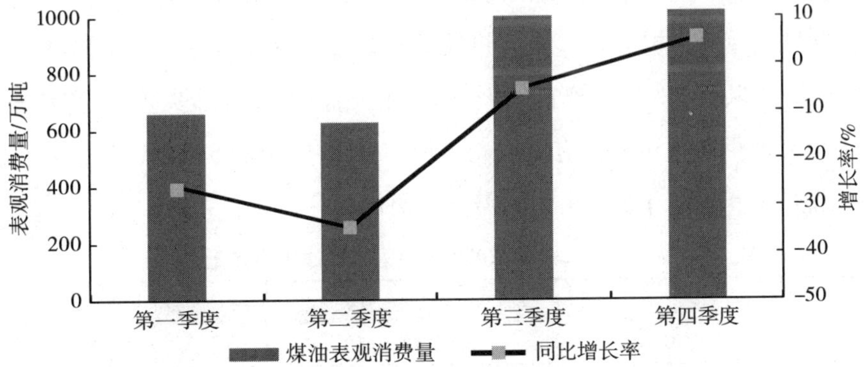

图 7 - 6　2020 年各季度煤油表观消费量及同比增长率

数据来源：国家统计局、隆众资讯。

综合来看，2020 年全年煤油需求与往年呈现较大不同，下滑程度很大。国内局部新冠肺炎疫情反复及海外新冠肺炎疫情大范围扩散影响，煤油消费短期仍将承压。

（三）成品油供需平衡状况及特点

维持成品油的供需平衡是确保成品油市场健康发展的必要条件，2020 年国内成品油市场的走势与新冠肺炎疫情防控成果息息相关，呈现出先降后升。根据往年的数据统计，成品油市场的供需差量基本处于逐渐扩大的态势。然而在全球新冠肺炎疫情的影响下，成品油供需市场自 2020 年初就出现大幅度的下降。随着国内新冠肺炎疫情得到有效控制，复工复产逐步恢复正常水平，成品油市场也随之复苏，尽管成品油供需差量仍旧存在，但比 2019 年有所缩减，主要原因是受新冠肺炎疫情影响，炼厂开工率不及往年。

1. 受新冠肺炎疫情影响，成品油供需差量略有缩减

如表 7 –4 所示，2016—2020 年，中国成品油产量和表观消费量均是先缓慢上升，在 2018 年达到峰值后开始下跌。对比供需，成品油表观消费量的下跌更明显。

表 7 –4　2016—2020 年中国成品油产量和表观消费量

年份	成品油产量/万吨	成品油表观消费量/万吨	成品油产量增速/%	成品油表观消费量增速/%
2016	34509. 60	31002. 80	2. 19	2. 01
2017	34792. 00	31144. 00	0. 82	0. 46
2018	36034. 00	31954. 30	3. 57	2. 60
2019	36031. 60	31013. 30	–0. 01	–2. 90
2020	33125. 80	28981. 12	–8. 06	–6. 55

数据来源：国家统计局、隆众资讯。

如表 7 –5、图 7 –7 所示，2016—2019 年，成品油供需矛盾逐年加深，主要体现在供需差量呈现逐年扩大的趋势，并且供需差量增速逐年提高。2020 年，国内新建及改扩建厂家共计 31 家，产能合计 3. 60 亿吨。在新冠肺炎疫情影响下，虽然 2020 年的成品油供需差量同比有所缩减，但整体看中国炼油能力过剩，且有加剧的趋势，下游需求市场却有所缩小，供需不平衡仍然存在。

表 7 –5　2016—2020 年中国成品油供需差量

年份	成品油供需差量/万吨	成品油供需差量增速/%
2016	3506. 80	3. 81
2017	3648. 00	4. 03
2018	4079. 70	11. 83

续表

年份	成品油供需差量/万吨	成品油供需差量增速/%
2019	5018.30	23.01
2020	4144.68	-17.41

数据来源：国家统计局、隆众资讯。

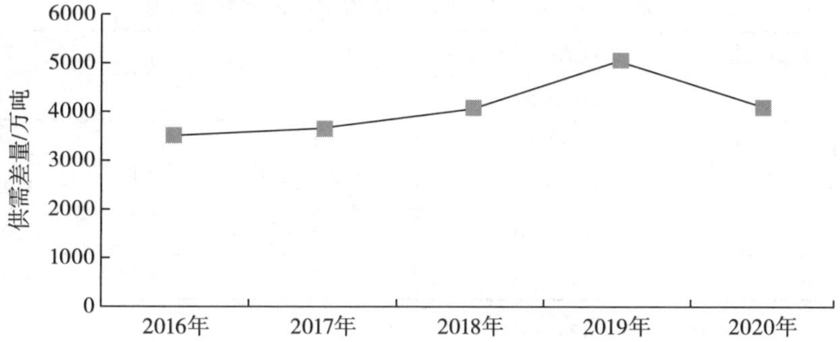

图7-7　2016—2020年中国成品油供需差量

数据来源：国家统计局、隆众资讯。

2. 汽、柴、煤油供需均大幅下滑，平衡问题仍旧存在

如图7-8所示，汽油、煤油、柴油供需差量2020年较2019年均有所下降，但汽、柴、煤油供需平衡问题仍然存在。汽油主要用于汽车，柴油则是用于工农业生产，煤油的主要用途是航空业，由于三者主要需求市场不同，因此汽、柴、煤油的需求量走势存在一定差异。具体分析如下。

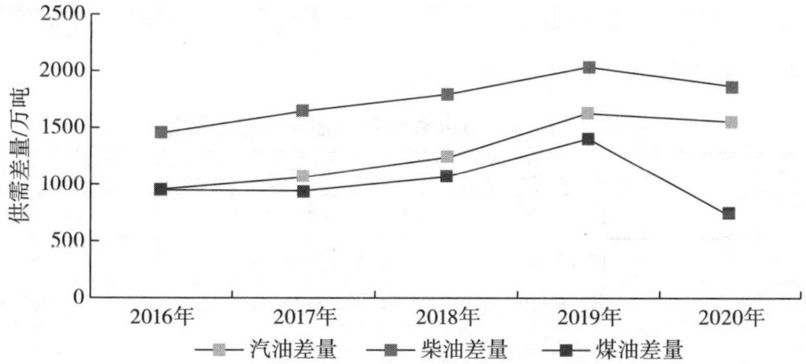

图7-8　2016—2020年中国汽柴煤油供需差量

数据来源：中国石油和化工经济分析、国家统计局。

（1）汽油供需平衡问题依旧，需求下降加快。

如表7-6所示，2016—2019年，汽油供需差量逐年扩大，到2020年出现缩减。受新冠肺炎疫情影响，部分炼厂开工率不及往年，虽然在有效防控下情况开始好转，但汽油产量只在第三季度达到2019年的同期水平。另外，由于交通管制和出行受限，汽车销量增速放缓，新能源汽车和混合动力汽车的持续发展推广也挤占了传统汽车的市场份额，导致汽油需求量同样减少。2020年，汽油产量为13179.50万吨，表观消费量为11627.40万吨，供需差量为1552.10万吨，汽油供需不平衡问题依旧存在。

表7-6　2016—2020年中国汽油供需量及差量　　单位：万吨

年份	汽油产量	汽油表观消费量	差量
2016	12895.60	11946.70	948.90
2017	12884.50	11790.70	1053.80
2018	13387.70	12644.50	1243.20
2019	14120.70	12516.90	1603.80
2020	13179.50	11627.40	1552.10

数据来源：国家统计局、隆众资讯。

(2) 柴油市场低开高走，供需差量出现缩减。

如表7-7所示，2016—2019年，柴油的产量和表观消费量一直在缓慢减少，但供需差量却在持续扩大，到2020年有所缩小。受新冠肺炎疫情影响，第一季度国内柴油需求骤减，为缓解库存压力，主营及地方炼厂开工率急剧下降，柴油产出量得以大幅下降，随着国内新冠肺炎疫情得到较好控制，市场需求逐步提升，主营及地方炼厂开工率提高；需求方面，前期受新冠肺炎疫情的冲击，国内柴油消耗能力遭受重创，而随着新冠肺炎疫情的有效控制，户外工程、基建以及物流运输行业积极开展运行，柴油需求缓慢恢复，而供需不平衡依然存在。2020年柴油供需差量为1853.20万吨，比2019年减少166.70万吨。

表7-7　2016—2020年中国柴油供需量及差量　　单位：万吨

年份	柴油产量	柴油表观消费量	差量
2016	17896.60	16447.80	1448.80
2017	17716.50	16065.80	1650.70
2018	17376.00	15593.90	1782.10
2019	16638.30	14618.40	2019.90
2020	15896.60	14043.40	1853.20

数据来源：国家统计局、隆众资讯。

(3) 煤油需求严重受挫，供需差量萎缩。

如表7-8所示，2016—2019年，煤油产量、表观消费量和供需差量一直呈现上升的走势，2020年有所回落。航空用油是煤油需求量中的主要因素，受新冠肺炎疫情影响，第一季度、第二季度煤油产量同比出现大幅度下跌，从第三季度开始逐步恢复提升；需求方面，由于各国政府对航空业进行严格管制，煤油表观消费量出现大幅度下跌。2020 年，煤油供需差量为 739.38 万吨，比 2019 年减少 655.22 万吨，煤油的供需差量依然存在。

表 7－8　2016—2020 年中国煤油供需量及差量　　单位：万吨

年份	煤油产量	煤油表观消费量	差量
2016	3983.80	3025.90	957.90
2017	4230.90	3287.70	943.20
2018	4770.30	3715.90	1054.40
2019	5272.60	3878.00	1394.60
2020	4049.70	3310.32	739.38

数据来源：国家统计局、隆众资讯。

二、2020 年中国各行业成品油需求分析

2020 年，受因新冠肺炎疫情导致的复工复产延迟、交通物流受到限制等因素影响，成品油需求被严重制约，随着新冠肺炎疫情逐渐得到有效控制，各行业也逐步恢复生产。农林牧渔业成品油需求稳定增长，用油以柴油为主；工业成品油需求呈中低速增长，工业在成品油总消费量中占比减少；建筑业成品油需求以汽油和柴油为主，呈先下降后上升的趋势；交通运输及仓储邮政业仍是成品油消费中的主力军，占比最大；批发零售和住宿餐饮业成品油需求以汽油和柴油为主，呈现增势特征；生活消费及其他行业成品油需求增长缓慢，在成品油总消费量中稳步增加。

（一）农林牧渔业成品油需求现状及特点

农林牧渔业成品油需求呈上升趋势，虽然受新冠肺炎疫情影响，但农业是内需刚需型行业，所以 2020 年成品油需求依然稳定增长；农林牧渔业自身的特点决定了其成品油需求年内呈周期性变化；农业机械以燃烧柴油为主，加上农业机械化不断推进，农林牧渔业成品油需求中柴油需求占绝大比重。

1. 农林牧渔业成品油需求稳定增长，呈周期性变化

2020 年，中国农林牧渔业成品油需求受新冠肺炎疫情的影响不大，呈现稳定增长。从近 5 年农机局公布的农业机械每年的新增数量可以看出，农业机械数量波动

上升，而且财政部发布了2020年重点强农惠农政策，补贴主要农产品生产所需机具和支持农业绿色发展机具，促使农林牧渔业成品油需求增长。如表7－9所示，2016—2020年农林牧渔业总产值同比均维持在3%以上增长，农林牧渔业成品油需求也呈不断增长趋势。2020年受新冠肺炎疫情的影响，农林牧渔业成品油需求也没有太大的波动，2020年消费量达到2043.38万吨，比2019年增长5.93%。农业为内需刚需型行业，成品油需求量有一定的稳定性，且农业本身正处于行业上升阶段，将带动成品油需求增加。

表7－9　2016—2020年农林牧渔业GDP和成品油消费量

年份	GDP/亿元	GDP增长率/%	成品油消费量/万吨	成品油消费量增长率/%
2016	62451.00	4.34	1722.49	－1.20
2017	64660.00	3.54	1777.98	3.20
2018	67558.70	4.48	1837.85	3.40
2019	73567.10	8.89	1929.02	5.00
2020	81103.90	10.24	2043.38	5.93

数据来源：公开资料整理。

农林牧渔业成品油需求在一年内呈周期性变化，与农林牧渔业自身特点相关。在农作物夏粮丰收和秋收时节，农业机械对成品油需求会增加。农林牧渔业中成品油需求量最多的为农业，牧业和渔业每年对成品油的需求基本维持稳定。

2. 农林牧渔业成品油需求中柴油需求占绝大比重

农林牧渔业用成品油以柴油为主，如图7－9所示。此特征和农业机械燃料以柴油为主有关，由于科学技术的发展，为提高生产效率，农业机械将逐步取代人工劳动，这使得农林牧渔业对柴油的需求进一步扩大，柴油成为农林牧渔业的主要燃料。

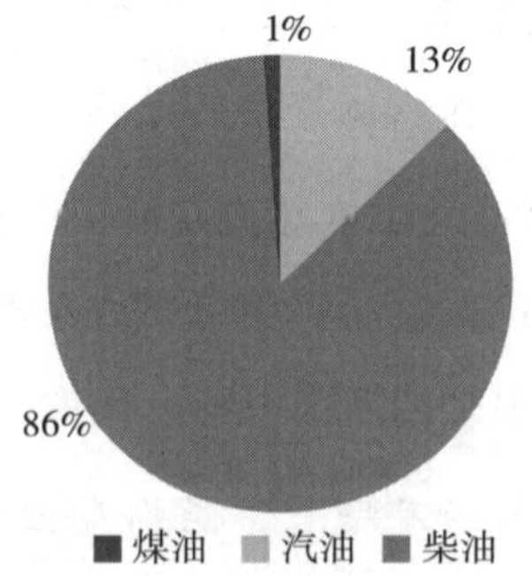

图7－9　2020年农林牧渔业汽油、柴油及煤油消费占比

数据来源：公开资料整理。

2016—2020 年农林牧渔业柴油消费量和成品油消费总量见表 7－10。

表 7－10　2016—2020 年农林牧渔业柴油消费量和成品油消费总量

年份	柴油消费量/万吨	成品油消费总量/万吨	柴油消费量占成品油消费总量比值/%
2016	1495. 86	1725. 49	86. 84
2017	1546. 82	1777. 98	86. 99
2018	1595. 82	1837. 85	86. 82
2019	1672. 37	1929. 02	86. 70
2020	1768. 63	2043. 38	86. 55

数据来源：公开资料整理。

（二）工业成品油需求现状及特点

工业用成品油需求受国内经济影响较大。2020 年，受新冠肺炎疫情影响，国内经济出现短暂下滑，加之工业制造业低增长，工业成品油需求呈中低速增长。随着国内产业结构发生变化，工业成品油消费量占成品油总消费量比值减少。

1. 工业经济增长趋缓，工业成品油需求呈负增长

如表 7－11 所示，2016—2020 年工业制造业经济增长趋缓，工业成品油消费量呈现负增长趋势。2020 年初，中国工业发展受到新冠肺炎疫情的强烈冲击，大量制造业企业延迟开工，产业链循环受阻，特别是纺织、服装、建筑材料等劳动密集型行业经营困难，产值出现负增长；随着国内新冠肺炎疫情防控形势向好，工业生产有序恢复，行业增长面持续扩大，全年工业 GDP 达到 313071. 10 亿元，比 2019 年增长 0. 39%。随着工业经济的恢复，工业成品油消费量也逐渐回升，但比 2019 年有所下降，2020 年工业成品油消费量为 1991. 22 万吨，比 2019 年下降 0. 18%。2020 年，国家能源局印发了《2020 年能源工作指导意见》，重点推进节能工作，推进工业绿色发展，工业单位能耗下降，成品油消费量也随之下降。

表 7－11　2016—2020 年工业 GDP 和成品油消费量

年份	GDP/亿元	GDP 增长率/%	成品油消费量/万吨	成品油消费量增长率/%
2016	245406. 40	5. 70	1869. 19	－8. 82
2017	275119. 30	6. 20	1856. 59	－1. 73
2018	301089. 30	6. 10	2025. 52	9. 10
2019	311858. 70	3. 57	1994. 69	－2. 88
2020	313071. 10	0. 39	1991. 22	－0. 18

数据来源：公开资料整理。

2. 工业成品油消费占比减少，需求以柴油为主

如表 7－12 所示，2016—2020 年工业成品油消费量在成品油总消费量中占比均在 6% 左右，且逐年下降。根据国家规划，2020 年全国能源消费总量要控制在 50 亿吨标准煤以内，重点推进节能工作的领域包括工业、建筑、交通等行业，其中工业领域的节能工作是重中之重。随着工业产业结构的调整、工业绿色发展的推进，工业成品油消费量在成品油消费总量中占比呈下降趋势。

表 7－12　2016—2020 年工业成品油消费量和成品油消费总量

年份	工业成品油消费量/万吨	成品油消费总量/万吨	工业成品油消费量占成品油消费总量比值/%
2016	1869. 19	31675. 78	5. 90
2017	1856. 59	32739. 17	5. 67
2018	2025. 53	33838. 26	5. 98
2019	1994. 69	35191. 79	5. 63
2020	1991. 22	36951. 38	5. 00

数据来源：公开资料整理。

如图 7－10 所示，工业成品油消费以柴油为主，煤油最少。依据 2020 年国家统计局公布数据，柴油占比 79%。

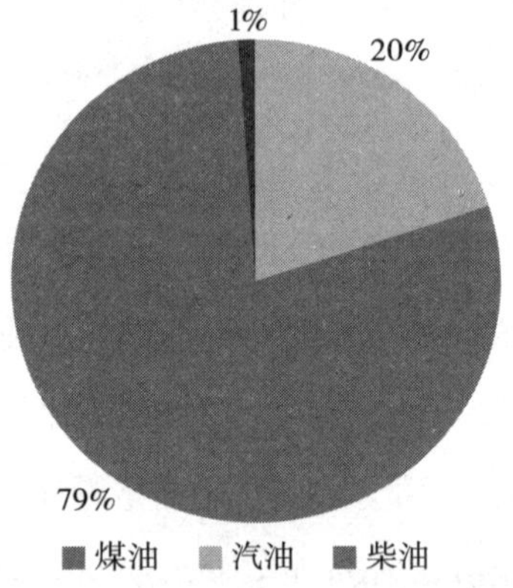

图 7－10　2020 年工业煤油、汽油及柴油消费占比

数据来源：公开资料整理。

（三）建筑业成品油需求现状及特点

2020 年建筑业受新冠肺炎疫情防控影响较大，建筑业成品油消费量呈现先下降后上升的趋势，用油以柴油和汽油为主，呈现用量低、对价格敏感并且对配送服务有要求的特点。

1. 建筑业经济增速下行，成品油需求量先降后升

如表7－13所示，2016—2020年建筑业GDP增速逐年下降，成品油消费量也呈逐年下降趋势。2020年，建筑业成品油消费量受新冠肺炎疫情防控影响较大，为1246.55万吨，同比增加0.68%。第一季度企业延迟复工复产，房地产、基建投资短期投资减少，建筑工人成本增加，导致建筑业恢复发展缓慢，成品油需求大幅下降；第二季度和第三季度，随着中国新冠肺炎疫情得到有效控制，在两会政府工作报告中明确“新基建”投资资金来源后，全国各地方政府先后出台相关政策推进新基建发展，建筑业新订单指数不断增长，投资需求持续释放，建筑业复工复产速度明显加快，建筑业逐步回暖，用油需求得到了明显恢复；第四季度，寒冷天气影响工程开工，建筑业生产受限。整体来看，建筑业的用油需求全年呈现先下降后上升的趋势。

表7－13　2016—2020年建筑业GDP和成品油消费量

年份	GDP/亿元	GDP增长率/%	成品油消费量/万吨	成品油消费量增长率/%
2016	51498.90	7.83	1008.52	3.25
2017	57905.60	12.44	1078.13	6.90
2018	65493.10	13.10	1065.00	－1.22
2019	70648.10	8.26	1080.00	1.41
2020	71562.09	1.29	1246.55	0.68

数据来源：公开资料整理。

2. 建筑业用成品油消费以柴油和汽油为主，消费量受外部因素影响较大

如表7－14所示，从2016—2020年的数据来看，建筑业柴油消费量在成品油消费量中的占比逐年下降，但仍是其中占比最大的，2020年约为46%。建筑机械是建筑行业的重要支撑，是建筑工程中最关键的技术装备，因此建筑业能源消耗主要以柴油和汽油为主，如图7－11所示，而建筑工程受季节、天气、市场环境等外部制约因素影响较大，对应的柴油和汽油消费量也呈季节性变化。

表7－14　2016—2020年建筑业柴油消费量和成品油消费量

年份	柴油消费量/万吨	成品油消费量/万吨	柴油消费量占成品油消费量比值/%
2016	561.26	1008.52	55.65
2017	596.06	1078.13	55.29
2018	543.00	1065.00	50.99
2019	614.46	1238.03	49.63
2020	616.63	1246.55	46.47

数据来源：公开资料整理。

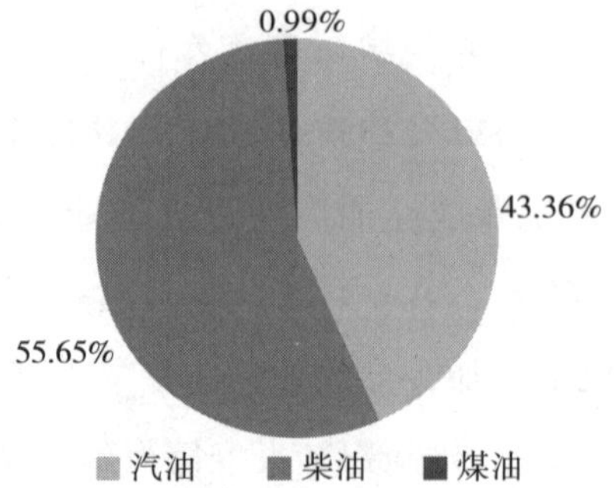

图 7－11　2020 年建筑业汽油、柴油与煤油消费占比

数据来源：公开资料整理。

（四）交通运输及仓储邮政业成品油需求现状及特点

2020 年，受新冠肺炎疫情影响，交通运输及仓储邮政业成品油需求量呈先急剧下降后快速增长趋势，是成品油消费中的主要消耗行业，占比最大，油品以柴油为主，占比超过全行业用油的一半。

1. 交通运输及仓储邮政业成品油消费量先降后升，航空业下滑最为明显

交通运输及仓储邮政业非常依赖于整体经济景气度，如表 7－15 所示，2016—2020 年交通运输及仓储邮政业 GDP 与成品油消费量一直呈现增长趋势，但自 2018 年起增速有所下降。2020 年由于新冠肺炎疫情危机，停工停产直接削减了行业的需求和供给。第一季度，交通运输业需求结构发生的改变较大，客运出行需求大量减少，用油需求急剧下滑，尤其是航空业最为明显，客运方面几乎停摆，而物流需求在新冠肺炎疫情期间需求暴涨，特别是快递行业承担起人们生活物资保障的重任，货运需求节节攀升；第二季度，随着新冠肺炎疫情得到了有效控制，客运需求明显恢复，航油消费缓慢复苏；第三季度和第四季度，运输总周转量有所回升，成品油需求量有增加的趋势，全年呈现先下降后增长趋势。

表 7－15　2016—2020 年交通运输及仓储邮政业 GDP 和成品油消费量

年份	GDP/亿元	GDP 增长率/%	成品油消费量/万吨	成品油消费量增长率/%
2016	33028. 70	8. 22	19394. 57	2. 22
2017	37121. 90	12. 39	20125. 53	3. 77
2018	40337. 20	8. 66	20698. 00	2. 84
2019	42466. 30	6. 11	20843. 00	0. 70
2020	44003. 57	3. 62	21645. 72	3. 85

数据来源：公开资料整理。

2. 交通运输及仓储邮政业是成品油消费的主力军，占比最大

交通运输及仓储邮政业作为国民经济中基础性和先导性行业，发展迅速，行业集中态势明显，内部结构不断优化，在国民经济的发展中起到支柱性作用。交通运输及仓储邮政业是成品油消费量最大的行业，行业的迅速发展带动了成品油的消费，如表 7－16 所示，在物流、客运等刚性需求下，交通运输及仓储邮政业一直持续保持着成品油消费大户的地位，2020 年占比超过 70%。2020 年交通运输及仓储邮政业汽油消费量占汽油消费总量的 50%、柴油消费量占柴油消费总量的 50% 左右、煤油消费量占煤油消费总量的大部分比例，航空运输业仍是煤油消费量占比最大的行业，其他行业用油量微小。

表 7－16　2016—2020 年交通运输及仓储邮政业成品油消费量和成品油消费总量

年份	交通运输及仓储邮政业成品油消费量/万吨	成品油消费总量/万吨	交通运输及仓储邮政业成品油消费占成品油消费总量比值/%
2016	19394. 57	31675. 78	61. 23
2017	20125. 53	32739. 17	61. 47
2018	20698. 00	33838. 26	61. 17
2019	24071. 98	35191. 79	68. 40
2020	21645. 72	28974. 52	75. 00

数据来源：公开资料整理。

（五）批发零售和住宿餐饮业成品油需求现状及特点

批发零售行业作为第三产业的重要组成部分，是连接生产和消费的桥梁和纽带，是发挥消费基础作用和拉动消费增长的重要着力点。行业的成品油需求受国民经济发展影响十分明显。2020 年，行业受第一季度的新冠肺炎疫情暴发和第二季度、第三季度疫情缓解的影响情况，直接反映出了该行业成品油需求与行业经济发展的高强度正相关性。

1. 批发零售和住宿餐饮业经济不断发展，成品油需求稳定并呈增长趋势

五年来，中央出台了一系列稳增长、促消费、优化营商环境、减税降费、金融支持实体经济等利好政策，批发零售和住宿餐饮业企业效益稳步提升。从表 7－17 可看出，2016—2020 年批发零售和住宿餐饮业 GDP 不断增长，但增速有所放缓，行业成品油消费量也不断提升。2020 年初受新冠肺炎疫情的冲击，批发、零售、住宿、餐饮业销售（营业）额同比大幅下降，受其影响，行业成品油消费量也有所下降；随着新冠

肺炎疫情得到有效控制，以及国家各项帮扶措施的出台，批发零售和住宿餐饮业逐渐回暖。2020 年全年行业 GDP 达到 122931.70 亿元，同比增长 7.94%；行业成品油消费量达到 712.04 万吨，同比增长 11.59%。对于零售业，国内经济的增长、汽车保有量的稳定增加以及各行业机械化进程的推进等因素，极大地推动了成品油的零售消费。从批发角度来看，汽柴油批发行业的市场需求主要是：汽油、柴油主要用于汽车、摩托车、工业机械等，因其是发动机的燃料，故该市场需求受到汽车产业、城市交通系统、高速公路收费政策、固定资产投资、物流行业发展等方面的紧密影响；柴油消费主要用于商用汽车、工程机械等，因此柴油消费量情况与固定资产投资关联性较强。这两个行业与民生生活和生产关联性极高，因此 2020 年整体需求稳定。

表 7-17　2016—2020 年批发零售和住宿餐饮业 GDP 和成品油消费量

年份	GDP/亿元	GDP 增长率/%	成品油消费量/万吨	成品油消费量增长率/%
2016	87332.30	9.10	484.04	-5.60
2017	96212.60	10.20	509.53	5.30
2018	105424.30	9.60	630.50	23.70
2019	113885.70	8.00	638.11	1.20
2020	122931.70	7.94	712.04	11.59

数据来源：公开资料整理。

2. 批发零售和住宿餐饮业成品油消费以汽油和柴油为绝对主力

从整体来看，批发零售和住宿餐饮业以基础民生经济活动为主，对成品油消费量的使用主要集中在汽油、柴油两部分，如图 7-12 所示。其中，住宿餐饮业代表着主要的生活服务业，其主要内容是从事该行业的组织（如餐厅、酒店、食品加工厂）或个人通过对食品进行加工处理，满足食客的饮食需要。因其生产与服务特点，该行业对成品油的需求较少。

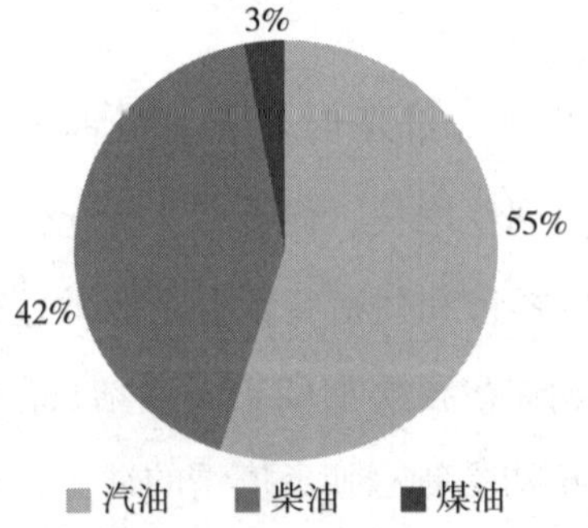

图 7-12　2020 年批发零售和住宿餐饮业汽油、柴油与煤油需求占比

数据来源：公开资料整理。

（六）生活消费及其他行业成品油需求现状及特点

2020年初，新冠肺炎疫情严重阻碍了国内经济的发展，甚至被迫按下了“暂停键”，生活消费及其他行业发展受到冲击，其他行业的成品油需求也受到影响。生活消费及其他行业与居民日常生活和消费息息相关，尤其是私家车用油这一块，行业的停滞发展和转型对其成品油消费量造成较大影响。

1. 受行业用油主体发展影响，生活消费行业成品油需求增长缓慢

如表7-18所示，2016—2020年生活消费及其他行业GDP不断增加，行业用成品油消费量也不断提升。2020年受新冠肺炎疫情影响，生活消费行业受到一定的冲击，但随着国内新冠肺炎疫情基本得到控制，经济社会秩序不断恢复，消费市场有所回暖，尤其是线上消费市场，行业GDP达到428032.64亿元，比2019年增长9.28%；行业成品油消费量达到10992.46万吨，比2019年增长10.09%。

表7-18　2016—2020年生活消费及其他行业GDP和成品油消费量

年份	GDP/亿元	GDP增长率/%	成品油消费量/万吨	成品油消费量增长率/%
2016	266677.70	13.10	7196.98	0.10
2017	301016.60	12.90	7391.42	2.70
2018	339378.50	12.70	8987.12	21.60
2019	391682.24	15.40	10085.50	12.20
2020	428032.64	9.28	10992.46	10.09

数据来源：公开资料整理。

2. 生活消费及其他行业汽油消费在成品油总消费中占比稳步增加

根据国家统计局数据，在生活消费和其他行业里，汽油是主要的成品油消耗品，柴油和煤油分别居第二、第三位。这是因为中国汽车行业发展稳健，2020年全国居民每百户家用汽车拥有量为37.10辆，比2019年增长5.20%。2020年受新冠肺炎疫情影响乘用车销量增速显著下降，导致汽油消费减速，加之新能源汽车行业的发展，汽油的代替作用加强，对生活消费及其他行业的成品油需求产生深远的联动影响。

表7-19　2014—2018年生活消费及其他行业汽油消费量和成品油消费总量

年份	汽油消费量/万吨	成品油消费总量/万吨	汽油消费量占成品油消费总量比值/%
2014	3856.90	6189.78	62.30
2015	4701.58	7188.66	65.40

续表

年份	汽油消费量/万吨	成品油消费总量/万吨	汽油消费量占成品油消费总量比值/%
2016	5016.07	7196.55	69.70
2017	5369.22	7391.84	72.60
2018	5688.00	7556.00	75.30

数据来源：公开资料整理。

三、2021 年中国成品油市场需求前景展望

随着新冠肺炎疫情得到有效控制，中国经济逐步恢复。根据国家统计局预测，2021 年 GDP 实际增速预计将达到 8.10%。展望 2021 年，随着经济的增长，成品油需求也将有所提升。根据弹性系数法，预计 2021 年中国成品油表观消费量将达到 29694.25 万吨。分油品来看，汽油需求将大幅回升到 11802.45 万吨；柴油需求将小幅增加，达到 14157.15 万吨；煤油需求将快速回升到 3645.49 万吨。

（一）成品油市场总体需求前景展望

展望 2021 年，随着国内新冠肺炎疫情得到控制，其对中国社会经济的冲击将逐渐减弱，国内经济将逐渐回暖，成品油需求将逐渐回升，比 2020 年将明显增加。原油、成品油市场管理办法的正式废止及高质量发展办法有可能在 2021 年第一季度末出台，将为营造消费环境、提振消费规模提供政策支撑。根据弹性系数法，预计 2021 年成品油表观消费量为 30131.38 万吨，但考虑到新能源汽车替代，2021 年成品油表观消费量预计为 29694.25 万吨，与 2020 年相比增长 2.46%。

（二）成品油主要油品市场需求前景展望

展望 2021 年，随着国内新冠肺炎疫情得到有效控制，私家车出行数量的增多拉动了汽油消费，汽油需求将快速增加；在经济秩序陆续恢复、物流运输逐渐恢复正常、基建投资逐渐增长、房地产开发项目加快施工、政策利好物流用油等利好因素和国家政策的叠加影响下，柴油需求将小幅增长；随着国外新冠肺炎疫情逐渐得到有效控制，国际航班数量将明显增加，煤油需求将快速回升。

1. 乘用车市场加速回暖，汽油需求将快速增长

展望 2021 年，随着国内新冠肺炎疫情得到有效控制，民众出行逐渐恢复正常，私家车出行较 2020 年将明显增多，同时伴随国家一系列利好政策的拉动，消费者部

分被抑制的需求也加快释放，汽车市场将持续恢复，导致汽油需求快速增长。与此同时，新能源汽车市场产销亦持续恢复，将对汽油需求产生一定的冲击。根据弹性系数法，预计2021年汽油表观消费量为12239.58万吨，但考虑到新能源汽车替代，2021年汽油表观消费量预计为11802.45万吨，与2020年相比增长1.51%。

2. 国内经济持续恢复，柴油需求将小幅增长

展望2021年，在经济秩序陆续恢复、物流运输逐渐恢复正常、基建投资逐渐增长、房地产开发项目加快施工等利好因素影响下，柴油需求将逐渐回暖。2020年5月20日，国务院办公厅出台的《关于进一步降低物流成本的实施意见》更加利好物流用油，刺激柴油消费。但受一系列诸如《关于发布国家污染物排放标准〈重型柴油车污染物排放限值及测量方法（中国第六阶段）〉的公告》等国家环保政策的限制，柴油需求将不会大幅增加。根据弹性系数法，预计2021年柴油表观消费量为14157.15万吨，与2020年相比增加0.81%。

3. 国际航班明显恢复，煤油需求将快速回升

展望2021年，随着新冠肺炎疫情得到有效控制，国内航空客货运将逐步恢复，国际航班将逐渐增多，煤油需求降幅将进一步收窄，国内航空的恢复以及国际航班的增多将导致煤油需求较快反弹。根据弹性系数法，预计2021年煤油表观消费量为3645.49万吨，与2020年相比增长10.13%。

（三）各行业成品油需求前景展望

展望2021年，随着国内新冠肺炎疫情趋缓，复工复产速度的加快，以及国内经济走势向好发展，各行业将呈现不同程度的恢复发展。其中，建筑业和交通运输及仓储邮政业成品油需求仍将占据主导地位，并存在稳定向上发展趋势。

1. 作为刚需产业，农林牧渔业成品油需求将稳定发展

农林牧渔业作为刚需产业，在中央和各地政府的政策支持下，预计随着2021年农业机械化程度的加深，农林牧渔业对柴油成品油的需求将进一步增加，从长远来看，农林牧渔业处于稳定上升发展的态势，受新冠肺炎疫情等因素影响较小。受季节性影响，农林牧渔业呈现阶段性周期变化，需求弹性小。根据相关预测方法，预计2021年农林牧渔业成品油需求约为2166.44万吨。

2. 随着工业生产恢复增长，工业成品油需求将随之增加

展望2021年，在国家新冠肺炎疫情严格防控以及复工复产的保障措施下，工业

成品油需求将稳步上升；在低油价的态势下，成品油消费将会持续稳定增长。但由于工业制造业增速放缓，其成品油需求也将呈现相对应的中低速增长。根据相关预测方法，预计 2021 年工业成品油需求约为 1971. 38 万吨。

3. 各地政府积极推进工程建设，建筑业成品油需求将恢复增长

随着国内新冠肺炎疫情严格防控，国内经济逐渐好转，基建工程等投资需求将逐渐扩大。各地政府积极响应中央号召，认真推动工程建设项目复工复产，随着各地经济恢复稳定运行，建筑业工程将稳步恢复。展望 2021 年，建筑业将延续稳步发展走势，其对成品油需求也将缓慢增长。根据相关预测方法，预计 2021 年建筑业成品油需求约为 1264. 90 万吨。

4. 社会经济恢复活力，交通运输及仓储邮政业成品油需求将良好增长

新冠肺炎疫情防控期间各地交通管制严格，大大减少了人员流动，交通运输及仓储邮政业受影响严重。但随着新冠肺炎疫情好转，各地经济恢复，交通运输及仓储邮政需求得到回升，成品油需求也得到恢复。展望 2021 年，无接触配送和足不出户移动支付购物将加速快递服务发展，带动交通运输业良好发展。但考虑到新能源汽车替代汽油使用量占比增加和其未来良好的发展趋势，根据相关预测方法，预计 2021 年交通运输及仓储邮政业成品油需求约为 24645. 72 万吨。

5. 延续经济复苏态势，批发零售及餐饮业成品油需求将持续回暖

2020 年，国家出台了一系列关于石油流通领域的政策，为降低石油行业进入壁垒和促进成品油批发零售提供了政策支持，也为中小企业和个体工商户经营提供了政策保障，促进了批发零售及餐饮业的向好发展。展望 2021 年，随着新冠肺炎疫情有所好转，人们日常出行增多，批发零售消费将增加，餐饮业也从外卖到进店就餐，逐渐恢复生机。但受人们的自我防护——外出保持距离和减少不必要聚集等安全意识增强影响，预计 2021 年批发零售及餐饮业对成品油的需求将是稳定回暖。根据相关预测方法，预计 2021 年批发零售及餐饮业成品油需求约为 770. 64 万吨。

6. 国家出台刺激消费优惠政策，将促使生活消费及其他行业成品油需求不断增加

受新冠肺炎疫情影响，广大居民私家车出行增加，公交车出行减少。随着新冠肺炎疫情逐渐好转，人们日常活动范围逐渐扩大，海陆空交通出行逐渐增加，将促

使人们日常出行生活消费成品油需求增加。2020 年，随着各地出台刺激消费的一系列优惠政策和地摊经济的到来，促进了 2021 年居民生活消费的发展及其他成品油需求的增加。根据相关预测方法，预计 2021 年生活消费及其他行业成品油需求约为 12023.35 万吨。

第八篇

新能源汽车

为应对环境污染严重问题，中国加快推动能源结构低碳转型，采取有效措施控制化石能源消费，大力推进以电代煤、以电代气，加大散煤治理力度以及大力发展可再生能源。2020 年 9 月 22 日，在第 75 届联合国大会上，国家主席习近平提出中国将提高国家自主贡献力度，采取更加有力的政策和措施，2030 年前争取碳排放达到峰值，2060 年前努力争取实现碳中和。安全、绿色、便捷、高效和低成本成为人们对出行方式的主要诉求，新能源汽车凭借节能环保、经济适用的优势在汽车行业中扮演着重要角色。在中国经济快速发展的背景下，大力发展新能源汽车可以降低石油消耗、保护生态环境，是中国实现节能减排和可持续发展的重要路径之一。工业和信息化部将新能源汽车定义为"动力来源是非常规的车用燃料的汽车，或是车用燃料为常规燃料，但采用了车辆的先进技术，包括动力控制和驱动方面的技术，配备了新型车载动力装置，综合以上构成的具有最新技术原理，以及最前沿技术和最先进结构的汽车"。

受新冠肺炎疫情影响，2020 年新能源汽车产销量分别为 136.60 万辆和 136.70 万辆，与 2019 年相比分别增长 7.50% 和 10.90%。2020 年上半年和下半年新能源汽车市场呈现不同动态，上半年中国新能源汽车市场萎靡，下半年中国新能源汽车市场逐渐回暖。面对新能源汽车市场波动，国家以及地方政府纷纷出台相关利好政策提振新能源汽车市场。新能源汽车的快速发展对成品油需求、消费结构以及零售企业产生了一定的冲击，2020 年新能源汽车分别替代汽油和柴油需求 5.60 万吨和 0.91 万吨，进一步降低成品油柴汽比，加快了成品油零售企业数字化转型升级。展望 2021 年，国家将继续推出促进新能源汽车稳定发展的相关政策，新能源汽车技术将继续提升，智能化越趋明显，充电桩数量在国家政策的支持下将继续增加，新能源汽车产销量也将快速增长，新能源汽车对成品油市场的影响将加剧。

一、2020 年中国新能源汽车发展现状

随着中国能源转型战略的深入推进和新能源逐步进入平价时代，中国新能源汽

车高速发展，已经形成较为完整的产业链和一定规模的市场。中国新能源汽车产业链涉及矿产资源、电池、汽车、基础设施等行业，产业链中各行业的发展状态直接影响着新能源汽车的发展成本和质量。2020 年，中国政府进一步减少对新能源汽车的财政补贴，叠加新冠肺炎疫情影响，导致新能源汽车市场表现较差。上半年新能源汽车市场产销量严重下滑，下半年市场明显恢复，全年实现产销量分别为 136.60 万辆和 136.70 万辆，与 2019 年相比分别增长 7.50% 和 10.90%，新能源汽车渗透率（新能源汽车销量占汽车销售总量的比值）小幅增加。

（一）中国新能源汽车产业链发展现状分析

新能源汽车产业链由上、中、下游组成，其中上游产业主要是锂、钴、电解液等原材料；中游产业包括三元材料、电解液、干法隔膜、充电池和充电桩等；下游产业则是整车和充电桩。新能源汽车涉及矿产资源开发、关键部件研发、整车研发制造、汽车售后服务等 5 个环节，其产业链已经具备相当规模的投入和产出。2020 年，中国新能源汽车产业上游市场矿产资源对外依存度较高；中游市场电池、电机等行业竞争激烈；下游市场新能源汽车销量呈上升趋势，充电基础设施逐步完善，但汽车售后服务质量参差不齐，亟待提高。具体分析如下。

1. 锂矿资源对外依存度较高，电池原料成本或将上涨

新能源汽车电池、电机及充电设施等部件涉及多种矿产资源，新能源汽车产业的快速发展也依赖于相关矿产资源，其中锂矿是新能源汽车产业发展不可或缺的关键原料。新能源汽车呈爆发式增长带动了国内锂矿消费的快速增加，其消费量由 2015 年的 7.27 万吨增加到 2018 年的 16.20 万吨。结合电池技术发展趋势，新能源汽车电池产业链中锂矿被代替的可能性较低。中国锂矿资源储量相对丰富，产业区域集中度较高，但其主要分布在高海拔地区，基础设施落后导致开发难度大、成本高。中国锂矿本土供应能力较差，高达 85% 的锂矿严重依赖进口，与快速增长的需求矛盾形成较为尖锐之势。在新能源汽车快速发展的势头下，中国锂矿消费必将逐年增长，锂矿价格上涨可能性加大，电池原料成本或将上涨。

2. 动力电池市场规模收缩，制造方向趋于智能化

新能源汽车的核心部件是动力电池，其发展是以动力电池发展为前提。动力电池可分为三大体系，即磷酸铁锂电池、三元锂电池、锰酸铁锂电池。其中，锰酸铁锂电池和磷酸铁锂电池凭借性能稳定和价格较低，被广泛应用于新能源汽车。2020

年新能源汽车销量继续增长，动力电池市场也受到相应的连锁影响。2020 年中国动力电池出货量达到 80 亿瓦，与 2019 年相比增加 13%。

2020 年中国动力电池产业总体产能超过 83.40 亿瓦，但企业实力参差不齐，产品质量整体不高，核心技术专利欠缺，随着新能源汽车补贴力度逐渐减小，而汽车企业对于动力电池产品的要求越来越高，动力电池市场竞争越来越激烈。在市场高度竞争和互联网领域飞速发展的环境下，动力电池生产领域也随之趋于智能化，利用大数据技术对动力电池研发、生产和销售环节等有关信息进行挖掘、整合和分析，为后续电池产品升级换代提供价值信息。动力电池行业智能化制造不仅节省人力成本，也避免了企业的生产制造失误，为企业带来了更多的生产效益。

3. 新能源汽车基础设施规模增加，首座多元化综合能源站开工建设

充电基础设施属于新能源汽车产业链的主要部分之一。中国新能源汽车基础设施发展规模增速逐渐提高，2020 年中国公用类充电桩已经达到 80.70 万台，与 2019 年相比增加 12.40%。从地区来看，新能源汽车基础设施的发展主要集中在一、二线城市和东部地区，如北京、上海、浙江等地。对于经济较为发达的地区，用车需求较大，加之一线城市新能源汽车不限牌等政策，促进了新能源汽车的发展。然而新能源汽车私人充电桩落地困难，主要原因有以下几点：第一，城市小区车位资源紧张，无法做到固定车位管理；第二，老旧小区存在用电安全问题；第三，充电桩建设费用及维护费用较高。与其他国家相比，中国私人充电桩的建设数量相对较少。

2020 年 10 月，国务院办公厅印发《新能源汽车产业发展规划（2021—2035 年）》，其中首次提出“开展充换电、加氢、智能交通等综合服务试点示范，实现基础设施的互联互通和智能管理”。俄罗斯、英国等国家政府都相继出台相关政策法规强制加油站安装充电桩。2019 年 7 月，中国石化佛山樟坑油氢合建站正式建成，这是中国首座集油、氢、电能源供给及连锁便利店服务于一体的新型网点。2020 年 10 月 9 日，国内首个氢电油气合建站在大连自贸片区开工建设，该项目是中石化首个集氢气、电能、汽柴油、LNG（液化天然气）、光伏充电于一体的氢电油气合建站，也是国内首个集氢、油、电、气、跨境电商“五位一体”的能源供给及连锁便利店服务新型网点。

4. 产业对政策补贴依赖性较强，逐步建立新能源汽车售后服务体系

新能源汽车产业对于政府优惠政策依赖性较强，自 2019 年起，中国开始缩减新能源汽车财政补贴，导致新能源汽车销售量大幅下降，一定程度上缩短了产品的生

命周期，大量新能源汽车产品售后服务严重缺失。在监管层面上，中国缺少统一的新能源汽车售后服务标准，新能源汽车产品维修、更换、退货和纠纷解决等方面暂无服务标准。国外主要新能源汽车产销国家也未出台新能源汽车售后服务规范，但各新能源汽车企业如特斯拉、宝马等都建立了各具特色、相对完善的售后服务体系。国内的汽车企业也参考大量现有的传统汽车售后服务相关政策，结合企业自身优点制定了新能源汽车售后服务体系，但与国际汽车企业相比，国内企业在售后服务模式、理念等方面存在巨大差异，售后服务质量参差不齐，服务水平亟待提升。

（二）中国新能源汽车市场发展现状分析

2020 年是原定新能源汽车财政补贴的截止年，又遭遇新冠肺炎疫情冲击，新能源汽车行业发展陷入困境。为稳固新能源汽车市场，国家出台多项扶持政策。2020 年，新能源汽车市场上半年产销量急剧下滑，与 2019 年相比分别下滑 36.68% 和 41.10%，下半年产销量逐渐回升，与 2019 年比分别回升 52.65% 和 63.74%；新能源汽车渗透率稳中有增；车企持续投资新能源汽车技术研发，新能源汽车续航里程继续突破。具体分析如下。

1. 受新冠肺炎疫情叠加补贴减少影响，相关政策频出，稳定新能源汽车市场

2020 年初暴发的新冠肺炎疫情对中国产生了巨大冲击，而 2020 年又是新能源汽车推广应用财政补贴政策的实施截止年，多重影响之下，新能源汽车的发展受到极大挑战。为稳定新能源汽车市场，2020 年 4 月，财政部等四部委联合发布了《关于调整完善新能源汽车补贴政策的通知》（以下简称《通知》），将补贴退坡幅度设计得更加平缓，并重新设定了 2020 年 4 月 23 日至 2020 年 7 月 22 日为“补贴退坡过渡期”。《通知》首次提出新能源乘用车的补贴前售价应在 30 万元以下，但为鼓励新型的“换电”商业模式发展，加快推广新能源汽车，“换电模式”车辆并不在此限制范围之内。2020 年 7 月，工业和信息化部等三部门出台鼓励新能源汽车下乡政策，2020 年 7—12 月在国内开展新能源汽车下乡活动，参与活动车型售价最低不到 3 万元，企业承诺在扣除国家购置补贴基础上，再让渡一部分利润。

2019 年国家发展改革委、生态环境部、商务部三部门联合印发的《推动重点消费品更新升级畅通资源循环利用实施方案（2019—2020 年）》（以下简称《方案》）提出要取消新能源汽车的限购、限行政策。《方案》在 2020 年国家补贴退坡、新能源汽车市场后续政策衔接不完善的情势下，对新能源汽车消费市场有较大鼓舞作用。

2018 年 4 月 1 日起施行的《乘用车企业平均燃料消耗量与新能源汽车积分并行管理办法》（以下简称《办法》）对新能源汽车产业也产生较大影响，《办法》首次提出针对车企平均燃油消耗量积分与新能源汽车积分“双积分制度”。“双积分制度”的实行，一方面对汽车制造商的平均燃油消耗量做出限制；另一方面对车企的新能源汽车生产量作出要求，共同促进新能源汽车健康平稳发展。

2. 2020 年上半年新能源汽车市场下滑严重，下半年市场回暖趋势明显

2020 年，受新冠肺炎疫情影响，整个汽车行业进入“寒冬”。2020 年新能源汽车产销量分别为 136. 60 万辆和 136. 70 万辆，与 2019 年相比分别增长 7. 50% 和 10. 90%。如图 8 –1 和 8 –2 所示，与 2019 年相比，2020 年第一季度新能源汽车生产量不到 2019 年同期的 40%，销售量为 2019 年同期的 40. 80%，产销同比增长率更是连续 6 个月为负。随着新冠肺炎疫情逐渐得到控制，中国各行各业开始复工复产，4 月，新能源汽车生产量大幅提升，较 3 月增长 94. 90%，但销售市场依旧较为冷淡。7 月，新能源汽车产销分别完成 10 万辆和 9. 80 万辆，与 2019 年比分别增长 15. 60% 和 19. 30%，新能源汽车产销同比增长率开始重新为正。8 月，新能源汽车产销量分别为 10. 60 万辆和 10. 90 万辆，实现单月销量高于产量，与 2019 年比分别增长 17. 70% 和 25. 80%，环比分别增长 6% 和 11. 70%，8 月为 2020 年以来首个产销量同环比均实现增长的月份。10 月，新能源汽车销量同比增长 113. 33%，为 2020 年度最大增长。11 月，新能源汽车产量同比增长 76. 64%，为 2020 年度最大增长。

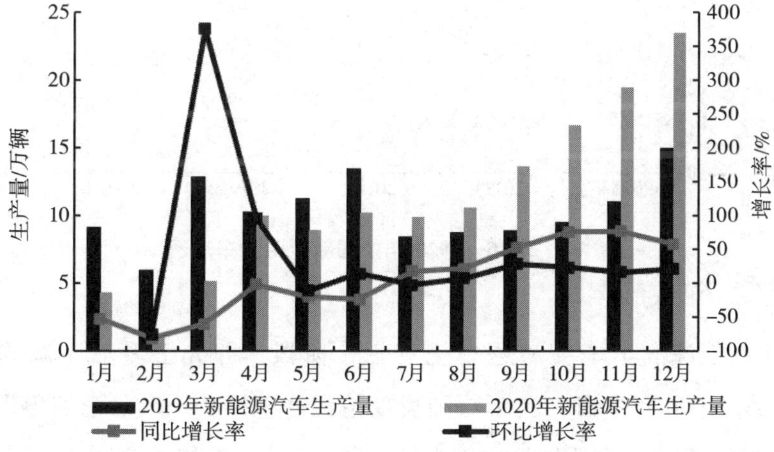

图 8 –1　2020 年各月中国新能源汽车生产量及增长率

数据来源：中国汽车工业协会。

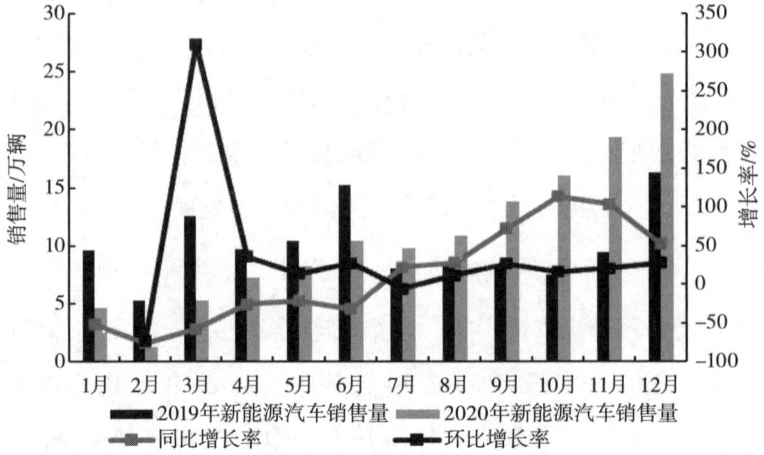

图 8－2　2020 年各月中国新能源汽车销售量及增长率

数据来源：中国汽车工业协会。

3. 受新冠肺炎疫情影响较大，新能源汽车渗透率小幅上升

受新冠肺炎疫情影响，2020 年中国新能源汽车渗透率为 5.40%，增幅较小，仅增加 0.72 个百分点，如图 8－3 所示。从新能源汽车行业整体上来看，基于中国政策的大力支持和技术的不断发展，新能源汽车渗透率增速较快且呈现快速渗透态势，但与其他国家相比，中国新能源汽车渗透率仍处于较低水平，具有大幅的上升空间。

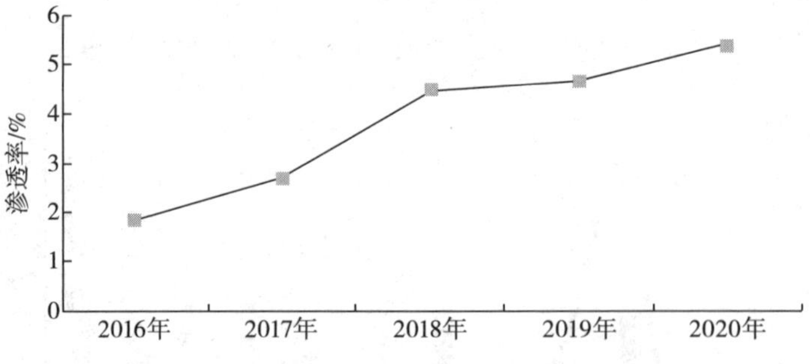

图 8　3　2016—2020 年中国新能源汽车渗透率

数据来源：公开资料整理。

2020 年新能源汽车季度渗透率呈现三个阶段，即先上升后下降再上升。如图 8－4 所示，2020 年 2 月，受新冠肺炎疫情的严重影响，产品消费停滞，市场需求受到严重抑制，汽车行业销量出现大幅下滑，2 月汽车销量完成 31 万辆，新能源汽车销量完成 1.29 万辆，新能源汽车渗透率为 4.16%；2—4 月，由于汽车销量大

幅增加，新能源汽车渗透率呈现下降的趋势；5 月以后，随着新冠肺炎疫情逐渐好转，汽车行业逐渐回暖，新能源汽车渗透率逐月增加至 12 月的 8.76%。

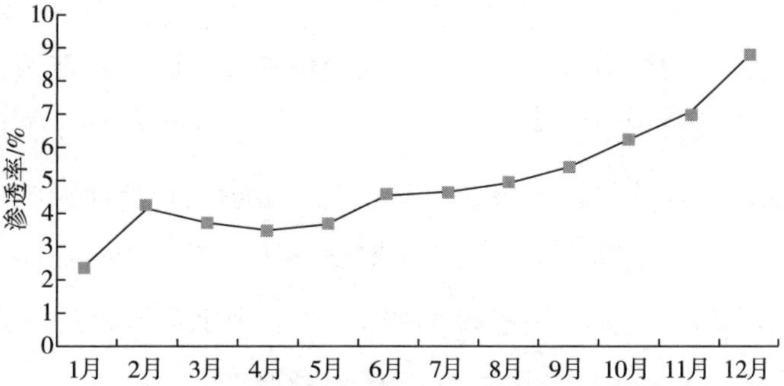

图 8－4　2020 年中国新能源汽车月度渗透率

数据来源：公开资料整理。

4. 车企加大新能源汽车关键技术研发投入，大厂新能源汽车续航里程均突破 600 公里

2020 年车企加大布局力度，不断加大新能源汽车技术研发投资。2020 年 8 月 6 日，云度公布其全新的技术开发理念和技术研发计划，提出将全面投入电池、电机以及电控技术。2020 年 11 月 25 日，万仁汽车提出不断推进工业绿色化和智能化发展，加大科技投入，将机械智能化应用在工业生产中，进一步提高新型工业生产效能。万仁新能源汽车全面投入技术开发，提出为广大消费者提供值得信赖、品质有保证的新能源汽车。2020 年，中国新能源汽车行业融资总金额首次突破 1000 亿元，同比大幅增长 159.40%。

电池是新能源汽车核心技术，在电池续航里程方面，随着电池技术水平的不断提升，新能源汽车续航里程飞速增长。以比亚迪、北汽新能源以及国产特斯拉为主的新能源汽车头部厂商为例，其主要的电动车的续航里程均突破 600 公里。比亚迪首款纯电动家用车型 e6 先行者在 2011 年上市时，续航里程仅为 300 公里，而比亚迪 2020 年推出的纯电动车型中最高续航里程已达 605 公里，较最初增长超过 2 倍；北汽新能源纯电动汽车各车型最高续航里程也由 210 公里增长至 653 公里，增幅达到 210%；特斯拉各车型的最高续航里程在 2019 年就已经达到 660 公里，2020 年续航里程继续增长 27%，达到 840 公里。

二、2020 年中国新能源汽车发展对成品油的影响

新冠肺炎疫情逐渐得到有效控制后，中国经济逆势增长，新能源汽车保有量继续增加。新能源汽车的发展对传统汽车需求造成了一定程度的冲击，进而对成品油需求、成品油消费结构及成品油零售企业造成了一定影响。新能源汽车的发展主要降低了汽油的需求，从而提高了柴汽比。面对新能源汽车发展对成品油需求带来的不利冲击，成品油零售企业需要快速调整战略，进行数字化转型升级。

（一）新能源汽车发展对成品油需求的影响

新能源汽车的发展给中国传统汽车行业带来了一定的冲击，对中国成品油市场需求造成一定负面影响。进一步分析中国新能源汽车保有量与成品油消费量数据可以发现，中国新能源汽车市场发展仍处于成长阶段，新能源汽车保有量逐年增加但规模较小。与中国整体汽车市场规模和增长幅度相比，新能源汽车市场的发展还不能成为影响成品油消费走向的主要因素，新能源汽车对成品油消费的影响并不显著。但随着新能源汽车的快速发展，市场保有量的不断增长，新能源汽车对中国成品油市场的影响将逐渐显现。通过计算，由于新增的新能源汽车对传统汽车形成一定的替代作用，中国汽油、柴油需求与没有新能源汽车新增时相比分别减少了 5.60 万吨和 0.91 万吨，分别占汽油、柴油实际消费总量的 0.05% 和 0.01%。

（二）新能源汽车发展对成品油消费结构的影响

2020 年成品油柴汽比降至 1.21。面对柴汽比的不断下降，石油行业也会不断调整炼油结构以应对销量变化所带来的冲击。新能源汽车的大力发展在短期内可以缓解柴汽比下降带来的风险，其主要原因是新能源汽车的应用主要在小型商务车和乘用车领域，还没有应用到大型商务车领域，且其主要替代的油品就是汽油。通过计算，在没有新能源汽车新增时，2020 年成品油需求结构为汽油占比 40.10%、柴油占比 48.48%、煤油占比 11.41%；与之相比，在有新能源汽车新增即实际情况下，2020 年成品油需求结构变化为汽油占比 40.09%，下降 0.01 个百分点，柴油占比 48.49%，上升 0.01 个百分点，煤油占比基本保持不变。由此可见，新能源汽车的发展降低了汽油占比，提高了柴油占比，对成品油柴汽比的改善起到积极作用。

（三）新能源汽车发展对成品油零售企业的影响

2020 年上半年，受新冠肺炎疫情影响，各地实施交通限行、企业延期复工等措施，绝大部分民众居家避险，私家车出行频率与出行半径大幅萎缩，新能源汽车销量遭到严重冲击，同比下降 38.66%。2020 年下半年，随着新冠肺炎疫情得到有效控制，企业复工进一步加强，驾车出行人数增加并维持在相对平稳的水平，终端加油站销量大幅提升，新能源汽车销量翻倍回暖推动车市走强，环比增长 155.85%。在此环境下，新能源汽车的发展将进一步挤占成品油零售市场，尤其会稀释终端加油站的成品油销量。随着新能源汽车市场的不断拓展，新能源汽车产品越来越成熟，市场接受程度越来越高，加油站其他业务如充电站以及借助网络平台营销的重要性不断凸显，未来会成为零售竞争环节的重要一环。

三、2021 年中国新能源汽车发展及其对成品油市场影响前景展望

2021 年中国将继续高度重视推动新能源汽车的发展。从政策端来看，促进新能源汽车健康发展的政策将不断出台；从技术端来看，新能源汽车技术将继续提升，智能化越来越明显；从产业链端来看，国家将继续加大充电桩建设力度，提升用户使用新能源车的便利性，预计 2021 年中国公共充电桩将继续增加；从供需端来看，新能源汽车市场规模将继续维持高速发展，预计 2021 年新能源汽车产销量将继续增长。新能源汽车对成品油市场的影响将继续加剧。

（一）新能源汽车发展政策前景展望

2020 年 2 月 24 日，国家发展改革委等 11 个部门联合印发《智能汽车创新发展战略》，把发展智能汽车作为推动中国汽车产业转型、增加国家综合实力的重要举措，明确产业发展的重点和方向。2020 年 4 月 22 日，财政部、税务总局、工业和信息化部发布《关于新能源汽车免征车辆购置税有关政策的公告》。公告显示，2021 年 1 月 1 日至 2022 年 12 月 31 日，对消费者购置的新能源汽车免征车辆购置税。2020 年 6 月 22 日，工业和信息化部等 5 个部委联合发布修订后的《乘用车企业平均燃料消耗量与新能源积分并行管理办法》，对新能源汽车的积分认定、节能汽车的优惠和鼓励措施进行了较大修改，此次修订的双积分管理办法将于 2021 年 1

月起正式实施。而新的积分政策通过提高门槛来推升积分交易价格，将更好地调动新能源乘用车生产企业的积极性。此外，除了提高新能源积分门槛外，此次新政的另一个看点则是对低油耗汽车（节能汽车）的鼓励和支持。2020 年 10 月，国务院办公厅正式发布了《新能源汽车产业发展规划（2021—2035 年）》（以下简称《规划》）。《规划》提出，落实新能源汽车相关税收优惠政策，优化分类交通管理及金融服务等措施，对作为公共设施的充电桩建设给予财政支持，给予新能源汽车停车、充电等优惠政策。2021 年起，国家生态文明试验区、大气污染防治重点区域的公共领域新增或更新公交、出租、物流配送等车辆中新能源汽车的比例要不低于 80%。2020 年 12 月 31 日，财政部、工业和信息化部等 4 个部委发布了《关于进一步完善新能源汽车推广应用财政补贴政策的通知》（以下简称《通知》）。《通知》要求，2021 年，新能源汽车补贴标准在 2020 年基础上退坡 20%。城市公交、道路客运、出租（含网约车）、环卫、城市物流配送、邮政快递、民航机场以及党政机关公务领域符合要求的车辆，补贴标准在 2020 年基础上退坡 10%。为加快推动公共交通行业转型升级，地方可继续对新能源公交车给予购置补贴。2021 年 1 月 1 日，《电动汽车安全要求》《电动客车安全要求》《电动汽车用动力蓄电池安全要求》“三项强标”正式实施，新能源汽车的安全性又迈出坚实一步。以上出台的各项政策带来的影响都将会在 2021 年年中相继显现，共同促进新能源汽车行业快速健康发展。

（二）新能源汽车产业发展前景展望

从新能源汽车技术端来看，2021 年新能源汽车技术继续提升。一是电池技术将不断提升，提高电动车的续航里程；二是智能驾驶体验不断提升，空中下载（OTA）方式不断提升智能驾驶功能。从新能源汽车产业链来看，国家继续加大充电桩建设力度，提升用户使用新能源车的便利性，2021 年新能源汽车公共充电桩将继续稳定发展。根据公共充电桩近五年年均复合增长率 23. 39% 预测，2021 年中国将建成公共充电桩 100 万个。从新能源汽车产销端来看，展望 2021 年，疫情影响逐渐减小，国内新能源汽车需求将逐步释放，产销量增加，国家和各地出台的各项关于推动新能源汽车消费的规划和政策将初现效果。2020 年 11 月发布的“十四五”规划确定了发展战略性新兴产业、推动能源革命等目标，均涉及推动新能源汽车产业的发展。预计 2021 年新能源汽车将开启新一轮发展，产销量将呈上升趋势。根据中国汽车工业协会发布的《2021 年中国汽车市场预测报告》，预计 2021 年新能源汽车销量有望达到 180 万辆，与 2020 年相比增长 31.68%。

（三）新能源汽车的发展对成品油市场影响前景展望

根据汽油和柴油表观消费量的计算，2019 年柴汽比为 1.17，2020 年柴汽比为 1.21，柴汽比逐年下降，按照这种发展趋势来推算，2021 年的柴汽比将继续下降。面对这一影响，石油行业将会不断调整炼油结构，以应对销量变化引发的潜在风险。新能源汽车的推广与发展可以在短期内缓解柴汽比下降的风险，其主要原因是新能源汽车还未在大型商用车的方向上找到更合适的突破口，其主要替代的燃油品种是汽油。随着新能源汽车在发展的过程中逐渐提升技术水平，汽油替代比率将会增加。展望 2021 年，中国新能源汽车保有量预计为 672 万辆，根据计算公式：新能源汽车替代汽油量 = 单车年均行驶里程/100 × 百公里油耗/1350 × 新能源汽车保有量，可得出由于购买新能源汽车而减少的汽油使用量将达到 437.13 万吨，替代率达 1.46%，而 2020 年新能源汽车的替代率为 1.25%。由此可见，新能源汽车对成品油市场的影响在加剧。

第九篇

专　题

专题一　加强成品油市场管理的思考

摘要　随着原油、成品油管理办法的废止，以及“放管服”改革政策的不断推进，成品油市场出现新常态，向着国际化、产业化、多元化方向发展，市场开放加强，竞争加剧，成品油市场流通管理转向事中事后监管。本文通过分析成品油市场发展的特点、发展的变化以及存在的问题，提出了新时期对成品油市场管理的建议。

关键词　成品油市场；新能源汽车；油气管网；经营主体；信息平台

一、成品油市场发展特点

本文提到的成品油主要指汽油、柴油两大品种，沥青、燃料油、润滑油和煤油等相关品种也有提及。与其他物资相比，成品油与战争动乱、政治经济、政策法规、季节气候，甚至风俗习惯等都有广泛的联系。因此，成品油具有和其他资源不同的特点。成品油经营行业特点如下。

（一）需求总量大，涉及范围广

2020 年，国内汽油、煤油和柴油消费量已经达到 2. 90 亿吨，其中汽油 1. 16 亿吨、柴油 1. 40 亿吨、煤油 0. 33 亿吨。尤其是随着私家车猛增和民航出行明显增多，汽油和煤油已经进入快速发展时期。

（二）资金占用多，不易控制

因成品油经营量大、交易频繁，且多为现金交易，故占用资金量特别大。由于市场价格变化特别快，往往一些交易需要在很短时间内付款，没有宽裕的资金根本无法开展成品油的正常经营，因此不易控制。

（三）价格变化频繁，经营风险大

一定区域内的油价受政府及行业政策、市场竞争、季节变化、自然灾害等诸多因素交叉影响，随时会出现变化，中小经营单位对市场影响不大，只能被动接受变动结果。

（四）产业链环节长，经营风险大

成品油从生产到投放市场，要经过原油勘探开发、开采运输、炼制调和以及成品储运、分销服务等诸多环节。而大多数成品油经营者只是其中最后的一两个环节，对上下游依赖性很强，协调难度非常大。在行业内甚至在所属区域内，都基本没有影响力，掌控能力非常弱，经营风险很大。

（五）物流专业性强，运输成本高

成品油是化工产品，也是易燃易爆危险品。其仓储、运输、销售等环节都要求有专用设施、专门人员进行危化品持证专业管理。要经常检查维修，才能达到国家和行业标准。行业参与者都要经过多次高规格的培训和实践，还要经常进行模拟演练，甚至参与防恐、防暴演习等。物流专业性很强，运输成本非常高。

（六）行业门槛高，进入难度大

由于上述特点，成品油经营行业自然形成了较高的进入门槛。比如资金实力、物流条件、专业水平、行业经验等，每一项都有相关标准和要求。如果达不到标准、没有稳定的资源渠道、没有相对固定的客户群体、对市场掌控能力不足而贸然进入，往往会以失败告终，最终退出市场，经营风险远高于其他行业。

二、成品油市场发展变化

中国加入世界贸易组织（WTO）以来，成品油市场环境发生了很大变化。中国成品油市场的发展和开放，减少了外资石油公司进入中国市场的壁垒，对中国来说既是难得的机遇，也是严峻的挑战。随着国内市场国际化进程的加快，跨国石油公司加快了登陆中国市场的步伐，国内石油石化企业抓住时机迅猛发展，民营企业积极参与，并在成品油零售领域初具规模，成品油市场呈现出竞争主体多元化的格局，市场竞争更加激烈。近年来，成品油市场主要有以下几个明显的变化。

（一）电商发展起步，影响力度有限

电商已经在其他行业快速发展，在成品油行业，有部分公司在尝试并快速发展起来，势头特别迅猛，潜力也非常大，但当前总体影响还不是很大。

（二）新能源汽车快速发展，影响成品油市场

电动车等新能源汽车已经在交通行业快速发展。尽管当前影响还不大，但在一些地区影响已经比较明显。从长远来看，随着电池技术进步和环保要求提高，势必对汽柴油等消费产生较大的替代性影响。一些欧洲国家已经准备出台限制燃油车投放的规划，中国的海南等省市也已有明确规划。2020 年 9 月，国家能源局印发《国家能源研发创新平台管理办法》，鼓励先进可再生能源技术。智能电网技术以及储能、氢能等前瞻性、颠覆性技术等应用，将影响成品油市场。

（三）地方国企及独立炼油企业向下游开拓，建立销售网络体系

多年来，几个地方国有石油企业以及山东众多独立炼油企业，基本没有建立起来自己的销售网络。随着市场竞争程度的加剧，这些企业正在陆续谋划并开始通过合资合作等方式，快速在沿海和中原地区建立自己的网络销售体系。

（四）国家管网公司成立，促进行业健康发展

2019 年 12 月 9 日，国家石油天然气管网集团有限公司正式成立，国家管网公司的成立必将对成品油行业健康发展产生重大影响。重点是中石化的销售企业可以通过国家管网公司成品油管道进一步向西部和东北地区发展，中海油和中化也有条件在西部和北方加强成品油销售网络建设，较大的民营企业也会得到公平进入管道建设的机会。

（五）国家加大监管力度，市场主体有所变化

为堵塞管理漏洞并保护环境，国家进一步加强了对成品油行业的税收管理和检查力度，加强对走私的打击和环保方面的检查。一方面提高了独立炼厂设施水准和管理水平，另一方面限制了不规范小市场主体的扩张。

（六）市场准入壁垒放宽，外资主体进入

2018 年 7 月 28 日，商务部和国家发改委联合发布《外商投资准入特别管理措施（负面清单）（2018 年版）》。这意味着石油领域的终端消费环节将全面对外开放，未来外资可以在中国独立经营加油站业务，BP、壳牌等很多的大型国际企业已经进入油品销售领域，沿海地区多个省市，甚至北京、河南、陕西、四川等内地省市都出现了很多外资加油站。

（七）国家调整政策，促进成品油市场化改革

2019 年下半年，国家出台政策，取消了成品油批发仓储资质的管理，下调了零

售资质的管理层面。2020 年，取消原油、成品油市场管理办法。伴随着各种政策的相继出台，市场上经营主体肯定会发生较大变化，进入成品油销售行业的主体必然会明显增多。总之，随着社会进步和国家政策放开，成品油经营行业已经或将要发生较大变化。

三、成品油行业发展问题

近几年，成品油经营行业已经发生了较大变化，尤其是前面提到的几项可能引发更大变化的因素，但因行业固有特点一些潜在因素还没有真正发挥作用。当前，成品油行业存在以下几个问题。

（一）市场竞争不充分，亟须大型高质量参与者

如同电信领域一样，前期电信、移动、联通等大型国企领衔使得该行业迅猛发展起来，后期腾讯微信的横空出世，使该行业发生了翻天覆地的变化，视频、语音聊天和移动支付等功能让国人感受到了高科技带来的日常生活的变化。成品油消费总量大且范围广，对与国计民生有关的各个行业都有深远影响。但在经营领域还是参与者不多，竞争不充分，大多数单位管理水平不高、服务意识不强。随着科技和网络发展，亟须总体实力强、规模足够大、管理和服务水平高的企业进入成品油经营领域。

（二）国家管网公司运作方式尚未充分发挥作用

国家于 2019 年推出了对行业影响深远的国家管网公司，2020 年 10 月已经完成交接。但因其规模太大、涉及面过广，还没有整体运作起来。按国家已经出台的相关政策，只允许该公司做管道输送业务，不能对客户有采购和销售的结算行为。笔者认为这样的政策将严重影响国家管网公司正常发挥作用。比如，在惠州的大型炼厂，制定向国家管网公司交油计划的难度不大，但该炼厂所在集团的成品油销售网络遍布全国各地，受市场变化和销售策略的影响，按月做出遍布全国的明确收油计划就非常困难。

（三）税收占比高，消费税影响较大

当前，成品油税收在油价中占比很高，消费税、增值税、资源税等税收整体占比很高，油价较低时税额能占到标价的一半左右。因考虑下游征收难度较大，消费

税还是在炼厂出厂环节征收。一些不规范的炼厂偷税情况很普遍，走私情况也经常被发现。近年来，通过加大查处力度，情况有所好转，但仍会发现较多问题。在巨大的利益诱惑下，无票油、调和油和走私油进入市场，不可避免出现“劣币逐良币”的现象。

（四）终端用油量大，供油市场秩序待规范

虽然终端需求量很大，但供油的单位却始终很散很乱。大型石油企业延伸服务意识不强，强调先款后货，基本没有给工程项目送油服务。民营批发单位也没有条件和能力做送油服务。民营加油站一般只做站内加油，因送油服务难于达到安监、计量、质量等要求，基本不做站外送油。较大的工程用油，一般是自行寻找供油单位。当前工程项目类用油在实际供应过程中秩序欠规范，比如通过调油以次充好、与验收人员勾结少送多计量、通过虚开发票方式少进油多结算等现象时有发生。大多数施工企业都是采购后付款，占用供油企业资金非常严重。对于交通建设类工程，结束后管理人员分散到其他地区的新项目，所欠货款很难追回。

（五）新能源汽车蓄势待发，将对成品油行业产生重大影响

电动车、燃气车和氢能车的快速发展给成品油行业增加了很大变数。很多地方出现专用加气站和充电站，很多加油站和停车场甚至小区都加装了充电桩。海南等地已在酝酿停止燃油车投放的政策。随着充电电池技术的发展和环保政策的推进，新能源汽车可能会对成品油行业产生颠覆性影响。

（六）成品油批发仓储经营资格审批取消，成品油行业将发生深层次改变

新的政策经过一段时间消化吸收，肯定对成品油经营行业产生较大影响。初期可能出现以下问题：经营环境趋于混乱，各行其是没有条理；市场秩序难于梳理，法律法规难于落地；经营单位大幅增加，大小混杂各说各是；短期经营成为常态，安全保供更难企及。这些情况给商务部和国家发展改革委等行业管理部门提出很多新的挑战，需要有一些对应的措施来有效解决相关问题。

四、成品油市场管理的建议

成品油资源供过于求、市场竞争不充分局面不断加剧，另外成品油市场偷税漏

税、违法经营等乱象丛生，对守法经营企业造成较大影响，因此从成品油市场管理目标、行业协会、物流体系、平台化建设等角度提出建议。

（一）借助信息网络化优势规范市场秩序

借助信息网络化优势，规范市场秩序，在市场上形成以大型规范运营和信息化网络为主的体系，使市场最终变得：经营者以有实力企业为主，增加违规成本，政府管理企业和企业内部管理都更易操控；提高企业对上游谈判能力和对下游影响力，提高经营管理水平，有效降低经营成本；强化经营企业与物流企业的战略合作，建立涵盖全部油品领域的上下游合作大体系；税务部门强行推行纳税管理的信息化手段，规避常用的进行违法犯罪行为的手段；利用信息化手段并参考电商管理模式，提高各级管理服务水平，提升行业整体形象；建立企业信用记录制度，靠社会监督依法依规对失信主体曝光，提升信用监管效能；将价格质量计量服务纳入信用体系，利用监管和抽查等方式推进主体分组管理。

（二）积极革新建立油品流通体系新格局

利用国家管网公司开始运营的有利条件，寻找大型投资主体，借鉴京东、顺丰等电商和快递模式建立有实力的油品经营体系，是解决当前存在问题的有效思路。行业协会等第三方的目标应该是在市场上形成以大型规范运营公司和信息化网络公司为主的体系。在行业协会等第三方主导下，建立有实力的经营服务体系是解决当前存在问题的很好思路。根据以上思路，借助“互联网＋”平台优势，打造统一的供应链，赋能终端，重塑油品流通行业生态圈，建立油品流通体系新格局。

（三）充分发挥石油流通行业协会商会的作用

充分发挥第三方机构的监督作用，建议政府授权有实力的专业机构代表政府行使监督权，根据政府所制定的行业法律和法规，对油库、炼厂等成品油炼化存储企业进行管理，接受企业自主申报并对行业的发展、环境等影响要素进行评价，同时定期公开发布监管结果评价报告。授权第三方监督机构，对成品油销售企业的自检自律进行监督，使成品油行业协会发挥越来越多的监督作用。企业自检并定期向第三方机构申报相关成品油经营合规状况，公众参与监督，对市场的监管作用将会大大加强。

行业协会等第三方的主要任务：一是宣传贯彻党和国家有关石油流通行业的重大方针、政策；二是积极推进石油流通体制政策改革，促进石油流通行业的进一步对外开放，推动石油企业经营模式的创新与转型；三是积极开展市场调研，搭建行业数据平台，掌握国内外行业发展动态，汇集和发布行业信息；四是受政府主管部门委托，做好行业规划、网点布局等服务和咨询工作；五是开展行业培训、资质认证、新技术和新产品鉴定及推广等相关工作；六是建立行业服务规范和管理标准，促进行业经营和管理活动的标准化和规范化建设；七是加强国际国内行业交流，举办各类业务交流活动，主办行业论坛、国际会展等，为行业交流搭建服务平台；八是根据行业需要和有关规定创办报刊网站、手机终端等新媒体，开展法律、政策、技术、管理、市场信息等咨询服务。

（四）完成物流配送一体化、信息化、专业化建设

以成品油物流配送的全部流程为线索，按照物流与商流相对分离运行的原则，对国内大公司成品油物流配送管理体制和运行机制进行改革和调整，通过集约型终端服务公司、润滑油公司、沥青公司，提升对大型工程类重点客户定点用油的服务能力；通过加油站联盟公司、分散型终端服务公司、便利店非油公司等，提升对行业终端的服务能力。建立批发公司和专业油品运输公司等提升客户整体议价能力，建立统一运输、配送公司，实现运输全程可追溯。总体来说，就是建立专业的大型专业批发和联盟加油站零售经营企业、集约型和分散型终端供油服务企业、专业润滑油和沥青企业、专业便利店非油和油品运输企业、专业新能源和信息化平台企业，即做好两经营（零售和批发）、两终端（集约和分散）、两专业（润滑油和沥青）、两服务（便利店和运输）和两拓展（新能源和信息化）。

（五）全力搭建成品油电子商务标准化平台

传统的成品油销售企业主要依靠加油站油品业务满足车主的需求，经营品种单一、用户数据信息孤岛，满足和挖掘用户需求十分有限，更谈不上创造用户需求。而借助互联网大市场环境，可以追踪商品从生产、交易到消费的全过程，实现高度的信息化。因此，建议积极建立信息公司，开发市场信息、管理信息、终端服务、移动支付、物流监控、经营主体排名、油品供求指数等七个系统或平台，提升网络化、连锁化、标准化服务能力，促进行业健康发展。

（六）完善民营加油站管理模式

当前民营加油站存在着“一管就死，一放就乱”的现象。自 2008 年“油荒”以后，已经过去 12 年，这个阶段是行业发展的黄金时期，大量从业者涌入，鱼龙混

杂，安全、税务等问题成了行业结症。依靠行业门槛高、资金流动性好、产业稀缺等优势，在这个时期行业的各个环节都呈现出较强的盈利能力，当然风险也相当大。但是这几年的发展，在质量上与行业优化上的进步远远跟不上效益的提升。日益增加的成本与充沛的市场需求导致从业者目光局限于近期，没有未来规划与可持续性发展。作为重要的生产资料，与其他行业相比透明性不高、网络布局不均衡、运营渠道不正规。“网络化”与“信息化”是打破这层壁垒最好的措施。

专题二 后疫情时代 中国炼油产业高质量发展路径及建议

摘要 据统计，2016—2020 年炼油产业过剩产能从 1. 14 亿吨增加到 2. 17 亿吨，随着发展其过剩程度还将进一步加大。炼油产能过剩严重影响了中国炼油产业高质量发展的进程，因此剖析中国炼油产业产能过剩问题，对于推动中国炼油产业健康可持续发展、高质量发展具有现实意义。基于此，文章首先从生产能力、消费现状以及过剩情况三个视角分析了中国炼油产业的基本状况，随后深入分析了中国炼油产业高质量发展的限制因素，最后秉持“创新、协调、绿色、开放、共享”的发展理念，从政府主导、提质增效、产业转型升级、预警平台建设等角度提出炼油产业高质量发展路径及建议。

关键词 炼油产业；产能过剩；转型升级；高质量发展；路径及建议

引言

2020 年，突如其来的新冠肺炎疫情进一步刺激了人民群众对丰富的物质和精神产品、优美的生态环境，以及保障身体健康的优质生态产品的需求，高质量发展能够满足人民对日益增长的美好生活的需要，是体现新发展理念的发展，是创新成为第一动力、协调成为内生特点、绿色成为普遍形态、开放成为必由之路、共享成为根本目的的发展，因此实现经济高质量发展成为未来发展的必然选择。“十四五”规划中也明确提出，要切实转变发展方式，推动质量变革、效率变革、动力变革，实现更高质量、更有效率、更加公平、更可持续、更为安全的发展。产能过剩与地方政府性债务、房地产泡沫，并称中国经济三大风险，它使国民经济运行失衡、资源配置扭曲，对真正有效率的投资形成“挤出效应”，严重阻碍了经济的高质量发展进程，因此解决产能过剩问题迫在眉睫。

炼油行业是关联度极高的基础性行业，上游涉及原油开采、成品油炼化及运输业，下游关联到机械、建筑、汽车、造船、家电、仪器仪表、军工等诸多行业，在整个国民经济体系中具有绝对的战略性地位，其竞争力强度是一个国家工业体系综合实力的重要标志。然而，产能过剩却一直以来是炼油行业发展中的一个顽疾。尤其是2019年新冠肺炎疫情突然暴发，导致全球经济放缓、能源行业疲软、国际贸易下滑、全球产业链与价值链重组、全球化进程受阻等次生风险，使炼油产能过剩问题愈加凸显。2020年4月20日，即将到期的5月WTI期货价格暴跌约300%，收于每桶-37.63美元，这是自石油期货从1983年在纽约商品交易所开始交易后首次跌入负数交易。自2020年3月以来，全球多地已开始有炼厂因燃料需求暴跌被迫暂时关闭，而且因产能过剩以及炼油利润持续表现低迷，部分石油公司旗下的小型炼厂面临永久性的关闭，如表1所示，据不完全统计，受影响产能大约为6000万吨/年。在全球炼油产业发展形势严峻的大环境下，中国炼油产能过剩问题也愈加突出，因此深入挖掘炼油行业产能过剩的原因，对实现中国经济高质量发展具有重要的现实意义。

表1　2020年全球关闭以及计划转型的炼厂和炼油商

炼厂	石油公司	备注	受影响产能/（万桶/天）	所在国家
Tabangao炼厂	壳牌菲律宾	永久性关闭	11	菲律宾
美国加州马丁内斯炼厂	马拉松石油公司	永久性关闭	18.8	美国
新墨西哥州盖洛普				
Marden Point Oil Refiner炼厂	新西兰炼油公司	永久性关闭	9	新西兰
安特卫普炼油厂	贡沃集团	计划关闭	11	比利时
大阪炼油厂	新日本石油公司	计划关闭	11.5	日本
意大利Falconara炼厂	Gruppo api SPA	暂时性关闭	8	意大利
Comeby Chance炼油厂	北大西洋炼油公司	暂时关闭	13	加拿大
加州罗迪欧旧金山炼厂	菲利普斯66公司	改造（转产再生燃料）		美国
怀俄明州Cheyenne炼厂	Holly Frontier	转型（转产生物柴油）		美国
法国Grandpuits炼油厂	道达尔石油公司	转型（转产生物燃料）		法国
Landulpho Alves炼油厂	巴西国家石油公司	计划出售	32.3	巴西
马丁内斯炼油厂	壳牌	出售		美国
合计			114.6	

数据来源：公开资料整理。

一、后疫情时代中国炼油行业产能与需求分析

（一）中国炼油行业生产能力分析

自2002年中国成为全球第二炼油产能国后，中国炼油能力结构性过剩继续加大。中国炼油产能扩张势头强劲，原油一次加工能力净增超过全球净增能力的一半，2019年全年新增炼油能力2850万吨/年，均来自民企，国内炼油能力达到8.60亿吨/年，过剩产能达到1.50亿吨/年，再创历史新高。

2016—2018年，中国炼油能力已连增三年，2018年中国炼油能力为8.31亿吨/年，较上年净增2225万吨/年，其中新增能力3390万吨/年，淘汰落后能力1165万吨/年。2019年中国炼油能力为8.60亿吨/年，同比增长3.45%。2020年后还将新增1.70亿吨产能，新增产能全面释放将导致全国炼油产能过剩压力愈演愈烈。1978—2019年中国炼油能力如图1所示。

2019年中国主营炼厂平均开工率为75.50%，比2018年的79.50%降低了4个百分点，与2018年比2017年下降幅度相比下降幅度较大，低于全球平均水平（82.90%）。独立炼厂开工率为62.20%，同比下降0.30%。落后产能淘汰速度和幅度不及预期，在国内经济下行压力加大、成品油需求放缓的环境下，炼油产能过剩进一步加剧。

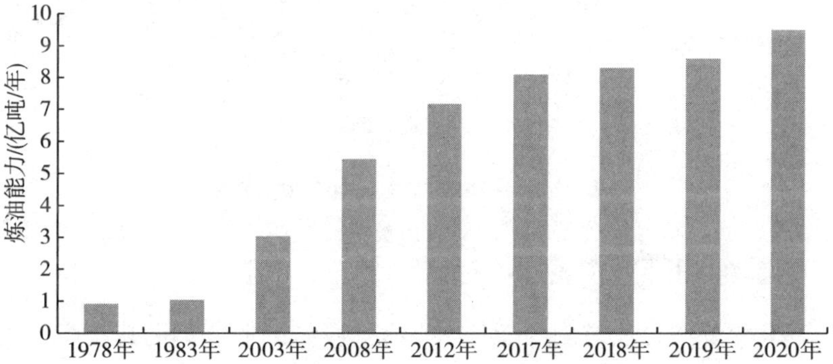

图1　1978—2020年中国炼油能力

（二）中国炼油产业消费能力分析

成品油作为支撑中国近代经济腾飞的血液，需求变化与经济发展现状息息相关。2000年以后国家经济走上高速增长台阶，中国成品油消费快速增长，成品油消费量

从2004年的1.62亿吨增加到2019年的3.10亿吨。虽然在这个时间段内，2008年爆发金融危机，中国汽柴油消费增速放缓至0.50%，但是为刺激经济发展，国家投资40000亿元用于基础设施建设，汽柴油消费量再次回升，然而增速开始逐步下滑。经济发展现状决定了成品油消费现状，根据经济活跃程度来看，环渤海、长三角及珠三角地区仍是经济发达地区，能源需求量较高且随着“一带一路”倡议及西部大开发等一系列政策提振，中西部发展开始提速，相应的能源需求量也得以提升。整体来看，汽油、柴油消费水平在华东地区整体需求量仍占据首位，紧随其后的是华中、华南、西南和华北地区，需求相对落后的是东北和西北地区。从汽油需求方面来看，国内汽油消费主要集中于华东、华中和华南地区，广东省地处交通枢纽，历年来汽油需求较高，并以绝对优势居于各省汽油消费量首位。从柴油需求方面来看，中国柴油消费地区分布紧随汽油步伐，其中广东省、山东省、辽宁省的柴油消费量占据榜首。2004—2019年成品油表观消费量如图2所示。

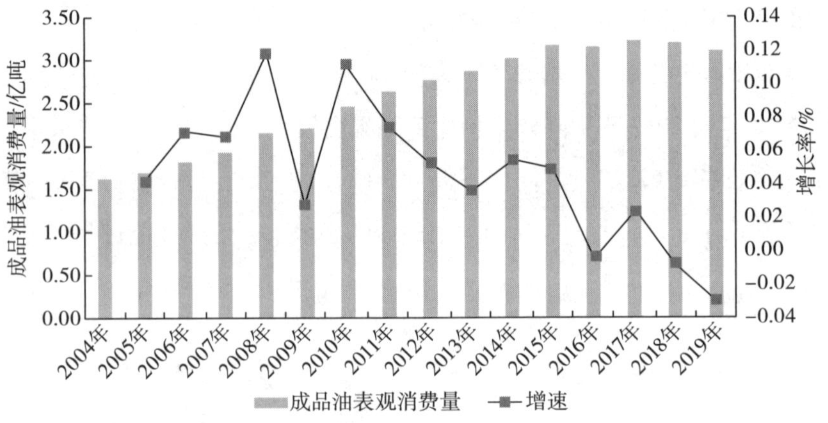

图2　2004—2019年成品油表观消费量

（三）中国炼油产业供需矛盾分析

2016—2020年炼油行业过剩产能从1.14亿吨增加到2.17亿吨，产能过剩问题日益突出（见图3）。根据中石油经研院数据，假设在成品油需求增速为3%、成品油收率为65%的情况下，按照现有投产规划，到2020年华东地区产能过剩14968.60万吨/年，东北地区产能过剩9132.80万吨/年，西北地区产能过剩2403.60万吨/年，华南地区产能过剩3681.70万吨/年。尽管华东、东北、华南、西北地区炼油产能过剩严重，但由于中国各地区炼油加工能力分布不均，在炼油行业产能总量过剩的情况下，仍有一些地区炼油供需存在大量缺口，如华北、中南、西南地区，缺口分别为2183.40万吨/年、2824万吨/年、4035.70万吨/年，如表2所示。炼油行业供需矛盾进一步加剧。

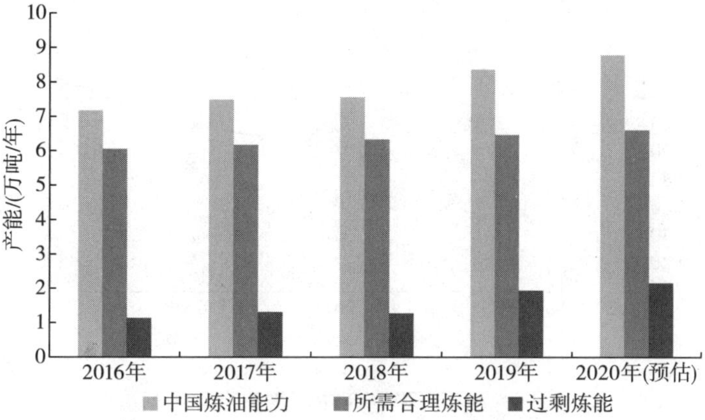

图3 2016—2020年中国炼油能力过剩情况

表2 2020年不同地区炼油行业产能供需情况

地区	产能过剩或存在缺口	过剩总量/（万吨/年）
华东地区	过剩	14968.60
东北地区	过剩	9132.80
西北地区	过剩	2403.60
华南地区	过剩	3681.70
华北地区	存在缺口	-2183.40
中南地区	存在缺口	-2824.00
西南地区	存在缺口	-4035.70

数据来源：公开资料整理。

从汽油、柴油、煤油的角度进一步分析，汽油的过剩量在不断增加，从2015年过剩4.66%增加到2019年过剩11.36%，主要是由于随着电动汽车产业进一步发展，电力消费逐渐取代汽油消费。因此，中短期内，汽油消费将面临达峰，其过剩程度还将进一步加大。柴油的过剩量同样呈现不断增加的态势，从2015年过剩3.89%增加到2019年过剩12.05%，这是由于受到经济增速放缓等原因影响，工矿企业以及建筑业等用油行业整体需求下滑，导致各省柴油消费量增速放缓，个别省份甚至出现柴油消费量减少现象。随着环保意识的增强，以及清洁替代能源的出现，未来柴油消费将继续减少，柴油产能过剩量将持续上升。煤油过剩量呈现先减少后增长的态势，从 2015 年过剩 24. 32% 减小到 2018 年过剩 21. 28%，不过在 2019 年出现上涨，上涨到过剩 25%。尤其是 2020 年受新冠肺炎疫情影响，航空出行及航煤出行同比下降近 15%，煤油消费量锐减，因此煤油产能过剩可能在 2020 年会出现一个峰值（见图 4、图 5、图 6）。

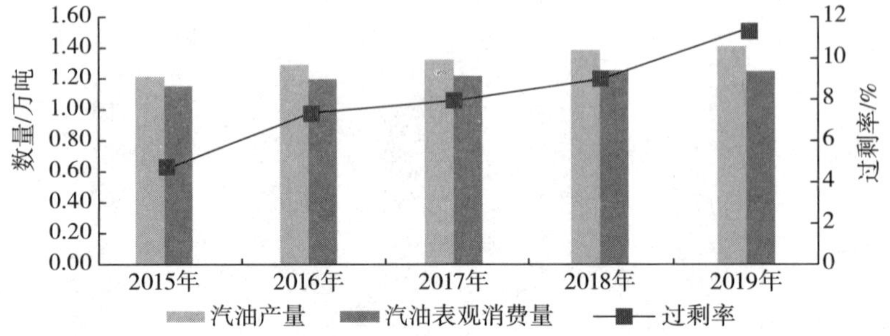

图 4　2015—2019 年中国汽油产能过剩情况

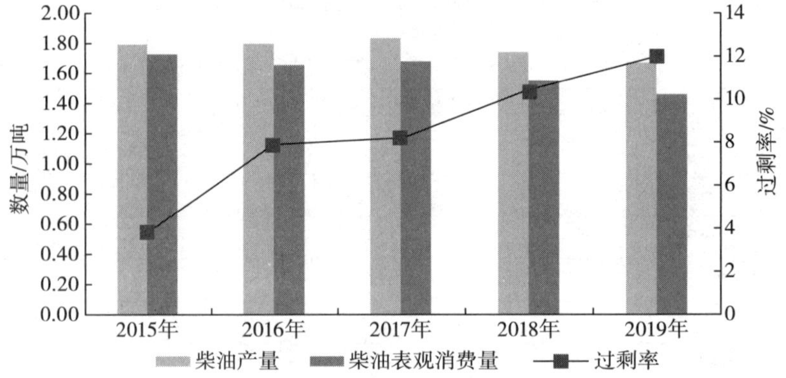

图 5　2015—2019 年中国柴油产能过剩情况

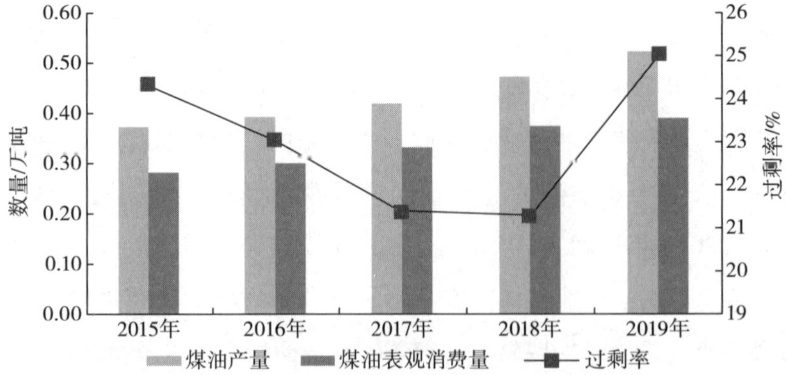

图 6　2015—2019 年中国煤油产能过剩情况

二、中国炼油行业高质量发展的限制因素及挑战

规模化、集约化、炼化一体化、化工高端化是炼化产业对高质量发展的共识。中国炼油行业为实现高质量发展，在淘汰落后产能、推进结构调整、创新发展、绿色发展等方面取得了一定成效，但实现真正意义上的行业高质量发展仍然受到多种因素的限制及挑战。

（一）中国炼油行业高质量发展的限制因素

1. 炼油行业全产业链不畅，下游产业发展受阻

自2020年以来，新冠肺炎疫情和低油价成为影响炼化行业发展的两大重要因素。低油价理论上有利于炼化行业中下游产业发展，尤其在下游需求有支持的情况下，中下游产品利润空间扩大，行业将取得快速发展。然而，新冠肺炎疫情抑制了炼化中下游产品需求，市场整体重心下移的同时需求水平明显下降，导致产品价格更大幅度下降，产品利润空间收窄。炼油行业全产业链不畅，下游产业发展受阻主要有两个原因：一是中国炼油行业从勘探开采到炼制好的成品油批发零售，全产业链受管控程度较高，在一定程度上影响炼油行业的自由竞争，造成炼油行业产业链不畅。二是独立炼厂产业链相对简单，业务以炼油为主。独立炼厂主攻炼油，产业链向上无油气资源开采、向下销售能力较薄弱，拥有的加油站数量远不及中石油和中石化。独立炼厂主要通过国企采购、商贩批发和自身销售三种渠道进入市场，销售价格受制于市场及客户端不稳定、原料获取困难、产业链不完善等因素，销售运营风险较大，竞争力相对较弱。由于以上原因，炼油行业上中下游产业链一体化进程明显受阻。

2. 产业链协同效应辐射低，高终端创效能力不足

在生产端，由于产业链下游需求产生的化工品种数以万计，但是多数都存在用量少的特点，月均需求只有几吨的不在少数，因此这些化工品需求不受大炼厂重视，也不会因此大幅度调整生产装置。然而，随着经济发展化工品需求的精细化、分散化、高端化趋势明显，企业却未能及时跟上调整步伐。以中石油烯烃工业为例，“调整产品结构”的口号喊了很多年，却仍以合成树脂为主体产品，远远跟不上需求变化。另外，在销售端，主要存在营销能力与市场发展不适配的问题。当今时代

市场瞬息万变，但中国炼油行业的营销方式仍以通过牺牲利润打价格战、保住市场份额为主，库存处于高位时低价甩卖现象也时有发生。从生产端到销售端，中国炼油行业协同效应的辐射作用较小，自然也就难以实现明显的价值增值。

（二）中国炼油行业高质量发展面临挑战

1. 产业结构同质化严重，一体化总体水平有待提升

早期的粗放式发展导致多数燃料型炼厂的装置结构较为雷同，尤其是中小型民营炼厂，多是按照“常减压—催化裂化—延迟焦化—汽/柴油加氢”脱碳加工路线进行配置，加工路径相仿，产业结构雷同，装置规模接近，且多数缺少油品销售终端，在油品消费滞缓的形势下，中小型炼厂向化工转型发展的意愿十分强烈，然而受资源、技术、产业政策和资金等因素限制作用较大，导致转型升级难度较大，明显缺乏特色化的发展和转型路径。国内千万吨级以上炼厂多数配有乙烯/芳烃生产装置，基本初步实现“炼油—乙烯—芳烃”一体化发展，部分千万吨以下炼厂也配套有乙烯/芳烃生产装置，但规模整体偏小。初步具备一体化配置的炼厂合计规模约3.18亿吨/年，占国内炼油产能的38.80%，基本为中石油、中石化、中海油等央企下属炼厂，但各炼厂的一体化配置水平参差不齐，差距较大，炼化市场高端产能不足，能源清洁力度不够，低端产品拥挤，高端产品缺乏，部分产能较大的炼油企业已经通过装置结构调整等方式，开始调整油品和化工产品的生产份额，但在一体化进程上还有相当长的一段路要走。从整体上看，国内仍有60%以上的炼油产能未能实现一体化发展，行业的炼化一体化水平仍有较大提升空间。

2. 技术创新驱动能力不足，行业效率提升遇阻

全球科技创新已进入空前密集的活跃时期，中国炼化行业在高端化工新产品、新材料生产等关键领域技术还存在不足，特别是受高端技术制约，为炼化一体化发展带来挑战。随着全球炼油能力的提高和市场竞争的加剧，炼厂装置的复杂程度越来越高，催化裂化、加氢裂化、重整以及加氢处理等二次加工能力不断提高，原油加工的适应性和灵活性不断增强。千万吨级以上的炼油和百万吨乙烯工艺包都已国产化，但下游聚乙烯、聚丙烯等工业技术还需购买专利获得许可，因为与国外工艺相比，国产技术在能耗收率、能量优化利用等方面还有不足。炼化转型升级技术自主化程度有待提升。诸如分子炼油、炼厂智能化等超前技术的研究，从全行业来说也处于前期研究阶段。“十四五”规划阶段，随着炼化行业进一步放开，产业结构

调整加快，中国炼化行业将开启从大炼油向一体化转型的实质性新阶段，对标国际先进炼化企业，分析不足，找出差距，同时在这一过程中寻找创新点，努力赶超世界先进水平。

三、炼油行业高质量发展的路径选择及建议

习近平总书记曾指出“高质量发展就是体现新发展理念的发展”。把新发展理念贯穿发展全过程和各领域，构建新发展格局，切实转变发展方式，推动质量变革、效率变革、动力变革，实现更高质量、更有效率、更加公平、更可持续、更为安全的发展。同样，炼油行业要实现质量发展必须秉持“创新、协调、绿色、开放、共享”的发展理念，从节能降耗、结构调整、产业转型升级、技术创新等角度走出一条属于炼油行业的高质量道路。

（一）炼油行业高质量发展的路径选择

1. 坚持科技创新，提升炼厂持续发展能力

究其根源，决定炼油行业发展向高质量、产品高端化和差异化迈进的关键因素就是核心技术的创新。所以，中国炼油行业发展同样要坚持科技的支撑和引领作用，在技术上精益求精。从炼化过程整个产业链着手，要在各环节的技术创新上狠下功夫，通过技术创新优化发展路径，不断升级加氢和催化裂化等关键技术的催化剂和工艺，提升处理重质劣质原料并生产清洁油品的能力，满足炼厂装置升级需要，提升烷基化、异构化、催化裂化及低成本制氢等装置技术，兼顾油品质量升级与化工原料优化是提升企业效益的基础；创新烯烃、芳烃后加工技术水平，生产出高附加值的化学品是炼化一体化竞争的核心环节，从而实现降本增效的目的。引导全员从岗位做起、从身边做起、从点滴做起，形成“人人皆可创新、人人皆能创新、人人皆想创新”氛围，以高质量的科技供给培育行业发展新动能、引领支撑企业高质量发展，提升全炼油行业产业链持续发展能力。

2. 借助智能化流程提升生产效率，促进产业的转型升级

积极有序推进炼化流程的智能制造和数字化是实现炼化产业升级转型的重要抓手。通过运用物联网、大数据、云计算等先进信息技术，与生产工艺紧密结合，着力提升生产过程的实时感知、机理分析、模型预测和优化协同能力，进而分析、改

造、优化管理模式和业务流程，以实现安全环保水平、经济效益、竞争能力和管理效率的大幅度提升。要把握好中国炼化行业转型的发展趋势，在做好炼化产业一体化、基地化、智能化升级的同时，要以效益最大化为指导思想，充分结合自身特点、物流以及区域市场环境等因素进行综合考虑，调整明晰新定位，最大限度地降低原料端成本、提升产品端价值以及生产过程的效率，从而实现炼化企业的转型升级。要进一步开展炼油物联网技术研发和应用示范，深化生产运营和技术管理的智能化；同时要结合炼化产业生产、经营、管理的特性，从设计、生产、管理和物流等方面加快智能化标准体系建设；还要加快相应软件、系统、设备的国产化步伐，实现以智能化水平提高促进产品生产提质增效。

3. 提升节能减排能力，增强生存竞争实力

党的十九届五中全会提出“推动绿色发展，促进人与自然和谐共生”“坚持绿水青山就是金山银山理念”。石油资源作为影响中国经济发展的关键因素之一，实现石油炼化行业的绿色发展对中国经济高质高效发展具有重要意义。能源消耗可占炼厂总运营成本的50%左右，因此要实现炼油行业高质量发展必须要控制能耗。降低燃动能耗，开展水、电、汽实物消耗趋势日跟踪、周分析、月总结，强化实物量管控。加强用能管控，优化装置用能，提高直供料、热联合水平。优化动力系统运行，实现蒸汽梯级利用，消除无功减压和过剩凝汽。加强加热炉、锅炉操作优化和运行监控，提高热效率。降低辅助能耗，加强使用管理，细化辅材使用技术分析，严控辅材消耗。降低采购成本，加强市场价格监控，优化采购方式，实施错峰采购，严控物资采购价格。降低修理能耗。做好设备精准修理，按专业和类别细化分解修理费，确定最优控制指标、节约措施，季度统计预警，建设清洁环保、节能低碳的新型炼油厂，推动传统炼油产业向集约低碳型能源产业升级，增强行业竞争力。

（二）炼油行业高质量发展政策建议

1. 构建“政府主导、第三方监督、企业自律、公众参与”的监督体系

在完善法律法规、标准，市场监测、风险预警体系基础上，透明发布行业资源、库存、价格及市场信息，对违法违规企业行为依法惩戒。炼油行业的高质量发展需要全体社会力量参与。建议发挥第三方机构的监督作用，政府授权有实力的专业机构，代表政府行使监督权，根据政府所制定的行业法律和法规，对油库、炼厂等成品油炼化存储企业进行管理，接受企业自主申报并对行业的发展、环境等影响要素

进行评价，同时定期公开发布监管结果评价报告。授权第三方监督机构，对炼油企业的自检自律进行监督，使行业协会发挥越来越多的监督作用。企业自检并定期向第三方机构申报相关成品油经营合规状况，公众参与监督，对市场的监管作用将会大大加强。建议形成“政府主导、第三方监督、企业自律、公众参与”的监督体系。

2. 完善多层次经济运行的监测，建立产能过剩预警平台

保持经济增长是增加国民财富、解决就业、化解社会矛盾的有效方式，但经济增长形成的乐观预期会导致产能投资扩张，引起产能过剩风险。为此，成立国家经济运行监测与预警中心，对经济整体及分地区和分行业经济增速、固定资产投资增速、消费增速、进出口增速、就业率增速以及通货膨胀率增速等影响产能利用的核心指标进行常态监测与预警，并建立动态运行控制区间。政府支持炼油行业协会建立炼油产能过剩预警中心，对石化产业的产能规模、开工负荷、市场需求、新扩建能力、供需平衡状况等核心指标进行常态监测与预警，编制行业产能利用综合预警指数，定期发布预警报告。定期举办全国性以及国际性炼油产能过剩预警论坛学术会议，充分吸收国内外预警和检测方法手段、数据搜集以及处理的最新成果，不断提升监测与预警方法的科学性、预警结果的精准性和预警手段的先进性。

专题三 中国成品油期货市场研究

摘要 中国是成品油消费大国，随着国家进一步推动成品油价格市场化改革，成品油行业积极引入市场竞争，期货市场作为价格发现的载体，发挥规避风险、促进市场流通、调整价格等功能。本文对中国开展成品油期货的必要性及所具备的条件进行了探讨，认为中国有必要发展成品油期货市场以平抑成品油价格波动带来的风险，中国已经具备发展成品油期货的市场基础及技术条件；继而分析了中国建立成品油期货市场面临的挑战，并对其提出合理政策建议。

关键词 成品油期货；成品油定价；成品油市场

一、成品油价格机制发展演变

成品油定价经历了由国家计划定价到初步市场定价的转变。20 世纪 80 年代以前，成品油经营的主要品种是煤油和柴油，煤油主要用于照明。1989 年，国家赋予石油企业成品油 9% 的自销权。1992 年以前，对成品油市场实行针对价格和流通国家的计划管理。1998 年 6 月，国家对油价形成机制进行调整，成品油价格与国际价格挂钩，允许价格以 5% 幅度浮动。2001 年，汽油、柴油零售价格浮动幅度由 5% 扩大到 8% 。2016 年至今，现行的成品油价格管理政策，由发展改革委价格司根据国家发展改革委颁布的《石油价格管理办法》，将中国成品油价格区别情况，分别实行政府指导价和政府定价，国内汽柴油最高零售价与国际油价挂钩。

2019 年，中国成品油价格机制包括成品油政府指导价或政府定价及成品油消费税两个部分。2019 年 11 月 4 日，国家发展改革委发布《中央定价目录（修订征求意见稿）》公开征求意见。其中提到，成品油价格暂按现行价格形成机制，根据国际市场油价变化适时调整，将视体制改革进程全面放开，由市场形成。这预示着成品油价格完全市场化再加速。2020 年，中国成品油价格形成机制主要为国内外联动的政府主导型定价体制，政府根据国际油价行情，挂靠布伦特、迪拜和米纳斯三个国际油种，采用这三地原油现货价格的加权平均值，即布伦特: 迪拜: 米纳斯为4: 3: 3，形成原油成本定价，以其作为基准，再加上关税、消费税、增值税、运费、炼油成本和利润空间等，共同形成中国成品油零售基准价。

现行定价机制较大程度地反映了国外油价变化，忽略了国内成品油市场真实供求状况，同时挂靠国外油价时间上存在滞后性，使市场主体无法对价格做出迅速反应，不利于市场化。

2018 年 1—12 月，国内成品油价格共经历 23 次调价窗口，其中 9 次下调、13 次上调、1 次不作调整。涨跌互抵后，汽油累计上涨 80 元/吨，柴油累计上涨 75 元/吨。2019 年 1—12 月，国内成品油价格共经历 26 次调价窗口，其中，7 次下调、15 次上调、4 次不作调整。涨跌互抵后，汽油累计上涨 680 元/吨，柴油累计上涨 675 元/吨。2020 年 1—12 月，国内成品油价格共经历 24 次调价窗口，其中 5 次下调、7 次上调、12 次不作调整。涨跌互抵后，汽油累计下跌 1385 元/吨，柴油累计下跌 1335 元/吨。现行成品油价格机制使成品油价格能更加灵敏地反映国际市场油价变化，但由于现行价格通过与国外原油价格联动实现间接接轨，忽略了国内市场所特有的消费习惯、消费结构，难以反映国内成品油市场的真实供求状况；调价时间上仍有滞后性，使价格难以迅速反映实际；调价频率加快，价格波动更为剧烈，成品油价格仍受政府管控，不利于市场充分竞争。

二、成品油市场化改革为成品油期货上市奠定基础

中国成品油定价机制市场化程度加深。1998 年以来，随着中国经济市场化程度的不断加深，中国的成品油定价机制由原来的政府定价改为参照国际油价的政府指导价，与国际石油市场的联动更为密切，市场化程度不断加深。另外，国家还适当调整了国内成品油价格挂靠的国际市场原油品种。机制完善后，克服了旧机制调价周期过长、调价边界条件较高以及挂靠油种不能适应形势变化等问题，成品油调价频率加快，调价时间节点透明度增强，国内油价能够更加灵敏地反映国际市场油价变化。新的成品油定价机制改革虽未从根本上将定价权完全交给市场，但足以说明，中国成品油等石油产品的定价机制将逐步实现由国家控制价格向由市场供需决定价格的转变。

成品油市场参与主体更加多元化。20 世纪 90 年代以前，中国成品油市场基本上是以国有资本为市场主体的。1992 年以来，为了适应中国经济体制变革的需要，中国对成品油市场领域进行了逐步的、稳健的改革，市场参与主体不断增加，市场化程度加深，积极引入社会其他资本进入中国成品油的批发和零售业，外资加油站的建设和布局继续顺利推进，更多有实力的民营企业快速进入参与竞争，促进了成品油零售市场竞争格局的多元化，市场竞争日趋白热化。中国基本形成了投资主体多元化、油源多渠道、品牌多样化、服务差异化、设施布局合理化的成品油市场新格局。

三、成品油期货市场发展现状及特点

（一）国外的主要成品油期货市场

20 世纪 70 年代发生的两次石油危机引起石油价格剧烈波动，OPEC 和西方国家在石油资源之间的激烈竞争促使石油期货市场发展迅速。在世界石油资源争夺激烈和期货市场快速发展的情况下，世界各国纷纷推出石油期货。美国的纽约商业交易所，欧洲的伦敦国际石油交易所，亚太地区的新加坡交易所、日本东京工业品交易所都是国际上具有代表性的石油期货市场。

纽约商业交易所（NYMEX）是世界上最大的有形商品期货交易所，通过场内交易和电子交易系统进行，为能源、贵重金属、铜、铝等形成全球性基准价格，1978 年推出了取暖油期货交易，1981 年引入了汽油期货交易，1983 年推出了 WTI 期货合约。主要的代表性原油期货品种为 WTI 期货、新配方汽油（RBOB）期货、取暖油期货等。

伦敦国际石油交易所（IPE）是欧洲最重要的能源期货和期权的交易场所，成立于 1980 年，2001 年被洲际交易所（ICE）收购，已成为世界第二大能源期货和期权交易所，1981 年推出重柴油期货合约，1988 年推出最具代表性的布伦特（BRENT）原油期货合约；此外，还有相关的取暖油、燃料油期货合约等。由于布伦特原油期货合约取得了极大的成功，因此 IPE 期货交易所在国际上占有非常重要的地位。

新加坡交易所（SGX）成立于 1999 年。新加坡是南亚和东南亚石油交易中心，它的燃料油在国际上占有重要的地位，化工和成品油对亚洲尤其是中国影响显著，主要由三个部分组成：一是传统的现货市场，二是纸货市场，三是普氏公开市场。纸货市场是场外交易（OTC），类似于期货市场，都是远期交易市场，但是OTC市场比期货市场自由灵活，纸货市场合约的不少条款都高度的标准化，更便于操作。普氏是新加坡石油市场一个标杆机构，参与普氏估价的主要有跨国石油公司、贸易商、国家石油公司、银行、电厂、多种经营贸易商、经纪商、基金、航空公司、炼油商等。普氏新加坡成品油价格评估集中了新加坡地区的现货供应和需求，必须可以自由交易，无政府干预，市场环境公平，估价过程不偏向任何公司。普氏新加坡估价平均价（MPOS）是亚洲成品油的贸易基准。

东京工业交易所（TOCOM）成立于1984年。日本是传统的石油进口国和消费国，国内所需石油几乎全部依赖进口。为了保障石油能源和经济安全性以及维护日元的国际地位，东京工业交易所1999年推出了汽油和煤油期货交易，2001年推出了中东原油期货交易。随着石油期货的价格发现和套期保值的功能显现，期货价格已经作为日本国内企业交易石油的参考价。

（二）期货市场功能及特点

期货合约是指由期货交易所统一制定的、规定在将来某一特定的时间和地点交割一定数量标的物的标准化合约。期货市场是一个公开、公正、完全竞争的市场，在经济学中被认为是最理想的一种市场组织形式，是市场经济发展到一定阶段的必然产物。期货市场具有发现价格、规避风险和规范投机三大功能。

一是发现价格。期货市场参与者有生产商、贸易商和金融机构以及其他投机者，不同性质的交易者通过研究商品的市场当下以及未来的供需和影响因素，分析和预测价格走势，以此为基础进行交易，以公开竞价形式最终形成商品的预期价格的基准价。期货价格往往被视为远期长约合同、市场现货交易、期货合同以及各类衍生品工具的基础参考指标，具有重要的价格导向功能，能够引导企业生产经营更加市场化，提高社会资源的配置效率。

二是规避风险。生产企业通过期货市场买进和卖出期货合约，数量与现货市场交易数量相当，交易方向与现货市场恰好相反，目的是降低现货市场价格波动的影响，最重要的是希望能规避所产生的风险。企业通过期货市场将价格波动带来的风险部分转移给投机者。

三是规范投机。利益驱动使得期货市场吸引了大量与商品生产和经营无关的参与者，即投机者，通过投机交易希望从市场价格波动中获取收益。期货市场具有规范性操作和严格的交易规格，对投机者的交易进行严格的规定和监管，在提高市场交易活跃性，分担套期保值者的风险的同时获取正常的经济收益。

期货市场主要有以下几个特点：一是期货市场交易遵循保证金制度，交易者只需存入一定的保证金即可买卖全额的交易量；二是期货到期时，可以选择实物交割、也可选择期转现或者期转掉期等方式进行平仓；三是期货是一种金融衍生产品，容易受非法操作者左右，投资风险大。

四、中国成品油期货开发的必要性

中国是世界石油消费大国，在国际石油市场上占有重要的地位，但中国的成品油定价体系不能切实反映国内石油市场的实际供需结构，石油定价话语权的缺失给中国经济带来了严重的损失，而且中国石油化工企业缺乏一个规避价格风险的金融工具和市场。因此，发展中国成品油期货市场，争取石油定价话语权、推进石油价格市场化、为国内石油市场参与者提供避险场所和措施是必然趋势。

（一）健全石油期货市场，保障能源安全

中国仅推出燃料油期货和沥青期货两种石油品种期货，但其发展不成熟，成品油期货经过多年研究，仍未上市。因此，中国必须建立成品油期货市场，拓展石油期货的品种和规模，丰富石油期货交易品种，构建企业和政府对于能源金融衍生品有效的风险管理平台，改变中国石油消费量与石油定价权严重背离的局面，进一步丰富国内石油储备体系，保障国家以石油为核心的能源安全。

（二）增加中国在国际石油市场的话语权

中国成品油消费存在区域性供需及季节性供需不平衡等特点。同时，国内成品油供需市场内还发生变化，需求面临达峰，增速放缓，供应侧新主体进入，产业面临转型升级。但是中国的成品油定价机制只是简单机械化地与国际油价挂靠，而未考虑到国内成品油市场实际供需情况和消费结构的调整，随着中国逐渐参与到激烈的国际成品油贸易竞争中，这样的定价体系将使中国更多受制于国际石油市场，被动接受国外石油价格，使经济蒙受巨大损失。因此，中国必须发展成品

油期货市场将中国成品油供需情况及时反馈至国际市场，增强中国在国际油价变动中的影响力。

（三）成品油市场化改革要求完善市场体系

随着中国成品油市场在原料、生产、批发零售环节的开放程度不断加深，民营资本规模和话语权不断提高，局部地区如山东已经形成实质的市场价和现贸市场，但依然是大型国有企业占据主导地位，中小型企业依然要依附于大型国企经营，中国尚不存在真正意义上的现货市场。而且，中国成品油价格形成机制是随着国际油价变动进行相应的调整、国内政府制定最高指导价的国内外联动定价体制，国内的成品油市场供求、季节性变化未在成品油价格中有效地体现。"政府价格"未考虑到独立炼厂等民营企业的生产成本等，在一定程度上制约了炼油商多元化发展，同时促使低质、低价的调和油进一步流向市场。因此，建立和完善国内成品油期货市场，为国内中小型成品油生产企业提供一个交易平台，有助于打破现货市场的分割，提升现货市场的流动性，提高企业参与积极性和竞争力，推动现货市场的发展；同时形成由市场主导的反映石油稀缺性和市场供求关系的市场化价格机制，有助于推进成品油市场化改革。

（四）为国内石油市场参与者提供避险场所和措施

世界成品油贸易竞争加剧，中国必须建立成品油期货市场积极参与国际成品油贸易市场，提高中国在国际石油市场中的地位。国际成品油贸易加剧，必定会有更多的不确定因素引起成品油价格剧烈波动，继而会对相关企业及实体经济产生较大风险。通过期货市场交易可以实现虚拟市场和现实市场的风险对冲，平抑现货市场波动。完善的期货市场能够帮助相关企业锁定生产成本或达到预期的利润，进而保证生产活动的平稳进行。国外的大型石油相关企业都积极参与石油期货市场，利用石油期货、期权等金融工具进行套期保值，将生产成本或利润进行提前锁定，规避价格波动带来的风险。然而，国内成品油批发市场参与者以及厂矿企业等终端客户缺乏金融避险工具，即使能判断石油价格的变动方向和趋势，也只能被动地接受价格的变动。因此，中国需要建立成品油期货市场为实体经济服务，以保障企业生产平稳进行，提高经营企业抗风险能力。

五、中国建立成品油期货市场面临的挑战

（一）成品油现货市场不成熟

从石油产业整体链条来看，两大石油集团在上下游市场分别占据绝对的份额，其他国有企业和民营企业数量众多，但企业规模和市场占有率难以与之匹敌。虽然国家为履行加入世界贸易组织（WTO）的承诺，将石油市场中竞争度最高的油品零售和批发环节向民营企业放开，但是由于国家在上游石油勘探开发和进出口贸易方面的管控和政策限制，中小型企业没有独立的石油供应来源，同时拥有的加油站数量稀少，导致它们都在一定程度上依赖于两大集团。因此，中小型企业在石油市场中并非属于真正独立的参与主体。石油流通体制的制约不利于国内外成品油自由贸易的实现，无法形成完全竞争的市场环境，基本没有开放的现货市场，成品油期货难以真正发展起来。

（二）成品油市场化仍然需要一个过程

中国的成品油市场管理体制和市场结构是在计划经济体制下形成的，从能源安全角度来看，石油资源与国家能源安全密不可分。随着国际石油市场竞争加剧，中国经济处于快速发展阶段，国际化程度不高，同时尚不具备石油定价话语权，因此石油市场对外开放需要一定时间。从行业角度来讲，三大石油国企的组织结构、运营模式和盈利模式基本固定，短时间内难以改变。从微观角度来讲，中国成品油价格实行挂靠国外原油价格，政府设定最高限价的定价机制，而且现货流通体制的限制也不利于成品油价格市场化。而期货价格的形成应该是完全由成品油生产和消费需求共同决定的，在市场之外还存在左右成品油价格走势的力量，所导致的必然结果就是扭曲市场本身的供给与需求，使价格信号失真。因此，成品油定价市场化也还需要一段时日。而且从中国经济体制改革的历程来看，实现市场化经济体制也需要一个过程。因此，国内成品油完全市场化在短时间内仍不能实现，需要配合金融市场化、价格市场化等其他领域市场化逐渐推进。

（三）金融体系不完善

石油期货是金融衍生工具的一种，必须依赖健全的金融体制才有可能实现健康长远发展。欧美发达资本主义国家的金融体制已经相对完善，不过美国次贷危机引

起的全球金融危机依然暴露出了美国金融体制存在缺陷；中国金融体制尚不完善，如资本项目下的外汇可自由兑换还未实现，证券市场还存在风险问题，股市监管体系不完善，银行业的进一步改革和利率市场化问题等金融市场机制不健全都不利于期货市场的健康发展。

石油商品属性已经转为金融属性，石油期货、基金、银行和外汇等是石油金融体系必不可少的组成部分，相辅相成。挪威、韩国等发达国家建立专门的石油基金既促进了期货市场的发展，又支持了石油现货市场的建设。中国尚未建立专项的石油基金和银行，无法为石油企业提供资金保障，同时，在石油美元统治下，外汇波动将会带来更大的风险，石油金融体系的不健全和不完善一定程度上阻碍了中国石油期货市场的发展。

（四）期货交易所风险管理制度和监管体系存在漏洞

虽然中国期货市场已经发展有 20 多年，风险管理制度和监管体系相对完善，但是在 2016 年第二季度发生的“商品火、开户热”的现象中，暴露出中国期货交易所交易中依然存在违规资金流入期货市场的现象，造成过度的交易量和投机气氛，使期货价格不能真正反映市场的供求关系和发展趋势，扰乱市场秩序，给套期保值者造成很大风险。中国尚未出台《期货法》，由于缺乏更高层次的法律保障，境内外投资者对参与中国期货交易心存疑虑。

中国成品油期货市场也必将是一个国际性的期货交易平台，参与者来自不同国家，而各国的监管方式和法律定位存在一定差异，因此中国在开展跨境监管方面面临着很大的挑战。如若国内监管制度不够完善，境外投资机构的引入将会给国内期货市场的平稳运行带来很大冲击，并存在很大的风险。

（五）国有大型石油企业风险管理意识和监管体系存在不足

在中国现行市场结构下，三大石油企业是中国石油市场的主要参与主体，也将是石油期货市场中主要的套期保值者，因此国企的参与积极性程度是决定中国成品油期货能否成功的一大要素。在当今国际石油市场中，企业是否能够合理利用石油期货等金融工具进行套期保值、规避风险，日益被看作衡量企业风险管理能力的重要标志。而中国很多企业受传统观念的束缚，缺乏对期货市场的正确认识，保值和投机的目的混淆，容易酿成风险，而且中航油事件、巴林银行事件、住友事件等因为参与期货交易失误而遭受巨大损失给中国石油企业蒙上一层阴影，导致国有企业不敢轻易参与。此外，中国大型的石油企业仍基本沿用计划经济体制下形成的石油供销体系，体系链条长，各级部门权责不清，生产和销售两大并行链条存在利润分配不均的问题，这样的组织结构既不利于企业自身的管理，也不利于提高应对市场的反应能力。监管体系中也存在着诸多问题，容易加大企业运行的风险。企业的风险管理意识不强和监管体系不足不利于成品油期货的发展。

（六）期货市场投资者结构不合理

发达国家石油期货市场的主要参与者主要由具有套期保值需求的石油相关企业、金融机构以及其他以投机获利为目的的投机者构成，其中石油生产相关企业占72%、消费者占6%、基金和机构投资者占22%。虽然基金和机构投资者参与比例不高，但是其交易量和持仓量占50%以上，很大程度上提高了市场的活跃度。

中国由于政策原因，期货市场参与者比例失衡：一是现行政策限制国有企业参与期货市场套期保值经营。期货交易价格随着市场不断变化，在合约到期前，盈利和亏损是不确定的，与现行的会计制度要求必须要记录下当下已经发生损益存在一定的冲突。而且对于国有企来讲，在现货交易中产生较大亏损时不对绩效考评有影响，而在期货市场中则要面临一定的政治风险，财务制度和绩效评估制度的不配套导致国有企业进行套期保值的积极性较低。二是期货市场缺乏金融机构的参与。石油期货具有很高的金融特性，能吸引大量的金融机构参与，进而提高市场的流动性，分散价格波动带来的风险，促进市场健康发展，而且可以提高石油资金集中度，为石油企业发展提供资金支持。而中国期货市场里投机者中散户居多，金融机构参与期货市场受到政策限制。不同类别参与者的比例不合理，不利于期货市场的健康发展。

六、推进中国成品油期货市场建立的相关建议

（一）国企提高风险管理意识，积极参与期货交易

首先要明确一点，只有参与石油期货市场，才能在国际石油市场中争取话语权，同时能否在石油期货市场中通过套期保值交易规避风险，是衡量企业管理风险能力的重要标志。国企必须进行自我改革，健全公司结构，改革现有会计制度和绩效制度，明确各相关部门的职责权限，设立专门的期货交易部门，加强专业人才培养，摒除传统观念束缚，在风险管理机制完善的前提下大胆参与期货市场。

（二）政府加强对独立炼厂的管理，严格把控油品质量

尽管国家对独立炼油企业采取限制发展的措施，但中国经济增长带动巨大的石油需求，部分低质、低价的成品油仍有一定的市场。独立炼厂大多分布在油田周边获取生存空间，地方政府出于就业、税收等因素考虑，给予独立炼厂政策上的通融和支持，独立炼厂新建或扩建项目获得的银行贷款规模不断扩大。独立炼厂的规模和资产总量较大，对国内成品油供应发挥一定的作用，建议对独立炼厂采取区别对待、合理引导、严格管理的政策，包括鼓励国有石油公司通过收购或控股合作的方式，对具有一定规模炼力、装置先进的独立炼厂项目进行升级改造，并纳入国家统一规范管理范畴；对于可以转型的独立炼厂项目，可以通过发展特色化工、精细化工，谋求出路；对于部分低效、高能耗的落后不规范产能，建立顺畅的产能退出通道推动其退出市场。

同时，政府应严格把控油品质量的检验和监督工作，消除低质油品生存空间，引导市场贸易商合法经营。避免由于厂库中货品种类不一，在实际交割时出现标的物的品质不符合要求的情况。

（三）期货交易平台要完善石油市场数据发布体系，进一步完善风险管理体系

中国石油市场数据公布存在不全面、不及时等问题，不利于市场参与者及时获取完整的市场数据作出判断，政府间的数据共享也不完善。作为成品油期货市场发展的一部分，石油行业数据（包括库存、产量、需求、运输等方面数据）完整全面的公布能够推动期货市场的发展。政府相关部门在公布数据的同时，也可借鉴美国通过石油库存信息公布影响油价波动的经验，对市场加以调控。

进一步完善期货交易所的风险管理体系和加大监管力度，对期货市场入市者进行严格审核，防止通过自有资金进行买卖交易提高虚假交易量，扰乱市场秩序。随着期货市场走向国际，吸引更多的境外投资者参与，交易所一方面要加大管理力度，另一方面要对现有体制机制进行改革，逐渐与国际规则和管理体系接轨。衍生金融工具的期货交易包含大量的高科技技术，交易手段复杂，交易方式多样，对期货交易者提出了很高的要求。因此，建议加强专业人才的培养力度，只有在充分掌握和熟知金融交易的专业知识和行业规则前提下，才能更好地、灵活地应对市场发生的各种情况，保证期货市场安全、平稳地运行。

七、结论

中国是成品油消费大国，且成品油需求保持快速增长，成品油价格波动无疑会对中国实体经济及相关企业产生较大的影响，中国有必要发展成品油期货来平抑价格波动带来的风险，以推动成品油行业及实体经济的平稳健康发展。

中国油品市场需要从期货市场传导至企业终端用户的有代表性的价格信号。期货市场和现货市场的发展是一个长期的期货和现货相互促进的过程，成品油价格完全市场化需要一个过渡阶段，但一定会朝着以市场为主导的模式改变。成品油价格市场化之后，市场将在价格调整中发挥主导作用，政府的调控职能将侧重监管方面，成品油价格将直接反映出国内成品油的供需关系，促进原油勘探、开发、生产、进口、成品油加工、销售环节的资源配置更加合理化。随着中国成品油市场不断改革，定价机制趋于市场化、市场参与主体更加多元化，为发展成品油期货奠定了一定的市场基础。

专题四　中国船供油市场发展特点及2021年展望

摘要　2020年是国际海事组织（IMO）“限硫令”也就是全球船舶燃油硫含量0.5% m/m排放限制政策实施的第一年，包括中国在内的整个全球船供油市场发生了巨大的变化，在供应格局、需求变化、贸易流向、品种结构、报价模式、订单类型、物流方式、信用政策等方面都发生了不同于以往的变化，船供油市场整体处于调整重组的过程中，未来的发展趋势愈加难以预测。而中国船供油市场超前谋划低硫船用燃料油供应，率先在全球复工复产保障供应，船供油总量实现了令人惊喜的逆势增长，中国船供油市场正成为全球船供油市场最为强劲的增长动力，未来发展潜力值得期待。

关键词　船供油市场；低硫船燃；保税油市场

一、2020年中国船供油市场变化特点

（一）供应方面

在2020年之前，中国保税船供油市场90%的资源采购都需要通过从国外进口的方式解决，新加坡、马来西亚一直都是中国最为主要的进口燃料油来源地。但在2020年之后，这种完全依赖性的资源供应格局发生了非常大的变化，国内炼厂的低硫船燃资源不断大规模进入中国保税船供油市场，所占份额和比例不断提升。按照国家统计局数据，2020年中国燃料油产量高达3406万吨，同比增加38%。2020年，中国国内31家炼厂生产的低硫燃料油总量高达765万吨，其中中石化产量占60.40%，主要集中在华东、华南和山东地区；中石油产量占25.90%，主要集中在环渤海区域，特别是辽河石化年产量高达86万吨，成为国内最大的低硫燃料油生产基地；中海油产量占7.60%，主要是舟山石化、泰州石化；独立炼厂占5.60%，主

要是浙江石化等炼厂。另外，中化泉州炼厂有少量资源产出供应。按照1000万吨的低硫燃料油出口配额测算，国产资源配额执行率为76.50%，虽然没有达到配额总量目标要求，但国内资源的供应已经初步形成规模化、产业化和集约化。

（二）需求方面

2020年，中国船供油市场继续保持稳定发展，特别是在新冠肺炎疫情影响下，全球经济贸易发展日趋受挫，在异常不利的市场环境下，中国船供油市场供应总量却依然实现了逆势大幅增长。其中，保税油供应总量1667万吨，同比增加438万吨，增幅为36%，大致与国内燃料油的产能增长保持一致；内贸船供油总量1000万吨，同比减少50万吨，减幅为5%。2020年，中国船供油市场供油总量2667万吨，比2019年的2279万吨增加388万吨，增幅为17%，也是5年以来增长数量最大、增长速度最快的一年。其中，华东区保税船供油总量高达711万吨，在国内市场占比43%，环渤海区保税船供油总量542万吨，在国内市场占比33%，华东区高出环渤海区10个百分点，而两大港口集群在国内市场份额占比合计高达76%。

（三）政策方面

2020年是低硫船燃时代元年，全球主要石油公司、贸易商、船供油公司甚至是船东，为避免出现低硫油供应紧张的局面，均在2019年底囤积购买了大量低硫船燃资源，导致低硫船燃价格出现暴涨。但2月以后，在新冠肺炎疫情影响下，很多国家出台了关闭港口、限制贸易、禁止船员上岸等措施，导致船供油市场需求大幅下滑，船供油公司的出货压力不断加大，主要港口低硫船燃库存高涨，市场供应紧张格局迅速降温转为严重宽松，价格也随国际原油市场一路暴跌。但中国为保障低硫船燃供应，促进港航业的稳定发展，适时出台了低硫船燃一般贸易出口免抵退税和出口配额管理政策，极大调动了中国炼厂生产低硫船燃的积极性，有力促进了中国船供油行业在2020年实现逆势增长。2020年4月22日，商务部和海关总署发布公告，对低硫燃料油（海关商品编码2710192210）实施出口配额管理，并纳入出口许可证管理货物目录，首批低硫船舶燃料油出口配额共计1000万吨，其中中石化429万吨、中石油295万吨、中海油和中化集团各90万吨、浙江石化100万吨。为确保出口配额的顺利执行，中石油、中石化等各家炼厂不断加大低硫船燃的生产投入，国内产能得到进一步释放和提升，国内低硫船燃月供应量已经高达70万吨，占国内月均保税油供应量140万吨的50%。也就是说，国内保税油市场有一半的供应量来自国内炼厂。

（四）价格方面

根据普氏能源资讯（PLATTS）数据显示，自 2019 年 3 月以来，中国炼厂开始规模化自主生产低硫船燃，供应规模持续增加，炼厂低硫船燃产量从 2019 年 1 月的 3 万吨，快速增长到 6 月的 94 万吨，到年底大体稳定在 70 万吨以上。从价格方面来看，中国华东地区舟山港保税油供应价格优势不断显现，与新加坡的供油价格差距也在大幅缩窄，打破了此前历史上大多高于新加坡市场 20 ~ 30 美元/吨的局面。从第二季度开始，中国保税低硫船用燃油供应均价为 265 美元/吨，低于新加坡市场 3 ~ 5 美元/吨，随着价格优势的显现，吸引了越来越多的国际航线船舶停靠中国港口加油。2019 年下半年，中国舟山港低硫船燃供应均价为 358 美元/吨，与新加坡市场的 357 美元/吨基本持平，部分时间段价格还低于新加坡市场，部分大单的价格更是一度低于新加坡市场 10 美元/吨。中国舟山等港口已经逐步成为整个东亚地区船供油市场的价格洼地，吸引了大量的船舶选择在中国港口加油，在全球市场的影响力日趋重要。在低硫船燃质量方面，由于国内炼厂生产的低硫船燃大量进入保税油船供油市场，大多在炼厂完成生产加工调和，燃油质量得到较好保障，从全球范围来看，中国港口在低硫船燃时代元年发生燃油质量问题争议率是全球最低的。其中，中石油所属辽河石化生产的低硫船燃，由于辽河原油本身的低硫特性，该炼厂生产的低硫船用燃油硫含量在 0.20% m/m 左右，具有天然优势，而且各项产品指标完全满足船用燃料油国际标准（ISO 8217—2017）和中国国家标准（GB 17411—2015）的技术要求，非常适合作为船舶燃料，已经成为全球质量最好的船舶燃料，而且直接供给船东客户，受到客户的一致好评。综上所述，中国保税低硫船燃价格优势已经逐步显现，在整个东亚地区乃至全球市场的影响力大幅提升，价格与新加坡市场持平、甚至更低已经成为常态。

（五）物流方面

随着国产低硫船燃资源生产能力的不断提升，2 月 1 日以后国家正式实施低硫船燃一般贸易出口免抵退税政策，国内主要船供油商的资源采购模式发生重要变化。以往的物流模式都是从国外通过超大型油轮（VLCC）和阿芙拉等大型油轮运输进口国外高低硫燃料油资源，在国内舟山、青岛等主要加油港口设置的中心油库进行一程卸货入库，部分资源通过万吨、千吨小型油轮运输至周边港口油库进行二程配送运输，之后通过油库装载燃油用驳船进行供油作业。国产低硫船燃资源大规模进入市场后，需要设立保税油监管仓和保税仓满足海关监管要求，同时各个燃油供应商也对油库管线、仓容和采购模式进行改造、调整和优化。由于炼厂的位置有的在沿海港口、有的在内陆地区，导致物流供应模式也呈现多样化的趋势。沿海港口的炼厂位置优势明显，可以通过管线和驳船、油槽车直接装载低硫船燃进入供油商的油库。而位于内陆地区的炼厂，则需要通过火车、油槽车的方式进行长距离运输作业，有点类似于蚂蚁搬家的方式，以小批次的方式进入供油商的油库，积累到一定规模后进行大规模批量供应。实质上，这样会导致物流成本总体偏高，作业效率较为缓慢，效率和成本优势并不是很明显。但是从供油作业效率来讲，以往进口资源从国外进口，海运距离长、运费高、时间长，而国产资源则与供油主要港口距离优势明显，特别是沿海港口炼厂生产的低硫船燃资源，可以迅速进入供油作业环节，基本实现了端对端的供油作业模式，减少了中间环节。一方面节约了运输费、仓储费、装卸费等，物流成本大幅下降；另一方面减少了中间入库、再运输的环节，减少了燃油的运输自然损耗，从炼厂到供油商的油库再到驳船，供油时间大大缩短，减少了资金占用成本和时间成本，供油作业效率得到大幅提升，也减少了断供情况的出现。从炼厂到驳船供油的物流模式正在逐步成为主流供应模式，国产低硫船燃资源在“产、运、转、存、销、供”效率衔接方面相比传统进口资源优势非常明显。

（六）客户方面

2020 年临近年底，为了有效应对新冠肺炎疫情大流行对航运市场的冲击、打击潜在违反竞争的行为，美国联邦海事委员会（FMC）宣布采取相关措施，加强对 2M、THE 和 OCEAN 三大全球航运联盟的监管力度。事实上，自 2016 年，航运业形成 2M、THE 和 OCEAN 三大全球航运联盟后，各主要班轮公司就没有停止过抱团竞争的步伐，各大班轮公司持续采取收购、船舶共享、舱位互换和联合服务等多种措施，显著提高了整个行业的集中度。根据 Alphaliner 数据，截至 2020 年 12 月 22 日，全球运力排名前三位的马士基、地中海航运和中远海运集团的总运力已经达到了全球集装箱班轮总运力的 45.30%，而全球排名前十位的班轮公司，其总运力已经达到了全球运力的 83.70%。国际航运咨询机构德路里此前发布报告指出，到 2021 年，全球前七大班轮公司将控制全球集装箱船队 3/4 的运力，这些班轮公司将相关运力分配到相应航线时，其影响力和支配力无疑是占据主导地位的。航运业集中度的提升，事实上也对船供油商的客户管理提出新的要求，大客户战略成为船供油商未来发展的核心战略。马士基、地中海航运和中远海运集团班轮船队年燃油需求量均在1000万吨以上，成为全球主要船供油公司竞相追逐的目标，特别在低硫船燃时代开启之后，大型船东也在尝试新的采购模式，一方面加大了长约订单的合同占比，与供应商签订长期供油协议，锁定数量和价格；另一方面是直接与炼厂签订长期供油协议，甚至自已租赁油库、租赁驳船进行供应，同时加大在公开市场上招投标的数量和频率，虽然油价整体偏低，但船东在燃油成本控制方面的热度依然不减。头部马士基等航运企业加大低硫清洁船舶燃料的投入和研究力度，LNG已经成为全球第三大船舶燃料供应品种，鹿特丹、新加坡等港口均已经启动了LNG的加注业务，船舶燃料的多元化趋势已经在不断加快推进，清洁船舶燃料替代对传统船供油市场需求的冲击也在慢慢显现。

此外，在航运市场，金融船东、货主船东的比例也在不断增加。2008年之后，航运业面临着较为严重的融资困境，船舶厂商、船东在融资方面频繁受挫，众多企业为谋求生存与发展，开始向金融市场、资本市场寻求资金支持，投资银行、私募基金、融资租赁公司等金融机构成为金融船东并逐渐发展为航运市场中重要的参与者。淡水河谷等铁矿石货主也在不断筹建保障自身业务需要的运输船队，尤其在干散货市场，货主船队的规模不断扩大，市场影响力大幅提升。过去10年间，无论是传统船东还是已形成规模化、综合化发展的第三方船舶管理公司、金融船东、货主船东等，其船舶管理的职能均在不断扩大，深入包括豪华邮轮、天然气、多用途船舶、海工平台等多个航运细分市场，对燃油供应管理的参与度也在增加。对船供油公司而言，建立与货主的战略合作关系也显得日趋重要，对于金融船东、货主船东新型客户的开发、维护，逐渐成为一个全新的、迫切的课题。

二、2021年中国船供油市场发展趋势

（一）船供油市场需求有望保持增长

从全球来看，受新冠肺炎疫情影响，预计全球船供油市场需求总量下降5%左右，供油总量大体减少1500万吨。进入2021年，新冠病毒变异引起的全球疫情二

次暴发再次成为焦点，市场越来越担心美国和欧洲的长期封锁以及东亚地区国家出台新的限制措施。国际燃油工业协会（IBIA）表示，边境关闭、防疫隔离和停产将继续制约燃油需求。

全球经济一体化已经向区域经济一体化演变，特别是 RCEP 将推动全球船供油市场加速东移。在东亚地区，新加坡是全球最大的船供油中心，中国香港、韩国、日本等国家和地区船供油总量也保持稳定，整个东亚地区船供油总量接近 1 亿吨规模，占全球船供油市场的 33%。加上东亚地区国家新冠肺炎疫情普遍控制较好，吸引了大量的国际航线船舶选择在该区域港口加油，也为国内外航运公司节省了大量的燃油成本。展望未来，RCEP 政策必将助力东亚以及中国船供油市场发展进入快车道。随着中国船供油市场销售规模不断扩大和自贸区红利陆续释放，预计中国船供油市场在东亚地区的竞争力将快速提升，有望成为全球船用燃料油市场价格洼地和东亚地区低硫船用燃料油定价中心，吸引新加坡、韩国、日本等周边国家航行船舶优先选择在中国舟山等国内沿海港口加油。预计 2021 年，中国保税油供应总量将达到 2000 万吨规模，同比增加 333 万吨，增幅 20%；预计内贸市场船供油总量 1050 万吨，恢复至 2019 年的水平，同比增加 50 万吨，增幅 5%。预计 2021 年，中国船供油总量将首次突破 3000 万吨大关，创出 3050 万吨的历史最高纪录，较 2020 年的 2667 万吨增加 383 万吨，增幅 14%。中国船供油市场在全球船供油市场占比将达到 10% 左右，成为全球愈加引人瞩目的船供油主要增量市场，未来发展空间依然巨大。

（二）国内低硫船燃自供保障能力持续提升

2021 年 1 月 2 日，商务部出台了首批 500 万吨低硫船燃出口配额，其中中石油 149 万吨、中石化 240 万吨、中海油 40 万吨、中化集团 32 万吨、浙江石化 39 万吨。尽管 2021 年第一批低硫船燃出口配额仅为 50%，但随着中国保税油需求的增长，炼厂产能的继续释放，极有可能在适当时间推出并下发第二批配额指标以满足市场需求。从产能方面来看，中国炼油能力已经接近 10 亿吨规模，国内炼厂产能过剩局面进一步加剧，而包括中石油、中石化在内的国内主营炼厂，均拥有上千万吨的低硫燃料油产能，并在根据自身炼厂工艺结构、资源来源渠道及规模优势，持续加大低硫船燃生产能力的投入，特别是辽河石化、大港石化等国内炼厂已经初步打造成为低硫船燃生产基地，后续二期的投入依然在紧锣密鼓地进行，未来产能仍有进一步提升的空间，足以满足中国船用燃料油的供应需求。从全球范围来看，2020 年初低硫船用燃料油需求异常紧张，价格出现暴涨，直至新冠肺炎疫情出现后，燃料油价格才随国际油价大幅下降。但从资源供应端来讲，欧洲和北美地区仍在继续关闭低效炼厂，东亚和中东国家炼厂轻质化程度不断提升，全球燃料油供应趋紧的格局并未改变，新冠肺炎疫情导致的船用燃油需求下降暂时掩盖了资源不足的矛盾。因此，随着经济的复苏，需求的增加，燃料油供应特别是低硫船燃供应紧张的局面可能再次出现，资源问题依然是全球船供油商所要面临的最为严峻的问题，因此，低硫船燃供应链的稳定性、安全度、竞争力是全球船供油商最为关注并亟待解决的核心问题，只有获得优质的、安全稳定的、有价格竞争力的船用燃油资源渠道，才会在未来市场的竞争中立于不败之地，才能建立起比较竞争优势。

（三）保税油市场放开的程度、进度和范围更大

2020 年 11 月，舟山市政府新增两家保税船供油经营资质企业：中石油上港（舟山）能源有限公司、浙江自贸区中石油国际事业有限公司。其中，中石油上港在 12 月已完成了首单保税船加油操作。舟山市政府批复的第一批自贸区牌照企业——舟山港综合保税区能源化工有限公司在 2019 年加注量不足 1 万吨，2020 年内仅有少量供油表现，已被取消保税供油经营资质。截至 2020 年底，国内具备全国牌照的保税船供油企业共 5 家，具备地方牌照的企业共 10 家。

2021 年 1 月 7 日，舟山市政府同意授予托克能源（浙江）有限公司中浙江自贸区国际航行船舶保税油经营资质。至此，舟山市政府共批复了 12 家保税船供油企业。截至 2021 年 1 月底，国内可进行保税船供油业务的企业共计 16 家，其中 5 家为全国牌照，11 家为浙江自贸区牌照。中国船燃、中石化燃料油、中海燃供、中长燃四家公司市场份额占比在 90% 以上，其中中国船燃和中石化燃料油保税船供油量占国内保税油市场总量的 85%，占据国内市场主导地位，形成了两强竞争的市场格局。

预计 2021 年，中国保税船供油市场的竞争将日趋激烈、甚至残酷。一方面，托克等国际巨无霸石油贸易公司已经进入中国保税油市场，前期摩科瑞和 VITOL 等公司也已经通过业务合作、资本合作模式进入，上述石油贸易公司握有上千万吨的燃料油贸易资源，加上资金实力雄厚，风险控制能力超强，势必在中国保税油市场加大投入力度，争夺国内市场份额；另一方面，国内舟山、深圳、青岛、海南等自贸

港均在加快放开保税油市场，越来越多的公司会参与获得保税油业务的经营资质和牌照，甚至会有大量的跨界资本进入船供油市场领域。可以预见，会有更多数量、更大范围的新公司出现在保税船供油市场，市场活跃度会大幅上升，同样，低价竞争、恶性竞争、抢夺客户的行为也会越来越激烈，中国保税船供油市场竞争的激烈程度预计会大大超过以往。此外，各个区域港口借助自身实际特点也会对保税油业务的便利化政策加大红利释放，国内各个港口对保税油业务的争夺也会非常激烈，大多希望打造本区域保税油加注核心港口，舟山、上海、青岛、宁波 4 个百万吨级保税油枢纽港已经初步形成，日照、洋山、深圳也在快速发展。特别是舟山模式也在国内加速复制和推广。浙江自贸区通过码头扩建、管线升级改造，全面提升油库、码头周转作业能力，保税供油综合能力进一步提升。舟山港燃料油存储能力在 1000 万立方米左右，保税油库、出口监管仓油库众多，高硫燃料油可以通过码头直装、库中转、调拨、期货油交割等方式多方位开展各种类型的保税油加注业务，同时还有专门从事保税供油的 67 艘“白名单”船舶进行保障，结合“先供后报”、外锚地作业优先、最多跑一次等便利化措施，可全面缩短作业流程。2020 年，舟山港保税油供应总量达到 472 万吨，进一步拉大与上海港的差距，在中国保税油市场独占鳌头。

（四）海外资源依然是中国保税船供油市场的重要保障

根据海关数据，2020 年中国累计进口燃料油 1260. 60 万吨，同比减少 218. 40 万吨，减幅为 14. 80%；累计出口燃料油 1548. 80 万吨，同比增加 475 万吨，增幅为 44. 20%。从 2014—2020 年燃料油进口变化情况来看，2015 年原油进口权和使用权对独立炼厂放开，促使国内炼厂对深加工用燃料油进口需求大幅萎缩，2016 年进口量年度跌幅达 25. 60%。2017 年浙江自贸区大力开展保税船加油业务，带动了保税燃料油进口量逐步提升。2020 年下半年，5—7 号燃料油进口量出现大幅萎缩，主要原因是：一方面，2 月国家实施出口退税政策，国产低硫船燃陆续出口并投放至保税船供油市场；另一方面，国际燃料油市场价格开始推涨令燃料油进口热情减弱。2020 年燃料油进口量高点出现在 5 月，达到 160. 02 万吨，前期国际燃料油价格陆续走跌，燃料油集中到货支撑当月进口量攀至高位；进口量最低值出现在 7 月，仅为 61. 84 万吨，经过 2019 年上半年燃料油进口及国产低硫船燃出口，中国各个保税油供应公司对燃料油进口需求下降明显，中国对进口燃料油的依赖度大幅下降，特别是中石化燃料油公司，保税油供应总量中国产资源占比已经达到60%以上，占据主导地位。

2020年国内进口燃料油大部分来自马来西亚，马来西亚的进口量占比从2019年的38%提升至52%。与2019年相比，新加坡地区进口量萎缩明显，进口占比从24.60%跌至14.30%。市场份额转移至马来西亚，一方面因为马来西亚低硫产能提升明显，另一方面因为新加坡的燃料油库向马来西亚转移令其市场供应量大幅提升。韩国的占比也从2019年的5.80%提升至8.40%，其炼厂低硫燃料油产能释放明显令出口量稳步增加。另外，日本和阿联酋的进口占比也呈现不同程度的萎缩。俄罗斯进口占比保持相对平稳。

由于中国保税船供油市场处于快速发展时期，不仅需要稳定的国内炼厂资源，还需要稳定的进口燃料油资源予以保障。2019年以来，虽然国内炼厂低硫船燃资源稳步提升，供应占比不断提升，但中国主要船供油商对于进口燃料油仍有较强的需求意愿，特别是适合调和的优质资源依然非常抢手，进口资源依然是中国保税油市场非常重要的资源渠道和补充。从PLATTS的统计可以看到，2020年东西方燃料油套利船货的总量已经减少了40%，而新加坡的加油量同比增加5%，达到4983万吨，仅次于历史最高纪录。可以预见，随着全球船供油市场的东移，新加坡、中国、韩国等国家对于进口资源的争夺也会趋于激烈，进口资源对于中国成为东亚地区的船加油中心，依然具有非常重要的保障作用。

（五）保税高硫燃油需求增长空间受到一定限制

2020年，中国保税高硫燃料油供应量大体在110万吨，占保税油供应总量的6.60%，而2019年高硫燃料油的供应占比则在90%的高位。在低硫时代元年，中国保税油市场低硫船燃供应已经占据主导地位，占比高达90%。由此可见，中国船用保税油市场主要以低硫燃油供应为主。从区域上来看，可以供应高硫燃料油的港口屈指可数，主要集中在华东的舟山港口，2020年供应高硫燃料油66万吨，占国内高硫燃料油供应总量的60%，此外，青岛、大连等港口也有部分高硫燃料油的供应，整体规模不大。而高硫燃料油供应商也主要集中在中国船燃、中石化浙江舟山、中石化中海和浙江海港国贸几家公司。国外船供油枢纽港口方面，新加坡市场高硫燃料油供应占比在21%，鹿特丹港占比在30%，巴拿马港占比在17%。由此可知，中国港口高硫燃料油供应占比非常低，主要原因是中国高硫燃料油仍依靠进口，价格处于较高水平，市场需求疲弱，而且高硫燃料油供应需要单独租用高硫燃油库，同时配置相应驳船，库存周转缓慢，加之海关将其作为重点监管品种，因此高硫燃料油在国内的供应整体占比较小。

从价差结构来看，IMO 2020 限硫令开始实施的时候，船用燃料价格大幅飙升，2020 年 3—9 月，高低硫燃料油价差一直在每吨 30 ~ 60 美元徘徊，进入 11 月以来，高低硫燃料油价差拉大，每吨在 80 ~ 120 美元。根据咨询公司伍德麦肯兹咨询公司（Wood Mackenzie）预计，迄今为止已经有 4000 艘船舶安装了洗涤塔，其中的 2300 艘是在 2020 年安装的。2019—2020 年，全球 76% 的脱硫洗涤塔是在中国船厂进行安装的。特别是舟山地区的中远海运重工、龙山船厂、鑫亚船舶修造等各大修理船厂陆续开展接单，共完成 680 多艘脱硫装置的安装和改造。随着高低硫燃料油价差的扩大，Wood Mackenzie 预测在 2021 年第四季度，新加坡港高低硫燃料油的平均价差将扩大至每吨 150 美元，预计安装脱硫洗涤塔热潮又重新出现。但船舶安装脱硫塔仅是解决船舶排放问题的权宜之策，并非长久解决策略，大部分公司之所以选择也只是作为过渡期的一个应对策略，目的是降低燃油成本。国际燃油价格并不高，高硫燃料油资源日趋紧张，供油成本高昂，高低硫价差不存在继续拉大的可能。因此，未来高硫燃料油的供应规模不会有更大的增长空间，需求总量和供应占比相对保持稳定。但高硫燃料油由于其小品种特征，会成为高毛利燃料油经营品种。

（六）船供油市场的数字化转型已经提上议程

相比陆上加油业务的数字化、智能化应用，水上船供油市场的数字化转型尚处于初级阶段，整体数字化程度较低。大多数供油商，特别是中小供油商常常都是靠传统的微信群传递信息，用 Excel 表格来记账，管理较为粗放。而大型船供油企业在信息化的投入方面也明显不足，ERP 系统的建设也只是满足基本日常的经营需要，并没有对数据进行集成化的开发应用，大数据的应用更是处于起步阶段，信息化系统对于现场供油服务的监控、保障能力较弱，整个船供油行业对于数据驱动的价值创造也在探索阶段。从现代化企业管理角度来讲，数字化转型升级是必然趋势，面对数字技术的快速发展和商业模式的变换，船供油企业实质上正处在新旧切换的关键拐点，能否快速实现数字化转型，对于船供油企业未来的可持续发展以及核心竞争力的提升具有至关重要的作用。船供油企业应加大信息化技术的应用开发，加快实现数字化转型，助力船供油行业实现高质量发展。一方面，通过数字化运营可以改变以往营销经验的固化认识，启发新的关注点和领域，让业务管理、客户服务更加精细和高效；另一方面，通过数据的流动实现关键经营指标的可视化、实时化，可以让数据创造价值，让业务决策更加高效快速，提升应变能力。此外，数字化也会促进客户服务方面的智能化、精准化，可以更好地了解客户的动向、客户的经营以及燃油加注情况，进而提醒销售人员主动营销，从而使供油业务更加主动、更加精确，也有利于提升库存周转率，帮助船供油企业建立科学库存水平，减少不必要的资金占用。同样，客户也会快速掌握燃油品质和驳船物流动态，供油体验也会越来越好。应该说，除了国家低硫船燃一般贸易出口免抵退政策红利的支持，数字化转型也会大幅提升中国船供油市场的服务水平和供油效率，促进中国船供油市场规模进一步扩大。

（七）内贸船供油市场在内循环政策红利下止跌企稳

受中国宏观经济政策调整以及日趋严格的环保政策影响，中国内贸船供油市场需求一直呈现连续下降的走势。特别在2020年初新冠肺炎疫情暴发以后，中国长江等内贸船供油市场需求出现大幅下滑局面，2020年第一季度供油量降幅在20%以上。之后，随着复工复产以及经济逐步复苏，内贸水上供油需求才逐步企稳回升。从上半年来看，年初市场出现短暂上行局面，受元旦假期影响，下游囤货较为积极，加之在炒作情绪影响下，行情方面出现上行，不过随后市场开启了下行模式，很多囤积燃油的供应商出现了巨额亏损，甚至高价库存一直到年底才消化掉。从价格方面来看，价格从第二季度以后才摆脱了连续下行的局面，趋于稳定，但由于市场需求疲弱，价格长期低位徘徊，旺季不旺成为常态，国内燃料油市场成交氛围悲观，但在进入10月以后，市场价格开启了一轮上涨模式。

进入2021年，特别是1月上旬，中国港口协会监测八大枢纽港口集装箱吞吐量同比增长2.30%，其中，外贸吞吐量同比增长0.10%、内贸同比增长9.90%。分港口看，上海港、深圳港增速超过10%。特别是长江港口生产实现开门红，据统计显示，南京、武汉、重庆三港口货物吞吐量同比增长14.40%，各港增速均超过10%，其中重庆港增长35%。集装箱方面，内贸板块提升明显，三大港口集装箱业务同比增长6.40%，武汉港、重庆港增速均超过30%。2020年，中央经济工作会议强调“双循环”是应对中长期问题的战略方向，“牢牢把握扩大内需这个战略基点”是“双循环”的关键。伴随着扩大内需上升至国家战略，粮食、煤炭、塑料等大宗商品需求量将有所提升，内贸运输的需求及运量随之大幅提升。在“散改集”政策推动下，内贸集装箱运输主要货种为煤炭和粮食，占比达 25% 以上，货物整体附加值较低。而“双循环”强调要激活国内超大规模市场的消费升级，14 亿人口所需的衣、食、住、行等将带动服装、食品、日用消费品、家具、电子产品、医疗美妆、汽车以及冷藏集装箱等的运输需求提升，货物整体附加值也将有所提升，国内货物运输结构将更趋于平衡。随着内贸航运市场体量持续扩大，航运金融、航运保险、航运交易、船舶管理等现代航运服务业将进一步投入内贸航运市场，形成更加完善的产业链，市场将变得更加活跃。同样，内贸航运市场的活跃和繁荣，也会极大带动内贸船供油市场需求的增长。预计 2021 年，中国内贸船供油市场需求稳步复苏，供油总量预计恢复至 1050 万吨左右，同比增长 5% 。

（八）清洁船舶燃料油研发和应用呈现加速发展态势

2018 年，国际海事组织发布了航运减排初步战略，提出 2050 年国际航运温室气体排放总量要在 2008 年的基础上降低 50% ，IMO 2020 限硫令只是实现全球减排目标和措施的第一步，整个航运市场未来必将朝着清洁化、低硫化、低碳化、零排放的目标持续推进。2016 年起，中国逐步实施国内船舶排放控制区（DECA）法规，并对内河、沿海和远洋船舶所用燃料实施更严格的含硫量要求。2018 年 11 月 30 日，交通运输部发布了新的《船舶大气污染物排放控制区实施方案》，将船舶排放控制区进一步扩大范围，包括沿海领海水域、长江干线和西江干线，特别对海南省沿海水域强化了控制要求，既控制硫氧化物，也控制氮氧化物。在实施要求后，港区二氧化硫浓度有大幅度的下降，大型港口城市的二氧化硫的浓度水平大幅下降 26% ~52% 。2020 年 9 月，习近平主席在第七十五届联合国大会上宣布，中国将努力争取 2060 年前实现碳中和。由此可见，关于船舶的减排要求不会止步于此，清洁船舶燃料替代大概率将成为未来航运公司主要选择。船供油行业既是港口服务领域的主要功能，也是实现绿色航运最为关键的领域，面对未来绿色航运发展的大趋势，挪威船级社（DNV GL）预测，碳中性的氨气和甲醇将是最具前景的替代燃料。VLSFO、船用汽油（MGO）和 LNG 等传统燃料将迅速减少甚至彻底被淘汰，电化氨、蓝氨和生物甲醇成为新造船和某些改装船最具前景的燃料。根据 ABS 的最新调查显示，LNG 和氢气被大部分从业者视为领先的燃料，将帮助船运业达到 IMO 的脱碳要求。因此，船供油公司应当积极协同国家交通运输、环保等主管机构以及航运公司全力开展清洁船舶燃料技术的研发，特别是 LNG、甲醇、LPG、氢气、氨气等替代能源的技术应用，为促进中国绿色航运目标的实现作出积极贡献。

根据 DNV GL 数据，2020 年 LNG 船队并没有出现大幅增长，仅新增 29 艘 LNG 船。LNG 动力船有 305 艘，在 2021 年，这个数字预计将达到 445 艘，占全球商船总数的 1% 左右。此外，越来越多的港口对绿色环保船舶采取了更加积极的鼓励政策，2020 年初，塞浦路斯改变其吨税制度，以鼓励船东经营更加环保的绿色船舶，从 2021 财年起，每艘环保型船舶的年度吨位税将减少多达 30%，以减少其对环境的影响。如果船舶已取得的设计能效指数（EEDI）比规定所要求的更少，将获得 5% ~ 25% 的年度吨位退税。从整体来看，清洁船舶燃料替代已经成为未来船舶燃料主流。

从长远来看，随着中国经贸形势的逐步好转，中国自贸区便利政策的陆续出台，中国船供油市场供应规模的不断扩大，预计中国船供油市场在东亚地区的竞争力将快速提升，中国船供油市场的全球影响力会不断扩大，船供油市场也必将与中国航运大国的地位日趋匹配。

专题五　后疫情时代加油站非油业务发展策略研究

摘要　2020年，新冠肺炎疫情的暴发对中国各行业均造成了很大的影响，其中加油站的非油业务在应对新冠肺炎疫情方面有很多独到之处。随着新冠肺炎疫情逐渐好转，探索和研究处于后疫情时代的加油站非油业务发展策略成为亟待解决的问题。本文梳理了新冠肺炎疫情期间，尤其是新冠肺炎疫情末期中国加油站非油业务发展的现状，总结出新冠肺炎疫情为中国加油站非油业务带来的机遇和挑战；有针对性地构建了后疫情时代下中国加油站非油业务发展策略框架，从产品建设、企业文化和品牌建设以及管理制度改革几个角度进行设计；最后，为保障后疫情时代加油站非油业务发展策略的有效实施提出政策建议，为加油站非油业务发展注入新的活力。

关键词　新冠肺炎疫情；加油站；非油业务；发展策略

引言

2019年末至今，中国影响加油站业务发展的因素较多。中国成品油市场逐步放开，各个市场主体更为积极地参与到市场竞争中来，为加油站业务带来新的机遇与挑战；区块链技术在加油站非油零售业务的应用空间很大，依托自身巨大的市场体量提升新兴技术的实施范围，提升中国加油站非油业务的竞争力；新冠肺炎疫情的蔓延为中国加油站非油业务带来新的利润增长点的同时，也为其管理制度和生态系统的重构带来了更高的要求和挑战。

当前对加油站非油业务的研究主要集中在对于现状的分析，以及对特定技术在加油站非油业务中的应用上。弓雷雷对后疫情时代下成品油零售企业数字化营销进行了研究，并结合4P策略对油品和非油品数字化转型提出对策；刘媛等聚焦于加油站非油业务的品牌建设架构，提出低油价和新冠肺炎疫情双重影响下中国石油销售企业品牌建设要循序渐进；马伟什分析了区块链技术对于中国加油站传统零售业务的改造，并基于 SWOT 分析得出在加油站非油业务中嵌入区块链技术的策略；朱磊从中国石油销售公司的非油业务角度，针对非油业务发展过程中的现象和问题，探究了如何深化非油体系的变革。

现有文献对于加油站非油业务的发展现状和新的发展机遇方面也做了较为全面的研究，但缺少对于新冠肺炎疫情冲击下中国加油站非油业务发展的分析，尤其是新冠肺炎疫情后期的发展策略的制定研究，所以本文的研究具有很强的创新性和现实意义。

本文的主要贡献为以下几点：第一，梳理了新冠肺炎疫情期间，尤其是新冠肺炎疫情末期中国加油站非油业务发展的现状，总结出新冠肺炎疫情为中国加油站非油业务带来的机遇和挑战；第二，有针对性地构建了后疫情时代下中国加油站非油业务发展策略框架；第三，为保障后疫情时代加油站非油业务发展策略的有效实施提出政策建议，为加油站非油业务发展注入新的活力。

一、中国加油站非油业务发展现状

中国现有加油站 10 万多座，主要集中在中石化和中石油两大集团，其数量约占加油站总数的 49%，其余主要为民营和外资加油站。大多数加油站未开设具有一定规模（指商品种类较多、营业面积较大、管理较规范和有一定赢利能力）的便利店，具有规模效益的加油站仅占 10% 左右。新冠肺炎疫情在 2020 年 1 月下旬发酵，中国加油站行业受到了新冠肺炎疫情带来的直接、间接的巨大冲击。2020 年 2 月上、中旬国内油站的销量水平仅相当于正常水平的 30%。进入 3 月，随着国家“稳经济、促生产”的各项有力举措的到位和国内新冠肺炎疫情整体形势的日趋好转，借助互联网技术的应用，业务向线上转移，加油站非油业务有序复苏。2020 年，在新冠肺炎疫情影响的背景下，国有石油企业便利店的数量仍保持增长趋势，但增速降低；非油业务效益受到新冠肺炎疫情等因素的影响，销售规模呈现增长趋缓，但非油业务效益有所提升。此外，针对新冠肺炎疫情背景下的新需求，中国加油站创新非油业务形式，积极开展线上和线下业务相融合的零售手段，并进行配套的管理模式创新，推动加油站非油业务新零售布局。

（一）便利店数量继续增加，但增速降低

以加油站行业便利店数量最多的中石化和中石油为例，近几年，二者便利店数量一直在增加但增速放缓。2019 年，中石油的昆仑便利店和中石化的易捷便利店总数分别达到 20000 座和 27600 座，2019 年中石化与中石油的便利店数量仍位居连锁行业便利店门店总数的第一、第二位，数量占全国便利店总数超过 40%。2020 年两大公司便利店数量仍继续增加。如中石化继续加大便利店的开发规模。截至 2020 年上半年底，中石化易捷便利店的门店数已经增长到 27721 家，比 2019 年底增加 121 座，增幅为 0.44%；截至 2020 年第三季度末，中石油加油站便利店数量增至 20521 座，比 2019 年底增加 521 座，增幅为 2.61%，如图 1 和图 2 所示。

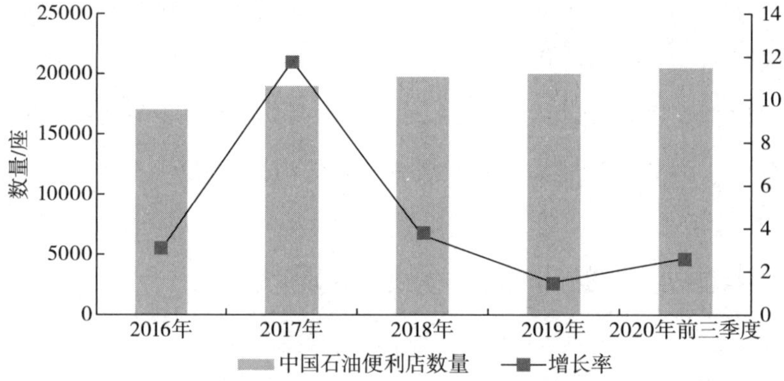

图 1　2016—2020 年中石油便利店数量和增速

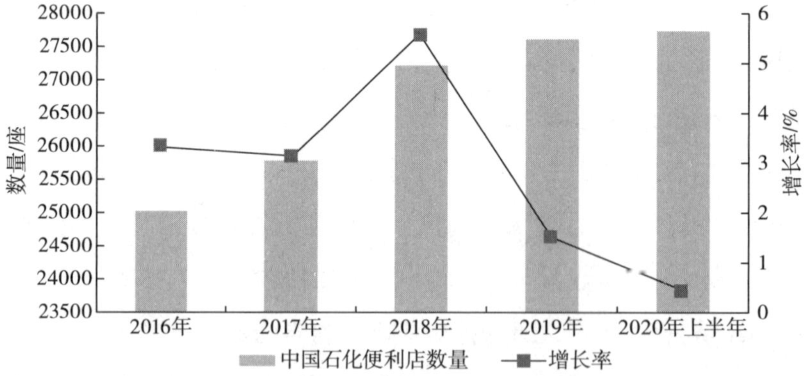

图 2　2016—2020 年中石化便利店数量和增速

（二）开展满足新冠肺炎疫情防控需求的非油业务，创新服务模式

加油站的盈利不止停留在油品业务的销售上，而是继续推进非油业务的多元化

发展。在新冠肺炎疫情期间，壳牌与BP两家外资石油公司在部分省市加油站提供了卖菜服务，通过将菜直接放置在车后备厢中的方法，实现零接触。此外，BP的加油站提供3公里范围内为购买两盒蔬菜以上的消费者送货上门的服务，以此树立品牌形象，增大对消费者的吸引力。

（三）通过跨界营销和线上线下融合，创新非油业务销售手段

新冠肺炎疫情期间，为满足消费者“云购物”需求，中石油河南、辽宁、山西、福建等地加油站销售开启非油销售新模式，进行跨界直播带货，进军“新零售”市场。河南销售主要通过微信小程序、抖音或城市本土电商平台进行直播带货。2020年3月，河南销售18家分公司开展了20次主题各异的直播活动，累计直播时长27个小时，观看突破10万人次，实现收入79.50万元。9月，中石化易捷旗下的“易捷海购”和中国石化广东石油在加油站里开设了首座跨境闪购店，通过线上线下业务融合，加码非油业务。跨境闪购店依托中石化加油站和便利店的网络，结合“易捷海购”的全球供应链资源，在加油站购买进口商品可以享受与线上同样的优势价格。

新冠肺炎疫情带来的无接触等新需求，推动了服务模式的创新。例如，在保障安全的线下经营的同时，利用线上直播带动销售的跨界新零售行为，在宣传国有石油企业的效益和形象的同时，在无接触的前提下，安全地满足消费者需求，成为国有石油企业非油业务收入新的增长点。

二、新冠肺炎疫情对加油站非油业务影响分析

纵观新冠肺炎疫情期间加油站在非油业务中的应对策略，以及国家对加油站非油领域发展的政策指导，此次新冠肺炎疫情在给加油站非油业务的开展带来了一定冲击的同时，也带来了一定的机遇和特定的发展空间。

（一）新冠肺炎疫情防控给加油站非油业务带来的机遇

1. 新冠肺炎疫情防控带来的特定需求增加，带来新的收入增长点

在新冠肺炎疫情期间，国有石油公司在积极履行社会责任的同时，利用新的需求增长点，通过遍布全国的加油站网点优势，全力保障油气市场供应，创新服务模式，服务社会民众便捷采购生活物资，推出口罩等消费者在新冠肺炎疫情期间的急

需商品，在为社会提供物资的同时，也创造了新冠肺炎疫情期间新的收入增长点。

2. 新需求驱动了服务模式和管理模式创新

新冠肺炎疫情防控带来的无接触等新需求推动了服务模式的创新。例如，在保障安全的线下经营的同时，利用跨界直播带动利益增长的跨界新零售举措，维护了中石油加油站良好的企业形象，降低了新冠肺炎疫情期间大家出门购物的风险，最大限度地满足了客户的购物需求，也很好地保障了国有石油企业业务收入的稳定性。

服务模式和销售手段的发展推动着管理模式的创新。按照专业化、市场化的原则进行的管理体制改革，可以促进非油业务快速发展，同时弥补传统石油公司非油业务发展的短板。一系列招聘制度、激励制度等管理体制的改革，激发了石油公司发展的内在驱动力，提升了其非油业务管理能力，更好地适应了市场化改革的方向，推动了非油业务新零售布局，提升其抗风险能力以及对线上业务的组织协调能力。

3. 国家政策的支持引导

面对新冠肺炎疫情的冲击，国家和各地政府出台了政策，支持线上经济的发展，这为非油业务线上转型和相关管理制度的改革提供了政策支撑。国家对于新业态新模式的支撑主要体现在支持发展新零售、智慧零售，支持物流业线上线下融合发展，支持制造业与互联网融合发展，支持农村经济与互联网融合发展上面。

（二）新冠肺炎疫情给加油站非油业务带来的挑战

1. 新冠肺炎疫情使得全行业转为线上交易，使得竞争大幅提升

由于新冠肺炎疫情原因，全行业线上转移已成为事实，使得加油站非油销售的竞争对手激增，竞争越发激烈。与线下门店销售不同，线上销售的替代竞争品众多，且对企业的数字化能力和管理手段有很高的要求。可见线上转型在为非油业务带来新的利润点的同时，也带来了激烈的竞争和挑战。

2. 线上业务对品牌建设的要求增高

国内成品油销售企业的品牌运营管理能力不足，特别是在非油业务的品牌建设方面仍然存在一些问题：一是品牌开发主体分为总部和省级公司两级，不同主体各自为战，导致重复开发，同一商品品类下出现多个品牌，造成资源浪费；二是尚未形成专业、系统的品牌运营规范，各品牌之间以独立运营为主，尚未形成相互促进、协调共赢的良性循环；三是品牌管理体制机制尚不健全，存在品牌授权不到位、使

用不规范等问题。例如，省级销售公司未经总部授权，擅自将非油业务的核心品牌用于当地小范围销售的地方特产商品。在新冠肺炎疫情影响下，业务的普遍开展对品牌建设的要求更为严苛，使得国有石油公司非油业务品牌建设的不足暴露出来。

3. 新冠肺炎疫情防控带来需求多样化，业务生态需要重构

互联网时代下大数据、人工智能等新技术已推动着加油站非油业务跨界服务不断开展，加之新冠肺炎疫情下新需求的不断涌现，依托传统线下服务模式的业务生态急需重构。加油站非油业务的生态系统从业务、技术、销售手段以及管理方式上都需要进行改革。

三、后疫情时代加油站非油业务发展策略制定

根据上文对于加油站非油业务发展现状，以及新冠肺炎疫情时期面临的机遇和挑战的分析，要合理实现新冠肺炎疫情后期非油业务的平稳转移，需要充分利用国家政策红利，创新服务模式和管理模式，积极应对线上业务的激烈竞争，加强品牌建设，面对日趋多样化的需求，进行业务生态系统的重构（见图3）。

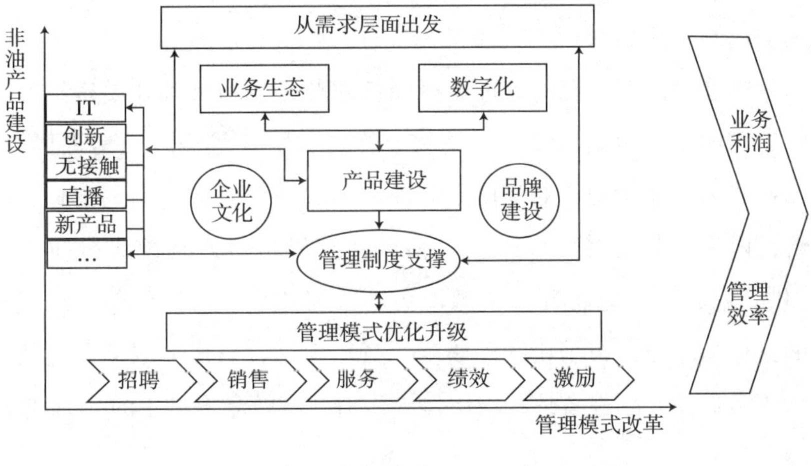

图3　后疫情阶段加油站非油业务发展策略

后疫情阶段，政策对于人口流动的限制提升，消费者对于线上需求程度激增；随着新冠肺炎疫情不断好转，线下加油站便利店业务不断回暖。但受新冠肺炎疫情期间数字化建设的影响，加油站业务改革需要不断进行，因此构建后疫情时代加油站非油业务的发展策略应从产品建设、企业文化和品牌建设以及管理制度改革几个

角度进行设计，力争从需求层面出发，实现对于加油站非油业务生态的重构，促进业务利润和管理效率的升级。

产品建设方面，继续深化加油站非油业务数字化建设。聚焦数据资产价值创造，大力推进数据治理工作，建立健全数据标准体系、数据资源共享与数据资产管理机制，打破管理“藩篱”，消除信息孤岛，以客户为中心经营理念，以数字化网络化服务平台为桥梁，连通供需两端，以需求牵引供给，以服务赢得市场，形成有“互联网＋”特色的商业生态圈。建设金融科技服务平台，融合新技术，创造新供给，引领新需求，围绕非油业务产业链创新，形成数字化贸易服务、技术服务、金融服务品牌系列，提升数字化营销服务能力，打造具有较强国际影响力的“互联网＋商业＋金融＋N”全渠道服务矩阵，拓展数字经济增长新空间，形成高质量发展的新增长极。

企业文化和品牌建设对于加油站非油业务建设有重要的意义。非油业务品牌架构要适应零售企业的运营管理能力。成品油销售企业梳理已有品牌的发展现状，强化顶层设计，建立一个设计明晰、管理完善的品牌架构，对每个子品牌扮演的角色和发挥的作用进行准确定位，为已有品牌制定改进方案或品牌延伸，并对新品牌提前进行规划，需要循序渐进地搭建非油品牌架构，进而形成新冠肺炎疫情后期有数字化特色的加油站非油品牌。

业务和品牌建设需要配套的管理建设同步改革来进行保障。要定期开展站内培训，培训的内容涉及加油站的安全、销售、管理、服务等方面，培训要突出重点，强化员工专业能力，并做到长期坚持。管理者要起到监督者应负的责任，建设数字化管理平台，以平台为支撑，促进内外协同、跨界融合，实现跨行业、跨企业的“研、产、供、销、融”等各环节资源汇集、数据共享、协同创新，构建开放、共享、共创的新理念。建设市场化选聘制度，竞争上岗，形成职级动态化机制，通过明确目标、压实责任、刚性考核，层层传导压力，有效激发员工的活力和动力。

四、结论与建议

本文从新冠肺炎疫情后期加油站非油业务的发展策略制定的角度出发展开研究，首先，梳理了新冠肺炎疫情期间，尤其是新冠肺炎疫情末期中国加油站非油业务发展的现状，总结出新冠肺炎疫情防控为中国加油站非油业务带来的机遇和挑战；其次，有针对性地构建了后疫情时代下中国加油站非油业务发展策略框架，从产品建设、企业文化和品牌建设以及管理制度改革几个角度进行设计；最后，为保障后疫情时代加油站非油业务发展策略的有效实施提出政策建议，为加油站非油业务发展注入新的活力。

根据研究成果提出如下政策建议，以推动中国加油站非油业务的发展：

第一，建议顺应国家发展智慧零售的号召，优化线上服务模式以及配套的管理制度。加强大数据、人工智能等专业人才培养，提高全员数字化素养和应用技能，大力推动业务数字化创新，积极培育数字新业态、新产业，发展壮大数字新产品、新服务，打造价值创造新高地，重塑产业竞争新优势。

第二，建议加油站梳理已有非油品牌的发展现状，强化顶层设计，建立一个设计明晰、管理完善的品牌架构，对每个子品牌扮演的角色和发挥的作用进行准确定位，为已有品牌制定改进方案或品牌延伸，并对新品牌提前进行规划。

专题六　民营加油站的智慧转型路径及建议

摘要　在互联网数字技术席卷全球的时代背景下，石油企业传统经营模式的弊端日渐暴露。随着智慧加油站理念的提出，中石油和中石化率先向建设智慧加油站迈进，通过设计整体智慧发展框架、线上线下互动营销、开发产业联盟到智能化管控系统，国有加油站已在智慧加油站建设和投入运营上取得显著的成功。民营加油站也紧跟国有加油站的步伐，向智慧加油站转型。本文总结了国有加油站智慧化转型的成功经验，结合民营加油站自身的发展现状和困境，为民营加油站的智慧化转型指明发展方向。

关键词　数字化技术；民营加油站；智慧转型；路径

引言

随着社会经济、数字信息技术的不断发展，大数据、云计算、移动付款、超感等高新技术全面提升了加油站业务及服务质量，实现了从单纯的油品售卖到综合营销的根本性跨越。传统加油站的经营模式已无法满足零售市场需求，也无法跟上数字信息化时代下企业发展的步伐，因此智慧加油站的建设应运而生。利用互联网、大数据等数字信息技术搭建智能化平台，实现加油站智慧加油、智慧营销以及智慧服务。

2019 年 8 月 27 日，《国务院办公厅关于加快发展流通促进商业消费的意见》发布，明确提出扩大成品油零售市场准入。外资企业和民营企业纷纷加入成品油零售终端市场，市场主体多元化发展，竞争加剧。民营加油站资金和品牌基础薄弱，缺少管理、营销和技术人才，因此民营加油站在智慧转型的道路上还需要因地制宜地发展。

一、民营加油站的现状和问题

（一）民营加油站的现状

在民营加油站数量方面，2018 年 7 月 28 日，国家发展改革委、商务部发布《外商投资准入特别管理措施（负面清单）》，正式取消了外资连锁加油站超过 30 家需中方控股的限制，石油下游环节销售领域完全开放。2019 年 8 月 27 日，国办下发《国务院办公厅关于加快发展流通促进商业消费的意见》，明确提出将成品油零售经营资格审批下放至地市级人民政府。两个政策的发布加速了外资石油企业在中国布局的步伐，也加大了民营企业的扩张，更加剧了加油站市场的竞争。据前瞻产业研究院和隆众资讯数据显示，截至 2019 年底，全国加油站总量达到 106556 座，其中中石化、中石油两大集团加油站分别为 3.06 万座、2.14 万座，分别占 29%、20%；民营加油站约 5 万座，占 47%；中海油、中化集团、中外合资等其他加油站合计约 4200 座，占 4%。

在民营加油站经营方面，随着成品油零售市场向外资全面放开，多元化的竞争格局继续深化，新的商业模式不断出现。在互联网数字技术高速发展的现阶段，民营加油站仍靠低价进货与销售差价来维持利润的模式与国有加油站运营模式差异巨大。国有加油站已全面进入提质增效的互联网数字技术阶段，通过与互联网数字公司联手以及自主开发智慧平台打造了多家智慧加油站，包含智慧加油、智慧营销和智慧服务。反观民营加油站的发展，在营销策略上，多家加油站还在通过降低油品价格、加油抽奖、加满换购等较为平淡的线下促销形式吸引消费者；在服务上，服务功能单一，体验感较差，服务效率低。加油站的消费市场已由增量市场向存量市场转变，民营加油站要获得新发展，向智慧加油站转型已是必经之路。

（二）民营加油站的主要问题

1. 新能源领域发展持续加码，民营加油站经营压力倍增

2016—2018 年新能源汽车销量逐年大幅度提升；2018—2019 年受新能源汽车补贴力度下降的影响，销量有所下降。2020 年第一季度初又受新冠肺炎疫情的影响，汽车行业销售量整体下滑，其中新能源汽车销量同比下降 56.40%；第二季度后随着疫情得到控制，供需端逐渐恢复，销量有所回升。从长远角度看，在国家政策大

环境下，补贴力度下降造成的销量减少只是暂时的，新能源汽车的发展仍在继续，上升空间依然很大。2016—2020 年中国新能源汽车消费量及增长率变化如表 1 所示。

表 1　2016—2020 年中国新能源汽车消费量及增长率变化

年份	消费量/万辆	比上年增加/万辆	比上年增长/%
2016	48.20	15.10	46
2017	79.40	31.20	65
2018	125.60	46.20	58
2019	120.60	-5.00	-4
2020	136.70	16.10	13

数据来源：中国汽车工业协会。

从 2018 年 12 月中央经济工作会议上首次提出“新基建”项目，至 2020 年 4 月 20 日国家发展改革委明确了“新基建”的七大领域，新型基础建设成为全民关注的热点。新能源充电桩是七大重点建设领域清单中的一项。充电便捷性是制约新能源汽车大量普及的因素之一，在“新基建”的风向标指引下，新能源汽车也将在政策红利的影响下迎来新一轮的增长，新能源汽车对汽柴油销量的影响将继续扩大。

市场对汽车总需求量有限，新能源汽车新一轮的复盘将继续挤占燃油汽车的市场份额，燃油汽车配套产业的销售额，即加油站销售额也将随之减少。国有加油站背靠中石油、中石化，拥有先进的经营理念、雄厚的资金链和专业的管理、技术团队，能够面对新能源汽车带来的挑战迎难而上，而民营加油站因其管理基础薄弱，缺少专业的管理团队和技术团队，经营压力倍增。

2. 成品油行业内竞争加剧，民营加油站市场份额被压缩

国际原油价格持续震荡走势，成品油市场供应量充足，而消费需求动力不足，成品油批发价格走势稳中偏弱，导致零售端价格战打响。自 2018 年和 2019 年先后出台成品油流通相关政策，外资加油站迅速布局中国加油站业务，抢占中国市场份额，其先进的管理理念、优质的油品、强大的品牌影响力都使得其成为民营加油站强劲的竞争对手。中石油和中石化拥有庞大的成品油销售网络，根据隆众资讯数据显示，截至 2019 年底，中石油、中石化旗下加油站占国内加油站总量的 50% 左右，中外合资以及民营加油站占据另外 50% 左右，民营加油站在数量上紧追中石油、中石化加油站；而在销量上，两大国有加油站占据 70% 以上，其余不足 30%。民营加油站在中石油、中石化和外资加油站的“夹击”下，市场份额被进一步压缩，以降

低价格来获得利润的方式加剧了民营油企资金压力，使其忽略经营的实质而进入发展怪圈。

3. 内生动力不足削弱市场竞争实力，民营加油站经营模式亟须转型

2020 年受新冠肺炎疫情的影响，第一季度各地炼油厂相继停工，居民出行半径及物流基建等行业开工率大幅缩减，成品油供给和需求均有所下降。第二季度至今，随着上游炼油厂陆续复工复产，成品油供给增加，需求也在逐步恢复，但是仍存在消费需求动力不足现象，成品油市场仍然处于供大于求的局面。

近 5 年全国加油站数量虽然出现涨幅波动，但是总体呈现上涨趋势（见表 2）。加油站数量远远超过需求量，渠道过剩的迹象已越发明显，国内加油站为了获取新的增量开始纷纷降价出售成品油，其中民营加油站没有联网、联营机制，营销半径辐射范围小，无法形成规模效益；油源不稳定、油品质量没有保障，站内服务和营销单一都制约了民营加油站的品牌形象；技术水平和管理机制落后，无法跟上行业快速发展的步伐。能源行业与互联网的跨界融合速度加快，加油站的竞争已从增量竞争转为存量竞争，获取和留存用户流量的方式已成为加油站新的竞争点。民营加油站自身建设互联网数字平台的实力弱于国有及外资加油站，而面对激烈的存量市场竞争，如何抓住互联网数字技术加快经营模式的转型，成为民营加油站亟待解决的问题之一。

表 2　2015—2019 年中国加油站数量及增长率变化

年份	数量/座	比上年增加/座	比上年增长/%
2015	96800	−900	−0.92
2016	97100	300	0.31
2017	102000	4900	0.05
2018	104700	2700	2.65
2019	106556	1856	1.77

数据来源：前瞻产业研究院、隆众资讯。

二、国有加油站智慧转型的经验借鉴

为响应 2015 年《政府工作报告》提出的“互联网 +”行动，将围绕互联网数字创新技术与社会各个领域深度融合，促进各行各业的蓬勃发展。国有加油站纷纷加入建设智慧加油站的队伍中，其中中石油河北销售公司首先启动智慧加油站建设，

投入运营效果相对较好。中石油河北销售公司于 2015 年开展智慧加油站建设工作，在互联网数字技术时代下，河北销售公司在传统加油站经营模式基础上，融入移动支付、大数据等互联网高新技术提升加油站智能化程度，已在石家庄、保定、廊坊等地建成数十座智慧加油站。分析国有加油站的智慧转型路径，提出以下四个可借鉴的发展经验。

（一）基于客户价值导向，规划设计总体智慧化运营框架

河北销售公司结合自身实际情况，围绕客户价值导向，搭建智慧化经营“7 +4”总体框架，即将智慧的“产品、渠道、促销、支付、设备、环保、数据”七项功能融为一体，实现“更透彻的客户感知、更全面的互联互通、更深入的智能、更卓越的服务”四项基本特征。根据基础支撑层、系统应用层、用户体验层的功能定位，打造“十大平台”，建立“十大子系统”，如图 1 所示。实现公司整体营销体系的定位精准、功能明确、服务优质。

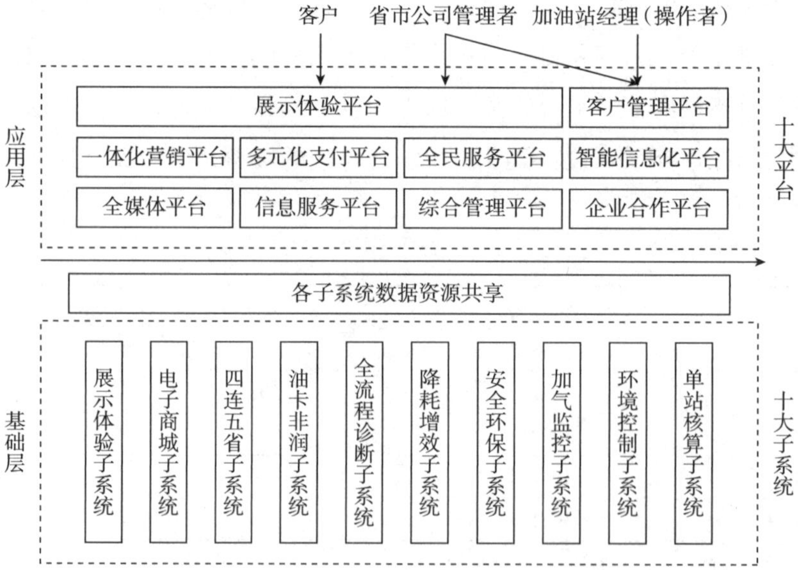

图 1　河北销售公司智慧加油站拓扑图

（二）突出互联网信息技术应用，满足互联网时代下客户体验式、便携式、多元化消费需求，实现客户数字化管理

在线上，利用 PC 端、App 端和微信端，搭建网上商城，将传统加油站的非油品销售和促销活动引到线上。在线上，推行加油卡在线销售、充值业务，进一步提

高客户消费便捷性。依托实体加油站，建立线上购物自提点，与快递公司合作推行“好客到家”送货到家服务，实现 B2C、O2C 的落地；在线下，依托实体店、客户体验中心，为客户提供优质的服务和温馨舒适的环境，加强客户产品感知度和体验感，增加客户黏度，结合加油站所在地域特点，打造特色服务驿站。

在互联网时代下转变加油站的服务功能，积极利用“互联网+”技术，搭建多元化支付平台，提升客户消费便携化和服务体验。采用智能云 POS 系统，实现银行卡、虚拟卡、商业预付卡、二维码、条形码、加油卡等 99 种支付方式；利用这些功能，建设能够开展联合促销的多元化支付平台，更好地提升促销效果。推进“不下车支付”功能，在加油机上安装信息展示屏，显示加油枪运行情况，加油完成后，展示屏自动生成二维码，客户可通过手机扫描完成支付，更好地提升服务体验。

加强大数据分析，为实现精准营销提供技术支撑。依托 CRM（客户关系管理）系统与公司在用的各类加油站信息系统，包括加油站管理系统、加油卡系统、95504、“四连五省”（“四连”即连线、连卡、连站、连客，“五省”即省钱、省力、省时、省事、省心）系统（见图 2）、电子商城“三位一体”系统等，通过各系统之间的互通融合，搭建客户管理平台，同时通过大数据分析，真正实现对客户的精准营销和智慧服务。

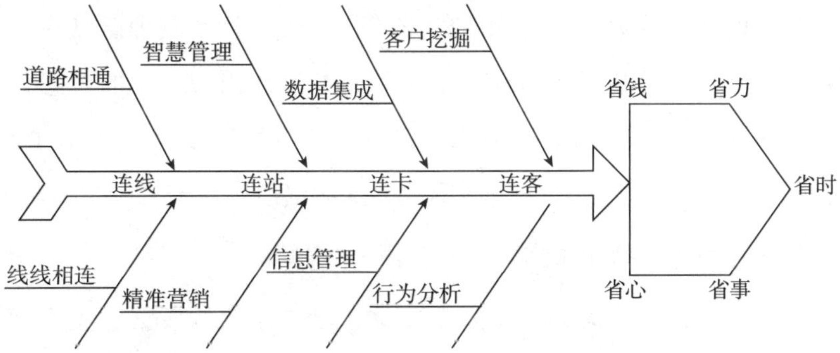

图 2　“四连五省”系统鱼骨图

（三）建造产业联盟平台，构建共赢商业生态圈

河北销售公司围绕“人·车·生活”驿站概念，提供全方位的油品服务和汽车服务。通过异业联盟平台，整合各领域力量，跨界营销，打造“多方共建、资源共享、优势互补、各取所需”的商业生态圈。河北销售公司已与工商银行、上汽集团、中国电信、中国联通等 37 家知名企业结成跨界联盟合作伙伴，通过不同品牌、

不同商圈和平台的相互渗透和联合，促进不同客户群体的融合，达到既实现合作共赢，又增强企业市场竞争力，提高客户黏性的目标。

首创汽车服务模块，提供汽车生命周期服务。联合汽车服务公司，推行“三一三联”汽车服务工作法，“三一”即客户的“第一辆车、第一箱油、第一次保养”都可一站式完成，“三联”即联合客户、联合促销、联合服务，使加油站、汽车维修服务商形成黄金搭档，实现资源共享、客户叠加。

（四）开发智能管控系统，提高加油站运营效率

通过红外触屏技术，实现“人机互动”。通过与加油站应急管理系统联动，实现紧急疏散。通过公司协同办公系统，实现油品质量检验报告单快捷传递，便于油品质量溯源、客户查询及方便政府部门检查。开发油品数质量管理系统，通过加油机的付出量、地罐库存量标准体积的自动换算，实时监控库存变化、分析异常损耗，防止加油站数质量盘点出现大盈或大亏现象，实现了对油品数质量的闭环管理，解决了困扰油品销售行业多年的数质量管理难题，取得了显著的经济效益和社会效益。

三、民营加油站的智慧转型主要路径

智慧加油站的建设要摒弃传统固有的方式，大胆地将经营理念创新、管理创新和技术创新运用到加油站的建设和运营中。中石油河北销售公司的智慧化转型路径使民营加油站更加明确智慧加油站的构建理念，也为民营加油站提供了转型思路。结合民营加油站自身的特点和主要发展困境，探索出适合其发展的智慧转型路径。

（一）提升企业信息化水平，实现管理智慧化

民营加油站数量众多，大多属于野生发展，没有系统的发展框架支撑，易受到市场和国家政策变化的波及，风险承受能力较差，限制民营加油站发展的瓶颈大多在于企业内部管理。民营企业应明确转型重点，制定规划整体发展框架，锁定目标客户群将产品、支付、促销、环保、数据等功能按照客户群体的需求进行智慧化融合，针对不同功能的用途，搭建系统平台。创新加油站管理制度，从建设智慧加油站的角度制定人员、营销、物流、安全生产管理制度，提高民营加油站管理水平，提升品牌形象。将智慧化转型更加深入，客户感知更加透彻、服务更加卓越和精准，为加油站未来发展做好上层建筑。

（二）建设智能加油站线上平台，实现营销和服务智慧化

中国城市化进程为民营加油站带来了红利。早期，民营加油站普遍地理位置偏远，规模小。随着中国城市化进程加快，原本地理位置偏远地区逐渐车流密集，民营加油站也开始拥有流量优势。随着“互联网+”时代的到来，流量优势已不足以面对市场竞争，加油站从流量优势向存量优势转变已越发明显。

加油站智慧化不仅体现在技术创新，还体现在资源、信息共享。强化产业间的合作，如与汽车维修服务商合作，使客户在加油的同时还可以享受专业的汽车保养和应急维修服务；或与专业的智能服务公司合作，弥补自身互联网数字技术发展的不足，开发适用于自身加油站的多元化支付功能。设计网络销售平台，搭建线上线下产品销售桥梁，实现多维立体化营销。同时，利用线上平台数据更加精准地定位目标客户群体，实时掌握市场需求变化，形成信息反馈闭环，做到精准营销和服务，提高民营加油站的多元化和快速响应能力，从而扩大客户存量规模。

（三）打通各业务之间壁垒，实现多元业务智慧化

在加油站内开发全面的管理系统，使加油站的经营管理和业务可量化、可追踪，将提高加油站运营效率。加油站内涉及非油业务、油品业务及附加服务业务等，通过各业务管理系统平台化，可以打通各业务之间的管理系统壁垒，提高站内管理效率。非油业务销售在加油站整体销售环节中占据主要地位，开发便利店管理系统，将商品管理、库存管理、进货管理、会员促销、数据分析等功能进行融合，不仅能将便利店内部管理可视化，而且还可以主动挖掘、吸引客户到店消费。开发油品质量管理系统，实时监控油品库存变化，分析易损耗点，可实现加油站油品数量的闭环管理。开发加油站协同办公系统，将加油站油品质量报告实时上传，便于油品追溯和政府部门检查。开发加油站环境系统，可将智慧标识、智慧景观两种功能融合在一起。开发智慧标识，即客户可通过标识牌实时反馈的加油站油枪使用情况选择加油位置，减少客户等待时间、提高加油站服务效率；开发智慧景观，即在加油站周围设置LED景观路灯，可自动侦测车辆，当车辆前往加油时，路灯渐进式亮起，当车辆离开后，路灯恢复到昏暗的照明状态，这可使夜间视线不佳的加油站路段减少车辆的剐蹭和事故。

四、结论与建议

随着中国经济的迅猛发展和科学技术的巨大进步，将互联网科技与数字信息技术应用于加油站建设和运营，构建现代化的智慧加油站是石油企业发展的大趋势。本文从民营加油站智慧转型路径的角度出发展开研究，首先，梳理了民营加油站发展的现状，总结出民营加油站发展中存在的主要问题；其次，通过借鉴国有石油企业建设智慧加油站的成功经验，有针对性地提出民营加油站的智慧转型路径；最后，为推动民营加油站智慧转型建设提出如下建议：

第一，建议民营加油站梳理自身发展现状，强化顶层设计，规划一个清晰的、系统的发展框架，创新管理制度，从加油站人员、营销、物流、安全等角度全面提升内部管理水平和品牌形象。

第二，集成应用先进的数字信息技术，加大线上平台建设力度，消除信息孤岛，打通各行业之间和加油站各业务之间的壁垒；搭建线上和线下营销桥梁，实现多维立体化营销，做到精确定位客户和精准服务。

专题七　石油焦行业发展现状、问题及对策

摘要　石油焦是炼油过程中延迟焦化装置处理重质、劣质渣油后的产物，逐渐被市场重视。2019 年 8 月 30 日，中国石油流通协会成立石油焦行业委员会，填补了国内石油焦行业全国性组织的空白，体现了国内石油焦行业发展的重要性。石油焦作为炼油副产品，其市场行情受宏观经济环境、国家行业政策、产品供需、库容库存、原材料价格等因素影响，面临诸多不确定性。本文分别对上述几点影响因素进行分析，最后简要分析石油焦面临的主要问题并给出相应建议。

关键词　石油焦；炼厂；铝用碳素；延迟焦化装置；价格

一、石油焦定义及分类

石油焦（Petroleum coke）是原油经蒸馏后将轻、重质油分离后，重质油再经热裂过程转化而成的产品。从外观上看，焦炭为形状不规则、大小不一的黑色块状（或颗粒状），有金属光泽，主要的组成元素为碳（80wt% 以上），其余为氧、氮、氢、硫和金属元素。石油焦通常有下列 4 种分类方法，如表 1 所示。

表 1　石油焦的分类

序号	分类方式/方法	分类项目
1	按热处理分	A. 生焦（炼厂）B. 煅烧焦（碳素厂）
2	按焦化方法分	A. 平炉焦 B. 釜式焦 C. 流化焦 D. 延迟焦（中国）
3	按硫分	A. 高硫焦 B. 中硫焦 C. 低硫焦
4	按外观形状分	A. 海绵焦 B. 弹丸焦 C. 针状焦 D. 流沙焦

二、石油焦行业国内外现状

(一)石油焦行业国内现状

石油焦的用途十分广泛，可视其质量用于制造石墨、冶炼和化工等工业。中国生产的石油焦大部分属于中低硫焦，主要用于炼铝和制造石墨。较好品质的石油焦主要用于制取碳素制品，如石墨电极、预焙阳极，提供炼钢、有色金属、炼铝之用；较差品质的石油焦可以制取碳化硅制品，如各种砂轮、砂皮、砂纸等，或者制取商品电石，以供制作合成纤维、乙炔等产品，也可作为燃料主要用于电力、水泥、玻璃厂等。

2016—2020 年，中国石油焦需求量总体呈上升趋势，除 2017 年同比下降 17.16%外，2018 年中国石油焦需求量为 3368.4 万吨，同比增长 4%；2020 年，中国石油焦需求量大幅增加至 3588 万吨，比 2019 年增加 230 万吨，同比增长 6.85%，如图 1 所示。

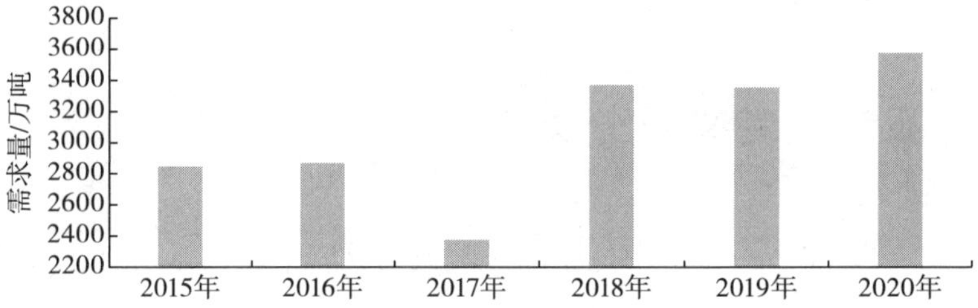

图 1　2015—2020 年中国石油焦需求量

2015—2017 年，中国石油焦产量逐年增加，2018 年有所减少。2018 年中国石油焦产量为 2634.70 万吨，同比减少 3.20%；2019 年中国石油焦产量较 2018 年有所回升，同比增加 6.42%；2020 年中国石油焦产量为 2520.80 万吨，同比减少 10%，如图 2 所示。从生产公司来看，中石化石油焦产能在国内最高，年产量为 1299.03 万吨，占中国石油焦总体产量的 47%；中石油石油焦年产量为 351.51 万吨，占中国石油焦总体产量的 12%；中海油石油焦年产量为 182.45 万吨，占中国石油焦总体产量的 6%；剩下 35%的石油焦产量来自山东独立炼厂及其他公司，年产量为 987.11 万吨，如图 3 所示。从中国石油焦资源流向分配来说，炼厂自用和流向贸易商的石油焦占比一样，都占中国石油焦总体产量的 35%；流向终端企业的石油焦为 810 万吨，占中国石油焦总体产量的 30%，如图 4 所示。

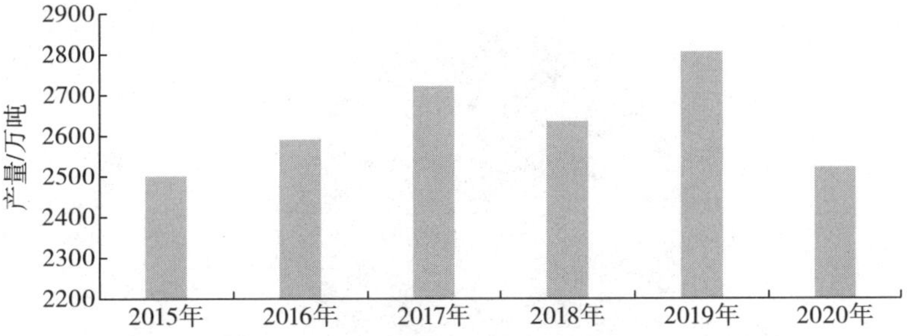

图 2　2015—2020 年中国石油焦产量

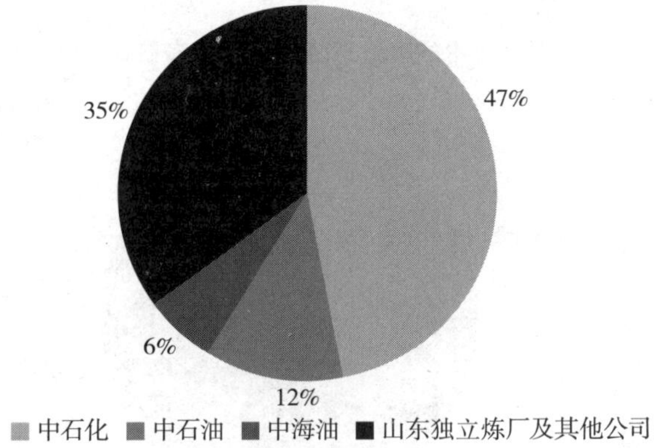

图 3　中国石油焦产能占比

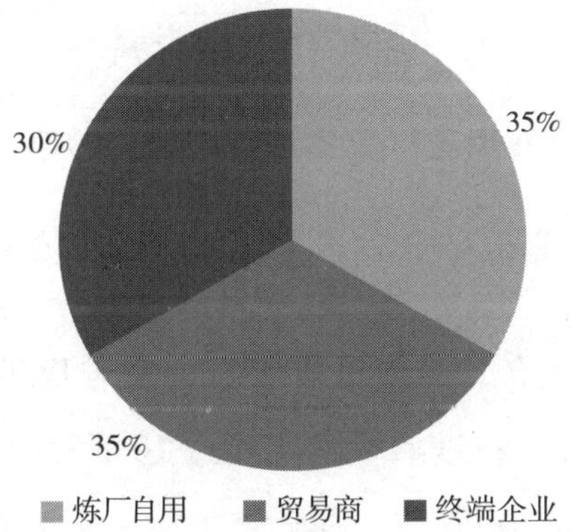

图 4　中国石油焦（国内）资源流向分配占比

在中国商业煅烧焦区域产能分布方面，按产能占比高低分别为华东地区 70%、东北地区 12%、华北地区 8%、西北地区 4%、华南地区 3%、华中地区 3%，如图 5 所示。中国商业煅烧焦型号占比方面，低硫占 17.42%、中高硫占 82.58%，如图 6 所示。

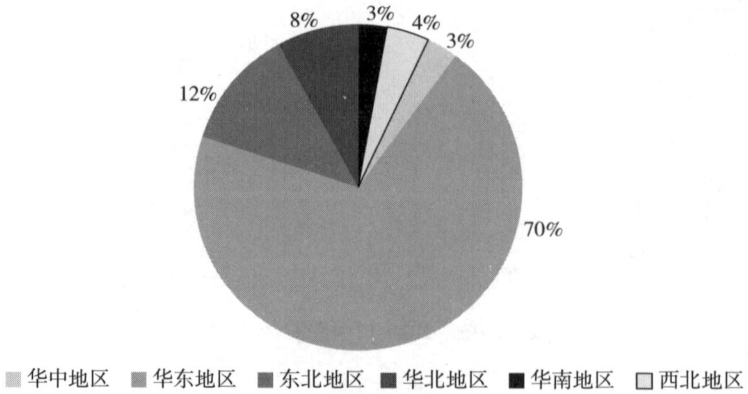

图 5　中国商业煅烧焦区域分布占比

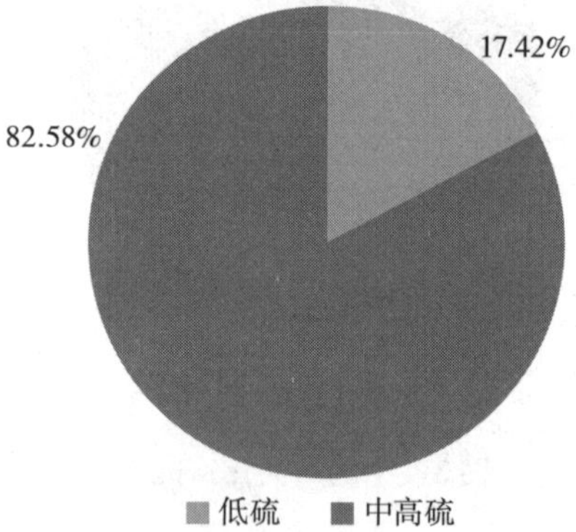

图 6　中国商业煅烧焦型号占比

2016—2018 年，中国石油焦进口数量逐年增加，2018 年中国石油焦进口数量为 983 万吨，同比增长 32. 32%；2019 年较 2018 年有所回落，进口数量为 827 万吨，同比减少 15. 86%；2020 年中国石油焦进口数量为 1004 万吨，同比增加 24. 87%，如图 7 所示。从进口产地来看，美国是中国石油焦进口第一大国，年进口量达到 270 万吨，占总进口量的 33%；进口量占比超过 10% 的国家还有沙特和哥伦比亚，年进口量分别为 132 万吨和 119 万吨，占比分别为 16% 和 14%；从加拿大、俄罗斯和中国台湾进口的石油焦均占总进口量的 8%；从印度进口的石油焦数量较少，年进口量为 38 万吨，占总进口量的 5%，如图 8 所示。

从中国石油焦近年价格走势来看，2012—2016 年以来价格持续下滑，2017—2018 年价格呈“V”形反弹，2018—2019 年价格震荡下行，2020 年价格波动剧烈，如图 9 和图 10 所示。具体来看，中国石油焦近 10 年价格在 2018 年达到峰值，低硫

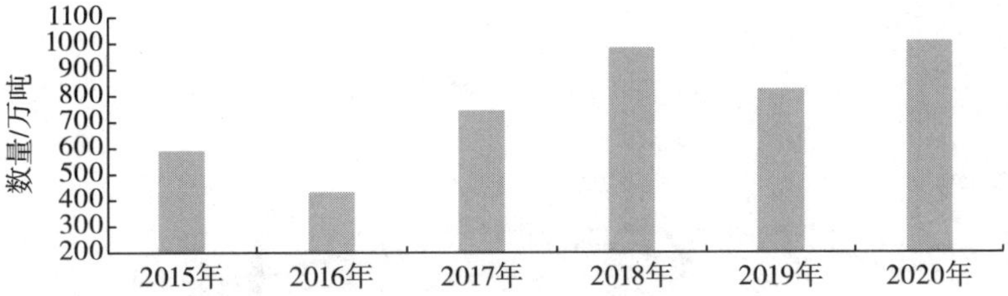

图 7 2015—2020 年中国石油焦进口数量

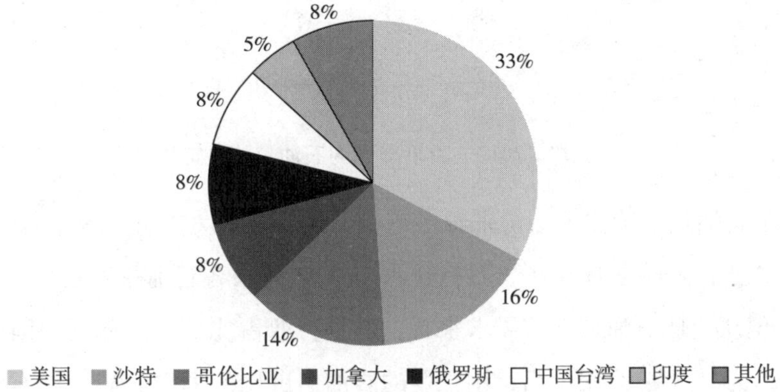

图 8 进口石油焦产地占比

焦价格为 3900 元/吨、中硫焦价格为 1880 元/吨、高硫焦价格为 1320 元/吨；山东独立炼厂 2#B—3#A 价格在 2020 年上半年达到近 5 年的峰值，价格为 1950 元/吨。

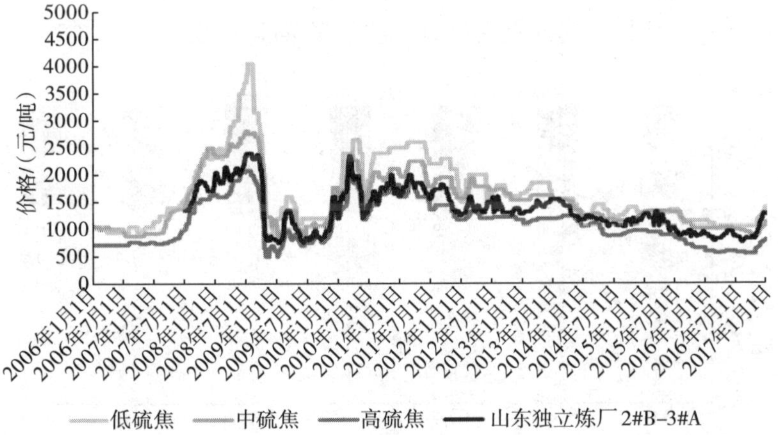

图 9 2006—2016 年国内石油焦价格走势

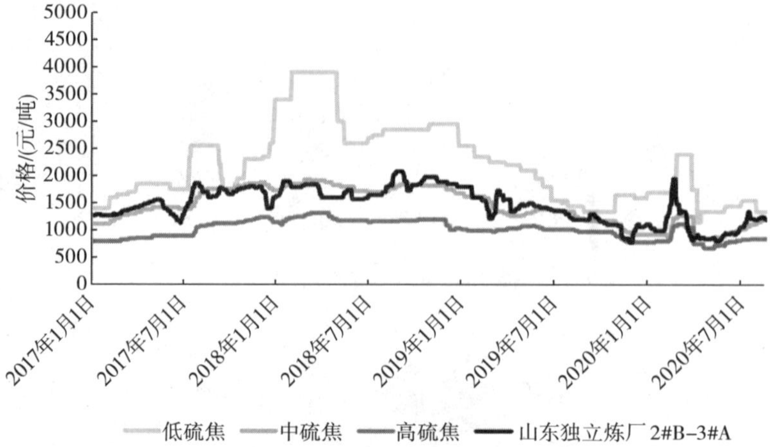

图 10　2017—2020 年国内石油焦价格走势

从中国石油焦下游需求结构来看，近 5 年来保持相对稳定态势，铝用碳素占比高达 60% 以上，石油焦应用到燃料行业占 17%，其余各行业平均占比仅 5%，如图 11 所示。但从全球石油焦下游需求来看，燃料行业占比更高，将近中国燃料行业需求的 1 倍，为 33%；而用于铝、钢行业的石油焦占比为 45%，较中国石油焦铝、钢行业需求较低，如图 12 所示。从下游行业需求增速来看，石油焦需求量也呈现稳步增长态势，近 5 年复合增长率达到 3. 17%，如图 13 所示。截至 2020 年底，石油焦需求量为 3588 万吨。而相较需求来说，石油焦出口比例相对较小，铝用碳素依旧占据需求首位。石油焦其他下游行业对石油焦影响相对有限，而铝用碳素行业作为石油焦下游需求主力行业，其行业变化对石油焦发展至关重要。

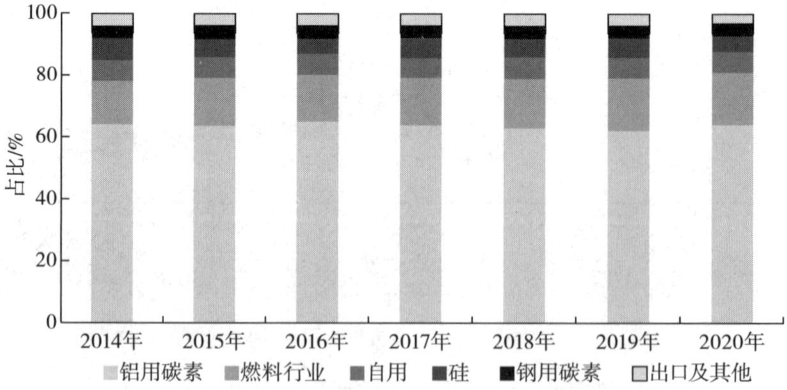

图 11　2015—2020 年国内消费按行业划分占比

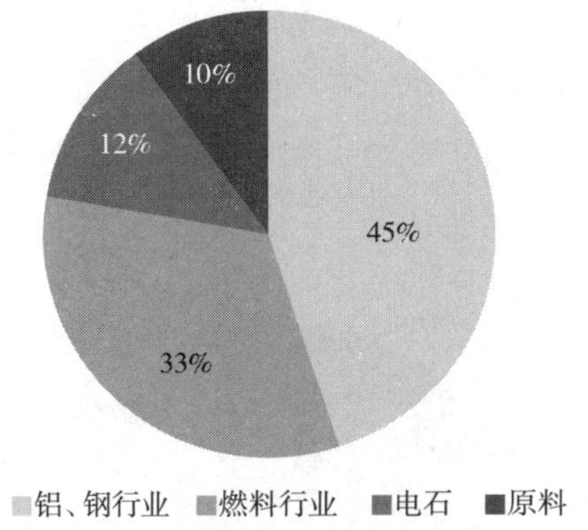

图 12　全球石油焦下游需求群体占比

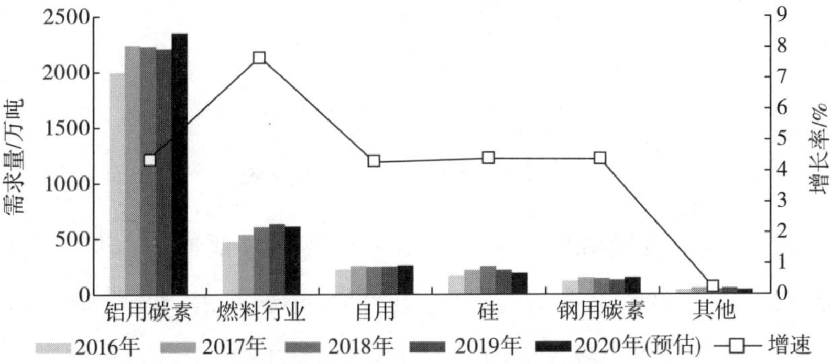

图 13　2016—2020 年石油焦下游行业需求量及增速

（二）石油焦行业国外现状

2013—2020 年，国际石油焦产能稳步提升，如图 14 所示，其中 2018 年产能增幅最快，比 2017 年产能增加 6.10%，而 2018—2020 年，国际石油焦产能增速开始放缓，2019 年增速为 0.83%，2020 年增速放缓至 0.17%。

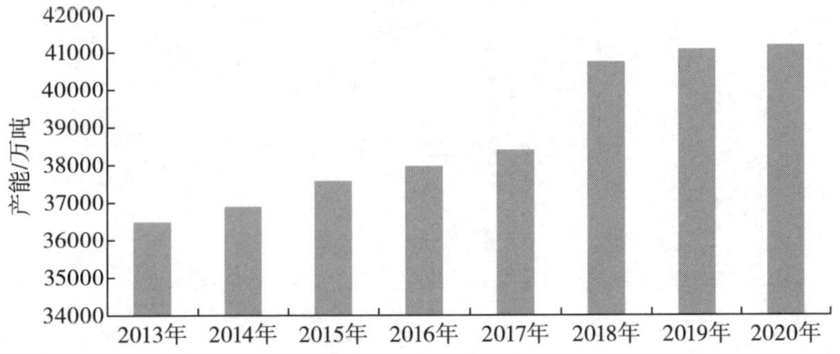

图 14　2013—2020 年国外石油焦产能

2020年全球延迟焦化装置产能4.12亿吨，主要集中在亚洲、美洲及欧洲等地区。亚洲占全球总产能的46.73%；北美洲占全球总产能的37.34%；欧洲和南美占比较少，分别占全球总产能的7.59%和7.45%；其他洲合计仅占全球总产能的0.88%，如图15所示。

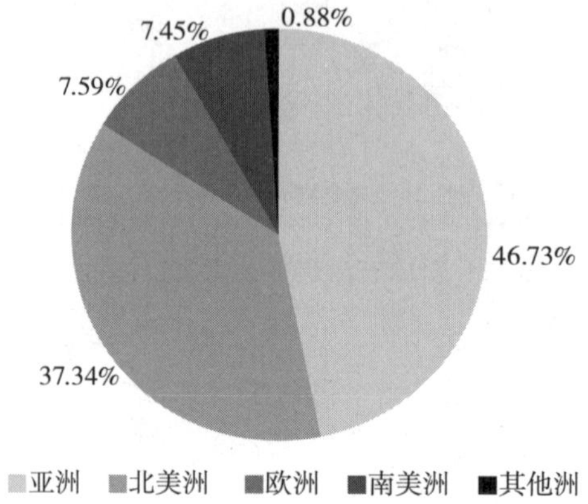

图15　全球延迟焦化装置格局分布

北美地区延迟焦化装置格局方面，美国占91%、其他地区占9%，如图16所示。美国以加工加拿大油砂沥青为主，因此石油焦燃料级占75%、碳素级占25%，如图17所示。北美部分货源流入亚洲，主要是中国和印度。

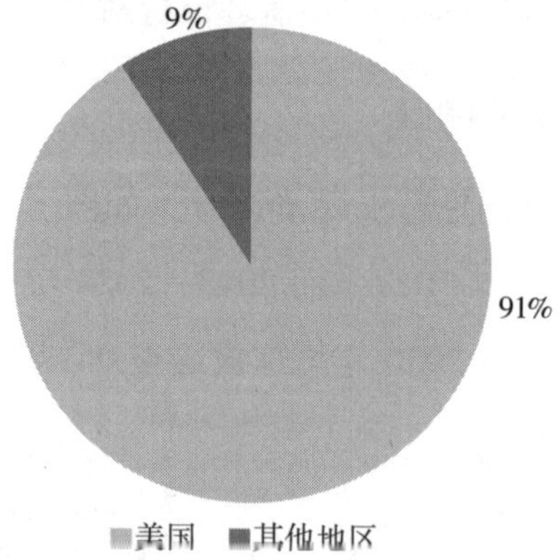

图16　北美地区延迟焦化格局分布

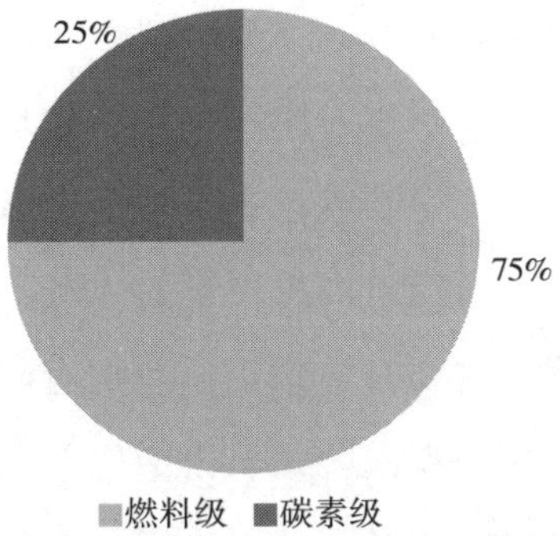

图 17　美国石油焦指标结构对比

三、石油焦产业链分析

从整个铝用碳素产业链来说，终端电解铝的需求变动将逐级向上传导，影响整个碳素产业链对石油焦的需求量。2018 年之前，铝用碳素产业链各产品保持正增长态势。2018—2019 年，受中国经济增速放缓及电解铝行业整合影响，产量出现减少。预估 2020 年铝用碳素产业链各产品产量均出现增加趋势，如图 18 所示。碳素产业链除了受政策及装置因素影响外，利润成为影响其产量的主要因素。

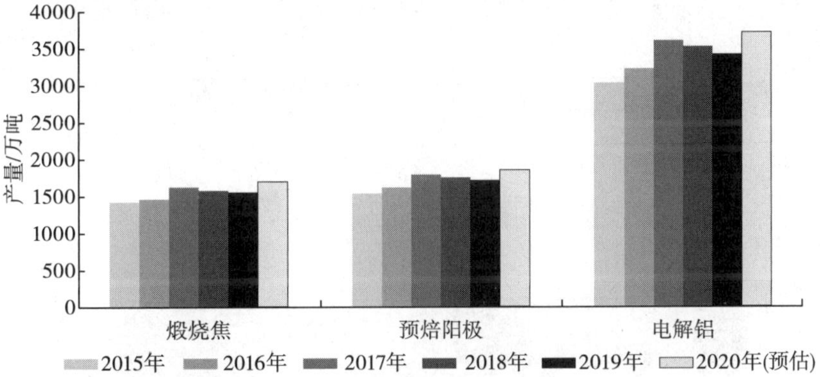

图 18　2015—2020 年铝用碳素产业链各产品产量

四、下游主要用户分析

根据预测，2020—2022 年，全球电解铝消费增速将达到 3.4%，消费增长确定性强。未来伴随特高压电力投资、基建等领域回暖，国内电解铝消费边际改善空间可期。

预计2020年、2021年分别为3790万吨、3960万吨，增速分别为3.60%、4.50%。

石墨电极主要以石油焦、针状焦为原料，煤沥青作结合剂，经煅烧、配料、混捏、压型、焙烧、石墨化、机加工制成，主要用于电弧炼钢炉、矿热电炉、电阻炉等，电炉炼钢用石墨电极约占石墨电极总用量的70%~80%，是电炉钢电极实用中最好的材料。石油焦下游客户主要有中国铝业股份有限公司、国家能源投资集团有限责任公司、国家开发投资集团有限公司、云南铝业股份有限公司、贵州天福化工有限责任公司、云天化集团有限责任公司、陕西有色金属控股集团有限责任公司等。

五、国内外石油焦业务流程

（一）国内石油焦业务流程

国内石油焦业务流程主要是通过向中石油、中石化、中海油立户取得直接采购权，采购付款结算方式包括按月度计划采购、预付款、月度结算。

分销方面，终端客户多为国有企业，账期为1~3个月，与上游以出厂检验报告、过磅数量进行结算；与下游终端用户以到厂化验报告、过磅数量进行结算；下游贸易商以第三方检验报告、港口过磅数量进行结算，具体流程如图19所示。

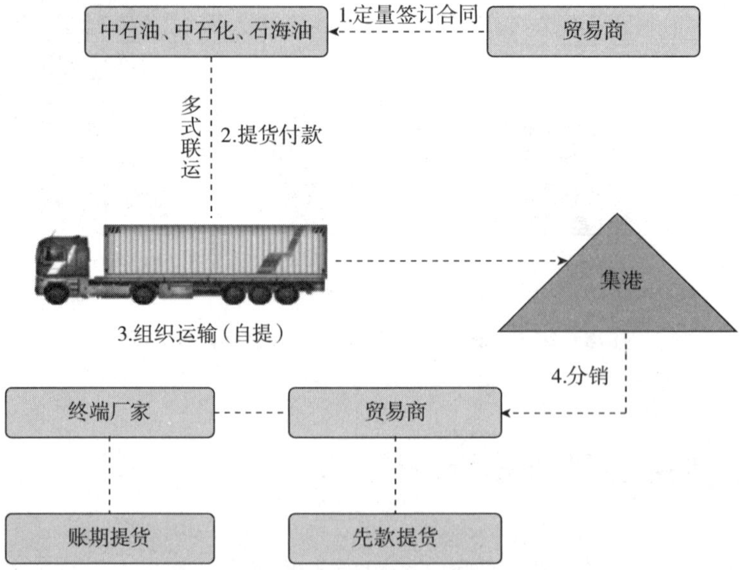

图19　国内石油焦业务流程

（二）国际石油焦业务流程

国际石油焦业务流程主要分为四步：第一步签订合同，缴纳保证金；第二步开证付款；第三步组织运输；第四步分销，具体流程如图 20 所示。石油焦整船数量约为 5.50 万吨，运输周期 30～45 天，开证方收取 10%～20% 保证金，到港以后委托采购方在信用证到期之前分批付款提货。

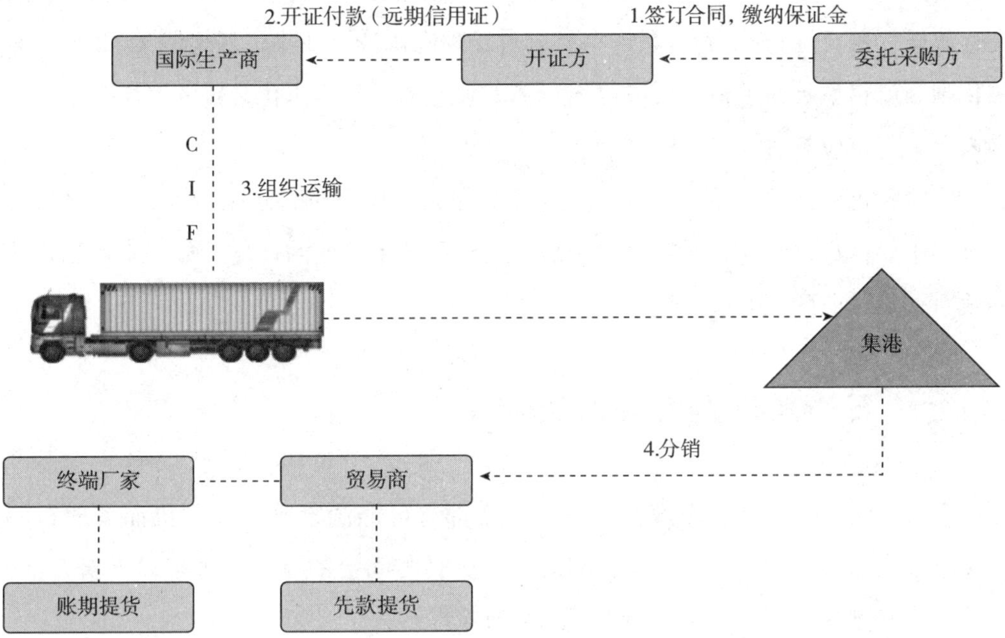

图 20　国际石油焦业务流程

六、石油焦行业发展存在的主要问题

由于石油焦只是炼厂的副产品，厂家对于该产品价格的制定需要根据原油成本来衡量，而国内炼厂成品油受限价机制影响，长期以来一直处于亏损或薄利状态，因此只能采取通过大力上推自销产品价格的方式寻求利润。然而，上调自销产品价格对成品油炼制亏损的补充虽然仅是杯水车薪，却导致了石油焦价格出现脱离市场供需面的非理性增长。以上游为主的企业推价信心充分使得市场供需结构单一化，缺乏协调的灵活性，也在一定程度上为市场埋下了隐患。同时，由于上游炼厂和终端铝厂的强势，作为中间产业的碳素企业颇受挤压，缺乏对市场的协调性。

石油焦属于小众产品，暂时没有国标，只有行业标准，容易产生质量纠纷。由于市场散乱，小散企业较多，没有国标限制只会让市场更加混乱，各地产出质量不同，行业间使用的产品也参差不齐，容易产生质量纠纷导致资源浪费。产业下游多数为央企、国企及上市公司，供应有账期，资金需求有缺口；采购端门槛较高，资源配置不均匀，信息封闭，贸易商生存空间较小。渣油加氢成为渣油深加工的新宠，延迟焦化产能增速放缓；渣油加氢未来 5 年产能复合增长率为 4. 33% ，而延迟焦化增速放缓，复合增长率为 -1% 。另外，对于现有炼油企业来说新增渣油加氢，延迟焦化则因原料不足而被迫降负或停产。随着独立炼厂延迟焦化装置的置换步伐加快，国内石油焦供应量将进一步降低。

国家绿色环保政策不断出台，力度逐渐加大，环保压力越来越大，石油焦在燃烧过程中要进行特殊处理，需要污染防治设施和技术方面的优化。如果不控制排放，高硫石油焦可能产生环境污染。

七、石油焦行业发展对策提示

市场中的现有竞争者和潜在新进竞争者都有可能洞察到市场先机而采取行动。与竞争者之间不仅是战略、策略上的博弈，更是时间上的竞赛。根据以上对石油焦行业存在问题的分析，本文提出以下几点对策提示：

第一，由于石油焦市场长期处于供不应求的状态，上游资源的抢占对市场份额的争取有着关键意义。因此，运营团队快速整合上游资源的能力是市场竞争的关键因素。

第二，下游客户选择和体系搭建在市场供不应求的状态下，议价能力受到一定程度的削弱。如何定位并打造目标客户群体，对业务运营的效率、资金周转率、资金利用率有重要影响。

第三，石油焦行业正处在转型升级的重要阶段，部分市场资源尚未被整合，行业标准、规则还未形成统一标准。在转型的关键节点，市场存在市场份额、行业规则制定和行业话语权等优势。

第四，加强石油焦产品质量控制措施，从工艺方面降低挥发分，减少粉焦量；从生产现场管理方面加强产品品质管理，减少产品水分，控制产品污染；从物流管理方面加强运输管理能力，防止杂物、天气造成的产品影响。

专题八　中国新能源汽车整车制造上市公司成长性评价研究

摘要　新能源汽车由于其内在的环保性和技术升级特点，成为中国战略性新兴产业之一。中国大举投入新能源汽车领域，从政策引导、财政补贴、市场准入、基础设施建设等方面全面支持新能源产业发展。2020 年 11 月发布的“十四五”规划确定了发展战略性新兴产业、推动能源革命等目标，均涉及推动新能源汽车产业的发展，预计 2021 年新能源汽车将开启新一轮发展。本文采用因子分析的方法，对 32 家新能源汽车整车制造上市公司进行成长性研究，得到相对客观的成长性评价结果。结果表明：32 家上市公司之间的成长性差异显著，整体成长性较低，大部分企业存在追逐短期盈利的现象。因此，本文从建立完善的政策体系，提高技术创新能力，整车制造过程加速智能化、精细化、机械化、自动化，拓宽应用领域和创新商业模式这五方面提出提升和优化新能源汽车整车制造上市公司成长性的建议。

关键词　新能源汽车；成长性评价；整车制造；因子分析

引言

随着中国对环境保护和能源安全的日益重视，新能源汽车行业蓬勃发展。环境污染加速了新能源汽车时代的到来，能源紧张成为新能源汽车发展的动力，技术变革促进了新能源汽车的研发和生产，持续有力的政策激励机制促进了新能源汽车行业的发展。2020 年 11 月 2 日由国务院发布的《新能源汽车产业发展规划（2021—2035 年)》中提出，要促进新能源汽车与可再生能源高效协同。2020 年 11 月 3 日发布的“十四五”规划建议中指出发展战略性新兴产业，其中包括加快壮大新能源汽车产业，通过规划建议，国家不仅明确了未来新能源汽车的发展方向，也将对新能源汽车的重视提升到了新的高度。

企业的成长性是企业通过自身的生产经营活动不断扩大积累而形成的发展潜能。

国家政策支持新能源汽车产业的发展，该产业前景广阔，整车制造行业是产业链下游的关键环节，因此，研究新能源汽车整车制造上市公司成长性十分有价值。

一、相关理论与文献综述

（一）新能源汽车相关理论概述

1. 新能源汽车定义

新能源汽车是指采用非常规的车用燃料作为动力来源（或使用常规的车用燃料、采用新型车载动力装置），综合车辆的动力控制和驱动方面的先进技术，形成的技术原理先进，具有新技术、新结构的汽车。

2. 新能源汽车分类及特点

新能源汽车的种类很多，主要包括纯电动汽车、混合动力汽车、燃料电池电动汽车、氢动力汽车等。

（1）纯电动汽车。

纯电动汽车是指主要采用单一蓄电池，单纯以电力驱动的汽车。纯电动汽车既可以利用蓄电池作为动力源，又可以通过蓄电池来储存电能，蓄电池可向电动机提供电能进而驱动其运转。纯电动汽车的电池种类很多，其难点在于电力储存技术。

（2）混合动力汽车。

混合动力汽车是指既有利用传统燃料的驱动系统，又配以电动机驱动系统的汽车。可细分为插电式混合动力汽车和非插电式混合动力汽车。

（3）燃料电池电动汽车。

燃料电池电动汽车是指以氢气、甲醇等为燃料，在催化剂的作用下通过化学反应产生电流，依靠电机驱动的汽车。从本质上讲，燃料电池电动车也属于电动汽车。

（4）氢动力汽车。

氢动力汽车是指以氢燃料发动机作为动力来源的汽车，可实现零污染、零排放。但是其生产成本和电池成本很高，受各方面因素影响很难推广应用。

（二）企业成长性研究文献综述

企业成长理论起源于古典经济学家对大规模生产规律的研究，继而演变出一系列从企业经营管理的角度分析企业成长性的相关理论。在企业成长影响因素方面，王维，李昊展，乔朋华，桂嘉伟以2010—2015年新能源汽车行业上市公司面板数据为样本，区分政府补助方式，实证分析政府研发补助和非研发补助对企业绩效的影响，发现政府研发补助对高成长性企业创新绩效具有显著促进作用，而对低成长性企业无显著影响；政府非研发补助对企业经营绩效均有显著正向影响，对高成长性企业的影响更突出。崔帅利用182家新能源汽车行业上市公司2013—2017年政府补贴数据作为研究样本，针对新能源汽车行业政府补贴做出实证研究，分析政府补贴对企业研发和绩效两方面的影响。最后在研究结论的基础上对财政补贴政策提出提高补贴门槛、完善补贴结构、加强补贴监管与提高核心技术补贴4个方面建议。储纯纯利用主成分分析法，DEA－CCR模型和DEA－Tobit模型分析，得出结论：政府直接补助和新能源企业综合技术效率值负相关，企业的高中以上学历员工占比、企业市值和综合技术效率值正相关；政府税费返还和纯技术效率值负相关，企业的人员素质结构、企业市值和纯技术效率值正相关；政府补助和企业规模效率值呈现明显的负相关，人才素质结构和规模效率值呈现正相关。

企业成长评价研究主要包括指标体系和评价方法两方面内容。在评价企业成长性的指标选择方面，中国学者也有较丰富的研究成果，但尚未形成统一体系。朱政，张振鹏采用Entropy－TOPSIS法对新三板文化企业的成长性进行评价，重点对比分析中国东中西部文化企业的成长性状况，以此来重新审视中国经济转向高质量发展阶段的东中西部文化产业发展的区域差异问题。刘晓玲，钟芷珊，梁彩萍以广东中山16家A股上市公司为研究样本，选取相关13个财务指标构建了中山上市公司成长性评价指标体系，通过因子分析法对样本公司2015—2017年的成长性进行了实证分析，根据评价结果对中山上市公司成长性提出了相应的对策和建议。吕涛，潘丽构建了以企业盈利能力、偿债能力、营运能力、发展能力、现金流量能力以及创新能力等16个具有代表性的成长性评价指标，收集36家新能源上市公司2011—2015年的面板数据，采用因子分析对中国新能源上市公司的成长性进行综合评价。李长春，程燕运用突变级数法的基本原理，结合熵值法，从发展能力、盈利能力、营运能力与获取现金能力4个方面构建成长性评价体系，对中国沪深农业上市公司2007—2009年间的成长性进行了排序和评价。石聪聪运用突变级数法和主成分分析法，将科技型中小企业成长性评价指标体系分为成长能力、运营能力和研发能力三部分，对贵州省科技型中小企业中大学生创业企业的发展情况进行评价。

在企业成长性评价方法方面，冯莉钧，贾秀才，汤少梁运用因子分析法，选取

2014 年 16 家中药上市公司体现规模能力、盈利能力、成长能力方面的 8 个财务指标，建立中药上市公司成长性综合评价体系，对 16 家中药上市公司成长性进行综合评价。谷文林，任敏，俞静选取了创业板市场上市的 153 家公司为样本，采用因子分析法对中国创业板上市公司成长性进行实证分析。刘晓柏运用主成分分析法，从盈利能力、发展能力、营运能力和偿债能力 4 个方面选取十二个财务指标对中国农业上市公司的成长性进行评价。白祖文运用主成分分析法构建了企业业绩的综合评价模型，并对 2008 年 35 家高新技术上市公司进行了综合评价。吕淑金用 BP 神经网络建立中小企业成长性评价模型，利用 BP 神经网络的自适应、自学习的计算机制，通过网络训练将专家评价的知识、经验分布存储到网络权值中，自动调整权值，以减少人为设置权值的主观性。如表 1 所示。

表 1　国内成长性评价研究

研究方法	研究对象	作者（出版年）	指标体系
熵值法和 TOPSIS 法	文化企业	朱政等（2019）	营运能力、盈利能力、偿债能力、发展能力
因子分析法	中山上市公司	刘晓玲等（2019）	13 个财务指标
	新能源上市公司	吕涛等（2017）	盈利能力、偿债能力、营运能力、发展能力、现金流量能力以及创新能力
	中药上市公司	冯莉钧等（2017）	规模能力、盈利能力、成长能力
突变级数法	农业上市公司	李长春等（2011）	发展能力、盈利能力、营运能力与获取现金能力
突变级数法和主成分分析法	贵州省科技型中小企业	石聪聪（2020）	成长能力、运营能力和研发能力
主成分分析法	中国农业上市公司	刘晓柏（2011）	盈利能力、发展能力、营运能力和偿债能力
	高新技术上市公司	白祖文（2009）	营运能力、成长能力、获利能力
BP 神经网络	中小企业	吕淑金（2009）	业务成长能力、盈利能力、资金运营能力、规模成长能力

通过概括总结以上研究发现，每位学者对企业成长性的视角不同，研究的侧重点也不同，对企业成长性的研究主要集中于评价指标、企业成长性影响因素、评价企业成长性方法。关于成长性评价的文章大多都细分到行业领域。从已有的研究来看，多数集中在科技企业、农业企业和区域性上市公司，而针对新能源汽车整车制造企业的成长性评价研究比较缺乏。本文从新能源汽车企业成长性评价及影响因素

角度出发，研究新能源汽车整车制造企业的成长性，旨在挖掘中国新能源汽车的成长能力及影响要素。

二、中国新能源汽车整车制造上市公司成长性研究设计

（一）数据来源

本文选取了2015—2019年同花顺财经网站新能源汽车概念股中整车制造上市企业为研究对象，研究中国新能源汽车整车制造上市公司的成长性。本文的数据主要来源于同花顺财经、搜狐财经网站披露的企业数据以及企业年报数据，并按以下原则进行样本企业筛选：在证券交易所上市的公司；传统汽车企业转型、涉足新能源汽车领域的整车上市公司；2015年以前上市的公司，即至少连续五年公布年报的上市公司。经按上述原则进行筛选，共筛选出32家新能源汽车整车上市企业作为研究对象进行研究。

（二）研究方法

影响中国新能源汽车整车制造上市公司成长性的因素有很多，从结构上看比较复杂，数量上也比较难以处理，采取因子分析法可以将这些信息进行有效的分类，找出影响成长性的主要因素，进而确定影响创业板上市公司成长的主要因素。通过对这些因素进行相关性分析，提取几个主要因素作为变量，形成关于中国新能源汽车整车制造上市公司成长性变量的主要因子，用较少的几个公因子来反映全部变量的大部分信息。因子分析法具有降维及简化数据的优势。通过对较多的因素进行分类，可以根据得分情况获得上市公司的成长性排名，客观地对整体的成长性进行评价。

（三）评价指标体系构建

本研究对企业成长性进行测量，新能源汽车整车制造产业具备自身特点，因此所选取的指标必须既能体现一般性，又能体现行业特殊性。基于此思想将评价指标划分为传统财务指标与新能源汽车行业特征指标两大类，传统财务指标中涵盖了规模能力、营运能力、盈利能力以及发展能力4个二级指标。新能源汽车行业特征指标中包含了技术创新能力与政策环境两个二级指标，具体指标如表2所示。

表 2　新能源汽车整车制造上市公司成长性评价指标体系

一级指标	二级指标	测度指标	计算公式
传统财务指标	规模能力	企业总资产	企业总资产的对数
		企业总营业额	企业总营业额的对数
	营运能力	总资产周转率	销售收入净额/总资产
		流动资产周转率	主营业务收入净额/平均流动资产总额
	盈利能力	总资产净利率	净利润/平均资产总额
		总资产报酬率	（利润总额＋利息支出）/平均资产总额
		净资产收益率	平均净利润/平均净资产
	发展能力	总资产增长率	企业本年度总资产的增长额/年初总资产
		营业收入增长率	企业本年营业收入增加额/上年营业收入总额
新能源汽车行业特征指标	技术创新能力	研发费用占比	研发费用/营业收入
		研发人员占比	研发人员数量/员工总数
	政策环境	财政补贴力度	政府补助/营业收入

（四）模型构建

采用因子分析法构建评价模型。第一，对数据进行标准化处理。因各变量之间的单位不同，为消除其结果的不稳定性，需要对原始数据进行无量纲处理，得到无单位限制的因子矩阵。第二，得出因子载荷矩阵，是因子分析的核心。本文得到因子载荷矩阵的方法为主成分法，确定公共因子 F_1，F_2，…，F_m。第三，计算因子得分。运用因子之间的线性关系来表达原始变量，构造因子得分函数，对选取的指标数据按照上述因子分析步骤进行研究，得出新能源整车制造上市公司成长能力每个指标得分，同时进行实证检验。因子分数的计算模型如下：

$$F_j = \alpha_{j1}x_1 + a_{j2}x_2 + \cdots + \alpha_{j12}x_{12},\ j = 1,\ 2,\ \cdots,\ m \quad (1)$$

计算成长性综合得分

$$Z = b_1F_1 + b_2F_2 + \cdots + b_{12}F_{12}$$

$$b = (b_1,\ b_2,\ \cdots,\ b_m) = \text{公共因子贡献率/累计贡献率}$$

三、中国新能源汽车整车制造上市公司成长性实证分析

（一）因子分析

首先，采用 KMO 和 Bartlett 对变量进行相关性检验；然后，从 CS－MAR 国泰

安研究数据库中获取32家上市公司数据，对数据进行一系列处理；最后，使用SPSS软件采用因子分析方法进行实证研究。

利用SPSS软件进行KMO检验及Bartlett球度检验，KMO检验系数为0.638，大于0.50，适合做因子分析。本文所取的各项数据适合进行因子分析。表明选取的12个指标之间具有较强的相关性，适合进行因子分析。利用方差最大化原理对因子进行旋转，指标体系及各变量在公因子上的载荷矩阵如表3所示。

表3　旋转成分矩阵

项目	成分			
	1	2	3	4
Zscore（总资产自然对数）	0.046	0.905	0.160	0.048
Zscore（营业总收入自然对数）	0.126	0.960	0.013	-0.057
Zscore（总资产净利率）	0.947	0.166	0.085	0.076
Zscore（总资产报酬率）	0.950	0.131	0.033	0.075
Zscore（净资产收益率）	0.904	0.105	-0.037	0.075
Zscore（总资产周转率）	0.252	0.608	-0.536	-0.208
Zscore（流动资产周转率）	0.213	0.649	-0.525	-0.169
Zscore（总资产增长率）	0.473	-0.066	0.087	0.532
Zscore（营业收入增长率）	0.209	-0.226	-0.221	0.694
Zscore（研发费用占比）	0.081	-0.072	0.807	-0.155
Zscore（研发人员占比）	0.106	0.088	0.629	0.147
Zscore（政府补贴力度）	-0.116	0.132	0.411	0.677

根据因子得分系数矩阵可以得到各因子得分（F_j）的计算公式如下：

$$F_1 = -0.095x_1 - 0.058x_2 + 0.330x_3 + 0.335x_4 + 0.319x_5 + 0.045x_6 + 0.019x_7 + 0.108x_8 - 0.004x_9 + 0.079x_{10} + 0.020x_{11} - 0.156x_{12}$$

$$F_2 = 0.399x_1 + 0.392x_2 - 0.028x_3 - 0.046x_4 - 0.057x_5 + 0.172x_6 + 0.200x_7 - 0.018x_8 - 0.057x_9 - 0.006x_{10} + 0.083x_{11} + 0.175x_{12}$$

$$F_3 = 0.145x_1 + 0.080x_2 + 0.068x_3 + 0.036x_4 - 0.007x_5 - 0.235x_6 - 0.233x_7 - 0.020x_8 - 0.236x_9 + 0.484x_{10} + 0.349x_{11} + 0.147x_{12}$$

$$F_4 = 0.115x_1 + 0.041x_2 - 0.074x_3 - 0.072x_4 - 0.058x_5 - 0.069x_6 - 0.027x_7 + 0.357x_8 + 0.559x_9 - 0.265x_{10} + 0.029x_{11} + 0.547x_{12}$$

其中，F_1、F_2、F_3、F_4分别代表盈利能力因子、营运能力因子、创新能力因子、成长能力因子，最后得到成长性的得分函数Z为

$$Z = 0.32433F_1 + 0.25953F_2 + 0.16805F_3 + 0.14227F_4 + 0.10581F_5 \quad (2)$$

由此可计算得到2015—2019年中国新能源汽车整车制造上市公司成长性各指标得分和综合得分，根据同样的原理和方法，计算可得2015年以及2019年中国新能源汽车整车制造上市公司成长性各指标得分和综合得分，并根据成长性综合得分名次排名，具体如表4所示。

表4　2015—2019年中国新能源汽车整车制造上市公司各指标综合得分与排名

公司	2015年		2016年		2017年		2018年		2019年	
	综合得分	排名	综合得分	排名	综合得分	排名	综合得分	排名	综合得分	排名
潍柴动力	0.0147	16	0.2950	11	0.4572	6	0.4909	6	0.5202	3
东旭光电	1.1644	1	0.6490	6	0.3105	9	0.2254	11	0.1031	12
江铃汽车	0.6645	6	0.3787	10	0.1935	10	-0.0538	18	0.0735	13
长安汽车	0.7425	3	0.6694	4	0.5007	5	0.3727	9	0.1332	10
美锦能源	-0.8845	31	-0.3780	27	-0.0457	17	0.1941	12	-0.1832	22
一汽轿车	-0.1980	22	-0.3779	26	-0.0684	19	-0.0573	19	-0.0008	16
中国重汽	-0.3198	25	-0.1857	22	0.0607	13	-0.1595	22	0.0417	14
中通客车	0.2092	12	0.0735	17	-0.1020	21	-0.3621	26	-0.2738	24
传化智联	0.7019	4	0.7074	2	0.0309	15	0.0435	15	0.1274	11
比亚迪	0.2790	10	0.3818	9	0.3980	7	0.3834	8	0.2805	9
京威股份	-0.0429	17	0.0222	20	-0.2335	24	-0.4919	28	-2.0390	32
华锋股份	-0.4190	28	-0.3409	24	-0.3635	27	0.4902	7	-0.3048	25
合康新能	-0.1174	20	0.0406	18	-0.2756	25	-0.6614	31	-0.3755	26
汇川技术	0.5614	8	0.6511	5	0.6093	3	0.6293	2	0.5195	4
科泰电源	-0.5014	30	-0.5811	29	-0.6846	31	-0.6474	30	-0.7803	29
富瑞特装	-0.4583	29	-0.8691	31	-0.4629	30	-0.5884	29	-1.0474	30
东风汽车	-0.1417	21	-0.1987	23	-0.3354	26	-0.1111	20	-0.1733	21
宇通客车	1.0576	2	1.0739	1	0.8395	1	0.7229	1	0.6294	2
上汽集团	0.6117	7	0.5711	7	0.5890	4	0.5284	5	0.4218	6
福田汽车	0.2575	11	0.2330	12	0.0554	14	-0.3438	25	-0.0924	19
亚星客车	-0.3464	26	0.1070	16	-0.4095	28	-0.4649	27	-0.5005	27
曙光股份	-0.3665	27	-0.5407	28	-0.4476	29	-0.7241	32	-0.5133	28
国机汽车	-0.3182	24	-0.3509	25	-0.1834	23	-0.2940	24	-0.2354	23
江淮汽车	0.1183	14	0.1982	13	-0.0455	16	-0.0390	17	0.0351	15
中国动力	-0.2771	23	0.1223	15	-0.0696	20	-0.0120	16	-0.0161	17
金龙汽车	0.1038	15	-0.6426	30	-0.0529	18	-0.1855	23	-0.1650	20

续表

公司	2015 年		2016 年		2017 年		2018 年		2019 年	
	综合得分	排名	综合得分	排名	综合得分	排名	综合得分	排名	综合得分	排名
北汽蓝谷	-1.6738	32	-1.8401	32	-0.9388	32	0.6244	3	0.4852	5
小康股份	-0.0947	18	0.1408	14	0.1427	12	0.0995	13	0.2910	8
广汽集团	0.3488	9	0.4678	8	0.7141	2	0.6015	4	0.6698	1
长城汽车	0.6844	5	0.6879	3	0.3975	8	0.3273	10	0.3456	7
力帆股份	-0.0965	19	-0.0223	21	-0.1453	22	-0.1240	21	-1.6633	31
隆鑫通用	0.1858	13	0.0333	19	0.1911	11	0.0864	14	-0.0638	18

（二）成长性评价结果分析

1. 盈利能力因子对公司成长性的贡献最大

采用因子分析法提取公因子，根据特征根 >1 的规定提取 4 个公共因子，这 4 个因子的特征值分别为 3.679、2.574、1.664、1.032，方差贡献率分别为 25.353%、22.287%、15.581%、11.362%；累积的方差贡献率达到 74.582%，提取到的 4 个公因子可以涵盖所选取 12 个指标的大部分信息，因此可以全面地对新能源汽车整车制造上市公司成长性进行评价。从因子分析结果看，样本解释量对成长性的贡献由高到低依次是盈利能力、营运能力、创新能力、发展能力。盈利能力的方差贡献率最高，说明公司对总资产净利率、总资产报酬率、净资产收益率感知最强。究其原因，盈利能力是公司利润获取高低的体现。随着人民生活水平的提高以及交通发展愈加便利，优惠力度以及推广应用的扩大，新能源汽车受到了人们的青睐；但是由于出台新的补贴政策，退坡力度明显加大、门槛提高，导致产业链整体的盈利能力受损，整车环节的补贴退坡情况下，整车厂销售压力加大，影响盈利能力进步，成长性得分逐年降低。

2. 不同公司成长排名波动较大

2015—2019 年的成长性得分平均值分别为 0.045、0.037、0.020、0.016、-0.117，这五年来各公司整体发展呈现出先增长后下降的趋势，2015—2016 年的综合得分保持增长，并且 2015 年和 2016 年的综合得分情况要好于后三年，2016 年的综合得分最高，但 2017—2019 年的整体综合得分呈现略微下降，如表 5 所示。同时还可以看出企业的成长分为两种情形，好的越来越好，差的越来越差。2015—

2019 年的标准差相近，说明大多数企业发展水平较为一致，尽管也有特殊值的存在，各企业存在一定的差距。2015—2019 年的偏度数均小于 0，可以认为数据集不对称，并且分布为平均值左侧，存在较大的偏低极端值，根据表 5 可以看出，2015 年、2016 年、2019 年的左偏现象更为严重，且绝对值相对较大，2015 年排名第 32 位的北汽蓝谷综合得分为 -1.674，2016 年排名第 32 位的北汽蓝谷综合得分为 -1.840；2019 年排名第 32 位的京威股份综合得分为 -2.040；2017、2018 年的左偏现象较为缓和。2015—2019 年峰度系数也存在差异，2015 年、2016 年与 2019 年的峰度系数为正，2017 年、2018 年的峰度系数为负，表明数据集较为集中，两侧数据集较少，2015 年、2016 年与 2019 年峰度绝对值较大，说明企业之间的得分差异性较大，显示出较为明显的离散现象，综合得分存在较多极端值，例如，2015 年排名第 1 位的东旭光电综合得分为 1.164，排名第 2 位的宇通客车得分为 1.057，而排名第 31 位的美锦能源得分为 -0.885，排名第 32 位的北汽蓝谷得分为 -1.674，由此可以看出 2015 年的企业综合得分排名存在较大的极端值。2017 年、2018 年的峰度系数绝对值较小，说明这两年的综合得分差异较小，例如 2017 年综合得分排名第 1 位的宇通客车综合得分为 0.839，排名第 2 位的广汽汽车得分为 0.714，而排名第 31 位的科泰电源得分为 -0.885，排名第 32 位的北汽蓝谷得分为 -0.934。其他四年的得分相对来说极端值并没有太为突出。

表 5　各公司综合评分统计分析

统计项	2015 年统计值	2016 年统计值	2017 年统计值	2018 年统计值	2019 年统计值
平均值	0.045	0.037	0.020	0.016	-0.117
中位数	-0.014	0.090	-0.046	-0.026	-0.008
下四分位数	-0.319	-0.348	-0.265	-0.331	-0.297
上四分位数	0.508	0.446	0.376	0.381	0.288
标准差	0.576	0.574	0.413	0.423	0.604
偏度	-0.475	-1.021	-0.032	-0.053	-1.555
峰度	1.441	2.364	-0.176	-1.021	3.073

究其原因，可以从年度行情分析，2015 年、2016 年新能源汽车正在向公共服务领域和个人领域全面推广，2016 年后又将推广重点放在解决充电桩等基础设施配套，引导消费者主动购买新能源汽车上。以车辆购置补贴为主的各项政策逐一实施，这两年综合得分的表现说明新能源汽车行业在国家政策支持下正在稳步高速发展，由市场导入期快速迈入增长期，进入高速发展阶段。整车企业如长城汽车、广汽集

团、上汽集团上述表现明显。整车企业在 2017—2019 年整体得分较 2015—2016 年低，主要原因是受补贴退潮、购置税政策退出和宏观经济形势影响，具体表现为政府逐年提高新能源汽车积分比例要求，鼓励低油耗车型发展，提高技术门槛的基础上大幅降低新能源车型的积分，乘用车市场整体业绩下滑，整体成长得分偏低。但在新能源车与燃油车双积分政策实施下，传统车企为降低成本，顺应政策导向而大力发展新能源汽车，新能源汽车行业仍保持强劲的发展态势。

3. 发展能力与创新能力成为普遍存在的短板问题

通过对比公司各个因子和总得分的排名，发展能力和创新能力成为制约因素，成长能力因子、创新能力因子得分分别为正的公司均不到样本总量的一半，企业各项能力表现较好，然而也由于一些指标的得分差异过大，发生了"木桶效应"，在其他能力指标得分均较高的情况下，存在的短板问题导致整体成长性得分不高，总分排名靠后，说明大部分的新能源汽车整车制造上市公司在市场扩张、政府补贴、技术创新方面存在各自的薄弱环节，发展差异大，影响了整体综合能力的提升。分析其原因，主要是自 2018 年以来，汽车行业增速放缓、自身业务调整等因素叠加，同时补贴下滑，导致许多公司的销量出现了波动。此外，新能源汽车整车制造的难点在于汽车所要求的安全性和稳定性，新能源汽车动力不足、续航问题突出、电池不够稳定、电力系统容易受到干扰，如何利用技术创新在低成本下保障安全性就是最大的难题所在。

（三）成长性预测

根据 2020 年上半年年报的数据，代入公式（1），对 2020 年的情况进行了得分计算，预测 2020 排名结果如表 6 所示。根据得分情况，从这里面我们可以看出一汽轿车、宇通客车、汇川技术、潍柴动力、比亚迪排名前五位。为了应对疫情，比亚迪、广汽集团、江铃汽车、长安汽车等多家车企都不断研发推出新的车型，并且在疫情期间开辟了口罩等防疫物资的生产，无论是基于社会责任感还是业务的多元化，可以看到新能源汽车整车制造企业良好的未来发展。2020 年宇通客车整体业绩排名仍保持前五位，根据该公司的预测，新冠肺炎疫情会持续影响公司利润，影响程度暂无法预测。预计疫情将影响旅游和通勤客车销量，而新能源公交车有补贴政策托底，下半年宇通客车有望复苏。此外，宇通在新能源客车出口方面占据先发优势，单车盈利能力强，2020—2021 年随着欧洲大单落地，未来将不断打开成长空间。比亚迪已经做好了2021年新能源汽车补贴退坡后产品线安排，计划于2021年推出高性能、低成本的新款车型。

表6　2020年中国新能源汽车整车制造上市公司各指标综合得分与排名

公司	综合得分	排名	公司	综合得分	排名
潍柴动力	0.5418	4	东风汽车	-0.0401	20
东旭光电	0.1829	13	宇通客车	0.7055	2
江铃汽车	0.2342	9	上汽集团	0.4085	7
长安汽车	0.4641	6	福田汽车	0.1071	15
美锦能源	-0.3590	27	亚星客车	-0.7416	29
一汽轿车	1.0599	1	曙光股份	-0.3233	26
中国重汽	0.2092	12	国机汽车	-0.2100	23
中通客车	-0.2083	22	江淮汽车	0.1099	14
传化智联	0.0357	16	中国动力	0.0056	18
比亚迪	0.4692	5	金龙汽车	-0.1636	21
京威股份	-0.2451	24	北汽蓝谷	0.0338	17
华锋股份	-0.3221	25	小康股份	0.2196	11
合康新能	-0.7495	30	广汽集团	0.2316	10
汇川技术	0.6778	3	长城汽车	0.3778	8
科泰电源	-0.7564	31	力帆股份	-1.5302	32
富瑞特装	-0.4239	28	隆鑫通用	-0.0011	19

根据2020年11月国务院办公厅印发的《新能源汽车产业发展规划（2021—2035)》，国家确定了将从技术创新、制度设计、基础设施等领域支持新能源汽车产业的发展，强调充分发挥市场在资源配置中的决定性作用，强化企业在技术路线选择等方面的主体地位，更好发挥政府在标准法规制定、质量安全监管等方面作用。发展规划为新能源汽车产业带来新的发展机遇，坚定了发展方向、提高了新能源汽车的供给质量、同时优化消费环境，增加了新能源汽车的市场空间，推动了新能源汽车扩大销售。整体来看，预计2021年国内外车企交流将更频繁，新车型逐步投放刺激市场需求，竞争将会更加激烈。新能源汽车未来的发展趋势仍将积极向好，成为稳定汽车消费、加快产业结构调整的重要力量。

四、结论与建议

（一）政府正确引导扶持，营造优良新能源汽车应用环境

国家出台的一系列促进新能源汽车消费政策正逐步发挥作用，对新能源汽车市场发展长期利好。一是可以借鉴国外相关经验，比如日本的补贴标准、预算和车型由日本下一代汽车振兴中心每年根据市场情况进行调整，充分结合中国实际国情提出科学合理的新能源汽车补贴方案；制定政策时应考虑中国的地理位置和交通情况，在补贴政策执行中应保持稳定性并与其他政策相辅相成；应给予企业适当的过渡期，以防企业在短时间内无法恢复盈利水平。二是加强监管力度，进行全程监控，保证补贴效果。政府还可以通过提高国民环保意识，加强对新能源汽车优势的宣传，倡导全民参与节约能源和改善环境，激发国民购买新能源汽车的积极性，有效帮助企业弥补政府补贴退坡造成的影响，提高企业发展能力，有利于新能源汽车整车制造企业提高其成长能力。

（二）整车制造过程应加速智能化、精细化、机械化、自动化

新一轮技术变革，智能化、精细化、机械化、自动化驾驶为新能源汽车提供了一个全新的模式和载体。下一阶段新能源汽车产业应升级发展思路，协同中国在互联网、通信等领域的优势，促进新能源汽车智能网联化，进而构建绿色智慧出行生态。在人工智能和5G通信等技术的支撑下，智能网联汽车技术可以实现快速有序的发展。特斯拉在高端化、电动化、智能化上取得的成功，对于汽车来说是一股新兴与引领力量。从新能源汽车整个发展来说，智能化、自动化是新能源汽车整车制造企业的一个必然选择。

（三）提升整车技术创新能力，解决续航里程、充电困难等问题

续航里程、价格、充电困难是阻碍新能源汽车发展的主要原因。价格是新能源车与传统车竞争的核心，新能源汽车在市场竞争上对传统汽车没有形成替代性优势，价格问题是核心原因。部分高端新能源车型价格偏高、补贴的效率偏低，不利于加速推动新能源车与传统车的价格并轨。新能源汽车产品端成本偏高，包括整车的成本，尤其是动力电池的成本。针对成本以及安全、续航能力、用户体验的问题，需要整车企业与上游零部件企业、动力电池企业共同努力，通过提高技术创新能力，

更加注重产品质量安全和标准机制建设，做安全可靠、有市场竞争力的产品，制造具有安全性和稳定性的新能源汽车。

（四）扩大新能源汽车应用领域，拓展应用市场

在应用领域上，应不断开拓新能源汽车适用的领域，包括私人用户和公共交通领域。从私人用户领域来看，2020 年上半年营运车辆受疫情影响需求减弱，私人消费占比增加，占比超七成，可以看出新能源汽车得到越来越多家庭用户的青睐。从公共交通领域来看，新能源汽车更适合城市公共交通体系，包括公交、快递、城市专用车（如电力、消防、市政）、短途旅游（如景区观光车）、工业矿山行业、农林牧渔业和建筑工地等场景。这些车辆普遍由统一公司运营，而且这些车辆在线路里程、驾驶时间、使用环境以及驾驶人员上都相对固定，因此可以设置专门的充电区域，或采用换电方式，有效解决续航里程和充电问题。

（五）不断创新数字化商业模式，为顾客提供便捷的服务

商业模式可以采用线上直销的新能源汽车商业模式。第一，在选车购车过程中，客户通过公司购车 App 网上直接下单，价格统一透明；第二，线下体验可以通过线上小程序，让客户可以在各个场景、任意时间预约自己喜欢的试驾路线和时间段，这样做效率更高、过程更加符合客户需求；第三，通过 App 在网上预约保养或者维修等售后服务；第四，品牌和经销商集团建立可持续发展的战略共赢伙伴关系，例如由经销商集团建立的极星空间，整个过程是零库存轻资产运营；第五，品牌利用优质服务网络，建立为客户服务的优质服务体系，包括售后服务体系、充电体系，同时加强与公共充电桩合作，为顾客提供便捷的服务，通过数字化体验，为顾客构建便捷的使用环境和体验。

专题九　中国新能源汽车发展对成品油消费的影响研究

摘要　进入21世纪以来，新能源汽车产业作为国家发展战略之一，备受能源行业的关注。新能源汽车的发展将在一定程度上促进中国能源结构的调整，激励石油下游企业转型。本文首先通过Eviews软件对中国新能源汽车保有量、传统汽车保有量和成品油消费进行Johansen协整检验，证明变量间具有协整关系，拥有长期的均衡关系，并通过格兰杰因果关系检验发现新能源汽车保有量规模较小，对成品油消费暂无明显影响；其次通过构建PCA－Logistic模型，对2021—2030年中国新能源汽车保有量进行预测；最后根据构建的回归模型，分别预测了保守情景下和基准情景下的成品油消费量，得出保守情景下2030年中国成品油消费量将达到36869.55万吨，基准情景下2030年中国成品油消费量将达到34797.89万吨，其中减少的2071.66万吨主要为新能源汽车替代的汽油量。

关键词　新能源汽车；成品油消费；PCA－Logistic模型；格兰杰因果关系

一、中国新能源汽车发展现状

为了应对日益严峻的气候挑战，中国政府大力发展新能源产业，新能源汽车产业已经成为中国的国家发展战略之一。中国政府出台了一系列政策，有力地推动了新能源汽车产业的快速发展。中国新能源汽车市场供需整体呈增长态势，渗透率持续提高，基础设施数量稳步提升，电池技术不断取得新进展。

（一）国家政策持续发力，推动新能源汽车产业快速发展

中国新能源汽车产业的发展起源于21世纪初，2001年初科技部启动“863计划”电动汽车重大专项，标志着中国新能源汽车战略正式启动。此后，国家相继出

台新能源汽车的相关政策，强调新能源汽车产业的发展和技术的提升。2020 年国家仍主要以激励性政策为主，在总体规划的基础上，调整税收补贴、车企准入门槛、充电桩建设、积分计算方式等政策。

在新能源汽车总体规划上，为了适应汽车产业升级趋势和绿色消费新需求。2020 年 11 月 2 日，国务院办公厅发布《新能源汽车产业发展规划（2021—2035 年）》，明确到 2025 年新能源汽车销售量将达到汽车销售总量的 20% 左右，高度自动驾驶汽车实现限定区域和特定场景商业化应用，充换电服务便利性显著提高。

在税收补贴政策方面，对补贴期限进行延长，并平缓退补力度和节奏。2020 年 4 月，工业和信息化部等联合发布《关于完善新能源汽车推广应用财政补贴政策的通知》，对补贴期限延长至 2022 年底，原则上 2020—2022 年补贴标准在上一年基础上分别退坡 10%、20%、30%。

在准入政策方面，放宽了生产企业的准入门槛。2020 年 7 月，工业和信息化部发布《关于修改新能源汽车生产企业及产品准入管理规定》，取消了申请新能源汽车生产企业有关“设计开发能力”的准入要求，降低了准入门槛，此外还取消了有关新能源汽车生产企业申请准入的过渡期临时条款。

在新能源汽车积分方面，积分标准更加严格。2020 年 6 月，工业和信息化部发布《关于修改〈乘用车企业平均燃料消耗量与新能源汽车积分并行管理办法〉的决定》，明确了 2021—2023 年新能源汽车积分比例的要求，分别为 14%、16%、18%，对具备节能减排优势的车型给予核算优惠，同时修改了新能源汽车积分计算方式。

（二）供需呈增长态势且保持基本平衡，渗透率呈快速上升态势

中国新能源汽车市场供需的发展经过快速起步、平稳增长及小幅下降的 3 个阶段，如图 1 所示，2015 年新能源汽车供需急速上升，产销分别比同期增长 333.73% 和 342.86%；2016—2018 年，新能源汽车增长相对稳定，增长率稳定在 50% ~ 60%；2019 年受补贴退坡政策的影响，新能源汽车的市场供需首次出现下降，2019 年全年产销量分别为 124.20 万辆和 120.60 万辆，比上年同期分别下降 2.20% 和 3.98%，产销基本平衡；2020 年新冠肺炎疫情为汽车行业按下了“暂停键”，全行业坚决落实党中央、国务院的决策部署，扎实推进复工复产，加快转变营销方式，积极促进汽车消费，汽车市场逐步复苏，全年产销增速稳中有升，基本消除了新冠肺炎疫

情的影响，汽车行业总体表现出了强大的发展韧性和内生动力。2020 年中国新能源汽车产销分别实现 136. 60 万辆和 136. 70 万辆，同比分别增加 7. 50% 和 10. 90% 。

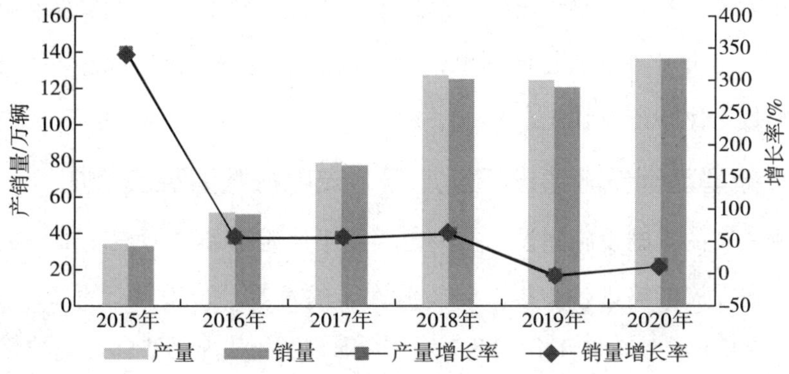

图 1　2015—2020 年中国新能源汽车产销量及增长率

数据来源：中国汽车工业协会。

从新能源汽车行业整体角度看，基于政策的支持和技术的发展，国内新能源汽车总量保持上升趋势，新能源汽车渗透率（新能源汽车保有量与汽车保有量的比值）也逐渐上升。如图 2 所示，2020 年新能源汽车渗透率达到 5. 4% 。虽然中国新能源汽车渗透率增速较快，呈现快速渗透态势，但与其他国家相比，中国新能源汽车渗透率仍处于较低水平，具有大幅的上升空间。

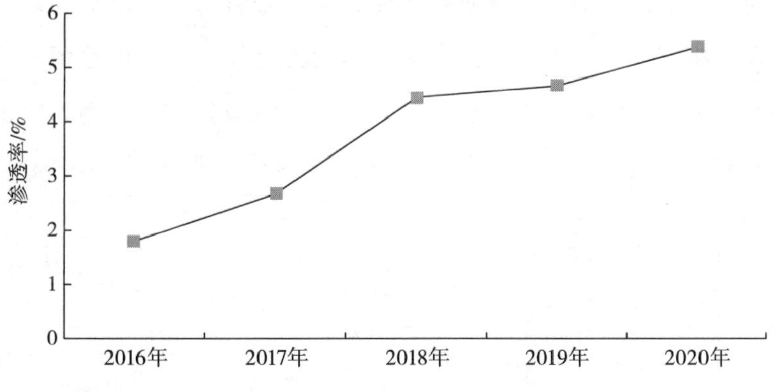

图 2　2016—2020 年中国新能源汽车渗透率

数据来源：公开资料整理。

（三）电池技术不断改进，续航里程再度提升

随着国家战略发展需要和政策的支持，中国新能源汽车的技术水平已经大幅提升，在电池能量密度、续航、安全性等方面都有了极大的进步，尤其是纯电动乘用

车技术已经接近国际先进水平。在乘用车方面，新能源电动汽车续航里程逐渐提升，2020年最高出现续航超过700公里的量产车型，与2019年的373公里相比有大幅提升，其续航能力可与燃油车相比较；在商用车方面，纯电动客车续航里程呈现持续增长趋势，2020年比亚迪推出的纯电动客车续航里程在等速工况法下可以达到680公里，电池技术保持行业领先水平。

（四）新型基础设施建设不断加强，充电桩数量稳步增加

新能源汽车的基础设施建设也在一定程度上决定着新能源汽车市场的供需，基础设施的快速发展能够进一步提升新能源汽车的发展。2020年5月22日，国务院总理李克强2020年《政府工作报告》中表示，将加强新型基础设施建设，发展新一代信息网络，拓展5G应用，建设充电桩，推广新能源汽车，激发新消费需求、助力产业升级。随着众多企业及资本的进入，如图3所示，截至2020年底，全国充电基础设施数量突破168.10万台，同比增长37.93%，其中，公共类充电桩80.70万台，同比增长12.40%，居民专用充电桩87.40万台，同比增长24.38%。新能源汽车保有量与充电桩比例为2.9∶1。公共充电基础设施建设区域较为集中在北京、广东、上海、江苏、浙江、山东、安徽、湖北、河南、河北等省市，这些地区建设的公共充电基础设施占比达到72.30%。全国充电电量主要集中在广东、江苏、四川、北京、河南、陕西、山西、山东、福建、浙江等省市，电量流向以公交车、乘用车为主，环卫物流车、出租车等其他类型车辆占比较小。其他地区公共充电桩数量较少，主要是由于充电设施建设投资较大，建设收益较少，成本回收期长，降低了部分地区政府的积极性。

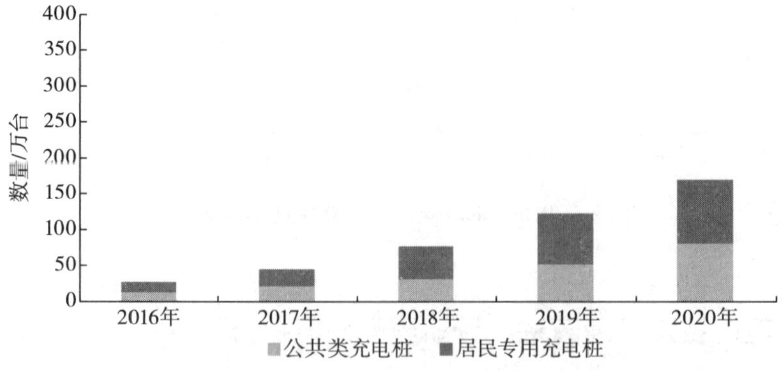

图3　2016—2020年中国新能源汽车充电桩累计数量

数据来源：公开资料整理。

二、新能源汽车发展对中国成品油行业的影响

随着经济的快速发展，中国的原油需求不断增加，超过了原油产量，导致原油对外依存度不断上升，同时，传统汽油消费的快速增加使得汽油转为紧平衡。新能源汽车的发展会抑制汽油需求增加，将在一定程度上降低原油对外依存度并改善柴汽比，有利于保障中国能源安全。

（一）新能源汽车发展将降低原油对外依存度，保障中国能源安全

1978 年中国改革开放以来，中国经济持续迅速发展，人民日常生活水平不断提高，导致石油的需求不断增加，而中国油气储量并不是很充足，因此为了满足国内生产需求，进口原油就成为至关重要的一环。随着中国原油对外依存度不断增加，中国能源安全也面临着巨大的挑战。调整能源消费结构，积极大力发展新能源汽车，将使能源需求更加多元化，降低对成品油的需求。因此，发展新能源汽车在一定程度上可以降低原油对外依存度，有利于保障中国能源安全。

（二）新能源汽车发展降低汽油、柴油需求，加快石油下游企业转型升级

新能源汽车的发展潜力是巨大的，相关的研发技术也在不断地突破完善。在新能源汽车优势不断显现的同时，新能源汽车在我们日常生活中应用的领域将更加广泛。根据新能源汽车发展趋势来看，在汽油消费方面，电动汽车对在乘用车和商务车领域的汽油消费替代力度更大，将会占据更大的市场份额；在柴油消费方面，LNG 车辆将逐渐替代柴油车。所以，面对市场的不断变化，石油企业下游的成品油销售企业需要紧跟市场步伐，在油气、充电网络建设上积极采取相应的措施。随着时代的不断发展，科技的不断进步，新能源汽车必定具有更好的发展前景，其中商务车和乘用车将会成为新能源汽车重要的发展领域，届时石油产业必将会受到新能源汽车严重的冲击。所以，在新能源汽车不断发展过程中，石油企业也要紧跟步伐，不断转型。

（三）新能源汽车发展将缓解柴汽比下降引发的矛盾

2010 年，中国柴汽比为 2.13，2015 年为 1.53，2020 年为 1.21，柴汽比逐年下降。按照这种发展趋势来推算，预计 2025 年柴汽比可能降为 0.99。面对柴汽比的

不断下降，石油行业需要不断调整炼油结构以应对销量变化所带来的冲击。而新能源汽车的大力发展在短期内可以缓解柴汽比下降带来的风险，其主要原因是新能源汽车的应用主要在小型商用车和乘用车领域，还没有应用到大型商用车领域，因此其主要替代的油品就是汽油。根据预测，2025 年若新能源汽车保有量增至政策规划的 1700 万辆水平，柴汽比将上升至 1.21。并且，随着新能源汽车的不断发展，技术水平逐渐提升，未来将增加汽油车的替代率。

三、新能源汽车发展对成品油消费的影响研究

新能源汽车的快速发展对成品油消费产生一定的替代影响，为研究新能源汽车发展对成品油消费的影响，本文分两种场景即保守情景和基准情景对成品油消费量与汽车保有量、新能源汽车保有量之间的关系进行研究，具体分析如下。

（一）数据来源及处理

由于中国新能源汽车起步较晚，前期阶段发展较为缓慢，相关数据统计并不完善，获取比较困难，因此本文只选取了 2010—2019 年中国新能源汽车保有量数据，数据样本只有 10 年，不能满足 Eviews 协整分析对数据样本量的要求，故本文利用 Eviews 中的数据频率转换功能，将中国新能源汽车保有量 10 年的年度数据转化为 40 个季度数据，然后利用转化后的季度数据进行协整分析。同理，本文选取的年度汽车保有量和年度成品油消费量数据均转化为季度数据。新能源汽车保有量、汽车保有量、成品油消费量、人均 GDP、居民收入、居民消费水平、公路里程、城市人口、城市化水平、第一产业生产值占比、第二产业生产值占比、第三产业生产值占比数据均来自国家统计局。为了缩小数据的绝对值，更容易得到平稳时间序列，降低所选时间序列的短期波动，对各指标数据进行对数化处理，利用对数化后的数据进行下文研究分析。

（二）保守情景下成品油消费量与汽车保有量的关系

通过对汽油、柴油、煤油消费量和成品油消费量的横向比较，可以发现成品油消费需求结构正在逐渐地发生改变，柴油消费量虽然占据最大的比例，但受政策影响，占比逐年下降，2019 年下降为 47%；煤油消费量占比最小，2019 年达到 13%；而汽油消费量占比逐年增加，2019 年增至 40%。由此可以看出汽油消费量的增长已成为中

国成品油消费量增长的主力军。汽油的主要消费对象是传统燃油汽车，燃油汽车的增加势必会导致汽油消费量的增加，分析对比中国汽油消费量增长曲线和中国汽车保有量增长曲线可以发现，两者保持相同的增长趋势，变化趋势也具有高度的一致性，表明中国汽油增长严重依赖国内汽车保有量的增加。本节在不考虑共享因素（新能源汽车）的情况下，运用 Eviews 对成品油消费量与汽车保有量之间的关系进行研究。

1. 相关性分析

如表 1 所示，成品油消费量与汽车保有量的相关系数为 0.934，通过了 1% 水平下的显著性检验，说明两者之间存在显著的正向关系。

表 1　相关性检验

变量	项目	汽车保有量	成品油消费量
汽车保有量	Pearson 相关性 显著性（双侧）	1	0.934**
成品油消费量	Pearson 相关性 显著性（双侧）	0.934**	1

注：**表示相关性在 0.01 水平上显著（双侧）。

2. 平稳性检验

相关性分析的结果只能粗略说明变量之间的相关关系，不能精确衡量各个变量之间的影响程度，因此需要对模型进行回归分析，在进行回归前，必须先检验数据的平稳性，假如数据不平稳，可能造成伪回归现象，即数据之间没有真正的内在联系，仅仅是因为变量之间出现随着时间共同变动的趋势，让研究者误以为二者具有高度相关性，回归结果也就失去了真实性和有效性，本文选用 Eviews 中的两种方法检验本文数据的平稳性。如表 2 所示，ADF 检验和 PP 检验都通过了 1% 水平下的显著性检验，说明本文选取的数据具有平稳性。

表 2　变量单位根检验

变量	ADF 检验	PP 检验
成品油消费量	-8.667（0.000）	-8.739（0.000）
汽车保有量	-7.060（0.000）	-7.080（0.000）

3. 回归分析

对成品油消费量和汽车保有量进行回归，可以得到不考虑共享因素情况下的回归方程如下：

$$成品油消费量 = 13.132 + 0.282 \times 汽车保有量 \quad (1)$$

其中 *Sig* 值为0.000，说明回归方程是显著的，且调整后的回归方程判定系数 $R^2 = 0.872$，说明方程整体拟合度较好。

（三）基准情景下成品油消费量与汽车保有量的关系

中国成品油市场的主要增长来源于汽油增长，而汽油增长又主要依赖于国内汽车保有量的增加。因此，随着中国新能源汽车的快速发展，不断挤压和吞噬传统汽车市场，新能源汽车对传统汽车的替代率增加势必会影响中国成品油市场发展。因此本节将考虑新能源汽车共享因素，研究成品油消费与汽车保有量之间的关系。

1. 相关性分析

如表3所示，成品油消费量、汽车保有量、新能源汽车保有量均通过了1%水平下的显著性检验，说明三者之间存在显著的正向关系。

表3　相关性分析

变量	项目	成品油消费量	汽车保有量	新能源汽车保有量
成品油消费量	Pearson 相关性 显著性（双侧）	1	0.955**	0.917**
汽车保有量	Pearson 相关性 显著性（双侧）	0.955**	1	0.927**
新能源汽车保有量	Pearson 相关性 显著性（双侧）	0.917**	0.927**	1

注：**表示相关性在0.01水平上显著（双侧）。

2. 平稳性检验

由于成品油消费量、汽车保有量、新能源汽车保有量都是时间序列，因此在进行协整关系检验之前，需要先检验各时间序列的平稳性。如表4所示，ADF单位根和PP单位根检验均通过了1%水平下的显著性检验，说明成品油消费量、汽车保有量、新能源汽车保有量均是平稳序列，所以可以对序列进行协整检验，并能够建立误差模型从而分析2010年以来中国成品油消费总量和新能源汽车之间是否具有长期均衡的关系。

表4　变量单位根检验

变量	ADF 检验	PP 检验
汽车保有量	-8.667（0.000）	-8.739（0.000）
成品油消费量	-5.479（0.000）	-9.566（0.000）
新能源汽车保有量	-7.872（0.000）	-7.872（0.000）

3. Johansen 协整检验

由表 4 单位根检验结果可知，成品油消费量、汽车保有量、新能源汽车保有量均为同阶单整序列，因此可以进行协整关系的验证。按照协整理论，在进行协整检验之前，还需确定向量自回归模型的滞后阶数。

Vamvoukas 研究证明，在小样本的 Johansen 协整检验中，采用较短滞后期的估计量结果更加准确。如表 5 所示，结合 AIC 等参数值和样本数量，本文最终确定自回归模型的最优滞后阶数为 6 阶。

表 5　序列滞后阶数

Lag	LogL	LR	FPE	AIC	SC	HQ
1	243.881	NA	2.01e-10	-13.817	-13.413*	-13.679
2	253.319	15.545	1.98e-10	-13.842	-13.034	-13.567
3	255.921	3.827	2.96e-10	-13.466	-12.254	-13.052
4	265.911	12.928	2.95e-10	-13.524	-11.908	-12.973
5	280.938	16.794	2.29e-10	-13.879	-11.859	-13.190
6	307.838	25.318*	9.42e-10*	-14.931*	-12.507	-14.105*

注：*表示相关性在 0.05 水平上显著（双侧）。

本文在对序列成品油消费量、汽车保有量、新能源汽车保有量进行协整关系检验时，选择无确定趋势、有截距项的检验形式，详细检验结果如表 6 和表 7 所示，其中表 6 为序列 Johansen 特征根迹检验法计算结果，表 7 为序列最大特征值检验法的检验结果。

表 6　序列 Johansen 特征根迹检验

假设协整方程个数	特征值	迹统计量	5%临界值	P 值
None*	0.840	80.342	29.797	0.000
At most 1*	0.405	17.938	15.495	0.021
At most 2	0.009	0.296	3.841	0.586

表 7　序列最大特征值检验

假设协整方程个数	特征值	最大特征值统计量	5%临界值	P 值
None*	0.840	62.404	21.132	0.000
At most 1*	0.405	17.642	14.265	0.014
At most 2	0.009	0.296	3.841	0.589

由表 6 和表 7 特征根迹检验和最大特征值检验结果可知，在 1% 的显著性水平下不接受序列成品油消费量、汽车保有量和新能源汽车保有量之间不存在协整方程

的原假设，说明新能源汽车保有量、汽车保有量和成品油消费量之间具有协整关系，具有平稳的长期均衡关系，在进行回归模型分析时不会出现“伪回归”现象，因此可利用最小二乘法 OLS 可得回归模型如下：

$$成品油消费量 = 15.298 + 0.136 \times 汽车保有量 + 0.018 \times 新能源汽车保有量 + \varepsilon_t \quad (2)$$

其中 $R^2 = 0.880$，调整 $R^2 = 0.881$，说明方程拟合程度较好。

计算回归模型的残差：

$$\varepsilon_t = 成品油消费量 - (15.298 + 0.136 \times 汽车保有量 + 0.018 \times 新能源汽车保有量) \quad (3)$$

对残差序列 ε_t 进行稳定性检验，检验结果如表 8 所示，由于残差序列 ε_t 的 ADF 计算值绝对值大于显著水平为 5% 的临界值绝对值，且 P 值小于 0.05，则可以认为残差序列是平稳序列，因此时间序列成品油消费量、汽车保有量和新能源汽车保有量具有协整关系，并存在长期的均衡关系。

表 8　残差序列 ε_t 的 ADF 检验

		t 值	P 值
	ADF	-2.091	0.037
临界值	1%	-2.627	
	5%	-1.950	
	10%	-1.611	

4. 格兰杰因果关系检验

在各个变量通过了平稳性和协整检验结果中表明，新能源汽车保有量、汽车保有量和成品油消费量三者具备协整关系，但对于三者之间的相互影响关系还需进一步分析，即新能源汽车保有量与汽车保有量之间有无影响关系，汽车保有量是否会影响成品油消费量，而成品油的消耗与新能源汽车是否又有关系。因此，本节将采用 Granger 因果关系检验来分析新能源汽车保有量、汽车保有量和成品油消费量三者之间是否存在明显的 Granger 因果关系，表 9 列出了 3 个变量间 Granger 因果关系检验结果。

表 9　序列 Granger 因果关系检验

零假设	F 统计量	P 值	结论
汽车保有量 does not Granger Cause 新能源汽车保有量	0.817	0.550	不拒绝
新能源汽车保有量 does not Granger Cause 汽车保有量	1.354	0.277	不拒绝

续表

零假设	F统计量	P值	结论
成品油消费量 does not Granger Cause 新能源汽车保有量	0.254	0.934	不拒绝
新能源汽车保有量 does not Granger Cause 成品油消费量	1.675	0.354	不拒绝
成品油消费量 does not Granger Cause 汽车保有量	0.515	0.763	不拒绝
汽车保有量 does not Granger Cause 成品油消费量	2.320	0.075	拒绝

由表9序列Granger因果关系检验结果可知，只有汽车保有量不是成品油消费量的格兰杰因果关系不被接受，汽车保有量与成品油消费量具有单项因果关系，即汽车保有量对成品油消费量存在长期影响关系，而成品油消费量对汽车保有量的影响却不明显；同样，汽车保有量与新能源汽车保有量之间不具备因果关系，相互之间影响不明显；新能源汽车保有量和成品油消费量之间也不具有因果关系，相互之间影响不明显。

按照直观的分析，新能源汽车不使用成品油作为燃料，随着新能源汽车保有量的增加，传统汽车市场势必被挤占，导致传统汽车数量减少，进而影响成品油消费量，但格兰杰因果关系检验结果却显示新能源汽车保有量与成品油消费量间不具备因果关系，这与直观分析完全相反。进一步分析2010—2019年中国新能源汽车保有量、汽车保有量与成品油消费量数据可以发现，中国新能源汽车市场仍处于发展初期，新能源汽车保有量规模还太小，2019年只占汽车保有量的1.46%。据世界银行公布的20个主要国家千人汽车拥有量调查数据来看，中国的千人汽车拥有量为173辆，千人汽车保有量仍然较低，甚至不如南非等国家，由此可看出市场对汽车的需求仍然较大，且年增幅远大于新能源汽车。因此，相比2010—2019年时间段内中国汽车的市场规模和增长幅度，新能源汽车市场的发展还不能成为影响成品油消费走向的因素，所以新能源汽车保有量和成品油消费量间不具有因果关系。另外，从前面通过OLS方法建立的回归模型，新能源汽车保有量系数为正数，也可以看出中国新能源汽车对成品油消费量的影响并不显著，但随着新能源汽车的快速发展，市场保有量的不断增长，终将给中国成品油消费市场带来影响。

四、分场景成品油消费量预测

影响中国汽车保有量变化的因素有多种，如经济因素，包括人均GDP、居民收入、经济产业结构、居民消费水平等；社会因素，包括城市人口、城市化水平、失业率、拥塞成本等；环境因素，包括公路网规模、基础设施完善度等。考虑长期完整数据的可获得性，本文选取城市人口数量、城市化水平、人均 GDP、居民消费水平、公路里程、第一产业生产值所占比重、第二产业生产值所占比重、第三产业生产值所占比重 8 个代表性的影响因素进行分析。主成分分析法可以通过线性降维技术将多个影响因素尽可能压缩为少数几个代表性综合指标，再结合 Logistic 曲线可以对汽车保有量进行分析和预测。但在实际应用中，影响因素可能存在非线性关系，尤其是对于时间跨度较长的数据，直接用传统主成分分析的线性方法会影响降维效果，进而影响预测精度。因此，本文使用对数变换法对传统主成分分析法进行了改进，结合 Logistic 曲线，提出了改进 PCA - Logistic 模型。根据前面的分析，从新能源汽车的市场需求量、技术发展和配套基础设施建设程度看，新能源汽车大规模进入普通家庭仍然需要很长时间，因此在对汽车保有量进行预测时，不考虑新能源汽车因素。但是新能源汽车会对成品油消费量中的汽油消费量产生一定的替代，故本文基于两种情景预测成品油消费量。

（一）汽车保有量预测

1. 改进主成分分析

首先将原始数据进行对数变换处理，然后运用 SPSS 统计软件，对中国汽车保有量的影响因素提取主成分，其中 KMO 值为 0.723 且通过 Bartlett 检验，说明各个变量间的相关性较强，原有变量较适合作因子分析。

表 10　总方差解释

成分	初始特征值			提取载荷平方和		
	总计	方差/%	累计/%	总计	方差/%	累计/%
1	6.895	86.186	86.186	6.895	86.186	86.186
2	0.993	12.415	98.601			
3	0.075	0.932	99.533			
4	0.026	0.329	99.862			
5	0.006	0.076	99.939			
6	0.005	0.057	99.996			
7	0.000	0.003	99.999			
8	0.000	0.001	100.000			

如表 10 所示，第一主成分的特征值为 6.895，其方差占总方差比为 86.186%，

对汽车保有量影响占主要作用，根据主成分选择标准，将原来的 8 个影响因素用这一个主成分来代替。

根据表 11 成分得分系数矩阵，可以写出第一主成分的因子表达如下：

$$Y_1 = 0.145X_1 + 0.145X_2 + 0.144X_3 + 0.144X_4 + 0.141X_5 - 0.144X_6 - 0.025X_7 + 0.143X_8 \quad (4)$$

表 11　成分得分系数矩阵

影响因素	成分
	1
城市人口数量 X_1	0.145
城市化水平 X_2	0.145
人均 GDP X_3	0.144
居民消费水平 X_4	0.144
公路里程 X_5	0.141
第一产业生产值占比 X_6	-0.144
第二产业生产值占比 X_7	-0.025
第三产业生产值占比 X_8	0.143

根据以上的表达式对取对数后的数据进行计算，计算后的第一主成分 N 相关数据见表 12。

表 12　第一主成分 N 的计算数据

序号	N	序号	N
1	-1.62	19	0.14
2	-1.53	20	0.16
3	-1.45	21	0.37
4	-1.33	22	0.47
5	-1.23	23	0.59
6	-1.22	24	0.65
7	-1.09	25	0.76
8	-0.97	26	0.83
9	-0.91	27	0.91
10	-0.83	28	0.99
11	-0.78	29	1.08
12	-0.69	30	1.16
13	-0.56	31	1.27
14	-0.43	32	1.36

续表

序号	N	序号	N
15	-0.30	33	1.42
16	-0.14	34	1.50
17	-0.03	35	1.59
18	0.07		

利用线性回归模型可得改进主成分分析法的第一主成分 N 与时间序号 t 之间的回归方程如下：

$$N = -1.753 + 0.098t \tag{5}$$

其中 $R^2 = 0.997$，调整 $R^2 = 0.997$。

2. 改进主成分分析法的 Logistic 曲线分析

利用 Logistic 模型对第一主成分 N 和汽车保有量进行回归分析，由于最大汽车保有量具有不确定性，需要提前进行估算。对最大汽车保有量的估算方法大致有3种，分别是直接选取最大值法、专家判断法和纯粹数学推导法。本文采用专家判断法确定个人汽车最大保有量。根据文献国家信息中心信息资源部主任徐长明估算，汽车保有量最高可达4.5亿辆。

本文构建的 Logistic 曲线方程如下：

$$F(N) = \frac{K}{1 + a \times e^{bN}} \tag{6}$$

其中 K 为汽车市场最大保有量；a 和 b 为常数；e 为自然对数。

令 a 和 b 的初始值为1，选取合适的最大汽车保有量45000作为固定值，利用统计软件 SPSS 对样本数据进行迭代求解，得到的参数估计结果见表13。

表13　Logistic 模型的参数估计

参数	估算	标准错误	95%置信区间	
			下限值	上限值
a	40.983	2.005	26.905	35.061
b	-2.301	0.052	-2.406	-2.195
$R^2 = 0.935$				

根据表13可得到方程拟合程度的相关系数 $R^2 = 0.935$。当 R^2 越接近1，表明回归曲线与数据越接近，可以看出得到的 Logistic 曲线拟合程度非常高，将表13迭代求解的结果带入公式（6），可得到最后的曲线方程：

$$F(N) = \frac{45000}{1 + 40.983 \times e^{-2.301N}} \tag{7}$$

为了预测中国2021—2030年的汽车保有量，将对应时间序号代入公式（5）中得相应的N值，再将所得结果代入Logistic曲线公式（7）中，可得2021—2030年汽车保有量预测值，如表14所示。

表14　2021—2030年汽车保有量预测

年份	汽车保有量/万辆
2021	28937.33
2022	31180.52
2023	33237.79
2024	35086.16
2025	36716.47
2026	38131.16
2027	39341.48
2028	40364.46
2029	41220.27
2030	41930.10

（二）不同情景下成品油消费量预测

保守情景下，不考虑新能源汽车共享因素，将表14中预测的汽车保有量带入公式（1），可得2021—2030年成品油消费量，如表15所示。

表15　保守情景下2021—2030年成品油消费量预测

年份	成品油消费量/万吨
2021	33230.98
2022	33938.53
2023	34555.93
2024	35087.63
2025	35540.14
2026	35921.22
2027	36239.26
2028	36502.63
2029	36719.29
2030	36869.55

基准情景下，考虑新能源汽车共享因素，由于新能源汽车主要对汽油具有一定

的替代作用，本文使用以下公式来计算新能源汽车对汽油的替代量：

新能源汽车替代汽油量=单车年均行驶里程/100×百公里油耗/1350×新能源汽车保有量 (8)

其中，汽油吨升比方面，取1吨=1350升汽油的标准值。

新能源汽车作为新兴事物，车辆报废率较低。据卓创资讯统计，历年新能源汽车报废率均处于0.50%以下，车辆使用寿命基本在8~10年，说明2020年左右新能源汽车将进入报废的高峰期。考虑到有一定的过渡，本文假定2020年后报废率增速加快，每年增加0.20%，8年之后每年增加0.10%。

单车年均行驶里程方面，中国普通家庭用车主要以日常代步、周末短途自驾游、年假旅游以及走亲访友几大作用为主，其中日常代步为最主要所在，平均行驶里程多在1万~3万公里，本文取中位数2万公里作为参考。

油耗方面，2019年1月24日，国家公开征求对强制性国家标准《乘用车燃料消耗量限值》和《乘用车燃料消耗量评价方法及指标》（征求意见稿）的意见，两项国家强制性标准将于2021年1月1日起执行，意见中规定乘用车油耗红线为6.90升/百公里。在国务院发布的《中国制造2025》以及工信部、国家发展改革委及科技部三部委联合发布的《汽车产业中长期发展规划》中也对2020年之后中国的汽车节能与新能源的发展目标提出了明确要求：到2020年，新车平均燃料消耗量乘用车降到5升/百公里，到2025年，新车平均燃料消耗量乘用车降到5升/百公里。本文2021—2025年百公里油耗选取5升/百公里作为参考，2026—2030年选取4升/百公里作为参考。通过计算，新能源汽车对汽油的替代量如表16所示。

表16 新能源汽车替代汽油使用量

年份	新能源汽车保有量/万辆	新能源汽车报废率/%	单辆车年均行驶里程/百公里	百公里油耗/（升/百公里）	汽油节约量/万吨
2021	591.9	0.3	200	5	437.13
2022	853.5	0.5	200	5	629.06
2023	1206.0	0.7	200	5	887.08
2024	1441.0	0.9	200	5	1057.80
2025	1702.0	1.1	200	5	1246.87
2026	1997.0	1.3	200	4	1168.02
2027	2329.0	1.5	200	4	1359.45
2028	2698.0	1.6	200	4	1573.23

续表

年份	新能源汽车保有量/万辆	新能源汽车报废率/%	单辆车年均行驶里程/百公里	百公里油耗/(升/百公里)	汽油节约量/万吨
2029	3108.0	1.7	200	4	1810.47
2030	3560.0	1.8	200	4	2071.66

注：新能源汽车保有量数据来自文献整理。

根据计算，不同情景下成品油消费量的变化如图 4 所示。在保守情景下，2030 年中国成品油消费量将达到 36869.55 万吨；基准情景下，2030 年中国成品油消费量将达到 34797.89 万吨。

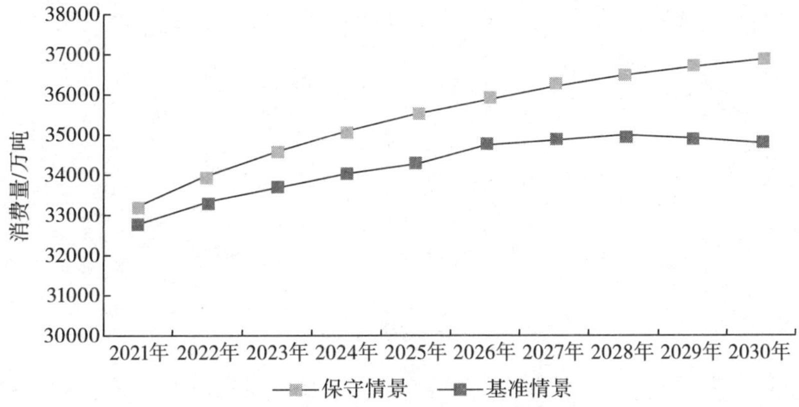

图 4　分场景中国成品油消费量变化

五、结论

本文基于协整理论，对保守情景和基准情景下的中国新能源汽车保有量、汽车保有量和成品油消费量间的协整关系进行分析，并利用格兰杰因果分析法分析三者间的因果关系，在此基础上，利用改进 PCA - Logistic 模型进行分场景成品油消费量预测。通过研究分析，本文得出：在保守情景下，成品油消费量与汽车保有量呈高度正相关，成品油消费量的增加严重依赖于汽车保有量的增加，利用回归模型预测 2021—2030 年中国成品油消费量，结果显示 2030 年成品油消费量将达到 36869.55 万吨；而在基准情景下，汽车保有量对成品油消费量存在长期影响关系，但成品油消费量对汽车保有量无明显影响关系，此外，由于中国新能源汽车保有量占比仍然较小，使其与汽车保有量、成品油消费量之间均无因果关系，但是随着中国新能源汽车市场规模的增长，传统汽车市场逐渐被替代，成品油消费量将逐渐减少，利用误差修正模型和预测的2021—2030年新能源汽车保有量和汽车保有量数据对中国成品油消费量的预测显示，中国成品油市场仍将保持增长趋势，预计在2030年达到34797.89万吨。

专题十 中国氢燃料电池汽车发展影响因素研究

摘要 随着“汽车社会”的逐渐形成，汽车保有量不断呈现上升趋势，石油等资源却匮乏短缺，同时，消耗大量汽油的车辆不断排放着有害气体和污染物质。最终的解决之道不是限制汽车工业发展，而是开发替代石油的新能源，氢燃料电池汽车由于其排放物无污染应运而生。但是氢燃料电池汽车在其发展的过程中面临着众多阻碍。本文对影响氢燃料电池汽车产业发展的因素进行全面分析，并在此基础上为氢燃料电池汽车产业发展提供有效的对策建议。

关键词 氢燃料电池汽车；市场供需；加氢站

引言

随着经济社会的不断发展，人们对汽车的需求也不断增长。然而，以传统石油为燃料的汽车数量的急剧增加，使能源危机和环境污染问题日益加剧，迫使主要的汽车厂商、先进研究机构等作出紧急应对。寻找一种可持续、绿色环保且高效的新型能源显得尤为重要。其中，氢能作为一种可再生的相对绿色的能源，制备简单、无污染、热值高，成为化石燃料的最有潜力的替代品之一。将汽车动力改用氢能也是许多主要发达国家重要的研发方向。美国新能源汽车的研发重点便是氢能源、氢燃料电池汽车，同时其他发达国家同步加入新能源汽车的研究队列，比如加拿大和挪威提出名为“氢高速公路”的氢能源计划来加速研发氢能源、氢燃料电池汽车。

2020 年 9 月，国内多家汽车制造商宣布计划增加氢燃料电池汽车销量，氢燃料电池汽车成为中国这一世界最大汽车市场的细分市场。上汽集团表示计划到 2025 年销售氢燃料电池汽车超过 1 万辆；北汽福田汽车的目标是到 2023 年销售氢燃料电池汽车 4000 辆，到 2025 年销售 1.5 万辆；丰田和现代等一些全球汽车制造商也宣布了在中国开发氢燃料电池汽车的计划。虽然氢燃料电池汽车的发展已取得初步成果，但在顶层设计、核心技术、产业配套方面仍需迎头赶上。

一、氢燃料电池汽车行业发展现状

“氢能及燃料电池”已经成为中国能源科技创新战略方向，中国政府出台了一系列利好政策推动氢燃料电池汽车行业发展。在政策推动下，中国氢气产量逐年上升，已成为世界最大的储氢材料产销国。加氢站数量逐年增加，加氢站类型逐渐向面向市场、服务外部的商业加氢站转变。2020 年尽管新冠肺炎疫情对氢燃料电池汽车行业发展造成重大冲击，但政府随之出台的政策提振了行业信心，促使氢燃料电池汽车产销量触底反弹。

（一）氢燃料电池汽车行业发展政策

国家在 2006 年便开始考虑氢动力的发展，将氢能及燃料电池写入发展规划中，但尚未制定具体发展规划，也未出台相关补贴政策。如表 1 所示，2014 年，国家发布《能源发展战略行动（2014—2020 年）》，“氢能与燃料电池”被正式确认为能源科技创新战略方向。2015 年，国家提出燃料电池汽车要实现千辆级市场规模，并强调对燃料电池汽车补贴不实行退坡。2016 年，《中国氢能产业基础设施路线图》发布，要求到 2020 年实现以能源形式利用的氢气产能规模达到 720 亿立方米。2019 年 3 月，《政府工作报告》中首次出现氢能相关内容，强调“推动充电、加氢等设施建设”。2019 年 3 月 26 日，财政部发布《关于进一步完善新能源汽车推广应用财政补贴政策的通知》，加强对加氢和充电基础设施建设的支持。2019 年 6 月，《鼓励外商投资产业目录（2019 年版）》推动充电、加氢站等设施建设。2019 年 7 月 1 日，《燃料电池电动汽车整车氢气排放测试方法》发布，对燃料电池汽车的生产规范加以明文要求。

2020 年，受新冠肺炎疫情等因素影响，新能源汽车全行业面临巨大挑战。为稳定新能源汽车行业发展态势，国家陆续出台相关保障文件。2020 年 3 月，国家发展改革委、司法部印发《关于加快建立绿色生产和消费法规政策体系的意见》，指出要在 2 年内对氢能立法。2020 年 4 月 10 日，国家能源局发布《中华人民共和国能源法（征求意见稿）》，第一次从法律上确认氢能属于能源。2020 年 4 月 23 日，财政部、工业和信息化部、科技部、发展改革委联合发布《关于完善新能源汽车推广应用财政补贴政策的通知》，提出争取通过4年左右时间，建立氢能和燃料电池汽车产业链。2020年6月，国家能源局发布《2020年能源工作指导意见》，制定实施氢能产业发展规划。2020年8月，有“中国氢能第一股”之称的北京亿华通科技股份有限公司登陆上交所科创板。2020年11月2日，国务院印发《新能源汽车产业发展规划（2021—2035）》，提出到2035年，纯电动汽车成为新销售车辆的主流，公共领域用车全面电动化，燃料电池汽车实现商业化应用，高度自动驾驶汽车实现规模化应用，有效促进节能减排水平和社会运行效率的提升。

表1　氢燃料电池汽车行业相关政策或标准

年份	相关政策或标准	影响
2014	《能源发展战略行动（2014—2020年）》	“氢能与燃料电池”被正式确认为能源科技创新战略方向
2016	《中国氢能产业基础设施路线图》	为氢能产业规划了具体发展目标，要求到2020年实现以能源形式利用的氢气产能规模达到720亿立方米
2019	《关于进一步完善新能源汽车推广应用财政补贴政策的通知》	调整对新能源汽车的购置补贴，加强对加氢和充电基础设施建设的支持
	《鼓励外商投资产业目录（2019年版）》	提出稳定汽车消费，继续执行新能源汽车购置优惠政策
	《燃料电池电动汽车整车氢气排放测试方法》	对燃料电池汽车的生产规范加以明文要求
2020	《中华人民共和国能源法（征求意见稿）》	支持开发应用替代油气的新型燃料和工业原料，并第一次从法律上确认了氢能属于能源
	《关于完善新能源汽车推广应用财政补贴政策的通知》	争取通过4年左右时间，建立氢能和燃料电池汽车产业链
	《2020年能源工作指导意见》	制定实施氢能产业发展规划
	《新能源汽车产业发展规划（2021—2035）》	提出到2035年燃料电池汽车实现商业化应用

综上所述，中国颁布的各项相关政策法规始终体现出对氢燃料电池汽车的支持。氢能产业将助力中国未来能源绿色发展。2020年中国已启动氢能顶层规划工作，氢燃料电池汽车“以奖代补”政策落地。新冠肺炎疫情没有改变氢能产业投资增长热情，20余家大型能源央企跨界氢能产业，年底预计超过8000辆燃料电池商务车、100座加氢站示范运营。大力发展氢能是中国完成“到2060年实现碳中和”目标的重要手段。

（二）氢燃料电池汽车市场供需现状

中国氢气产量逐年递增，为中国氢燃料电池汽车发展奠定良好基础。2015—2019 年，中国氢燃料电池汽车的销量逐年增加。进入 2020 年，受新冠肺炎疫情及政策变化的影响，氢燃料电池汽车产销增速双“腰斩”，在经历过连续半年多的负增长后，8 月氢燃料电池汽车产销触底反弹，呈逐步回升趋势。

1. 氢气产量逐年上升，利好氢燃料电池汽车发展

如图 1 所示，2012—2018 年，中国氢气产量呈逐年递增趋势，2018 年中国氢气产量约为 2100 万吨，同比增加 9. 70%。随着科学技术的发展，中国金属储氢材料产销量已超过日本，成为世界最大储氢材料产销国。氢气产量和储氢材料产销量两项世界第一，为中国氢燃料电池汽车发展奠定了良好基础。

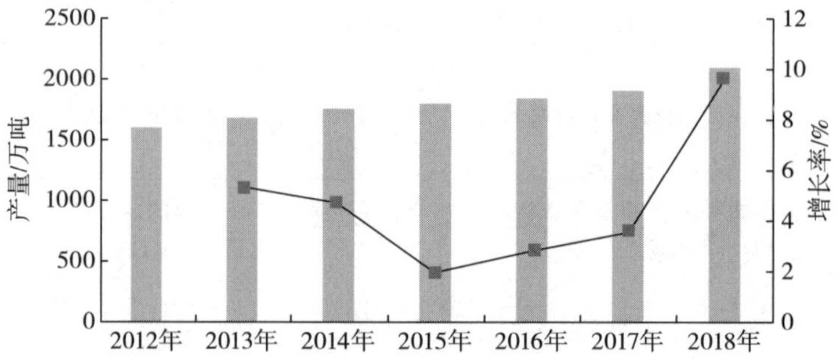

图 1　2012—2018 年中国氢气产量及增长率

数据来源：公开资料整理。

2. 2020 年氢燃料电池汽车产销量触底反弹

氢燃料电池汽车作为氢能源的重要应用之一，广泛布局于客用车与专用车领域。如图 2 所示，2016—2019 年，中国氢燃料电池汽车的销量逐年增加，分别为 629 辆、1275 辆、1527 辆、2737 辆，截至 2019 年底中国氢燃料电池汽车保有量达到了 6175 辆。2019 年的销量是 2015 年的 273. 7 倍，是 2018 年的 1. 79 倍。

进入 2020 年，燃料电池汽车产销量双“腰斩”，2020 中国氢燃料电池汽车生产量 1199 辆、销量 1177 辆，同比分别下降 57. 5% 和 56. 8%。中国即将出台国家氢能示范城市群计划，很多采购业主等待国家补贴和地方政府补贴是影响 2020 年氢燃料电池汽车产销的一大原因。此外，部分核心材料配套需要进口，受海外新冠肺炎疫情影响，物流周期增加，从而影响交付。预计 2021 年国内市场会有较大

幅度反弹。

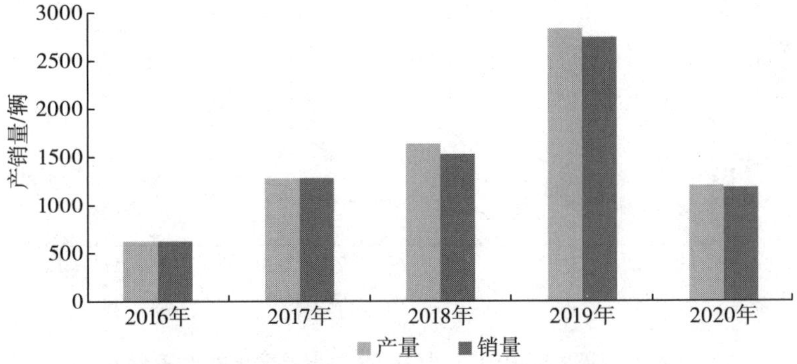

图 2 2016—2020 年中国氢燃料电池汽车产销量

数据来源：中国汽车工业协会。

如图 3、图 4 所示，2020 年 1—5 月中国氢燃料电池汽车产销分别完成 309 辆和 322 辆，同比分别下降 44. 10% 和 40. 90%。2020 年 6 月，氢燃料电池汽车产销均完成 81 辆，同比分别下降 83. 90% 和 83. 30%。7 月产销更是分别以 7 辆和 4 辆达到 2020 年低谷。经历过连续半年多的负增长后，8 月氢燃料电池汽车产销分别完成 97 辆和 121 辆，同比分别增长 438. 90% 和 536. 80%。

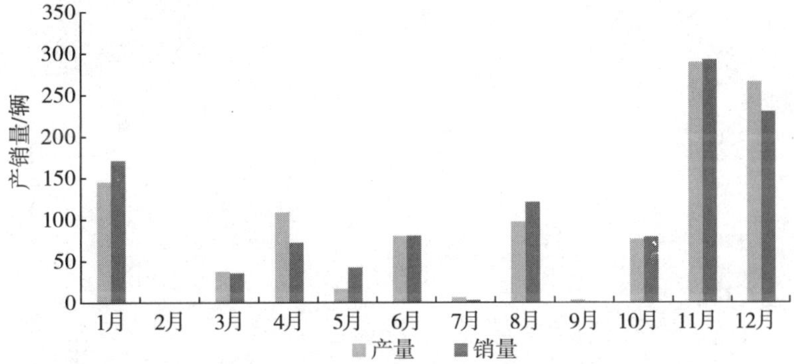

图 3 2020 年中国氢燃料电池汽车月度产销量

数据来源：中国汽车工业协会、中商产业研究院整理。

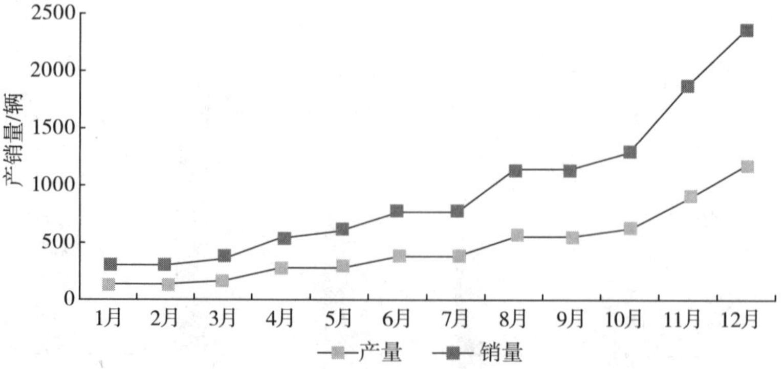

图4　2020年中国氢燃料电池汽车月度累计产销量

数据来源：中国汽车工业协会、中商产业研究院整理。

3. 全国加氢站数量逐年增加，加氢站类型不断转化

随着氢燃料电池汽车的推广，市场对氢气的需求也不断增加，加氢站建设随之进入了发展的快车道。2019年，中国在运营的加氢站数量52座，当年新增投入运营的加氢站达到25座。截至2020年2月底，中国共拥有加氢站66座，截至2020年12月底，中国累计建成加氢站118座（不含3座已拆除加氢站），其中建成的加氢站已投入运营101座，待运营17座，投用比例超过85%。加氢站各省份分布情况如图5所示。

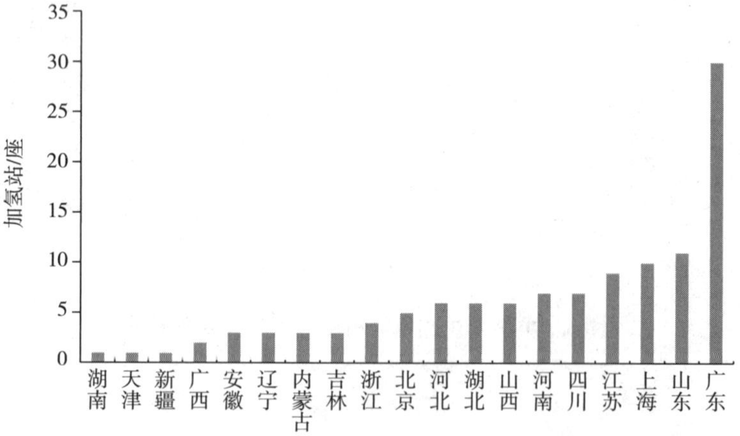

图5　中国各省（区、市）加氢站分布

数据来源：公开资料整理。

2019年加氢站主要是能源综合站、站内制氢加氢站，加氢站类型在不断转化，逐渐由仅供内部示范的运营站，向面向市场、服务外部的商业加氢站转变。国内固

定式加氢站数量正在逐渐增加，其比例从2019年上半年的59%上升至2019年底的63%。站内制氢、油氢合建有望成为未来主要发展的加氢站类型，更加符合用户体验需求的固定站数量也将逐渐增多，超高压储氢和液氢加氢站将助力未来加氢站的商业化运营。根据国家规划，2020年、2025年和2030年中国将分别建成加氢站100座、300座和1500座，到2050年实现加氢站数量10000座。

二、氢燃料电池汽车发展影响因素及问题分析

相对于石油与锂电池，氢燃料电池技术具有零污染、可再生、加氢快、续航足等优势，被誉为车用能源的“终极形式”。但由于一些不利因素的影响，氢燃料电池也被质疑只是未来的完美技术，无法在当下实现。如图6所示，从政治、法规、安全、技术、设施以及市场等6个方面考察氢燃料电池汽车发展的影响因素及问题，有利于更好地把握氢燃料电池汽车产业的发展态势。

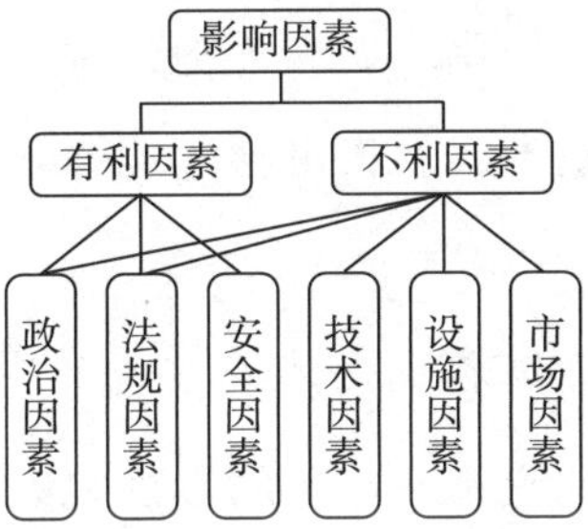

图6　氢燃料电池汽车影响因素

（一）有利因素

1. 政策因素——政府坚持氢燃料电池汽车发展导向

国家相关部委密集出台相关政策，大力支持氢燃料电池汽车发展。《中国制造2025》《汽车产业中长期发展规划》《“十三五”国家战略性新兴产业发展规划》等都将发展氢能和燃料电池技术列为重点任务，将氢燃料电池汽车列为重点支持领域。

一方面，地方政府积极响应国家政策，上海市率先发布《上海市燃料电池汽车发展规划》，广东佛山、湖北武汉、江苏如皋、浙江台州等地方政府也都为各自地区的燃料电池汽车产业发展提供政策支持，建立产业园区，引进整车企业及零部件生产厂家，共同推进氢能及燃料电池汽车的产业化发展。

另一方面，中国对纯电动、插电式混合动力汽车补贴政策已逐步退坡，但燃料电池汽车的补贴政策持续时间更长，加之双积分政策双重利好，这使得企业和消费者对氢燃料电池汽车的关注热情高涨。在加氢站建设上，国家对符合国家技术标准且日加氢能力满足要求的新建燃料电池汽车加氢站，每站奖励400万元的国家补贴。

2. 法规因素——国际协定促进氢能源发展

中国在《巴黎协定》中承诺在2030年左右使碳排放量达到峰值并争取尽早实现，2030年单位国内生产总值CO_2排放比2005年下降60%～65%，非化石能源占一次能源消费比重达到20%左右。为了实现该目标，中国必须充分利用风能、太阳能等可再生能源取代部分煤炭，从而降低煤炭消耗，以提前达成2030年CO_2排放目标。中国风能、太阳能发电装置的配备持续以全球最快的速度增长。

然而，因为风能、太阳能发电不稳定而无法上电网，利用率极低。又因为电能存在无法长时间储存的问题，大多数可再生能源产生的电能只能被浪费掉，中国每年浪费的电量约150百万千瓦·时。氢能具有能量转移的特性，可将这些无法上网的电用于电解水制氢，再将氢气应用于燃料电池汽车，从而为过剩的风能和太阳能发电以及降低碳排放量提供解决方案。将可再生能源转化成氢能是实现中国节能减排目标的重要途径。

3. 安全因素——先进的氢燃料电池汽车安全性相对较高

消费者的心理对氢燃料电池汽车商业化的发展也有较大的影响。有人说氢燃料电池汽车带着氢气瓶就像带个氢弹，造成很多人对氢燃料电池汽车安全问题担忧。实际上，氢比石油更安全，储氢罐的密封较好，即便氢气泄漏，由于氢是最轻的气体，扩散性极强，在开放空间，氢气的扩散系数是汽油的12倍。从危险程度上看，汽油的爆炸能量是相同体积氢气的22倍，在发生爆炸时，由于氢气密度远低于空气，爆炸会发生在气源上方，而汽油的爆炸则发生在燃料周围，汽油的危险程度远甚于氢气。

氢气的比重低，易向上扩散，所以少量的氢气泄漏，可以在空气中很快被稀释成安全的混合气，使得发生事故时影响范围要小得多，这与美国迈阿密大学的Swain博士的实验结论一致。对于氢燃料电池汽车而言，使用的氢气浓度比为99.99%，远高于一般氢气遇明火爆炸的4%～75.60%的浓度比。在耐压钢瓶中存储的氢气如果遭遇来自外界的明火燃烧，则会自动关闭多级阀体。车载检测系统侦测到钢瓶或管路出现氢燃料泄漏，控制系统会即刻关闭氢气输出，避免与氧气混合，确保不会自燃。

（二）不利因素

1. 政策因素——缺少针对氢能源系统化的扶持政策

在政策信号已经明确的前提下，氢能源产业急需的是出台国家产业政策，明确产业发展路径，从而推动一系列产业基础问题的解决，而非零散扶持政策。在国家未明确相关产业政策，提出顶层设计之前，补贴对于氢能源产业的作用有限。

根据近期国家发展改革委、司法部印发的《关于加快建立绿色生产和消费法规政策体系的意见》，到 2021 年才能完成氢能、海洋能等新能源发展的标准规范和支持政策，这无疑滞后于氢能源产业的整体发展速度。

在顶层设计缺失的情况下，补贴并不能真正起到推动氢燃料电池汽车产业快速发展的作用。如何建立科学的氢能源产业政策体系，才是眼下氢能源产业最关心的问题。

2. 法规因素——行业标准建设不佳

氢燃料电池方面的标准远不能满足产业快速发展的需求，支撑行业发展的氢制备、储运、加注及实际工况下氢燃料电池从部件到系统的各种评价检测体系等仍十分不健全，使得产业全链条下的产品推广受到严重的制约和限制。

3. 技术因素

（1）氢燃料电池技术发展受限。

氢燃料电池需要多种贵金属作为催化剂才能生成电能，而这些贵金属的价格比较高，同时，这些催化剂在使用的过程中又会影响氢的质量，这是全球氢燃料电池行业共同面临的难题。

中国氢燃料电池技术整体上取得了长足的发展，但关键材料、核心部件的批量生产技术尚未成形，催化剂、隔膜、碳纸、空压机、氢气循环泵等仍主要依靠进口，严重制约了中国氢燃料电池产业的自主可控发展。中国在高活性催化剂、高强度高质子电导率复合膜、碳纸、低铂电极、高功率密度双极板等方面的技术水平已经达到甚至超过了国外的商业化产品，但大多停留于实验室和样品阶段，还没有形成大批量生产技术。中国氢燃料电池堆的系统可靠性与耐久性等与国际先进水平仍存在差距，在全工况下的可靠性与耐久性有待提高。

（2）无污染的制氢方式成本过高。

国内发展氢能的生产方式主要有煤制氢、天然气制氢和工业副产氢，其中工业副产氢追溯其上游一次能源主要还是煤和天然气。因此，国内氢能生产主要还是依靠化石能源，而电解水制氢仅占2% ~4%，占比较为有限。水制氢和化石燃料制氢成本都非常高，且化石燃料又是不可再生资源，不可持续。氢能的获得、制取过程中要耗费大量能源，如不可再生资源、电能、核能等；作为气体燃料，它的储存、运输成本也非常高昂。

（3）氢能的各类存储路径受到各种限制。

氢能的存储方式方面，普通的高压储氢罐存储的氢是非常少的，而且非常危险，极易爆炸，如果要增加氢能的储量就得加大压力，这对技术和成本又有了更高的要求。另一种是液态方式存储，这种方式需要对储氢的设备进行隔热处理，所以储氢设备的体积会非常大，占用车上空间太多。还有一种是固体金属储氢，通过放热方式储氢，通过吸热方式释放氢，而且这种方式得到的氢能的纯度非常高，但是这种方式的缺点是成本太高。

（4）氢能运输难度较大。

氢能的输送方式主要包括高压气态输送、管道输氢和液态氢输送。高压气态氢气输送技术将氢气增压至20兆~40兆帕充装到大容积气瓶组，以长管拖车从制氢厂运送至使用厂家或加氢站。通常每辆长管拖车的载运氢气量为300~500千克，由于拖车装运的氢气重量只占运输总重量的1% ~2%，运输效率较低，因此高压气态输氢技术适用于运输距离较近（不超过150千米）和输送量较低的场景，国内加氢站的外进氢气均采用长管拖车进行运输。管道运输适用于大规模、长距离的氢气运输，可有效降低运输成本。随着氢能产业的快速发展，新建输氢管网可以满足巨大的用氢需求，是大规模、长距离氢气运输的发展趋势。液氢运输是将液氢装在压力通常为0.6兆帕的专用低温绝热槽罐内，利用卡车、机车和船舶进行运输。每辆汽车的液氢装载量超过2000千克，经济运输距离超过500千米，具有运输量较大、运输距离较远的优点，但是制取液氢的能耗较大，并且液氢在储存、输送过程中均有一定的蒸发损耗。液氢输送技术较为成熟，国外应用也已经有一定规模；而国内由于相关的法规标准欠缺，暂时没有液氢卡车罐车，仅有液氢铁路罐车。

4. 设施因素——加氢站建设成本高且分布数量少

氢气存储相关技术和安全性指标高，导致加氢站的建设成本昂贵，直接困扰全球氢能源车的发展。随着氢能产业快速发展，全国范围内加氢站建设稳步推进，但从总体上来看，中国加氢站数量依旧偏少。截至2020年2月底，中国共拥有加氢站66座；截至2020年12月底，中国累计建成加氢站118座（不含3座已拆除加氢站），其中建成的加氢站已投入运营101座，待运营17座，投用比例超过85%。广东、山东、上海和江苏加氢站建设走在全国前列，已建成运营的加氢站分别为30座、11座、10座和9座。

5. 市场因素——氢燃料电池汽车使用成本居高不下

在使用成本上，氢燃料电池汽车相比燃油车并没有明显优势，而售价却相当高。氢燃料电池汽车丰田Mirai随车带有2个高压储氢罐，前置储氢罐60升，后置储氢罐62.4升，压强为70兆帕，约等于700个大气压强。在此高压下充装122.4升，可以注满5千克氢气。该车的续航里程为502千米，即1千克氢可以使它行驶100千米。上海安亭加氢站氢的价格是每千克70元左右，即氢燃料电池汽车行驶100千米需要70元，远高于电动汽车，甚至比好多燃油车还贵。而Mirai售价大约46万元，在日本也属于比较昂贵的汽车。

从车辆购置成本和使用成本方面来看，氢燃料电池汽车二者都高于纯电动汽车，更无法和传统燃油汽车竞争。氢燃料电池汽车还没有真正发展到产业化阶段，只有以电池堆为主的材料和技术实现突破，成本降下来，氢燃料电池汽车发展才能迎来转机。

三、氢燃料电池汽车行业发展政策建议

基于上文对氢燃料电池汽车行业影响因素及问题分析，本文对氢燃料电池汽车行业发展提出制定系统发展规划、完善氢能产业标准，推进加氢基础设施建设，合理选择制氢方法，持续补贴政策扶持推动技术革新，充分利用国际合作、促成氢能源领域互利的发展建议。具体分析如下。

（一）制定系统发展规划，完善氢能产业标准

中国政府大力出台相关政策支持氢燃料电池汽车，各地方政府也密集出台各项氢能规划，构建产业布局。自2017年上海市发布氢燃料电池汽车产业发展规划以来，中国氢燃料电池汽车产业迎来了密集的政策发布期，截至2020年底，中国各地

方政府发布的氢能及燃料电池产业相关政策文件累计105个，涉及全国22个省（区、市）。山东、广东、上海、浙江、河南等地区在2020年上半年发布了多项政策，预示着当地氢能产业发展即将提速。

与日本、韩国等氢能源发展较为成熟的国家相比，中国发展氢能的国家政策体系尚未成形，且缺乏具有可操作性的实施细则。从商用车领域率先推广氢能源车是一个很好的切入点，继而可以不断深化认识，扩展氢燃料电池汽车的应用领域和范畴，设立氢能源专项政策，因地制宜扩展其在船舶、航空、建筑、化工、能源等其他领域的应用，落到实处，推动氢能产业的发展。整个氢能源产业发展需要有国家层面的战略性规划，单靠各地区之间竞争发展，可能会导致产业低端重复性建设问题，未来可能会走其他制造业的老路。

中国已经成立了全国氢能标准化技术委员会和全国燃料电池及液流电池标准化技术委员会，已先后发布氢能技术相关国家标准和行业标准近100项。但随着氢能在各个领域应用的逐步深入和技术进步，越来越多的标准或需要再修订，对不同类型氢能的运输、储存以及加氢站的安全等问题尤其需要予以足够的重视，明确各种类型氢能的定义范围，制定严格的标准和完善的管理程序，保证氢能产业链的整体安全，在清晰目标的指导下，更快更好地发展中国的氢能产业。

（二）推进加氢基础设施建设，发挥石化企业储运氢优势

2020年国务院发布《新能源汽车产业发展规划（2021—2035年）》，对氢燃料的制、储、运环节都给予明确要求：开展高压气态、深冷气态、低温液态及固态等多种形式储运技术示范应用，探索建设氢燃料运输管道，逐步降低氢燃料储运成本；健全氢燃料制储运、加注等标准体系建设。依据国家政策导向和氢能产业发展总体趋势，有序建设氢气管网、氢运储网络、加氢站等氢能基础设施以及保障氢能消费终端的氢气供应是氢能源发展的核心问题。中国氢气管道仍停留在“百公里”阶段，氢气运输管道建设仍面临诸多挑战，管道输氢将有很大发展空间。加氢站同样是氢能产业市场化的重要基础，在加氢站投资建设和运行方面仍面临许多困难和挑战，是制约中国氢能产业发展的重要影响因素。

无论是储氢还是运氢，相比其他行业，石化企业都具有充分优势。2019年中国已有106556万座加油站，油品销售企业应该充分发挥成品油零售网络优势，结合氢燃料电池汽车用能需求制定新建、改建加氢站计划，抢占终端加注服务市场。在现

有加油站基础上，增设储氢、加氢设施，建设油—氢、气—氢、氢—电等多种形式的合建站，可节约20% ~30%投资，充分实现综合能源一体化利用。同时石化企业可依托现有强大的油品物流配送体系，探索建设氢能物流体系，探索经济效益高的长距离氢运输模式，探索规模化、低成本、高效安全的新型运氢模式。未来，油气行业面临能源转型，石化企业应抓住氢能源机遇，密切关注氢能源未来发展趋势、最新政策和机会，加大与地方氢能产业推进部门的对接，提前做好自己的氢能源产业战略布局。

（三）合理选择制氢方法，发挥石化企业制氢优势

制氢是整个产业链的起始环节，现阶段为推动氢能源快速发展，合理选择制氢方式需首要考虑制氢成本问题。根据测算，不同原料制取 1 千克氢的成本从高到低依次为：电解水制氢 48. 27 元，天然气制氢 28. 11 元，乙醇制氢 27. 60 元，煤制氢 26. 32 元。选择高成本的电解水制氢，会使得氢燃料电池汽车与燃油汽车相比失去价格优势，更无法与锂电池汽车竞争，不具有经济性。在这样的情况下，制氢首选弃风弃光弃水电量制氢，一般采用较低成本的化石燃料制氢与工业副产制氢。

石化企业是油气资源的上游生产者，本身拥有资源优势。中国石化企业以煤制氢、天然气制氢以及副产制氢为主，制氢手段丰富，产氢量大，增加提纯装置后，氢气价格仍具备一定的竞争优势，可以为未来氢能利用提供氢源。石化行业还拥有数量众多、科研实力雄厚的研究单位和工程设计、工程建设单位，在制氢、材料研发和工程设计建设等方面具有优势。石化企业可依托这些力量，在传统制氢和提纯技术改进，可再生能源制氢技术开发，催化剂、膜、储能材料、氢能安全设施等氢能源应用领域开展工作。

（四）持续补贴引导技术进步，监测推动氢能技术革新

中国氢燃料电池关键材料、核心部件仍主要依靠进口，多数技术与国际先进水平仍存在差距，或停留于实验室和样品阶段，还没有形成大批量生产技术，生产成本居高不下，严重制约了中国氢燃料电池产业的自主可控发展。国内氢燃料电池行业发展需要国家出台补贴政策进行扶持，给予氢燃料电池研发企业足够的时间进行产品研发、试验和验证，让企业有足够的时间把产品质量做好，促进氢燃料电池汽车的良性发展。需要注意的是，为避免重蹈锂电池汽车补贴的覆辙，建议接受补贴的企业接受第三方数据监测，加强监督，推动技术革新，加快形成具有完全自主知

识产权的批量制备技术，建立产品生产线，全面实现关键材料核心部件的国产化与批量生产。

（五）充分开展国际合作，促成氢能源领域互利

中国氢燃料电池各项技术的攻坚还需要一定时间，为尽早实现氢燃料电池汽车产业化，未来中国需加大力度开展国际氢能源合作，寻找更多利益契合点，推动氢能源技术装备、创新研发等领域合作。以氢能源发展处于国际领先的日本为例，国际合作对于日本氢能产业的发展、技术改进和成本降低起了至关重要的作用，日本与氢能生产的合作伙伴定期举行会晤，不断强化国际合作对氢能发展的重要作用，公平的规制框架、全球的协调行动以及对开发者的奖励，都强化了日本氢能的技术开发并加速其商业化进程，最终使全球消费者受益，并使国际协调政策和行业间的合作越来越紧密。国际氢能供应网络的建立也离不开大量的投资和国际合作，中国石化企业为成功跨界氢能，应积极参与各地氢能源发展论坛、经验交流会议，了解行业发展趋势，搭建合作平台，通过学习借鉴国内外企业的先进技术和管理经验，推动中国氢能源产业加快发展。

专题十一　数字化转型在成品油销售公司的实践探索

摘要　本专题以新技术应用、数字化转型在成品油销售公司的实践探索为主题，重点介绍成品油销售公司导入阿米巴经营模式实现公司经营转型，通过利用新技术开发信息系统实现公司效益、效率提升，主要从3个方面分享实践探索经验：一是构建站级预算核算考核对标体系模型（以下简称站级预核考对平台），通过单站独立核算奖励激发员工干劲，从而推动加油站提质增效，提高信息系统服务指导生产经营能力，培养优秀职业经理人队伍；二是利用大数据分析技术实现客户分析转型，利用大数据技术构建站级客户圈、异业合作圈并通过异业合作为客户带来多维权益，增加客户黏性；三是利用前沿的人工智能深度学习技术，搭建监控视频智能分析系统，实现远程自动现场管理，为规范化管理、优化运营提供信息化支撑，提高公司运行效率，降低人工管理成本。

关键词　阿米巴经营模式；站级预核考对平台；站级客户圈；监控视频智能分析

引言

成品油销售公司业务快速拓展的红利期已过，面对低油价、市场主体多、市场竞争激烈等诸多难题，公司需要从自身出发找出瓶颈，破除束缚，实现公司可持续发展。成品油销售公司面临的主要问题：一是加油站自主预算、核算、考核、对标难；二是加油站薪酬与业绩挂钩难；三是加油站客户管理、客户触达难；四是人工管理成本居高不下，降本增效难。

成品油销售企业利用当今大数据分析、视频分析、5G以及物联网等信息化前沿技术，结合成品油销售公司的管理实际，通过不断实践，从阿米巴经营模式核心理念出发，革新组织职能、搭建数据测算模型，成品油销售公司探索实施了站级预核考对平台、站级客户圈和监控视频智能分析系统，为公司数字化转型探路先行。

一、站级预核考对平台

站级预核考对平台是从加油站员工出发，以加油站为主体实现全面站级预算、核算、考核和对标的信息系统。通过信息系统实现站级预算的主动化，地市预算管控化，省级预算全面管理；实现站级经营数据的自动采集和汇总分析，从而实现单站核算的自动化；根据加油站经营数据的更新和绩效考核原则，自动计算出加油站及站内员工的预计绩效薪酬；根据加油站数据对比分析，为加油站员工找出短板不断优化提升管理和业绩。站级预核考对平台通过完善薪酬激励机制，实现薪酬改革平稳发展，提升加油站的自主营销能力，让每个人关心效益、创造效益和分享效益。

（一）站级化预算

站级化预算主要包括预算指标、预算原则、预算实施三部分。关键是设定目标时要和公司目标同频共振，预算的下达要具有可操作性，原则公开透明，利于理解。

1. 预算指标

站级预算按“量、本、价、费、利”划分，销量类指标包括零售总量、汽油纯枪销量、非油收入、化肥收入、车润车辅收入等；费用类指标可设置可控费用、费用总额等；利润类指标包括油品纯枪毛利、非油毛利额、税前利润等。具体权重可根据需要结合每项指标对利润的贡献进行调节。例如：油品纯枪毛利（权重 10%）、非油毛利额（权重 16%）、可控费用（权重 5%）、零售总量（权重 15%）、汽油纯枪销量（权重 30%）、非油收入（权重 8%）、化肥收入（权重 3%）、车润车辅收入（权重 3%）、管理服务评价（权重 10%）。

2. 预算原则

指标下达时要做到公开透明、相对公平，同时要有一定的引领性。

3. 预算实施

加油站每月预算由相关部门按照加油站年度预算和公司当月指标进行分解，经审批后，每月 5 日前由绩效考核委员会统一下发。

（二）站级化核算

站级化核算包括对加油站“量、本、价、费、利”全口径核算，销量类项目包括油品销量、油品收入、非油收入、化肥收入、车润车辅收入等关键指标；成本类项目包括汽油、柴油各品号吨油成本；价格类项目包括汽油、柴油价格到位率，吨油毛利；费用类项目包括站级可控费用（水费+电费+办公费+差旅费+绿化环境卫生费）、油站绩效、升油营销支出、油品盈亏等；利润类项目为根据油品毛利、非油毛利、费用等计算得出。

1. 销量类项目计算方法

（1）油品销量（吨）=零管系统销售日报销售升数×公司下发的标准密度/1000，汽油、柴油吨数按同样方式取得。

（2）油品收入=零管系统销售日报折后金额/1.13（增值税税率为13%，财务核算中的收入、成本、费用均为不含税）。

（3）非油收入、化肥收入、车润车辅收入，为本站的非油销售额去掉增值税，一般商品税率为13%，化肥的税率为9%，部分商品为零税率或其他税率，具体以商品为准。

非油收入=非油销售额/1.13，化肥收入=化肥销售额/1.09，车润车辅收入=车润车辅销售额/1.13。

2. 成本类项目计算方法

由于吨油成本受市场变化影响较大，可以每月由财务预测后提供，总成本=销量×吨油成本。

3. 价格类项目计算方法

（1）价格到位率=实收金额/应收金额。其中实收金额从油品日报表中查询，应收金额=销售升数×国家到位价。

（2）吨油毛利=油品毛利/油品销量（吨），各品号汽柴油吨油毛利参照计算。

4. 费用类项目计算方法

为减轻加油站负担，在费用类项目计算中，加油站重点计算可控费用、升油让利（加油站出血点，每销售一升油品所直接需要付出的让利）、油品盈亏3个费用，员工绩效加油站关注度较高，可以单独进行计算。

5. 利润类项目计算方法

（1）油品成本=92号油销量（吨）×92号油吨油成本+95号油销量（吨）×

95 号油吨油成本 +98 号油销量（吨）×98 号油吨油成本 +0 号油销量（吨）×0 号油吨油成本 +（-10 号油）销量（吨）×（-10 号油）吨油成本。其中各品号吨油成本由公司财务部门月初下达预计数，月末提供当月准确数。

（2）油品纯枪毛利 = 油品收入 - 油品成本，汽油、柴油纯枪毛利参照计算。

（3）非油毛利同样可以用收入减去成本进行计算，但是受制于站级化信息工具等，可以由相关部门定期通报。

（4）税前利润 = 油品毛利 + 非油毛利 - 费用。

例如：聊城公司 3 月充分利用核算模块功能，各站员工都能通过系统清晰地对比出 92 号、95 号汽油吨油毛利的差异，为了获得更高的毛利，加油站员工掀起“低品号转换高品号”的推介热潮，高品号的优势通过员工的完美推介展示给客户，聊城公司提质增效取得新突破，截至 6 月底聊城公司创效能力强的高品号汽油销售权重 43%，同比提升 8 个百分点，累计实现利润 1920 万元。

（三）站级化考核激励

要想实现公司效益最大化，就要实现每座加油站的效益最大化，也就是做到加油站与公司同频共振，其中绩效引领是必不可少的途径。通过设定油品销量提成、费用节约提成、非油毛利提成、管理类考核四方面激励政策推动站级主动核算的实施，引导油站向主动算工资、主动挣工资转变。

1. 销量类项目激励

油品销量激励 = 结账周期内汽油实际销量 × 本站汽油吨油提成标准 + 结账周期内柴油实际销量 × 本站柴油吨油提成标准。

2. 费用类项目激励

费用类指标得分占加油站月度业绩得分一定比例，考核结果与本站油品销量提成、汽油毛利提成、柴油毛利提成之和挂钩。

3. 利润类项目激励

（1）汽油毛利激励 = 汽油纯枪毛利总额 × 本站汽油提成比例。

（2）柴油毛利激励 = 柴油纯枪毛利总额 × 本站柴油提成比例。

（3）非油毛利激励由基础返利和重点商品返利构成。基础返利 = 毛利总额 × 返利比例；如非油毛利额指标完成，额外增加当月非油收入总额一定比例的基础返利。同时还可以根据具体商品的贡献设定重点商品返利。

4. 管理类项目激励

管理类指标得分占加油站月度业绩得分的一定百分比，考核结果与本站油品销量提成、汽油毛利提成、柴油毛利提成之和挂钩。

员工收入与加油站经营成果紧密相连，严格考核激励兑现，践行多劳多得分配原则，充分调动员工工作积极性、主动性，例如，聊城公司3—6月毛利奖励29万元，奖励134站次，处罚2.9万元，处罚47站次，站级收入极差1.6万元。

（四）站级化对标分析

加油站通过分析本站油品销量、收入、毛利、费用、利润、充值次数、单笔充值额、汽油提枪次数、柴油提枪次数、汽油单笔加油量、柴油单笔加油量、非油消费次数、非油客单价等各项效率类指标同环比变化原因，针对薄弱点制定改进措施；横向对标同类加油站，取长补短。具体分析项目包括销量类分析项目、价格类分析项目、费用类分析项目、利润类分析项目、效率类分析项目。具体分析角度包含预算分析、纵向分析、横向分析。

（五）应用案例

站级预核考对平台实现了站级预算下达、核算管理、薪资分配及核算对标功能，帮助加油站实现单站分析，让加油站账算得更快更明白。通过该平台可以准确地掌握站内销量完成情况、费用花费情况、薪资核算情况等，根据薪资核算中各项考核得分，补不足、提工资。比如，9月德州31站预计得分85.23分，其中柴油纯枪量、非油收入是主要的丢分项，需要重点关注。经过分析，站经理一方面果断制定柴油加满赠非油品营销政策，另一方面提高员工非油销售提成，激励员工主动推销非油品。经过努力，该站在9月实现了量利齐升，保住了工资总额，既为公司贡献了销量利润又实现了员工收入提高。

二、站级客户圈

利用大数据分析应用技术，成品油销售企业开发实现了营销分析、客户分析、油站分析、商品分析四大功能模块，前台应用功能增加到46项，分类组织实现客户、商品、加油站和车牌4类标签，累计开发定义客户标签140个、商品标签56个、加油站标签94个、车牌标签134个，共计424个。

为满足公司“抓两端，保中间”的客户管理思路及加油站的客户管理需求，结合成品油销售企业自身业务现状，借鉴行业先进经验，成品油销售公司设计实现站级客户圈，为加油站“抓两端”即分析维护榜单客户和流失预警客户，“保中间”即分析维护一个加油周期内该来没来的客户，同时解决了加油站客户是谁、谁该来、怎么办的业务痛点。基于会员客户数据及消费行为开发实现三项功能：一是一键获取功能，解决客户是谁的问题；二是一键分析功能，解决谁该来的问题；三是一键营销功能，解决客户不来怎么办的问题，实现站级维系客户信息系统支撑。

（一）一键获取

每天到站加油的客户成百上千，没有员工能够清楚地记得今天或一段时间内哪些客户来了。为解决让员工知道哪些客户来了的问题，站级客户圈通过实时数据获取、客户信息匹配，利用大数据分析速度快的优点，实现客户数据展示。

通过加油卡客户、车牌客户、会员客户的量客匹配将数据整合，作为客户消费特征分析的基础数据。在数据整合的基础上，利用系统实现加油卡客户、会员客户的量客精准匹配，进而对会员交易行为进行精准的识别分析，开发一键获取页面全景展示今日、昨日、前日及本月的站级销量组成及客户组成情况，让站经理知道客户是谁。

（二）一键分析

每天到站加油的客户成百上千，难以计算清楚本站销量榜单客户，哪些客户今天该来或者一段时间内该来没来，哪些客户消费周期内消费频次变少或者销量变少。为解决让员工知道哪些客户是重要的榜单客户、哪些客户该来没来、哪些客户是流失预警客户等问题，站级客户圈通过实时数据获取、客户信息匹配，利用大数据分析数据量大的优点，实现客户数据展示。

针对站级加油卡客户、车牌客户、会员客户等客户数据及交易数据进行整合和挖掘分析，建立丰富的客户标签体系，包括客户姓名、手机号等基本属性标签，加油频次、偏好油品、最常加油站、最爱购买非油商品等统计标签，以及客户忠诚度、生命周期等算法挖掘出来的标签。

通过定制化标签开发一键分析功能为加油站提供预计今日加油客户、流失预警列表及客户关注前十名情况。“预计今日加油客户”即该来没来的客户明细，知道哪些客户到加油周期了却没有来以及超过加油周期两倍时间内该来没来的客户明细。

"流失预警列表"展示降频降量预计可能要流失的客户明细，为加油站提供挽回依据。"客户关注前十名"功能展示加油站销量贡献前十名的客户，提供维护功能，让加油站将其作为重点关注客户进行维护分配。

另外，站级客户圈还为站级员工提供灵活的查询页面，可以根据自己的需求选择对应的标签并设置阈值，对客户进行过滤，筛选出满足要求的客户列表，为客户洞察、精准营销、客户服务等提供数据支撑。

（三）一键营销

每天到站加油的客户成百上千，针对今天该来没来或者一段时间内该来没来的客户，消费周期内消费频次变少或者销量变少的客户，在重要的榜单上却突然加油量减少的客户，如何采取有效措施？站级客户圈通过与电子券平台、短信平台等营销工具打通，实现客户营销及触达。

站级客户圈为站级员工提供一键营销页面，定制需要营销客户的模型，一键查询需要营销客户，选择营销活动，提交营销平台进行营销刺激并通过多种触达渠道通知客户，适时开展营销刺激，及时挽回客户。与短信平台接口、微信公众号及App打通，实现营销信息多渠道触达客户，通过触达渠道的集成，建立和客户的实时交互渠道，实现对客户的及时关怀和挽留，及时传递加油站的营销活动信息，改进客户的消费体验，增加线上客户互动交流。

（四）应用案例

淄博66站经理张娜依托系统提供的数据，开展站级自主营销，对周边社区居民进行精准开发，应用客户分担模块进行分担管理，推进汽油上量。张娜通过站级客户圈系统对全站17000名客户进行精准定位画像，发现83%的客户都是来自周边的社区居民；再进行细分，发现与旁边仅一公里之隔的主要竞争对手加油站拥有的共同客户占客户总量的30%；然后又通过月度金额端对现场加油客户进行精准画像，发现9月200元金额段加油笔数最多。有了数据支撑，张娜找到了发力方向，她迅速制定了10月的站级自主营销策略：站内针对200元客户发力提高单笔加油量；站外主攻周边社区居民，引导到站加油。然后，她又细化站级营销举措：一是推出了"加注230元及以上汽油客户可享受免费自助洗车一次"，提高200元段的单笔加油量。自活动开展以来，单笔加油量提升了12%。二是针对客户无感自助加油给予0.05元/升优惠，以"油非互促"替代"自助优惠"，开展"充值+消费"组合促销，让优惠“看得见”，提高了客户参与度。三是建立“加油站吸客作战图”，以六进营销为载体，以主要竞争对手的加油站周边小区为发起点，通过进社区普查、社区群接龙等方式获取社区居民手机号，发放社区专属优惠券，共发放电子优惠券3639张，促进472人到站使用，新办加油卡93张。通过精准画像、精准营销，10月，该站汽油日销量增长0.50吨，环比增长11.70%。

泰安74站经理发现榜单客户某单位客户消费量异常减少，立即与客户取得联系，经过与加油司机沟通，了解到该单位更换办公室主任，狠抓降本增效，车辆使用率降低并为节约成本有向社会加油站询价意向。泰安74站经理了解主要情况后，迅速出击，与支部小团队拜访该单位办公室主任，从油品质量、司机可控性、使用便捷性等多方面分析，成功打消该单位负责人疑虑，使其继续成为泰安74站的稳定客户。10月，该站客户保持稳定，加油卡销量同比增加3%，同时挽回损失1.28吨，挽回率13%，在泰安公司排名第一。

渤海五路站通过站级客户圈平台分析到站客户的消费数据，准确获取客户信息，精准进行客户维护和营销，实现站内客户分配、员工分担等功能，将客户维护工作真正落实到班组员工。10月，渤海五路站分配客户463人，每天通过登录平台查看需要维护的客户情况，挽回流失预警客户12人。

三、监控视频智能分析系统

利用热点的人工智能深度学习技术，在详细调研加油站软硬件设施和管理运营难点问题的基础上，结合加油站运营管理的业务逻辑，研究智能视频分析加油站常见的管理违规行为的可行性，搭建了监控视频智能分析系统。在适当增加加油站硬件设施的基础上，实现了基于人工智能的违规行为识别算法和加油站管理运营量化评价和大数据分析方法，开发了简单直观、方便操作的客户端软件，主要解决了凭借人工查看监控画面进行稽查所面临的效率低、响应不及时等问题。同时还对加油站、市级和省级销售公司改善管理运营状况使用量化评价和大数据分析方法，从多个管理评价方面进行客观的量化评价和统计分析，发现存在的问题和改进的方向，为管理和运营优化、效率提升提供了信息化支撑。

（一）简单可靠的硬件架构

通过对现有加油站设施的调研，发现加油站的硬件基础已经非常完善，硬件架构只需增加一台人工智能服务器，复用已有的监控摄像机和监控录像机，就可以满足加油站视频智能分析系统的升级处理需求。升级后的硬件架构图如图 1 所示，增加的人工智能服务器通过站内路由器连接监控摄像机，接收监控视频，然后通过服务器运行视频智能分析处理软件，进行监控视频的人工智能实时处理和分析，实时动态地给出各种视频分析处理结果，供本地或远程调用处理。相关的硬件架构连接关系简单，不需要进行额外的布线和维修变动，部署工作难度低，成本低廉，能够很方便地部署在各种加油站现场。

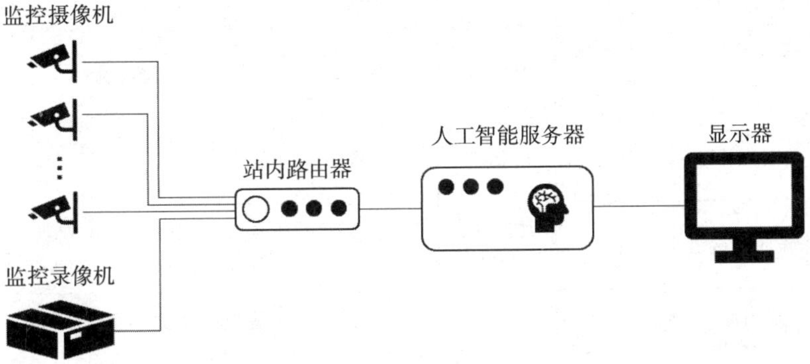

图 1　硬件架构

对于市级和省级销售公司，则只需在现有架构上增加中心监控服务器，接收加油站的违规数据，负责实现加油站的管理、统计和量化分析任务。

（二）实时智能的违规行为识别

通过前期的调研和沟通，针对加油站现场的管理规范稽查需求，确定了 21 项危险性高的重点管理违规行为作为视频智能分析处理的目标，如表 1 所示。智能视频分析处理需要将目标识别与空间、时间特征数据相结合，并按照相应的业务逻辑进行判断。针对 21 项行为识别，设计了以下判断逻辑。

表 1　危险性高的重点管理违规行为

序号	行为	识别目标	空间参数	是否需要时间参数	违规判断逻辑
1	员工聚集	员工	加油区	需要	3 名以上员工近聚集，距离达到阈值，识别状态保持时间：1 分钟
2	未及时服务	车、员工	加油区	需要	非自助区，车辆停稳后没有员工靠近，保持时间：30 秒

续表

序号	行为	识别目标	空间参数	是否需要时间参数	违规判断逻辑
3	夜间自助区无指导	车、员工	加油区	需要	夜间自助区，车辆停稳后没有员工靠近，保持时间：30 秒
4	禁停区停放车辆	车辆	加油区、卸油区	需要	禁停区有车辆长时间停放，保持时间：30 分钟
5	外来人员逗留	外来人员	加油区、卸油区	需要	外来人员长期逗留，保持时间：1 分钟
6	财务室门未关	门	财务室	需要	财务室门长时间开启，保持时间：1 分钟
7	员工蹲坐加油岛	蹲坐姿态的员工	加油区	不需要	员工蹲坐加油岛上
8	收银台脱岗	员工	收银台	需要	非高峰时段，收银台有顾客无员工，保持时间：1 分钟
9	未按时交接班	员工	加油区、便利店	不需要	交接班时段，未识别到 3 名或以上员工聚集
10	进出口人员聚集	人员	加油区	需要	进出口处长时间人员聚集，保持时间：10 分钟
11	睡岗	员工	便利店、财务室	分情况	员工睡觉，日间即时认定违规；夜间时段保持时间：10 分钟
12	外来人员靠近油罐车	人员	卸油区	需要	油罐车附近有外来人员逗留，保持时间：1 分钟
13	未布置消防器材	消防器材	卸油区	需要	油罐车停稳后 5 分钟内，未识别到布置消防器材，延迟时间：5 分钟
14	未连接静电接地夹	静电接地夹	卸油区	需要	油罐车停稳后 5 分钟内，未识别到连接静电接地夹，延迟时间：5 分钟
15	未连接油气回收管线	油气回收管线	卸油区	需要	油罐车停稳后 5 分钟内，未识别到连接油气回收管线，延迟时间：5 分钟
16	未提枪跑数	提枪		需要	交接班前后时段，未识别到员工提枪检查动作，保持时间：30 秒
17	外来人员私自进入财务室	人员	财务室	需要	外来人员独自停留财务室，保持时间：1 分钟
18	收银台钱箱未关	钱箱	收银台	需要	收银台钱箱长时间开启，保持时间：30 秒
19	视频故障	视频监控系统		不需要	视频故障，直接报警

续表

序号	行为	识别目标	空间参数	是否需要时间参数	违规判断逻辑
20	单手接递	接递动作	收银台	不需要	员工服务顾客时，单手接递
21	卸油未采样测量	采样测量操作	卸油区	不需要	卸油前，加油站接卸人员未用罐车底部取样器取样测量温度、密度，留样

通过训练学习，我们对于全部的待识别行为均取得了较高的识别精度，可满足实际应用需求。以下是部分实际场景下智能分析结果的效果：

违规行为识别率已经达到90%以上，可以满足现场稽查实际使用的需求，在后续大量监控视频数据的支持和训练下，视频智能分析的识别率将会得到进一步的提升，并最终有望达到95%以上。基于人工智能技术的视频智能分析识别违规行为的速度非常快，一般可以在100毫秒时间内给出分析结果，可以实时地针对一些危险性行为进行预警提示，提升加油站针对危险行为的响应速度。违规行为识别的效率高，已经完全可以替代使用人工稽查的管理方式。库站视频智能分析技术的应用可以极大地提升稽查管理工作的效率以及加油站和油库现场的安全状况。

（三）客观自动的大数据分析管理

在基于人工智能的视频智能分析技术的支持下，通过实时自动对加油站现场的海量视频图像进行分析处理，结合大数据分析统计技术，视频智能分析系统还实现了以下存储、分析和统计功能。

1. 违规事件自动判别和存证

自动判别各类违规行为，视频智能分析系统对每次违规事件会保存图像或视频，供稽查人员和违规人员复核确认。同时，还会将所有违规事件进行分类整理，支持按类型和日期进行检索。能够支持大部分销售公司稽查项目的自动判别，例如现场服务、质量安全管理、资金管理等区域内的人员服装、衣帽和行为特征，鉴别站内工作人员和外部人员，员工的规范工作行为和违规行为，以及敏感物品的识别，例如摩托车、油罐区、普通轿车、手机、香烟、火苗等。

通过软件实现违规行为的自动判别，可以极大地提高违规行为判定的客观性和公正性，同时也极大地降低了稽查审核人员的工作量。保留违规事件的图像和视频，将其作为管理处罚的依据，可以降低误判。各类违规事件的分类整理和分析可以从反面反映加油站现场的运营管理和运营质量，是后续大数据分析的基础。

2. 敏感事件警报

对监控图像进行实时智能分析，如发现加油区存在人员抽烟、拨打手机，非员工进入财务室、进入收银台，卸油区有人员或车辆长期逗留，财务室门未关闭、关键时段财务室未拉窗帘，以及摄像头出现故障、录像机出现故障、摄像头被人为遮挡等情况，将发出警报，并通过手机短信和 App 等形式通知责任人。相关的行为识别判定场景结果已经在违规行为识别部分列举。

3. 数据统计与分析

管理平台自动统计各种数据，包括加油轿车数量、加油摩托车数量、进店顾客人数、平均服务时间、加油服务违规次数、收银服务违规次数、卸油操作违规次数、财务室违规次数等。

（四）简单直观的客户端应用软件

针对加油站的现场人员技术水平和使用特点，设计了简单直观的客户端应用软件，重点在于提供给现场人员一个直观、易上手、操作简便的客户端界面。针对加油站现场人员对移动互联网熟悉的特点，将操作管理客户端以 web 浏览的方式提供给操作人员，不仅具有跨平台、部署简易的优点，而且简单直观，符合现场人员的操作习惯。

（五）应用案例及效果

基于海量视频智能分析数据的结果，使用大数据分析技术，不仅实现了加油站管理评估的客观自动分析，也节省了大量的重复性人工劳动，为管理和运营效率优化决策提供支撑，并最终实现管理和运营的提升。国内多处加油站已经部署了视频智能分析系统，试点加油站的试运行结果显示，视频智能分析系统具有以下几方面的效果。

1. 加油站稽查速度快、效果好

视频智能分析系统已实现的违规违例识别项目的准确率均已达到可替代人工稽查的标准。系统可以自动地检测和分析多种违规违例行为，相关违规违例的稽查不再需要人工完成，只需对部分误检测和漏检测的情况进行二次核查。市级和省级都拥有大量监控摄像头，这些高清监控摄像头都在 24 小时运行，使用视频智能分析系统可以实时地识别和分析处理违规问题。与人工查看稽查相比较，视频智能分析系统不仅处理速度更快、处理能力更好，还可以远程完成工作。

2. 加油站安全管理实时高效

加油站是安全管理的重点场所，安全管理需要24小时实时在线全方位覆盖，而人工查看视频远程监督是不可能实现的，使用视频监控分析系统实时分析处理，能够实现实时安全预警提醒，实现加油站安全管理的实时、高效。

3. 节约现场稽查的费用支出

中国加油站网点分布广、数量多，部分加油站位置偏远，现场稽查的人工成本、时间成本及差率成本较高。监控视频智能分析系统可以远程完成违规事件的识别和处理，替代人工现场稽查工作，为两级机关对所属千余座加油站的现场管理提供了信息化工具，节约了人力、财力及车辆成本，提升了企业经营效益。

4. 管理运营分析更合理、更科学

监控视频智能分析系统通过存储海量的安全管理和日常运营分析数据，基于量化评价和大数据统计分析，不断优化学习分析方法，实现数据分析更合理、更科学。同时可以实现加油站之间的横向对比、本站的纵向对比，促进加油站不断总结、分析优化，提高加油站的精细化管理水平。

四、结论

数字化转型是企业发展的趋势，成品油销售企业数字化转型尚在摸索阶段，通过灵活报表实现站级预算、核算、考核和对标的全面管理，通过大数据分析技术实现站级客户管理，通过监控视频智能分析技术实现站级现场自动监控管理，保证了数据的准确性、及时性，减轻了员工工作量，提高了工作效率，同时开通移动App端展示应用，满足了员工时时处处办公的移动化需求。实践证明，数字化转型的实践探索符合销售公司需求，能够有效焕发加油站单元活力，提升加油站创效能力。目前，数字化转型尚处于实践探索阶段，下一步需在实际生产经营中不断完善迭代更新，逐步完成销售公司的数字化转型，为成品油销售企业转型发展作出贡献。

专题十二　中国成品油销售环境演变及营销模式创新

摘要　中国成品油销售模式随着国家政策和经济体制的改变经过多次转变。依据成品油营销的整个大环境，将其演变分为以下 4 个阶段：1949—1984 年，中国成品油的销售采用计划经济管理模式；1985—1997 年，形成了行业与地方政府共同管理的格局，建立了成品油产销合一体制；1998 年以后，上中下游一体化的双寡头垄断市场形成；2003 年以后，“互联网 + 营销”模式开始出现。外资企业大量涌入、新能源汽车快速发展以及消费群体结构蜕变导致成品油市场竞争变得更加激烈，传统的成品油营销模式被摒弃，打造资源共享平台，通过移动客户端实现引流，识别目标客户、与客户构建合作关系，实施精益服务等创新商业模式已成为成品油营销的发展方向。

关键词　成品油销售企业；营销模式；创新；“互联网 +”

引言

随着国民经济的增长，中国成品油消费量也随之逐年增长，2018 年成品油消费量达到 3. 19 亿吨，市场竞争非常激烈。与此同时，由于互联网的发展和消费者消费理念的转变，传统的成品油营销模式正在被摒弃，成品油销售企业只有在创新营销模式上下功夫，才能获得更高的效益以维持发展。70 年来中国成品油营销环境已发生多次的蜕变，消费者需求的变化以及由此带来的营销模式的改变将决定成品油销售企业的存亡。归纳 70 年的演进历程有利于中国成品油销售企业在日益激烈的市场竞争中制定正确的营销策略。

一、中国成品油销售企业营销环境演变

中国成品油营销模式随着国家政策和经济体制的改变发生了多次转变，每次转变都伴随着计划经济体制向社会主义市场经济体制的演进，也反映了市场经济在石油行业中的发展。成品油营销内外部环境决定了成品油销售企业采用什么样的营销模式。因此，本文依据中国成品油营销的整个大环境，包括政治法律环境、社会经济环境、社会文化环境、竞争者结构、行业发展状况以及消费者的变化等，将其演变划分为以下 4 个阶段。

（一）计划经济阶段（1949—1984 年）

自 1949 年新中国成立到 1984 年，中国成品油的销售一直采用计划经济管理模式。由于当时成品油供应严重不足，同时在计划经济体制下，国家对石油销售实施了严格的计划经济管控，成品油销售各环节都伴随着计划与指令一层一层地进货，手续烦琐，商品从制造商到最终消费者的手中要耗费大量时间。

1950 年，在中央人民政府贸易部下成立“中国石油公司”，负责对成品油进行管理，并在各大区和中心城市设立了三级批发销售体系，负责对地方石油经营单位的业务进行管理协调；同时，各地区相继按照行政区划分建立了各级石油公司。同年，“中国石油公司”发布《石油统购统销暂行办法》，办法规定成品油要统一定价、统一采购、统一销售、供应有上限，同时禁止各区石油公司擅自在其他区域供应和销售成品油。可以说该阶段的石油公司就相当于政府众多部门中的一个职能部门，石油公司经营业务的重点是推行三级批发销售体系，在当地市场上的供应完全按照政府的相关政策执行。这一阶段零售环节中的加油站数量很少，截至 1984 年底全国加油站有 3600 多座。

（二）产销合一阶段（1985—1997 年）

自 1985 年 1 月 1 日起，国内石油产品经营业务归属于中国石油化工总公司统一管理，同时成立中石化销售公司，统一管理石油产品在国内的销售，主要负责其所属生产企业成品油资源的统一收购、调拨、配算、结算和优化等工作。同年，各省区市将省级石油经营机构组建成专业的省级石油销售公司，由中石化和地方政府双重领导，各省级销售公司负责对下级石油公司的人财物进行统一管理。该阶段成品油销售体制初步形成了行业与地方政府共同管理的格局，初步建立了成品油产销合一体制。这种产销合一的运作方式可以使企业借助统一配置资源、统一调度资金、统一经营管理的优势，根据市场需求和不同发展目标，合理规划网络体系，优化配送渠道，增强企业整体抗风险能力和竞争实力。

在 1985—1997 年这 13 年间，石油销售管理体制随着中国市场经济的发展和经济体制的转变也在不断地进行革新，成品油的经营逐渐由新中国成立时的严格计划经济管理走向开放经营。在价格双轨制、油品不足、国家经济体制由计划经济向市场经济过渡的过程中，曾经有党、政、工、农、商、学、兵等多方经营石油的现象，导致成品油市场出现了一些杂乱状态，这种局面一直持续到 1998 年价格双轨制被取消。

由于该阶段伴随着国内试验性的开放零售市场以及成品油价格双轨制的实行，经营成品油批发和零售的差价较大、利润可观，国内各行各业开始涌向加油站，加油站数量急剧增加到 42600 座。国家对成品油以及加油站的管理开始重视起来，并逐步完善相关政策，重点涉及加油站建设规划、企业准入门槛以及价格等方面。

（三）上中下游一体化阶段（1998 年以后）

1998 年 3 月，为了进一步完善中国石油管理体制，确保石油资源得到充分利用，石油市场能够稳定供应，《国务院机构改革方案》在第九届全国人民代表大会第一次会议上通过。该方案提出要遵循上中下游一体化、产供销一体化和内外贸一体化的原则，通过对石油和石化两个总公司下属的炼油和石油化工企业进行交叉重组，新组建两个特大型石油化工企业集团。同年 7 月，中石油和中石化两大集团公司宣告正式成立。两大集团重组以后，在提高自身整体实力的同时也优化调整了石油产业结构，同时可以避免行业垄断，为石油行业区域配送体系的建立提供了有利条件，有效解决了长期以来难以解决的问题。内外贸一体化的建立，使石油石化企业可以自主经营原油、成品油的进出口业务，有了直接参与国际石油市场的机会，为企业提高竞争力和资源平衡能力提供了有利条件。

在石油管理体制发生重大转变的同时，国家也关注到石油价格问题。1998 年 6 月 5 日，为了从机制上解决石油产品的价格问题，经国务院批准，国家开始原油、成品油价格的定价机制改革，实现国内原油和成品油价格与国际市场接轨。

1999 年 5 月，国务院办公厅出台政策，规定在成品油市场上只有两大集团可以经营，其他独立存在的成品油批发企业一律不允许经营业务。2001 年 9 月，国务院办公厅又转发通知，重申两大集团的批发专营权和零售专营权，通知中规定成品油需由中石油和中石化集中批发并且两大集团要对各地区新建的加油站进行全资或控股建设。由此中国成品油批发和零售市场的状态被彻底颠覆，一个充分竞争的市场自此变成双寡头垄断市场。中国成品油批发零售处于政府统一管控的状态一直延续到 2001 年。2001 年中国加入世界贸易组织（WTO）后，外资企业进入中国成品油市场的门槛降低，外商纷纷进入中国建立加油站。此后，国家相继出台相关政策，逐渐开放加油站建设与经营，直到 2018 年国家全面放开外资加油站建设和经营，中国加油站数量已高达 130106 座。批发方面，中国从 2006 年开始如约开放国内原油、成品油批发经营权，由商务部统一管理。截至 2018 年底，全国成品油批发企业共有 2899 家，其中由商务部颁布的具有成品油批发资质的企业共有 398 家。

（四）“互联网 +” 整合营销阶段（2003 年以后）

2003 年，以国家发展和改革委员会、国有资产监督管理委员会、商务部和国土资源部为主的新的石油石化工业监督体系在新一届政府的成立和政府机构的调整下形成。石油产业市场投资的主体多元化发展。成品油定价继续保持与国际市场价格相一致的局面。同时受中国加入 WTO 的影响，中国石油市场的竞争格局由原来的两大集团为主、社会经营单位及个体经营者参与竞争，增加了中海油和中化集团等大型央企以及其他外资竞争者，自此形成了四方抢夺市场的格局，从此进入了一个新的竞争阶段。

在这一阶段，中国互联网的发展使国民的生活、消费、沟通、出行等方方面面几乎彻底改变。之前成品油销售企业的营销模式大部分都属于分散独立、没有统一性而且宣传产品的方式比较单一，但由于处于互联网时代的消费者每天接受成千上万的信息，上述营销模式很容易使消费者对企业品牌的认知感到模糊，从而导致营销效率低下。经过不断地探索，该阶段出现了集渠道、内容、时间、人员等多方位于一体的“互联网 +”整合营销模式，该模式的出现有效解决了在传统的空间、时间层面的营销限制。

“互联网 + 营销”模式的出现必将导致成品油市场竞争更加激烈，这要求成品油销售企业要借助互联网把加油站的网络优势充分体现出来。与此同时，新能源的发展以及消费者群体的转变都暗示着成品油销售企业必须顺应时代的发展和需求。

在渠道碎片化、时间碎片化、行为移动化、价值观个性化、诉求娱乐化的销售环境下，成品油销售企业营销模式变革刻不容缓，成品油销售企业要在这种大环境下，进一步探索怎样提升服务价值、深化卓越运营、打造智能化服务平台等，努力做到客户至上、体验为王、数据思维、跨界联盟、一体化营销，实施“互联网＋营销”。

二、中国成品油销售企业面临的挑战

（一）外资企业进军中国加剧成品油销售企业的竞争

许多外资公司青睐中国市场发展的潜力，涌入中国成品油批发零售市场，给中国成品油销售企业造成了巨大的竞争压力。其中，中石化森美（福建）石油有限公司和福建联合石油化工有限公司是自 2006 年 12 月 11 日中国开放成品油批发市场以来首批获得中国成品油批发资格的中外合资企业。零售市场进入者主要是以欧美大型国际石油公司为主的外资公司，如表 1 所示。国际公司通过从国外和地方炼油厂购买或与中国石油企业合作两种途径获得成品油，国际公司建立自己的油库并取得国内仓储许可，通过合资建立加油站或者收购中国民营加油站获得自己的销售终端，最终形成一个完备的销售网络。

表 1　中外合资和外资加油站

外企	加油站数量/座	中方合作企业	加油站分布区域
壳牌	1400	中石化、延长石油 农垦集团、东银硕润石化	陕西、四川、河北、山东、重庆、山西、天津、广东、北京、江苏
埃克森美孚	200	中石化	福建、中国香港
BP	740	中石化、中石油	广东、浙江
道达尔	300	中化国际	辽宁、河北、北京、天津、江苏、浙江、上海
海湾石油	1	无	广州

数据来源：壳牌、埃克森美孚、BP、道达尔中国官方网站。

2018 年 6 月 28 日，国家发展改革委、商务部发布《外商投资准入特别管理措施（负面清单）（2018 年版）》（中华人民共和国国家发展和改革委员会　中华人民共和国商务部令 2018 年第 18 号），取消了同一外国投资者设立超过 30 家分店、销售来自多个供应商的不同种类和品牌成品油的连锁加油站建设、经营须由中方控股的限制。2019 年 7 月 31 日，由国务院总理李克强主持召开的国务院常务会议决定，深化“放管服”改革，将成品油零售经营资格审批下放至地市级政府。两大政策的相继出台，预示着中国成品油销售市场的竞争态势将变得更加激烈。

（二）新能源汽车的快速发展加剧成品油销售企业的竞争

随着技术的发展，新能源汽车也朝着高端化的方向发展，科技感、舒适性、便捷性高的特点也逐渐凸显，逐渐成为传统汽车的强有力竞争者。与此同时，随着国家环境保护力度的加大，北京、上海等城市通过颁布高额补贴、免费上牌、免购置税等政策来鼓励用户购买新能源汽车。在国家政策的支持下中国新能源汽车产销量增幅明显，如图1所示，产量从2016年的51.7万辆增加到2020年的136.6万辆，销量从2016年的50.7万辆增加到2020年的136.7万辆。新能源汽车对国内成品油销售市场的影响正在逐步凸显。

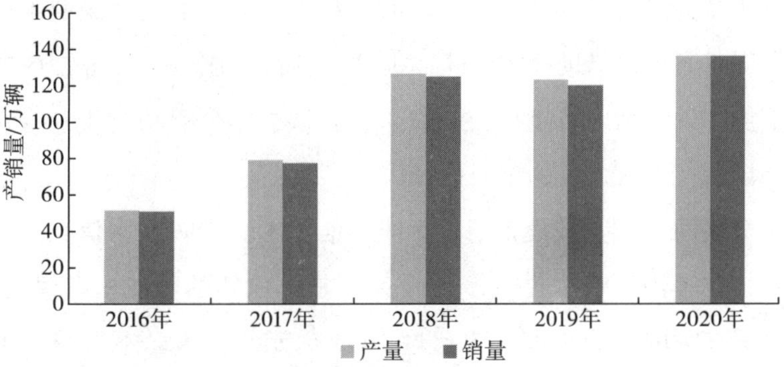

图1　2016—2020年中国新能源汽车产量与销量

数据来源：中国新能源汽车产业发展报告。

（三）消费群体结构的蜕变加剧成品油销售企业的竞争

“80后”和“90后”正逐渐成为中国的主要消费群体，他们的消费观念、消费权利、消费意识、消费话语正在深刻影响着整个商业环境，与过去的消费群体相比，更加追求服务质量和消费体验。此外，中国老年人口规模呈现总量扩张、增量提速的发展态势。2019年末，中国60周岁及以上人口达到2.54亿人，占总人口的18.10%。这意味着老年有车族中的退休人数也在逐年增加，他们较低的出行率将导致全国乘用车的平均出行率降低，会对成品油消费的增长产生负面影响，且这种负面影响还将继续扩大。

三、中国成品油销售企业营销模式的创新

外资企业大量涌入、新能源汽车快速发展以及消费群体结构蜕变必将导致成品油销售市场竞争变得更加激烈，传统的成品油营销模式已不能应对这种态势，创新商业模式才是未来成品油营销模式发展的方向。

（一）打造资源共享的跨界营销模式

随着互联网的快速发展，电商行业将为中国成品油销售企业提供最具发展力的市场突破口。成品油销售企业应抓住机遇与电商行业进行合作，充分整合各自的优势资源，实现资源共享，打造一个全新的“互联网＋加油”的成品油销售平台，实现线上线下相结合的新型营销模式。在该平台上，成品油销售企业不仅可以促进成品油销售，同时还可以借助捆绑模式，推动包括汽车服务类业务在内的其他商品的销售。线下加油站便利店将集社交、娱乐、餐饮、办公等功能于一身，成为联系消费者的互动场所及引入人流的重要途径。

此外，车联网（即车载设备通过无线通信技术，有效利用信息网络平台中的车辆动态信息，在车辆运行中提供多种服务）是一项新的商业生态模式，研究预测，未来 5 年中国车联网产业规模有望超过 1000 亿元。技术已不再是约束其发展的因素，关键问题是如何将服务供应商有效整合，在平台上实现资源共享。例如，成品油销售企业可以与汽车生产商进行合作，使加油站可以借助汽车自身所带的传感器传回的数据及时掌握车辆的信息，比如车的里程数、油箱剩余量、零配件是否安全等，在客户未到达之前准备好相应的服务；汽车企业也可以借助现有加油站网点的分布，通过分析其与加油站后台连接的数据库知道哪些汽车零配件需要更换，以此进行销售预测。

（二）打造通过移动客户端引流的网络营销模式

如今移动应用程序（App）、微信小程序的快速发展打破了传统的营销模式，企业也相继开发自己的客户端从而满足消费者需求，如何通过客户端实现大数据营销、提升企业服务质量、增加加油站商圈的吸引力，成为成品油销售企业的关注点之一。

成品油销售企业开发自己的 App 应扩大宣传，引导客户下载，App 覆盖范围将不再像过去一样局限于路过的车主。然后依托 App 进行品牌和活动传播，车主可以

通过基于位置的服务（LBS）在App呈现的地图中找到附近的加油站，还可根据实时动态更新，寻求优惠力度大、性价比高的加油站，同时App将直接连接微信和支付宝等快捷支付方式，相关充值返现、积分换购等活动也将极大地调动消费者加油的积极性。

成品油销售App还可以依托数据处理能力，使客户获得更好的消费体验。例如，消费者在App上注册、充值和消费，输入姓名、生日、住址、车牌号及车辆型号等信息，在消费时系统就会自动完成信息数据管理、监控，记录消费者常规加油路径及消费习惯、加油升数，通过大数据分析得出消费者群体归属，可加强对目标客户进行有针对性的油品和非油品销售。

（三）识别目标客户，构建基于合作关系的客户关系营销模式

客户关系管理在市场拓展方面扮演着重要的角色，做好客户关系管理就等同于拥有了大量的财富，不仅可以提高企业的核心竞争力，而且可以对客户的潜在价值进行不断地挖掘，为企业可持续发展注入源源不断的动力。企业与目标客户建立合作关系，可以说是一种共担风险、利益共享的联盟。首先，成品油销售企业需要对客户进行识别，充分利用市场调研和历年数据等对现有客户与潜在客户进行分析和研究，根据其购买量、购买频率以及付款能力等指标对其进行划分，将购买量大、购买频率高或者支付能力强的顾客视为大客户。其次，将油品业务和非油品业务高度融合，根据客户每次消费的数据，建立一体化客户档案，找出顾客的消费特点，然后为顾客推荐其潜在所需的油品或非油品。最后，针对不同用户类型，采取不同的手段维持客户关系，例如可以通过走访、定制化服务或者是俱乐部等形式与大客户构建合作关系，通过电话问候、短信问候等形式与小客户构建合作关系。

（四）提升服务意识，打造精益服务的服务营销模式

随着人民生活水平不断提高，客户对服务的要求也提升到了新的高度。加油站面对的客户基数大、需求多样，是一个潜力空前且挑战巨大的市场。提升服务是公司可持续发展的一把金钥匙。服务要在标准化的基础上，融入亲情，投入真心，找准客户痛点。例如，客户进站后主动上前服务，说一句温馨的安全提示；顾客生日的时候，发送一条生日祝福短信；等等。

四、总结

中国市场经济正处于快速发展时期，在竞争激烈的成品油销售市场中，传统单一的营销模式已退出历史舞台，创新型营销模式才是企业的选择，它将决定企业在未来竞争市场中的地位。成品油销售企业需要根据市场环境变化不断调整营销策略乃至营销理念，按需组建专业的营销团队，以便在实践中持续提升自身的营销水平，在市场竞争中不断积累优势。

专题十三　碳排放达峰对中国油气流通行业的影响

摘要　习近平主席在第七十五届联合国大会上郑重宣布，中国将提高国家自主贡献力度，采取更加有力的政策和措施，二氧化碳排放力争于2030年前达到峰值，努力争取2060年前实现碳中和。2020年10月29日，中国共产党第十九届中央委员会第五次全体会议通过了《中共中央关于制定国民经济和社会发展第十四个五年规划和二〇三五年远景目标的建议》，再次把“推动绿色发展，促进人与自然和谐共生”作为重要一条提了出来，明确要求加快推动绿色低碳发展；推动能源清洁低碳安全高效利用；降低碳排放强度，支持有条件的地方率先达到碳排放峰值，制定2030年前碳排放达峰行动方案。碳排放达峰已经成为影响中国能源发展，尤其是油气行业发展的重要影响因素和约束条件。

关键词　碳排放；油气流通行业；能源转型

一、2030年碳排放达峰任务艰巨

中国传统工业遇到进程推进的天花板且面临空前的环境资源生态挑战。依靠传统高碳工业扩张型增长，外部已经没有扩张空间，内部又越过了环境生态和资源红线。经济进入新常态，必须进行发展理念和发展动力的深刻转型。创新发展、绿色低碳发展已经成为发展的新动力、新空间。碳排放达峰是中国可持续发展的合理结果，不但不会阻碍中国经济社会发展，反而可以推动更好、更可持续的高质量发展。但是我们也必须承认，2030年碳排放达峰任务艰巨。

（一）主要能源指标达峰必将出现

美国和日本的二氧化碳排放、能源消耗总量、煤炭消费，几乎同步达峰；在石油与核电的消费达峰时间上，日本领先美国近10年；在人均耗能达峰时间上，美国领先日本近 10 年；日本天然气消费在 2014 年达峰，美国、中国均未达峰（见表 1）。美国和日本水电达峰相对其他能源达峰比较早，这可能与 20 世纪七八十年代环保主义兴起有关。中国除了煤炭消费在 2013 年达峰，其他能源都没有达峰，甚至可能距离达峰还有很长一段时间。

表 1　美国、日本和中国主要能源指标达峰时间

国家	二氧化碳排放	能源消耗总量	人均能耗	煤炭	石油	天然气	核电	水电
美国	2007 年	2007 年	1996 年	2005 年	2005 年		2007 年	1997 年
日本	2008 年	2005 年	2005 年	2008 年	1996 年	2014 年	1998 年	1991 年
中国				2013 年				

（二）产业结构转型升级与高质量发展任务艰巨

未来中国能源如何发展，决定了中国未来温室气体将如何排放。能源消费需求主要取决于经济增长的速度和增长的内容。能源消费增速的高低和经济增速有正相关的关系，经济增长速度很高的时候，能源消费一般增速也比较高。如表 2 所示，美国和日本在 2008 年前后碳排放达峰时，其产业结构已经调整为以第三产业为主，第三产业占比 69% 以上，第二产业占比下降到了 30% 以下。2019 年中国产业结构中，第二产业占比虽然下降到 40% 以下，为 38. 62%，但距 30% 以下还有一定的距离，假设要在 2030 年达到峰值，第二产业占比至少要降低近 9%，第三产业占比至少还要提高近 20%。

表 2　美国、日本碳排放达峰时与中国 2019 年产业结构的对比　　单位：%

产业	美国（2007 年）	日本（2008 年）	中国（2019 年）
第一产业	1. 00	1. 10	7. 04
第二产业	21. 70	29. 10	38. 62
第三产业	77. 30	69. 90	53. 42

数据来源：IEA、国家统计局。

（三）能源结构转型面临巨大压力

如表 3 所示，美国、日本碳排放达峰时石油占比 40% 以上，天然气占比 15% 以上，非化石能源占比 10% ~16%，煤炭占比 24% 以下；而 2019 年中国主要还是以煤炭消费为主，煤炭消费占比高达 57. 64%，而石油消费占比为 19. 69%，天然气占比仅为 7. 81%。在以煤为主、油气占比相对较低的能源结构下，中国要实现二氧化碳排放达峰的目标，既面临大幅降低煤炭消费的现实困境，又面临提高石油与天然气消费比重所带来的能源安全问题。

表3 美国、日本碳排放达峰时与2019年中国能源结构的对比 单位:%

产业	美国（2007年）	日本（2008年）	中国（2019年）
煤炭	23.51	23.42	57.64
石油	40.83	44.74	19.69
天然气	23.17	16.41	7.81
核电	8.37	11.00	2.19
水电	2.40	3.28	7.99
可再生能源	1.73	1.17	4.68

数据来源：IEA、国家统计局。

（四）经济发展需要转换动能

中国经济进入新常态，从市场需求约束和增长动力不足两方面说明了前一个阶段的经济增长模式已经进入尾声，大规模产能扩张、基础设施建设、出口拉动和加大投资比例等这些曾经起过巨大作用的经济增长动力，已经不能继续支持中国的经济增长。传统经济刺激政策已经难以奏效，传统经济增长动力不足，已不是市场波动或短时危机性调整可以解决的。中国经济已经到了重大转折关头，必须创新需求动力，创新驱动模式。2030年实现碳排放达峰时，中国人均GDP预估为1.6万美元，相比之下，美国和日本排放达峰时人均GDP分别为4.8万美元和3.9万美元。中国的经济发展将在发展模式、发展内容、发展动力方面出现巨大变化，经济总量的提高必须与环境改善、资源投入强度大幅度下降紧密挂钩。

二、碳排放达峰将对油气流通行业产生重大影响

碳排放达峰要求下，中国煤炭进入转型发展时期，特别是注重清洁化开采和集中规模化利用，石油发展迈入稳定期，天然气进入鼎盛期，新能源发展渐入黄金期。

（一）原油产量基本稳定，天然气产量快速增长，油气对外依存度继续维持高位

2005—2011年全球原油储采比呈不断上升态势，上升至57.69%；从2012年开始原油储采比开始逐步下降，下降至2015年的53.10%；随后三年，原油储采比稳定在53%左右；2019年原油储采比出现大幅下降，降至48.85%，如图1所示。世界油气资源丰富，未来一段时间内全球油气供应总体宽松，未来20年全球石油产量将保持稳定增长，日均增长100万桶左右，原油储采比将稳定在48%～55%。

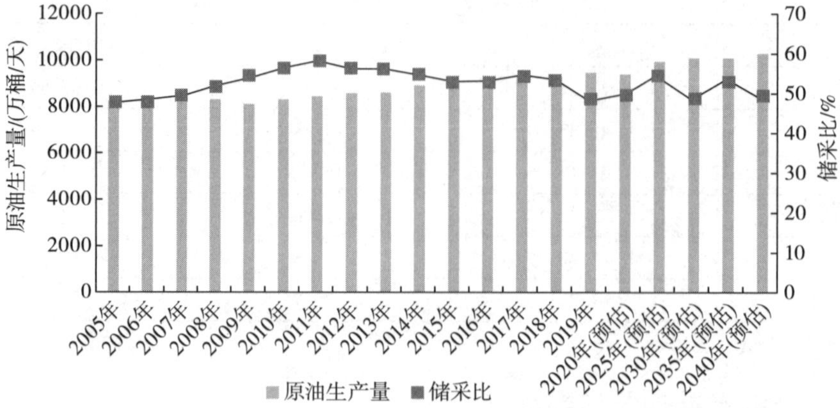

图1　全球原油产量与储采比

数据来源：中国石油勘探开发研究院。

国内原油产量 2020 年达到 1.95 亿吨，继续增储上产的压力较大。通过 3 种不同情景预测，2017—2025 年中国原油产量呈现逐步递增的态势，2025 年左右达到峰值，随后逐年下降，如图 2 所示。

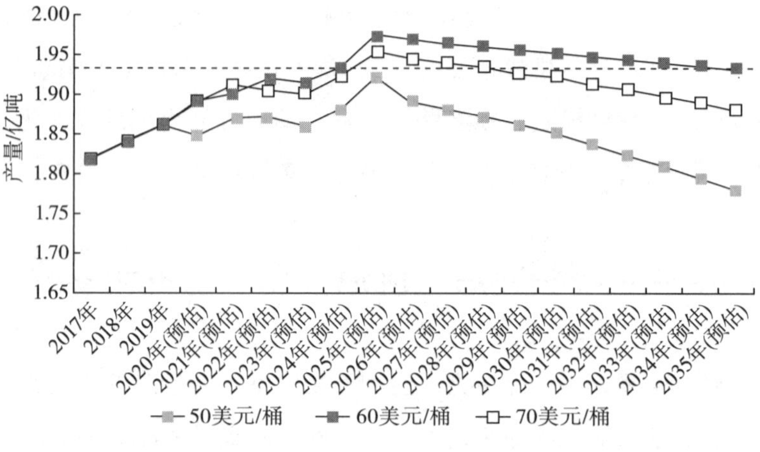

图2　不同情景下中国原油产量预测

数据来源：中国石油勘探开发研究院。

2015—2035 年，常规气、致密气、页岩气、煤层气产量呈现不断增长的态势，全球天然气产量在 2035 年有望突破 5 万亿立方米/年，储采比仍可维持 50% 左右。2015—2020 年天然气产量增速几乎呈现几何式增加，2020 年增速达到峰值，为 41%，随后呈现逐年下降的态势。中国 2019 年天然气产量 1762 亿立方米，预计 2025 年产量约 2200 亿立方米，国内天然气产量快速增长，如图 3 所示。

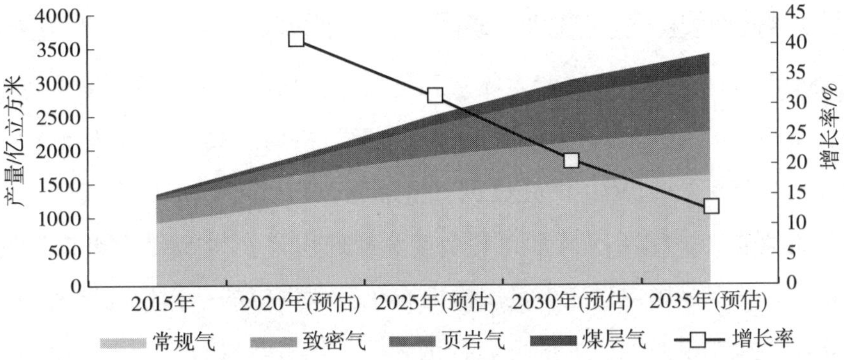

图 3 中国天然气产量

数据来源：中国石油勘探开发研究院。

根据预测，2007—2050 年中国石油对外依存度比较高，为 50% ~75%，2019 年原油消费量约为 6.80 亿吨，对外依存度为 72.10%；2025 年原油消费量约 7 亿吨，对外依存度保持在 70% 左右。2007—2019 年，天然气对外依存度呈现几何式增加，从 1.80% 增加到 42.70%，随后对外依存度逐年稳定在 40% 左右，2019 年天然气消费量超过 3000 亿立方米，对外依存度为 42.70%；2025 年天然气消费量超过 4000 亿立方米，对外依存度维持在 40% 左右，如图 4 所示。总之，未来油气对外依存度继续维持高位。

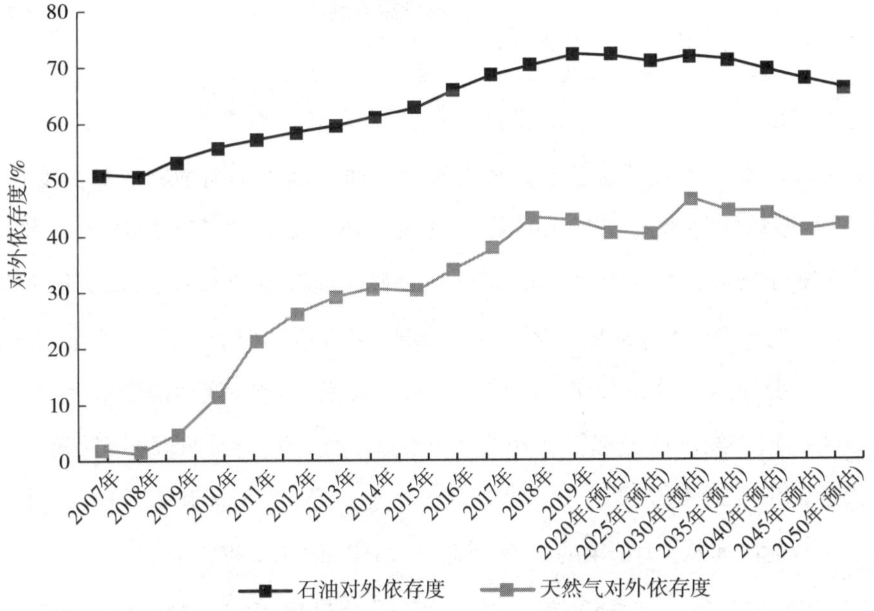

图 4 中国石油、天然气对外依存度

数据来源：中国石油勘探开发研究院。

（二）炼化行业竞争加剧，成品油需求达峰，油气需求增速放缓

成品油市场竞争加剧，经营主体多元化发展。从产能占比看，国内炼油行业形成中石化、中石油、其他炼油企业“三分天下”格局。截至2020年底，中国炼油能力预计达87000万吨/年，供应过剩日益加剧，2015年以来国内成品油供需基本平衡态势迅速逆转，如图5所示，剩余产量转向出口，2019年净出口量达到5178万吨。高端石化产品国内供应不足。国内石化行业供应的结构性问题较为突出，初级产品市场领域竞争激烈，大量高端石化材料（化工新材料、专用化学品、功能化学品、高端膜材料等）依赖进口。

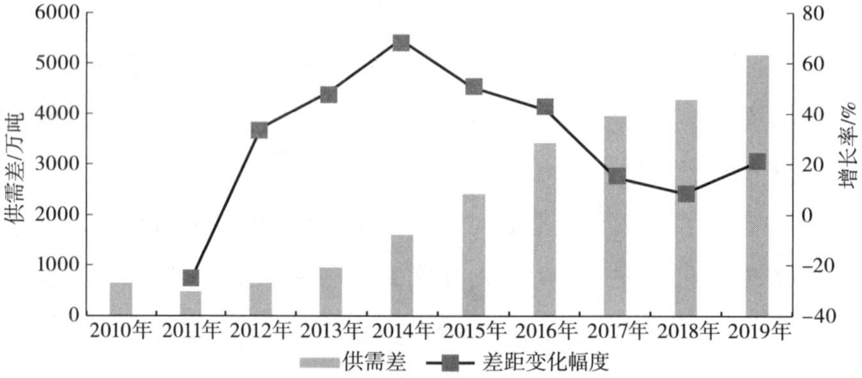

图5　成品油供需差额

数据来源：中国石油集团经济技术研究所。

随着中国现代交通体系建设的推进，燃油车效率的持续提升，高铁、新能源汽车、共享出行、无人驾驶等新技术、新模式的快速发展正不断削弱成品油增长潜力，“十四五”时期总体将呈现“汽油达峰、柴油下降、煤油增长”的特征。汽油和柴油主要用于交通领域，随着燃油车能效提升及替代能源发展加快，2025年汽柴煤油需求将达峰，约3.78亿吨，之后将逐步回落。2017年以来受乘用车销量增速回落、新能源汽车发展加速、城乡公交系统快速发展等影响，国内汽油消费增速明显放缓。2010年以来，随着经济增速趋缓，作为生产资料的柴油消费增速快速回落；2010—2015年汽油消费维持了较快增长，煤油增长较快，但增速也明显下降。总体上看，中国成品油消费增速从2010年的11%下降至2019年的3.49%。

（三）需求驱动、机制改革、主体多元推动国内天然气市场格局重塑

政策支持方向明确，需求驱动成为天然气内在发展动力。在“四个革命、一个

合作”能源安全新战略框架下，《能源生产和消费革命战略（2016—2030）》《能源发展“十三五”规划》《关于促进天然气协调稳定发展的若干意见》等陆续出台，确立将天然气培育成为中国主体能源之一；提出2030年天然气在一次能源消费结构中的占比达15%的具体目标；明确积极发展天然气、高效利用天然气，以及构建结构合理、供需协调、安全可靠的现代天然气产业体系的政策导向；从加强产供储销体系建设和深化天然气领域改革两个方面，部署加大国内勘探开发力度、健全多元化海外供应体系等十条措施。同时，“十三五”期间，强化大气污染问题整治，《大气污染防治行动计划》《打赢蓝天保卫战三年行动计划》等相继推出。

油气体制机制改革关键性政策落地，天然气产业发展开创新局。2020年10月1日开始，国家管网公司全面接管原分属于三大石油公司的相关油气管道基础设施资产（业务）及人员，正式并网运营。这也标志着中国油气市场改革的一大关键——油气管网运营机制市场化改革取得了阶段性的成果。

随着国家管网公司的正式运行，接收站和管网实现第三方开放，国内天然气市场主体更趋多元。越来越多的企业开始从事LNG进口业务和上游天然气勘探开发业务，越来越多的大型终端用户将自主进口，东部沿海地区市场竞争将更为激烈。到2022年，预计全国将新增LNG接收站17座，主要来自天津（40%）、江苏（18%）、浙江（12%），届时全国LNG接收能力将由2020年1—10月的0.76亿吨/年增至1.28亿吨/年。2025年，全国LNG接收能力预计达到1.80亿吨/年，接收站运营企业将由现在的8家增至19家，三大油企以外企业LNG接收能力占比由2020年1—10月的14%快速增长至近40%。下游国家放开外商城燃投资限制，价格政策持续调整，天然气价格市场化程度显著提升。

（四）新能源迅速发展给传统油气流通行业带来显著压力

新能源汽车挑战。国家鼓励新能源汽车发展，制约交通用成品油和天然气发展。中国新能源汽车进入加速发展新阶段，到2019年底全国新能源汽车保有量已达到380万辆。2020年10月，国务院颁布《新能源汽车发展规划（2021—2035）》，提出坚持电动化发展方向，到2025年新能源汽车销量占比达到25%的目标，2030年销量占比达到40%。

新能源发电给油气流通行业带来挑战。近10年，可再生能源发电量快速增长，风电和光伏发电成本大幅下降，部分已接近燃煤发电成本，比气电更具经济优势；

加之政策支持，新增电源结构以可再生能源为主，中国成为世界第一大光伏与风电能源利用国，气电面临重大挑战。国内风光发电上网电价快速下降，正在实现平价上网。2019 年中国风电、光伏发电装机双双突破 2 亿千瓦，占全部电力装机 20.60%。从 2021 年起风光发电进入平价上网时代。2020 年 5 月，青海海南州光伏发电竞价项目最低投标电价 0.23 元/千瓦·时，与当地水电交易价格 0.23 元/千瓦·时相当。国家发展改革委相关通知要求 2020 年新建项目陆上风电上网指导电价为 0.29～0.47 元/千瓦·时，低于当地燃煤标杆价；集中式光伏发电指导价为 0.35～0.49 元/千瓦·时，低于气电成本。

三、未雨绸缪，积极转型，迎接新挑战

中国经济进入新常态，从市场需求约束和增长动力不足两方面说明了前一个阶段的经济增长模式已经进入尾声，大规模产能扩张、基础设施建设、出口拉动和加大投资比例等曾经起过巨大作用的经济增长动力，已经不能继续支持中国的经济增长。传统经济刺激政策已经难以奏效，传统经济增长动力不足，已不是市场波动或短时危机性调整可以解决的。中国经济已经到了重大转折关头，必须创新需求动力，创新驱动模式。中国能源消费将进入长期低速增长阶段。自改革开放以来，中国能源消费总体上处于快速发展阶段，特别是 2002 年到 2012 年能源消费平均年增 8%，年均增长 2 亿吨标准煤以上，而且主要是依靠煤炭来支撑的。自 2013 年以来，中国能源消费增速明显下降，2015 年低于 1%，2016 年也仅有 1.40%。这种低速增长将是一个长期趋势。

从世界范围来看，清洁低碳化是能源行业发展最重要的趋势，石油公司作为能源行业的主要参与者，也在积极发展低碳业务，国际石油公司围绕传统油气业务和新能源业务积极探索。以雪佛龙、埃克森美孚等为代表的美国石油巨头，仍以传统油气业务为发展重点，形成“大石油”发展模式，一方面利用新技术降低生产过程中的碳排放，加强碳捕集、利用和存储，另一方面则积极发展天然气和 LNG 等低碳化石能源。另一类诸如英国石油、埃尼、壳牌、道达尔等欧洲石油巨头，除在传统油气领域强化低碳外，同时拓展太阳能、风能、生物燃料等新能源领域，积极发展电力传输、电动车等业务，构建“大能源”发展模式，如表 4 所示。总体来看，低碳化趋势下，天然气是重要的过渡能源，通过构建电力一体化发展产业链，发挥天

然气与新能源的协同效应，正在被越来越多的石油公司所接受。

表 4　国际石油公司涉足新能源业务情况

公司	太阳能	风能	地热能	氢能	生物质能	储能	充电服务	碳捕集
埃克森美孚					*			*
BP	*	*		*	*	*	*	*
壳牌	*	*		*	*	*	*	*
道达尔	*			*	*	*	*	*
雪佛兰		*	*		*			*

注：*代表有涉足。

党中央提出创新、协调、绿色、开放、共享五大发展新理念，为中国经济、社会政治、文化发展指明了方向。只有通过全面创新，开创新的发展模式，才能跳出“中低收入陷阱”的魔咒，才能持续高质量地发展。绿色低碳发展不仅是经济发展的新动力，而且是发展质量和社会共享的重要保障。绿色低碳发展可以为经济发展提供新的商品和劳务需求，也是能使中国从发达国家控制商品和劳务定价权的约束下解脱出来的重大机遇。

碳排放达峰的目标和新发展理念将对中国油气行业产生重大影响，中国油气流通行业和企业必须创新转型才能持续发展。要进一步推动能源技术革命，多方合力攻克核心技术和“卡脖子”技术，通过新型技术和重大装备创新推动油气流通行业加速变革；要打破传统思维，有效打破不同能源行业间壁垒，提高技术创新投资效益；要开放心态，积极适应逐渐完善的油气现代市场体系，以积极的心态迎接变化，参与竞争，坚持“四个革命，一个合作”能源安全新战略，引领中国油气流通行业发展进入新时代。

附　录

一、2020 年中国石油流通行业大事记

1 月

1 月 1 日，国际海事组织《国际防止船舶造成污染公约（MAR－POL）》硫限制令开始生效。船用燃油中的硫含量标准由 3.5% m/m 降低至 0.50% m/m。国家交通运输部海事局《2020 年全球船用燃油限硫令实施方案》开始实施。

1 月 22 日，财政部、税务总局、海关总署联合发布《关于对国际航行船舶加注燃料油实行出口退税政策的公告》，明确自 2020 年 2 月 1 日起对国际航行船舶在中国沿海港口加注的燃料油（编码为 27101922）实行出口退（免）税政策，增值税出口退税率为 13%。此项政策的落地，炼厂利润与开工将受到提振，有助于释放国内产能，提高中国保税船供油商的竞争优势。

1 月 23 日，受新冠肺炎疫情影响，武汉宣布封城，随后全国各地区陆续实行各种交通管制，受此影响，第一季度成品油需求迅速下降。

1 月，第一批原油非国营贸易进口允许量下发，共计 10383 万吨，约占允许总量的 51%，比 2019 年第一批增长 7.88%（含 2019 年第一批追加下发部分）。从增加量的占比来看，增加量最多的是恒力石化和浙江石化，恒力石化获得了最多的进口允许量，为 1000 万吨，比 2019 年同期增长 150%，浙江石化获得了 800 万吨，比 2019 年同期增长 100%。

1 月，国内第一批成品油出口配额明细下发，共计 2800 万吨，同比涨幅为 30.23%。其中一般贸易出口配额共计 2456 万吨，加工贸易配额共计 344 万吨。此次成品油出口配额由中石油、中石化、中海油、中化集团和中国航油五家国有石油企业获得，民营企业未出现在名单中。

2 月

2 月 13 日，主营炼厂常减压装置开工负荷在 71.96%，比春节前下降 11.88 个百分点，比 2019 年同期下降 8 个百分点；山东独立炼厂开工率 41.10%，比春节前下降 20.82 个百分点，比 2019 年同期下降 36.74 个百分点，处于五年来的历史最低位。受新冠肺炎疫情影响，成品油需求迅速下降，炼厂开工率也随之大幅下降。

2 月 13 日，中国船舶燃料有限责任公司联合中石油辽河石化顺利将中国联合有限公司申报的 5300 吨供国际航行船舶低硫船用燃料油卸入中国船燃大连公司出口监管仓库，打通了国产低硫船用燃料油供给国际航行船舶的“最后一公里”，标志着国内燃料油资源出口退税正式拉开帷幕。

2 月 18 日，中国石化燃料油山东分公司在山东龙口港为裕贞号外轮加注由青岛石化生产的 950 吨低硫 380cst，实现燃料油一般贸易出口退（免）税新规后中石化自产低硫船用燃料油供应的首单突破。

2 月 28 日，财政部发布公告，经国务院批准，国务院关税税则委员会已发布公告，开展对美加征关税商品市场化采购排除工作，在审核的基础上，对符合条件的自美国采购的进口商品，在一定期限内不再加征中国对美“301”措施反制关税。其中，支持企业基于商业考虑从美国进口的商品中包括原油、柴油、5—7 号燃料油、其他燃料油等相关原油和成品油商品。

3 月

3 月 9 日，国际油价收盘暴跌，创自 1991 年 1 月以来最大单日百分比跌幅，主要原因是俄罗斯拒绝 OPEC + 减产协议和沙特计划提高石油产量。受此影响，国内成品油价格出现不同程度下跌，同比 2019 年汽油下跌 25.20%，柴油下跌 17.10%。

3 月 16 日，国家发展改革委发布《中央定价目录》（国家发展改革委令第 31 号），自 2020 年 5 月 1 日起施行，2015 年公布的《中央定价目录》（国家发展改革委令第 29 号）同时废止。新定价目录中对成品油定价机制作出了规定，将暂时采取现行的价格形成机制，根据国际市场油价形势适时调整，将视体制改革进程全面放开情况由市场形成。根据新定价目录，短期内成品油定价机制仍将维持稳定。

3 月 17 日，受国际油价在 3 月连续大幅度下跌的影响，成品油零售限价创新版定价机制发布以来的最大跌幅，汽油、柴油分别下跌 1015 元/吨、975 元/吨。同时，按照国内成品油价格机制，从3月17日24时起成品油价格大幅下调至对应原油价格40美元/桶的水平，国内油价地板价机制时隔4年再次启动，旨在减轻国际市场油价过低对国内市场的影响，保障国内能源长期安全。

3月31日，国务院批复同意《关于支持中国（浙江）自由贸易试验区油气全产业链开放发展的若干措施》，支持浙江自贸试验区适度开展成品油出口业务，允许浙江自贸试验区内现有符合条件的炼化一体化企业开展副产的成品油非国营贸易出口先行先试，酌情按年度安排出口数量；支持浙江自贸试验区搭建成品油内贸分销网络，探索完善成品油流通领域事中事后监管模式。

4月

4月7日，中石化斯里兰卡汉班托塔港油库顺利完成了首船进油，标志着油库如期正式投运。这将有效提升中石化船舶综合服务能力，辐射东北非和南亚区域用油市场，有利于进一步拓展全球船供油业务。

4月7日，湖南和顺石油股份有限公司（以下简称和顺石油）正式在上交所主板上市，成为沪深两市首家民营加油站上市企业，也是湖南第108家A股上市公司。上市首日，和顺石油股价一字涨停，大涨44.01%。

4月10日，国家能源局发布《国家能源局关于〈中华人民共和国能源法（征求意见稿）〉公开征求意见的公告》。从能源战略和规划、能源开发与加工、能源供应与使用、能源市场、能源安全、科技进步、国际合作、监督管理、法律责任等10个层面对从事能源活动的相关主体制定了规范，对石油流通行业具有深远影响。

4月16日，浙江石油化工有限公司（以下简称浙江石化）获得了中国民用航空局颁发的航煤技术标准规定项目批准书（CTSOA），标志着浙江石化获得航煤生产、销售资质，成为继恒力石化之后又一家业界熟知的民企正式进入国内民用航空燃料油市场。随着民营大炼化一体化项目——航煤加氢装置的相继投产，国内航煤供应格局将随之发生变化。

4月17日，商务部等10个部门起草了《关于促进石油成品油流通高质量发展的意见（征求意见稿）》，并向公众征求意见。此意见稿从法律法规、规划布局、管理服务、保障供应等多方面指导石油流通行业“放管服”改革，持续推进石油流通行业高质量发展。

4月20日，司机加油平台“团油”与京东汽车达成合作，双方对接平台资源，共同推动成品油零售数字化建设。“团油”接入京东汽车后，用户可基于地理位置就近选择加油站，也可基于价格排序选择更为优惠的加油站，并通过线上支付完成加油。这一合作将有助于通过数字化管理，帮助加油站实现用户增长，提升其成品油流通和经营效益。

4 月 20 日，纽约商品交易所 WTI 5 月期货结算价最终报收为 -37.63 美元/桶，是国际原油期货历史上首次收于负值。但国内成品油已经到达了地板价，即国内成品油价格的调控下限，此次不随国际市场价格的变化而调整。

4 月 23 日，商务部、海关总署同步发布《将低硫船用燃料油纳入出口许可证管理货物目录（2020 年）》和《关于下达 2020 年第一批低硫船用燃料油出口配额的通知》。自 2020 年 5 月 1 日起，中国将低硫的 5—7 号燃料油纳入出口许可证管理货物目录。2020 年第一批低硫船用燃料油出口配额同步下发，针对中石化、中石油、中海油、中化集团、浙江石化五家石油企业一般贸易出口配额总计约 1000 万吨。低硫船用燃料油出口配额的发放意味着中国燃料油出口退税政策基本成形，国内炼厂与保税区的通道有序建成，未来中国船用燃料油在国际市场上也将更具竞争优势。

4 月 24 日，商务部正式下发 2020 年第二批原油非国营贸易进口允许量，总计发放配额 5388 万吨，比 2019 年第二批下发时间提前两个多月。此次提前下发在很大程度上与国际低油价导致原油进口配额消耗速度加快有关，将有利于拥有相对充足的原油库容及配备独立码头的大炼化企业在本轮低油价周期中获取更多利益。

5 月

5 月 7 日，2020 年第二批成品油出口配额下发完毕，总量为 2803 万吨。其中，中石油成品油一般贸易出口配额 853 万吨，加工贸易出口配额 80 万吨；中石化成品油一般贸易出口配额 1047 万吨，加工贸易出口配额 260 万吨；中海油成品油一般贸易出口配额 282 万吨；中化集团成品油一般贸易出口配额 272 万吨；中国航油成品油一般贸易出口配额 9 万吨。民营企业未出现在名单中。

5 月 8 日，中石化茂湛一体化的关键项目——1000 万吨/年中科炼化首船原油抵港，正式进入投产倒计时。中科炼化是茂湛基地重要项目之一，是中石化“十三五”期间投产的最大炼化一体化项目，建设有 1000 万吨/年炼油、80 万吨/年乙烯项目及相关辅助配套工程，对中石化加快打造茂湛基地、以增量带存量、促进炼油结构优化调整具有重要意义。

5 月 21—28 日，全国“两会”期间，成品油消费税改革成为全国人大代表提出的议题，主要内容包括两点：一是把成品油消费税的征收由生产环节调整到终端环节，同时把价内税改为价外税。这对成品油生产企业来说综合成本会下降，还能有效打击市场不法行为。二是把成品油消费税改为中央地方共享税。这样不仅能有效提高地方对成品油市场监管和消费税征收的积极性，还有利于增强地方对炼油企业安全环保质量和发展监管的积极性。

5 月 29 日，证监会正式批准上海国际能源交易中心开展低硫燃料油期货交易，同时确定低硫燃料油期货为境内特定品种，引入境外交易者参与交易。低硫燃料油期货合约正式挂牌交易时间为 2020 年 6 月 22 日。

6 月

6 月 16 日，中石化宣布位于广东省湛江市东海岛的中石化中科炼化一体化项目正式建成投产，包括 1000 万吨/年炼油、80 万吨/年乙烯项目及相关辅助配套工程，是国内生产装备国产化率最高的炼化一体化项目。配套自建港口码头与炼化装置的直线距离仅 1000 米，年吞吐能力达到 3400 万吨，是国内一次建成规模最大、结构形式和使用功能最多的港口，标志着成品油及化工产品可直达华南市场、辐射大西南，还可利用临港优势，直接出口面向国际市场。

6 月 22 日，低硫燃料油期货在上海国际能源交易中心正式上市交易，与上海期货交易所燃料油期货所使用的一级和二级交割不同，低硫燃料油期货使用二级交割。低硫燃料油期货合约的上市提升了中国在低硫燃料油现货和期货定价的话语权，并把中国打造成亚太地区主要的船用燃料油加注中心之一，弥补燃料油大多仅依靠进口的短板，加强国内燃料油价格的竞争力。

6 月 28 日，根据国际市场油价变化情况，按照现行成品油价格形成机制，国内汽油、柴油价格每吨分别提高 120 元、110 元，此次调价为 2020 年以来成品油价格突破地板价红线的首次上调。

7 月

7 月 1 日，为贯彻落实《优化营商环境条例》和国务院有关石油成品油流通管理“放管服”改革工作的要求，商务部对相关规章进行了清理，废止《成品油市场管理办法》（商务部令 2006 年第 23 号，经商务部令 2015 年第 2 号、商务部令 2019

年第 1 号修订）和《原油市场管理办法》（商务部令 2006 年第 24 号，经商务部令 2015 年第 2 号修订）。此次废止“两个办法”旨在贯彻落实《优化营商环境条例》和国务院有关石油成品油流通管理“放管服”改革工作的要求，促进石油流通行业进一步市场化发展。

7 月 7 日，商务部下发加急批复，赋予浙江石油化工有限公司成品油非国营贸易出口资格。浙江石化成为继 2016 年取消民营企业出口资格以后，首家获得成品油出口资质的民营炼厂。

7 月 9 日，商务部印发《关于同意赋予浙江石油化工有限公司成品油非国营贸易出口资格的批复》。至此，浙江石化已同时拥有原油进口、成品油出口两大经营权，并已安排原油非国营进口配额、低硫船用燃料油一般贸易出口配额。

7 月 10 日，2020 年第三批原油非国营贸易进口允许量下发，共计 2684 万吨，比 2019 年第三批上涨 108%。此次第三批下发是对前两批的补充，累加此次的额度后，2020 年原油非国营贸易进口配额共计 18455 万吨，比 2019 年总配额上涨 11.17%。

7 月 23 日，中石油、中石化拟将所持有的油气管道等相关资产出售给国家管网公司。至此，国家管网公司开始全面划转三大国有油企管道相关基础设施资产。

8 月

8 月 4 日，大庆石化装载 3.5 万吨 92 号车用汽油的“小犬座”油轮驶出大连新港。这批成品油出口实现了大庆石化成品油出口“零的突破”，而且和同批的大庆炼化汽油一起，共同首开中国石油内陆炼厂成品油海上出口的先河。

8 月 27 日，海关总署发布《进出口石油及液体石油产品取样法（自动取样法）》等 58 项行业标准。《进出口石油及液体石油产品取样法（自动取样）》（SN/T 0975—2000）等 9 项被代替标准自新标准实施之日起废止。

9 月

9 月 1 日，《中华人民共和国资源税法》开始施行，对税目进行了统一规范，调整了具体税率确定权限，规范了减免税政策。根据资源税法授权规定，各省、自治区、直辖市陆续审议通过了本地区应税资源的具体适用税率、计征方式和减免税具体办法。资源税法的实施从更深层次上体现了中国正在贯彻落实的绿色发展理念的根本要求，有利于促进自然资源的综合利用和生态环境保护，增加了油气相关企业提升经济效益和管理能力的压力。

9月13日，国务院印发《关于取消和下放一批行政许可事项的决定》，其中取消的行政许可事项包括石油成品油批发、仓储经营资格审批；下放审批层级的行政许可事项包括成品油零售经营资格审批。这一举措将激发市场活力，增强中国成品油市场自我调节能力；更有利于一批有经济实力的国内外企业更加顺利地推进加油站建设和布局，逐渐形成多元化的竞争格局。

9月18日，装载着中国石油国际事业有限公司5万余吨欧V标准汽油的CORDULA JACOB油轮，在巴基斯坦卡拉奇港卸货后装入巴基斯坦国家石油公司储油罐内。这是中国石油首次向巴基斯坦供应欧V标准汽油，标志着中国石油国际事业巴基斯坦公司拓展巴基斯坦成品油市场获得新突破。

9月21日，海关总署发布《关于调整进口原油检验监管方式的公告》，深入推进“放管服”改革，进一步优化口岸营商环境，提升贸易便利化水平，决定将进口原油检验监管方式调整为“先放后检”，旨在通过优化调整进口原油的海关检查、通关放行和卸货、转运流程，缓解进口原油可能存在的压港问题，解决进口原油无法及时卸货、转运带来的长时间占用港口罐容、加重船舶压港等问题，将进一步改善口岸营商环境。

9月24日，山东省税务局发布《国家税务总局山东省税务局关于油价调控风险准备金征管事项的公告》，这也是民营炼油企业首次被明确纳入成品油风险准备金的征收中。

9月30日，国家管网公司举行油气管网资产交割暨运营交接签字仪式。按照此前协商结果，国家管网公司与中石油、中石化、中海油、中国诚通、中国国新、社保基金会、中保投基金、中投国际、丝路基金共同签署的资产交易协议和增资扩股协议于9月30日24时正式生效，国家管网公司将全面接管原分属于三大石油公司的相关油气管道基础设施资产（业务）及人员，正式并网运营，标志着全国主干成品油管道都归国家管网公司所有。

9月，各省（自治区、直辖市）税务局下发公告，要求根据油价调控风险准备金征收管理办法，成品油生产经营企业应按照国家发展改革委核定的征收标准向主管税务机关缴纳风险准备金。2020年上半年油价历史性的大幅下跌给油价风险准备金征缴奠定了基调，此次征缴符合中国成品油市场发展的阶段性需求。

10 月

10 月 4 日，地中海航运公司（MSC）大型集装箱船舶 SANTA VANESSA 在洋山深水港区上港集团尚东码头，接收了来自浙江自贸区的浙江海港国际贸易有限公司提供的 1000 吨低硫保税船用燃料油的跨港区补给，这是首单浙沪跨港区国际航行船舶供油试点业务。

10 月 20 日，国务院办公厅发布《新能源汽车产业发展规划（2021—2035 年）》，指出要坚持新发展理念，以深化供给侧结构性改革为主线，坚持电动化、网联化、智能化发展方向，以融合创新为重点，突破关键核心技术，优化产业发展环境，推动中国新能源汽车产业高质量可持续发展。

10 月 23 日，国家市场监督管理总局令第 31 号第 2 次修订《加油站计量监督管理办法》，根据《中华人民共和国计量法》和国务院赋予国家市场监督管理总局的职责制定此办法，旨在加强加油站计量监督管理，规范加油站计量行为，维护国家成品油零售税收征管秩序，保护消费者的合法权益。

10 月 24 日，山东裕龙岛炼化一体化超级石化项目正式宣布开工。裕龙岛炼化一体化项目（一期）项目投资约 1274 亿元，拟建设 2000 万吨/年原油加工能力，主要配置 1000 万吨/年常压蒸馏装置和 1000 万吨/年常减压蒸馏装置、轻烃回收装置、脱硫脱硫醇装置、渣油加氢装置等炼油工艺装置，建设周期 24 个月，落成后将成为位于国内乃至国际前列的大型石化项目。

10 月 30 日，生态环境部、国家发展改革委、公安部、财政部、住房和城乡建设部、交通运输部、商务部、国家市场监督管理总局、国家能源局、上海市人民政府、江苏省人民政府、浙江省人民政府、安徽省人民政府联合发布《关于印发〈长三角地区 2020—2021 年秋冬季大气污染综合治理攻坚行动方案〉的通知》（环大气〔2020〕62 号），要求包括上海市，江苏省南京市、无锡市，浙江省杭州市、宁波市，安徽省合肥市、淮北市等地区针对焦化、石化、化工级其他重点行业无组织排放治理，全面完成压减过剩产能和淘汰落后产能既定任务目标。

11 月

11 月 1 日，浙江石化举行二期常减压装置投产仪式。浙江石化 4000 万吨/年炼化一体化项目总投资超过 800 亿元，位于舟山市岱山县鱼山岛，总用地面积 655 万平方米，总建筑面积 50 万平方米，新建主体工程主要包括 2000 万吨/年炼油、400

万吨/年对二甲苯、140 万吨/年乙烯及下游装置，配套工程包括储运工程、公辅工程和环保工程。随着炼化一体化二期常减压装置投产，浙江石化有望成为全国炼油能力最大的民企。

11 月 10 日，上海国际能源交易中心战略入股浙江国际油气交易中心签约仪式在浙江省舟山市举行，上海期货交易所、浙江省地方金融监管局、中国（浙江）自由贸易试验区管委会、物产中大集团共同签订《共建长三角一体化油气交易市场上海期货交易所战略入股浙江国际油气交易中心战略合作协议》，浙沪两地携手共建长三角期现一体化油气交易市场，增强中国油气市场在全球市场中的影响力和话语权。

11 月 15 日，《区域全面经济伙伴关系协定》（RCEP）第四次领导人会议通过视频方式举行，会议签署了 RCEP 协定。该协定的签署对柴油、燃料油等成品油及相关原料等进出口会产生较大的促进作用，给国内石油流通行业带来巨大商机。

11 月 19 日，国家管网公司华东公司与盛虹控股集团成品油管线及配套油库建设合作签约仪式在连云港正式举行，根据合作协议，双方将合资共同建设、运营连云港—徐州—郑州成品油管道及配套油库项目。

11 月 23 日，商务部发布《商务部关于下达 2020 年第三批成品油出口配额的通知》。其中，中石油出口配额 195 万吨、浙江石化出口配额 100 万吨、中国兵器集团出口配额 5 万吨。此次浙江石化等独立炼厂获得成品油出口配额，为推动成品油市场化进程带来重要意义。

11 月 25 日，中国石油国际事业巴基斯坦公司供应给巴基斯坦国家石油公司的国产欧Ⅴ标准汽油，在巴基斯坦完成首批次出库报关后，获得巴基斯坦海关给予的进口关税减免优惠，实现“零关税”，成为中巴自贸协定第二阶段议定书降税安排实施后，在巴基斯坦首批次获得关税减免优惠的国产汽油，也成为巴基斯坦油气进口史上首批次享受“零关税”的汽油。

11 月 30 日，上海石油天然气交易中心成功开展首场 0 号柴油（国Ⅵ）挂牌专场交易试运行。此次交易为 0 号柴油（国Ⅵ）采用挂牌交易模式首次上线交易，交收地点为江苏南通易联油库。卖方为上海石加石油化工有限公司，以 4750 元/吨的价格挂牌出售 1000 吨 0 号柴油（国Ⅵ）。

11 月 30 日，老挝石油化工股份有限公司 300 万吨/年炼化项目一期工程正式投产。这是由中老企业共同投资建设的老挝首个石油炼化项目。投产仪式设置在老挝万象和中国云南两个会场，以远程直播连线的方式共同举办。该项目位于老挝万象赛色塔综合开发区内，占地面积28.33万平方米，计划投资约20亿美元，分三期建成符合标准的现代化炼油厂。

12 月

12月1日，上海期货交易所子公司上海国际能源交易中心发布公告，自2021年6月1日起增加穆尔班（Murban）原油为原油期货可交割油种，装船港设定为富查伊拉港（Fujairah Terminal）或者杰贝尔丹那港（Jebel Dhanna Terminal）。

12月3日，OPEC+第十二届部长级会议达成协议。从2021年1月起，成员国资源将减产规模由770万桶/天调整至720万桶/天。同时，自2021年1月起，将每月举行一次部长级会议，以评估市场状况并决定下个月的产量调整规模，每月调整不超过50万桶/天。此外，补偿减产期限将延长至2021年3月底。

12月6日，装载浙江石化3.7万余吨92号汽油的邮轮驶往新加坡，这是浙江石化获批成品油出口资质后的首批成品油出口。

12月14日，上海石油天然气交易中心首场石油焦挂牌专场交易成功试运行。此次交易的买方为福建省坤弘新材料科技公司，卖方为四川新知点国际贸易有限公司。此次交易是交易中心和中国石油流通协会石油焦行业委员会共同努力的成果，也为后续交易模式的创新、交易规模的扩大奠定了基础。

12月17日，国内首个石油勘探开发领域实施的混合所有制项目中海油（东营）油田开发有限公司在东营港经济开发区完成注册，迈出国内混合所有制改革重要一步。

12月17日，中石化海南炼化公司举办石化5G专网投用暨第二阶段建设启动仪式，该项目是海南省“推进全省5G网络部署及商业化应用”的先导性项目，在石化行业应用尚属全国首次，对于推动企业向可视化、一体化、数字化、智能化转型具有重要意义。

12月22日，2021年第一批原油非国营贸易进口允许量下发，共计56家企业，达到12259万吨，比2020年首批增加18%。其中，传统独立炼厂首批共获得8471万吨配额，比2020年首批增加12%；新型民营炼化一体化是2021年配额大涨的主要发力点，因浙江石化二期部分装置已开工，2021年首批即获得1400万吨配额，恒力石化全年保持高负荷运行，首批亦获得1400万吨配额；其他类型企业共计获得

988 万吨配额，同比小跌 1%，整体影响有限。

12 月 22 日，中石油及其在香港上市的昆仑能源有限公司发布公告，昆仑能源以 408.86 亿元的基础交易对价向国家管网公司出售北京天然气管道公司 60% 股权和大连 LNG 接收站 75% 股权，国家管网公司以现金收购。国家管网公司的一系列重组整合和资产并购，有利于完善国有资本布局调整，充分发挥国有资本运营平台功能，推进混合所有制改革，充分发挥市场在资源配置中的决定性作用。

12 月 28 日，生态环境部和国家市场监督管理总局发布《储油库大气污染物排放标准》《油品运输大气污染物排放标准》《加油站大气污染物排放标准》三项国家污染物排放标准，批准《非道路移动机械用柴油机排期污染物排放限值及测量方法（中国第三、第四阶段）》修改单。三项标准自 2021 年 4 月 1 日起实施，修改单自发布之日起实施，对成品油储存、运输等环节排放及油品质量提出了更高的要求。

12 月 31 日，生态环境部公布《碳排放权交易管理办法（试行）》，自 2021 年 2 月 1 日起施行，对石油流通行业未来绿色、高质量发展提出了更高的要求。

2020 年下半年以来，部分省区市积极开展成品油走私综合整治“守卫”专项行动，破获多起涉案金额巨大案件：9 月 25 日，海关总署公布了广州海关联合佛山市公安局组织开展的打击成品油走私专项行动，海关总署缉私局在拱北海关和广州海关打掉多个利用港澳流动渔船和来往港澳小型监管船舶从香港走私成品油入境团伙，查证涉嫌走私成品油约 3.3 万吨，案值共 2.2 亿元；10 月 22 日，宁波海关破获一起走私成品油进境案，涉案成品油 4 万余吨，案值 3.4 亿元；12 月 25 日，上海海警局联合上海、苏州警方海陆联动，对成品油走私海上运输、陆上行销开展“全链条”打击，成功打掉一涉成品油走私团伙，共查扣涉案船舶 3 艘、车辆 10 台、现金 550 余万元、成品油 1000 余吨，抓获嫌疑人 30 人，涉案金额超 1.2 亿元。

二、2020 年国内外石油流通相关统计资料

表 1　2009—2019 年全球主要国家、组织或共同体的炼油能力

单位：万吨/年

国家、组织或共同体	2009 年	2010 年	2011 年	2012 年	2013 年	2014 年	2015 年	2016 年	2017 年	2018 年	2019 年
美国	17597	17736	17367	17823	17925	17967	18317	18617	18567	18762	18974
中国	11334	12323	13015	13643	14503	15253	15024	14855	15231	15655	16199
俄罗斯	5425	5563	5721	5816	6729	6417	6523	6594	6596	6596	6721
巴西	1992	1992	2014	2004	2097	2238	2281	2289	2285	2285	2290
德国	2362	2091	2077	2097	2061	2077	2049	2051	2069	2085	2085
意大利	2396	2396	2276	2098	1861	1900	1900	1900	1900	1900	1900
沙特阿拉伯王国	2109	2109	2107	2107	2507	2899	2899	2901	2826	2835	2835
印度	3574	3703	3795	4279	4319	4319	4307	4620	4699	4972	5008
日本	4630	4291	4274	4254	4123	3749	3721	3600	3343	3343	3343
韩国	2746	2774	2864	2878	2878	3123	3128	3259	3298	3346	3393
经济合作组织(OECD)	45539	45089	44983	44806	44311	43919	44120	44202	44002	44553	45138
非经济合作组织(NON－OECD)	46848	48156	49279	49964	51754	53295	53530	53927	54618	55496	56202
欧洲联盟	15548	15301	15219	14664	14270	14156	14204	13983	13979	14017	14053
全球总计	92387	93245	94262	94769	96065	97214	97650	98129	98621	100049	101340

数据来源：2020 年《BP 世界能源统计年鉴》。

表 2　2020 年中国石油石化主要产品产量

产品名称	1—2 月	3 月	4 月	5 月	6 月	7 月	8 月	9 月	10 月	11 月	12 月	合计	同比增长/%
原油/万吨	3200	1656	1588	1646	1625	1635	1665	1610	1641	1597	1630	19493	2.1
天然气/亿立方米	314	169	161	144	152	143	142	146	163	168	187	1889	8.8
成品油/万吨	5164	2469	2588	2630	2821	3021	2966	2879	2894	2847	2847	33126	-8.1
汽油/万吨	2044	943	1004	1019	1063	1176	1192	1195	1191	1174	1171	13172	-6.7
煤油/万吨	761	287	242	289	315	331	345	362	374	368	375	4049	-23.2
柴油/万吨	2359	1238	1342	1321	1445	1511	1431	1323	1329	1305	1301	15905	-4.4
燃料油/万吨	464	241	336	385	322	269	337	257	312	316	167	3406	37.9
石脑油/万吨	662	313	339	324	328	353	351	380	389	400	393	4232	8.6
液化石油气/万吨	622	346	378	393	383	384	361	382	387	399	413	4448	7.5
石油焦/万吨	438	233	243	269	254	260	236	221	259	240	267	2920	4.1
石油沥青/万吨	673	420	488	583	569	512	617	601	609	629	579	6280	24.6

数据来源：中国石油与化学工业联合会。

表 3　2020 年中国主要汽油、柴油月平均价格

月份	89 号无铅汽油/（元/吨）	92 号无铅汽油/（元/吨）	95 号无铅汽油/（元/吨）	98 号无铅汽油/（元/吨）	0 号柴油/（元/吨）	-10 号柴油/（元/吨）	燃料油/（元/吨）	液化石油气/（元/吨）
1 月	8615	9071	9502	10323	7710	8185	4780	4480
2 月	8051	8364	8769	9517	7124	7492	4990	3910
3 月	6869	7115	7468	8113	5949	6237	4150	3560
4 月	6869	7087	7412	8043	5949	6214	3670	2860
5 月	6869	7064	7388	8026	5949	6198	3610	2850
6 月	7031	7232	7556	8200	6058	6315	3630	2710
7 月	6930	7124	7445	8095	5953	6201	3740	2810
8 月	7014	7206	7525	8191	6031	6280	3720	3140
9 月	6699	6892	7202	7839	5730	5966	3670	3050
10 月	6777	6972	7287	7934	5798	6037	3590	2970
11 月	6861	7054	7374	8064	5874	6118	3610	3150
12 月	7256	7462	7804	8514	6319	6518	3840	3380
2020 年均价	7153	7387	7728	8405	6204	6480	3917	3239
比上年增长/%	-15.19	-17.31	-21.62	-17.83	-15.17	-22.79	-15.12	-16.59

数据来源：中国石油与化学工业联合会。

表 4　2020 年国际原油现货市场月平均价格(普氏现货报价)

月份	西得克萨斯中质油(WTI)/(美元/桶)	布伦特/(美元/桶)	迪拜/(美元/桶)	辛塔/(美元/桶)	大庆/(美元/桶)	胜利/(美元/桶)
1 月	58.36	63.51	64.29	63.23	62.88	69.81
2 月	50.79	55.44	54.22	54.26	53.91	60.65
3 月	31.01	31.83	33.70	33.59	33.24	39.58
4 月	18.25	18.55	20.39	20.48	25.24	19.83
5 月	27.64	28.98	30.47	23.69	23.34	31.98
6 月	38.07	40.08	40.81	33.27	32.92	40.72
7 月	40.73	42.98	43.37	38.65	36.69	44.63
8 月	42.19	44.93	44.00	38.95	38.44	47.09
9 月	39.71	41.03	41.64	35.96	35.37	42.61
10 月	39.62	41.08	40.64	37.33	35.22	41.14
11 月	41.12	43.30	43.39	40.65	38.05	44.24
12 月	47.02	49.66	49.82	47.48	45.16	51.13
2020 年均价	39.54	41.78	42.23	39.08	38.07	45.15
比上年增长/%	-29.60	-34.13	-33.37	-32.38	-33.75	-22.97

数据来源:中国石油与化学工业联合会

表5 2020年国际市场主要油品平均现价价格(普氏现货报价)

月份	95号无铅汽油/(美元/桶)	柴油/(美元/桶)	航空煤油/(美元/桶)	石脑油/(美元/桶)	燃料油(180)/(美元/吨)	燃料油(380)/(美元/吨)
1月	71.27	76.37	75.38	60.87	329.64	318.02
2月	25.32	38.73	29.81	22.06	175.32	169.10
3月	35.45	45.48	39.32	30.27	199.77	193.77
4月	20.52	31.42	21.26	17.30	148.09	143.24
5月	33.48	36.07	28.89	26.30	169.25	160.47
6月	45.19	46.59	40.86	38.39	236.34	226.35
7月	47.39	49.14	43.09	40.91	241.11	232.16
8月	50.60	48.17	45.88	42.60	230.82	223.63
9月	52.99	43.19	50.09	43.35	219.72	216.61
10月	54.26	43.55	59.42	44.68	238.61	235.33
11月	46.76	46.91	45.66	40.55	277.00	275.10
12月	53.28	54.29	53.87	47.59	300.71	297.11
2020年均价	44.79	46.66	44.46	37.91	230.53	224.24
比上年增长/%	-37.67	-39.85	-42.19	-34.82	-39.53	-46.37

数据来源：中国石油与化学工业联合会。

表 6　具有原油进口权企业及数量

地区	数量/个	公司名称	时间
北京市	1	中经国际能源投资管理集团有限公司	2015-07-02
福建省	2	福建省商业（集团）有限责任公司	2015-07-02
		福建省新世纪经贸发展有限公司	2015-07-02
甘肃省	1	甘肃万达汇通贸易有限公司	2015-07-02
广东省	3	广东省燃料公司	2015-07-02
		东莞创机电业制品有限公司	2015-12-09
		百富洋新海能源（珠海）有限公司	2016-11-25
河北省	2	河北隆盛金属矿产有限公司	2015-07-02
		河北鑫海化工集团有限公司	2015-12-09
吉林省	2	海华贸易集团有限公司	2015-07-02
		吉林省利安石油化工有限公司	2015-12-09
江苏省	3	江苏国泰国华实业有限公司	2015-07-02
		南京清江石化经销有限公司	2015-07-02
		苏美达国际技术贸易有限公司	2015-07-02
辽宁省	4	大连农垦北大荒国际贸易有限公司	2015-07-02
		大连雷雷石油化工有限公司	2015-07-02
		中能（大连）煤业有限公司	2015-07-02
		盘锦北方沥青燃料有限公司	2015-08-21
内蒙古自治区	1	中东内蒙古石化有限公司	2015-12-09
宁夏回族自治区	2	宁夏宝塔石化集团有限公司	2015-07-02
		宁夏传奇能源投资有限公司	2015-07-02
全国	2	中储发展股份有限公司	2015-07-02
		中国物资储运总公司	2015-07-02
山东省	23	立晨物流股份有限公司	2015-07-02
		临沂沂河石化有限公司	2015-07-02
		山东海右能源有限公司	2015-07-02
		山东万通集团东营海欣仓储有限公司	2015-07-02
		淄博亿威进出口有限公司	2015-07-02
		城发投资集团有限公司	2015-07-02
		山东东明石化集团有限公司	2015-08-21
		利津石油化工厂有限公司	2015-09-16
		山东垦利石化集团有限公司	2015-09-16
		山东高速物流国际贸易有限公司	2015-12-09
		济宁市泓源化工经贸有限公司	2015-12-09

续表

地区	数量/个	公司名称	时间
山东省	23	临沂中东石化有限公司	2015-12-09
		通美煤炭储配（威海）有限公司	2015-12-09
		山东万福达化工有限公司	2015-12-09
		山东一步集团有限公司	2015-12-09
		东营顺通进出口有限责任公司	2015-12-09
		山东津博化工有限公司	2015-12-09
		山东汇丰石化集团有限公司	2016-02-24
		山东寿光鲁清石化有限公司	2016-02-24
		山东天弘化学有限公司	2016-02-24
		山东京博石油化工有限公司	2016-02-24
		东营齐润化工有限公司	2016-03-28
		中海油山东销售有限公司	2016-11-25
上海市	3	冀中宏远国际贸易有限公司	2015-07-02
		万向资源有限公司	2015-07-02
		中建材能源上海有限公司	2015-12-09
新疆维吾尔自治区	3	新疆五家渠现代石油化工有限公司	2015-12-09
		新疆新投能源开发有限责任公司	2015-07-02
		新疆能源（集团）石油天然气有限责任公司	2015-12-09
浙江省	6	万向资源（舟山）有限公司	2015-07-02
		美都能源股份有限公司	2015-07-02
		浙江物产中大元通集团股份有限公司	2015-07-02
		宁波港国际贸易有限公司	2015-07-02
		宁波中金石化有限公司	2015-07-02
		宁波君安供应链有限公司	2017-06-19
重庆市	1	重庆力帆实业（集团）进出口有限公司	2015-07-02

表 7　轻型汽车污染物排放限值及测量方法——中国第六阶段(国Ⅵ标准)

类别		测试质量(TM)/kg	限值						
			CO/(mg/km)	THC/(mg/km)	NMHC/(mg/km)	NOx/(mg/km)	N_2O/(mg/km)	PM/(mg/km)	PN/(个/km)
第一类车		全部	500	100	68	60	20	4.5	6.0×10^{11}
第二类车	Ⅰ	≤1305	500	100	68	60	20	4.5	6.0×10^{11}
	Ⅱ	>1305~1760	630	130	90	75	25	4.5	6.0×10^{11}
	Ⅲ	>1760	740	160	108	82	30	4.5	6.0×10^{11}

表 8　2009—2019 年全球主要国家、组织或共同体的石油探明储量

单位：亿桶

国家、组织或共同体	2009 年	2010 年	2011 年	2012 年	2013 年	2014 年	2015 年	2016 年	2017 年	2018 年	2019 年
委内瑞拉	2112	2965	2965	2976	2983	2983	3009	3009	3018	3033	3038
沙特阿拉伯王国	2646	2645	2654	2659	2659	2670	2666	2665	2662	2977	2976
伊朗	1370	1512	1512	1570	1570	1578	1578	1584	1572	1556	1556
伊拉克	1150	1150	1431	1500	1500	1500	1431	1530	1488	1472	1450
俄罗斯	1056	1058	1057	1055	1050	1032	1024	1095	1062	1062	1072
科威特	1015	1015	1015	1015	1015	1015	1015	1015	1015	1015	1015
阿拉伯联合酋长国	978	978	978	978	978	978	978	978	978	978	978
利比亚	464	471	471	480	485	484	484	484	484	484	484
尼日利亚	372	372	372	372	371	371	371	371	375	375	370
哈萨克斯坦	300	300	300	300	300	300	300	300	300	300	300
中国	148	148	147	173	181	185	185	257	257	259	262
经济合作组织(OECD)	2360	2350	2347	2383	2488	2486	2553	2440	2440	2540	2601
石油输出国组织(OPEC)	10686	11673	11963	11699	12142	12165	12216	12205	12174	12422	12147
欧洲联盟	64	68	67	68	68	58	56	51	48	48	50
全球总计	15182	16221	16526	16689	16879	17001	16976	17067	16971	17297	17339

数据来源：2020 年《BP 世界能源统计年鉴》。

表 9　2009—2019 年全球主要国家、组织或共同体的石油产量

单位：万吨/年

国家、组织或共同体	2009 年	2010 年	2011 年	2012 年	2013 年	2014 年	2015 年	2016 年	2017 年	2018 年	2019 年
加拿大	15280	16030	16980	18260	19510	20940	21560	21800	23540	25550	27490
墨西哥	14670	14560	14450	14390	14180	13710	12750	12140	10950	10230	9490
美国	32220	33280	34540	39420	44720	52300	56660	54190	57390	66940	74670
委内瑞拉	15590	14580	14150	13930	13780	13850	13540	12100	10760	7730	4660
俄罗斯	50140	51230	51950	52670	53220	53510	54180	55590	55430	56330	56810
伊朗	20720	21200	21250	18050	16970	17400	18020	21630	23560	22040	16080
伊拉克	11970	12080	13580	15130	15200	15880	19560	21760	22220	22610	23420
科威特	12090	12320	14070	15380	15120	15000	14810	15250	14480	14680	14400
沙特阿拉伯王国	45900	46330	52270	54920	53840	54380	56800	58670	55930	57830	55660
阿拉伯联合酋长国	12930	13520	15060	15690	16330	16340	17610	18240	17620	17770	18020
中国	18950	20300	20290	20750	21000	21140	21460	19970	19150	18910	19100
经济合作组织（OECD）	85300	85650	85660	90230	95320	104120	108640	105810	109200	119860	128830
石油输出国组织（OPEC）	167420	170900	174620	182240	176980	176440	183010	188580	187370	185430	168000
非石油输出国组织（NON－OPEC）	222360	226790	226190	229790	235870	245880	252480	248220	250620	262010	280450
欧洲联盟	10000	9360	8130	7270	6810	6700	7160	7060	6930	7270	7200
全球总计	389780	397690	400800	412030	412850	422320	435480	436800	437990	447430	448450

数据来源：2020 年《BP 世界能源统计年鉴》。

表 10　2009—2019 年全球主要国家、组织或共同体的石油消费量

单位：万吨/年

国家、组织或共同体	2009 年	2010 年	2011 年	2012 年	2013 年	2014 年	2015 年	2016 年	2017 年	2018 年	2019 年
美国	86060	87750	86220	84380	85980	86610	88450	89330	90200	91970	90230
中国	40060	45550	47240	49530	51730	53930	57330	58700	61070	64120	63570
日本	20820	21050	21100	22490	21470	20400	19650	19100	18780	18240	17730
加拿大	9980	10710	11040	10750	10780	10960	10700	10870	10880	11000	11160
巴西	11290	12280	12840	13130	14030	14570	14060	13270	13610	13590	11150
德国	11870	11950	11580	11530	11750	11450	11420	11650	11900	11320	10690
俄罗斯	13250	13790	14700	14960	14950	15740	14940	15310	15150	15230	15420
沙特阿拉伯王国	13020	14130	14440	15180	15220	16700	17350	17150	16880	16260	15910
印度	15700	16060	16830	17830	17950	18470	19980	21950	22710	23910	24200
韩国	10900	11050	11140	11470	11430	11410	12020	12930	13000	12890	12830
经济合作组织（OECD）	217750	219850	217290	215190	213930	212010	214780	218050	219650	220480	213120
非经济合作组织（NON－OECD）	189600	200340	207280	214580	221100	226530	231790	236770	241050	245730	243950
欧洲联盟	69320	68750	66720	64310	62640	61630	62570	63900	64950	64680	62560
全球总计	407340	420190	424570	429780	435030	438530	446580	454830	460700	466210	457090

数据来源：2020 年《BP 世界能源统计年鉴》。

参考文献

［1］世界银行．全球经济展望［EB/OL］．（2021－01－05）．http://www.shihang.org.

［2］国际能源署（IEA）．世界能源展望2020.

［3］卓创资讯．2020年至今国内成品油市场回顾及预测［EB/OL］．（2020－08－12）．https://oil.chem99.com/news/35793617.html.

［4］苏婉．中国企业不断扩大储油能力，预计将在2021年继续大举购买石油［EB/OL］．（2020－11－21）．https://www.xindemarinenews.com/china/25130.html.

［5］倪铭娅．关于2021年经济增速，国家统计局权威预测来了！［EB/OL］．（2020－12－15）．https://mp.weixin.qq.com/s?__biz=MjM5MzMwNjM0MA==&mid=2650834249&idx=4&sn=2255e99758aabeda41efc95e0463dd07&chksm=bd6d26c28a1aafd49c696c6de828531a1f49af455fb150f43e9e08fa5f47fdfd70e5675355da&scene=0&xtrack=1.

［6］中投投资咨询网．2017—2021年中国充电桩行业发展及预测分析［EB/OL］．（2017－09－18）．https://www.china5e.com/news/news－1002886－1.html.

［7］中国汽车工业协会．2021年中国汽车市场预测报告［R］.

［8］陈栋．需求前景不佳原油将重返弱势［N］．期货日报，2019－11－08.

［9］河北省标准化研究院．全球石化行业正面临着四大严峻挑战［EB/OL］．（2019－04－11）．http://www.hebstd.net.cn/xinwendongtai/WTOzixun/201904/5480.html.

［10］中国石油新闻中心．2020年开局油气市场面临多重挑战［EB/OL］．http://news.cnpc.com.cn/system/2020/03/13/001766848.shtml.

［11］光明网．疫情对石油行业影响或将持续更长时间［EB/OL］．（2020－10－19）．https://m.gmw.cn/2020－10/19/content_1301688461.htm.

［12］刘亚南．疫情对石油行业影响或将持续更长时间［N］．经济参考报，2020－

10 – 19(3).

[13] 彭胜玉. 新冠肺炎疫情下中国油气行业如何变危为机[J]. 中国石化, 2020(8):19 – 21.

[14] 李博. 新冠肺炎疫情下石油石化行业供需矛盾进一步突出[J]. 中国石化, 2020(4):42 – 43 + 46.

[15] 卢雪梅. 国际石油大公司应对疫情和低油价的自救之道[J]. 中国石化, 2020(4):76 – 78.

[16] 王高峰. 石油市场的双重危机[J]. 能源, 2020(4):2.

[17] 李月清. 硝烟散尽之后:多维度透视后疫情时代国内外石油石化市场[J]. 中国石油企业, 2020(3):32 – 33 + 110.

[18] 王越. 以全球视角分析新冠肺炎疫情对我国石油行业的影响[J]. 中外能源, 2020, 25(3):1 – 5.

[19] 罗佐县. 新常态下炼油产业发展趋势及应对策略[J]. 当代石油石化, 2017, 25(10):1 – 6.

[20] 吴文龙. 炼油产业绿色发展趋势研究[J]. 化学工业, 2019, 37(2):1 – 7 + 13.

[21] 杨铭, 黄星亮, 刘宗俨,等. 新型冠状病毒疫情对中国炼油化工产业的影响[J]. 石油化工技术与经济, 2020, 36(2):1 – 5.

[22] 王昭, 董海, 万军豪. 需求转暖中,别放松! [J]. 中国石油石化, 2020(6):44 – 45.

[23] 黄桂锋, 谢敏, 刘维国,等. 成品油管道站场控制系统快速替换的流程和方法[J]. 工业控制计算机, 2020, 33(10):58 – 59 + 87.

[24] 周辉. 成品油内河水路运输损耗分析及对策研究[J]. 黄冈职业技术学院学报, 2020,22(3):115 – 118.

[25] 车宇. 成品油物流配送优化及运输成本的控制[J]. 现代商业, 2020(16):134 – 135.

[26] 王健. 成品油物流配送运输与管理的建议[J]. 化工管理, 2020(25):19 – 20.

[27] 贾天楠. 成品油长输管道项目建设与安全管理研究[J]. 科技经济导刊, 2020, 28(27):197 + 194.

[28] 董秀成. 废止“两个办法”我国石油市场化改革再进一步[J]. 中国外资, 2020(15):10.

[29] 骆科东. 我国智能油气管网的建设基础与发展方向[J]. 中国信息界, 2020(5):82-85.

[30] 郎岩松, 刘初春, 等. 中国燃料油市场格局变化及发展建议[J]. 国际石油经济, 2017, 25(8):88-93.

[31] 郑丽君, 朱庆云, 丁文娟. 船用燃料油新法规对其市场的影响及中国石油应对策略[J]. 石化技术与应用, 2020, 38(2):71-75.

[32] 陈洁, 陈元城, 王卫. 燃料油市场新机遇[N]. 中国石油报, 2020-07-03(4).

[33] 周莎, 刘福建. 基于全生命周期的加氢站成本收益评估[J]. 重庆理工大学学报(自然科学), 2019, 33(7):58-65.

[34] 隆众资讯. 全方位解析2020年中国成品油供需新变化[EB/OL]. (2020-05-21). https://zhuanlan.zhihu.com/p/142442023.

[35] 前瞻产业研究院. 2020年上半年中国成品油市场规模与竞争格局分析呈两极化分布[EB/OL]. (2020-08-05). https://www.qianzhan.com/analyst/detail/220/200804-99742d32.html.

[36] 前瞻产业研究院. 2020年H1中国成品油行业市场现状及竞争格局分析 零售市场呈现两大多小竞争格局[EB/OL]. (2020-09-25). https://bg.qianzhan.com/trends/detail/506/200925-ff9b3a92.html.

[37] 中国石油天然气股份有限公司. 中国石油天然气股份有限公司年度报告(2017—2019)[R/OL]. http://www.petrochina.com.cn/petrochina/ndbg/report_list.shtml.

[38] 中国石油化工股份有限公司. 中国石油化工股份有限公司年度报告(2017—2019)[R/OL]. http://www.sinopec.com/listco/investor_centre/reports/annual_report/.

[39] 中国石油天然气股份有限公司. 中国石油天然气股份有限公司季度报告(2017—2019)[R/OL]. http://www.petrochina.com.cn/petrochina/jdbg/reportnd_list.shtml.

[40] 中国石油化工股份有限公司. 中国石油化工股份有限公司季度报告(2017—2019)[R/OL]. http://www.sinopec.com/listco/investor_centre/reports/seasonal_report/.

[41] 隆众资讯. 2020年成品油半年报:上半年频坠低谷 下半年能否柳暗花明[EB/OL]. (2020-07-07). https://news.oilchem.net/20/0707/11/cf895950975ef500.html.

[42] 新华财经. 废止"两个办法"我国石油市场化改革再进一步[EB/OL]. (2020-07-07). http://blog.sina.cn/dpool/blog/s/blog_490dbc3d0102yvf1.html? ref=weibocard&from=10A7095010&wm=9006_2001&weiboauthoruid=1225636925.

[43] 天津渤海商品交易所. 国务院再发文:成品油经营资格审批取消及下放政策全面落地[EB/OL]. (2020-09-27). https://www.sohu.com/a/421284521_232938.

[44] 刘承波. 成品油需求小幅增长后趋稳! 解析成品油的"十四五"[EB/OL]. (2020-11-25). https://oil.in-en.com/html/oil-2909336.shtml.

[45] 金联创. 成品油迎来经营资格审批取消及下放政策全面落地[EB/OL]. (2020-09-23). https://k.sina.com.cn/article_5500284102_147d7acc6001011e7f.html.

[46] 韩丹. 国内外政策对中国石油焦市场的影响分析[J]. 现代营销, 2020(4):136-137.

[47] 中国石油天然气集团有限公司. 2020年半年度报告[R/OL]. (2020-08-27). http://www.petrochina.com.cn/petrochina/zqbg/202009/e3f8be9590a94c6ba62d9cf7d0024681/files/d22469b72a88483881cd23aee2ff2368.pdf.

[48] 国家统计局. 2020年二季度和上半年国内生产总值(GDP)初步核算结果[EB/OL]. (2020-07-17). http://www.stats.gov.cn/tjsj/zxfb/202007/t20200717_1776516.html.

[49] 东方财富网. 2020年一季度成品油运行简况[EB/OL]. (2020-04-30). http://finance.eastmoney.com/a/202004301473252625.html.

[50] 上财高研院. 2020年上半年中国宏观经济形势分析与预测报告[R].

[51] 中金公司. 中金公司:聚焦国内油品消费复苏[EB/OL]. (2020-04-30). https://www.sohu.com/a/392174836_114984.

[52] 封面新闻. 交通运输部:2020年一季度客运量"断崖式"下跌[EB/OL]. (2020-04-30). https://k.sina.com.cn/article_1496814565_593793e502000rbfx.html? from=news&subch=onews.

[53] 王利宁. 疫情不会改变油气行业健康发展局面[EB/OL]. (2020-02-28).

[54] 张蕾,齐超,罗艳托,等. 成品油市场需求缩减,油企如何应对[N]. 中国石化报, 2020-03-19.

[55] 渠沛然. 成品油需求回暖,难挡炼能过剩[N]. 中国能源报,2020-04-09.

[56] 王利宁. 新冠肺炎疫情对石油市场影响分析[EB/OL]. (2020-02-19).

[57] 彭天铎. 经济动能加快修复,成品油需求持续释放[N]. 中国石油报,2020-05-22(4).

[58] 孔劲媛,仇玄,丁少恒. 新冠肺炎疫情对国内外石油市场的影响[J]. 石油规划设计,2020,31(3):4-9+48.

[59] 李博. 新冠肺炎疫情下石油石化行业供需矛盾进一步突出[J]. 中国石化,2020(4):42-43+46.

[60] 卓创资讯能源观察. 成品油半年报:上半年突发事件频发制约需求 下半年行情仍将承压[EB/OL]. (2020-06-29). https://finance.sina.cn/futuremarket/qszx/2020-06-29/detail-iirczymk9547355.d.html? cre=tianyi&mod=wpage&loc=16&r=0&rfunc=1&tj=cxvideo_wpage&tr=380&wm=2829_0030mp.

[61] 隆众资讯. 全方位解析2020年中国成品油供需新变化[EB/OL]. (2020-05-21). https://zhuanlan.zhihu.com/p/142442023.

[62] 金联创. 2020年上半年地炼开工及炼油利润回顾与展望[EB/OL]. (2020-07-08). http://www.315i.com/infodetail/infodetail? infoId=13627501.

[63] 袁小晶,马哲,李建武. 中国新能源汽车产业锂资源需求预测及建议[J]. 中国矿业, 2019, 28(8):61-65.

[64] 孙建. 浅谈新能源汽车动力电池应用现状与发展趋势[J]. 汽车实用技术, 2020, 45(17):11-13.

[65] 王佳,方海峰. 我国新能源汽车售后服务现状、问题及建议研究[J]. 汽车与配件,2019, 1247(1):62-63.

[66] 张红琼. 汽车新能源与节能技术应用研究[J]. 科技风,2020(18):30+35.

[67] 卢臣. 新能源汽车电池技术存在的问题及对策[J] 南方农机,2020,51(14):169-170.

[68] 张华军. 新能源汽车技术的技术原理和优缺点探究[J]. 科技创新与应用,2020(24):155-156.

[69] 赵洪雪,李枭,庞知非,等. 氢燃料电池汽车发展现状浅析[J]. 交通节能与环保,2020,16(4):11-15.

[70] 杨丽红. 我国新能源汽车技术专利现状分析[J]. 汽车实用技术,2020,45

(16):11－12＋29.

[71] 吕纯池．新能源电动汽车核心技术发展现状与趋势综述[J]．科技与创新，2020(17):80－81.

[72] 李晓敏，杨娇娇，刘毅然．技术进步对新能源汽车需求的影响：来自15个国家的经验证据[J]．软科学，2020，34，250(10):15－20.

[73] 张苏江，张彦文，张立伟，等．中国锂矿资源现状及其可持续发展策略[J]．无机盐工业，2020，52(7):1－7.

[74] 陈爱雪．供给侧改革背景下我国钢铁产业产能过剩问题的解决路径研究[J]．工业技术经济，2016，35(10):133－137.

[75] 胡筱沽，戴璐．正确把握去产能过程中的几个关键问题[J]．宏观经济管理，2017(2):50－54.

[76] 黄信灶，赵波．产能过剩倒逼我国产业结构升级了吗？[J]．经济社会体制比较，2019(2):18－29.

[77] 孔令池．市场化改革、地方政府投资与产能过剩治理[J]．经济问题探索，2020(11):52－60.

[78] 刘冰．抓住"去产能"的关键问题[J]．宏观经济管理，2016(7):42－44.

[79] 刘峻峰．中国石化产业产能过剩影响因素的量化研究：以石油加工、炼焦和核燃料加工业为例[J]．资源开发与市场，2016，32(11):1302－1307.

[80] 刘瑞．化解产能过剩需力避"零和博弈"[J]．人民论坛，2016(10):44－46.

[81] 马红旗，申广军．产能过剩与全要素生产率的估算：基于中国钢铁企业的分析[J]．世界经济，2020，43(8):170－192.

[82] 门秀杰，孙海萍，雷强．我国芳烃行业前景展望及发展建议[J]．现代化工，2019，39(3):1－4，6.

[83] 皮建才，卜京．需求不确定、经济下行与产能过剩[J]．学术研究，2019(8):92－97.

[84] 皮建才，张鹏清．需求冲击下的产能过剩：一个分析框架[J]．中南财经政法大学学报，2020(4):37－45，158－159.

[85] 徐朝阳，白艳，王韡．要素市场化改革与供需结构错配[J]．经济研究，2020，55(2):20－35.

[86] 孙康，李婷婷．中国石化产业产能过剩测度及预警[J]．财经问题研究，

2015(5):29－34.

[87] 辛灵，王大树，高鹏飞．美国和日本政策助力去产能的经验借鉴[J]．亚太经济，2020(1):80－86.

[88] 杨立勋．中国产能过剩防范的逻辑分析与路径选择[J]．青海社会科学，2019(5):111－116.

[89] 杨立勋．中国工业行业产能过剩预警体系再研究[J]．上海经济研究，2020(5):37－48.

[90] 张能鲲．去产能要用好市场与政府“两只手”[J]．人民论坛，2017(16):90－91.

[91] 张在旭，刘帅帅．我国石化产业产能过剩的评价与预警研究[J]．工业技术经济，2019，38(12):68－74.

[92] 钟春平．“去产能”与“产能过剩”辨析[J]．征信，2019，37(3):1－4.

[93] 朱勇棋．中国乙烯布局谨防全球过剩[J]．对外经贸实务，2009(7):17－19.

[94] 裴琴琴．推进我国成品油期货市场建立研究[D]．北京:中国石油大学，2016.

[95] 孔明．石油期货价格发现功能对我国石油产业发展影响研究[D]．北京:首都经济贸易大学，2016.

[96] 林卫卫．国际视角下中国成品油市场化定价机制研究[J]．价格月刊，2016(7):20－23.

[97] 门娜．浅析加油站油品与非油品销售新方式[J]．现代营销(下旬刊)，2020(11):54－56.

[98] 王阳雪，焦进元．基于单品管理的非油业务运营体系实践研究[J]．化工管理，2020(31):36－37.

[99] 刘媛，孙申，吴安琪，等．加油站非油业务品牌架构建设探析[J]．国际石油经济，2020，28(10):79－83.

[100] 张玉涛，翁浩铭．加油站汽油零售定价竞争策略研究[J]．国际石油经济，2020，28(10):96－99＋105.

[101] 本刊评论员．加快由油品供应商向现代化综合服务商转型[J]．中国石化，2020(10):1.

[102] 黄晓梅．如何提升乡镇加油站的竞争力[J]．中国石油石化，2020(19):64－65.

[103] 朱锁龙. 区块链技术在油库和加油站安全管理中的应用探索[J]. 现代商业, 2020(25):81－82.

[104] 汪政. 消费升级下的加油站营销策略探析[J]. 市场周刊, 2020, 33(9):91－93.

[105] 刘艳, 刘桃. 成品油销售企业非油业务财务管理中存在问题及其对策[J]. 纳税, 2020, 14(21):106－107.

[106] 弓雷雷, 方红. 后疫情时代成品油零售企业数字化营销思考[J]. 中国石油和化工标准与质量, 2020, 40(13):96－98.

[107] 郭鹏, 苏今辉. 浅析智慧型加油站设计[J]. 中国新技术新产品, 2019(19):23－24.

[108] 朱育蓉. 浅谈加油站便利店非油库存商品的有效管控[J]. 现代经济信息, 2019(8):137.

[109] 迟海. 石油企业非油产品销售管理浅析[J]. 人力资源, 2019(6):90－91.

[110] 邹雪莲. 加油站非油业务发展潜力巨大[N]. 经济参考报, 2019－04－15(2).

[111] 于智林. 加油站非油品销售市场分析[J]. 石化技术, 2019, 26(2):251.

[112] 王春梅. 浅谈我国加油站非油业务运营路径及模式[J]. 现代国企研究, 2018(24):166＋210.

[113] 田野. 非油业务新生态:深度剖析国有石油石化企业非油品营销业态结构[J]. 中国石油企业, 2018(12):20－25＋2.

[114] 李勇, 韦结余. 我国新能源汽车技术创新扩散的影响因素和模式分析[J]. 现代管理科学, 2017(6):36－38＋45.

[115] 张晓春, 展海艳. 基于改进灰色关联度法的我国新能源汽车技术综合评价[J]. 陕西电力, 2014(9):19－23.

[116] 梁潇颖. 政府扶持和市场竞争对我国新能源汽车产业技术创新影响研究[D]. 贵阳:贵州大学, 2019.

[117] 童萍. 基于 DEA 的新能源汽车企业技术创新效率及影响因素研究[D]. 芜湖:安徽工程大学,2019.

[118] 王卉. 全产业链视角下的江西省新能源汽车产业竞争力研究[J]. 时代经贸, 2020(2):54－57.

[119] 肖靖，周明智，朱静．新能源汽车零部件企业竞争力浅析[J]．科技风，2019(34):136.

[120] 王晗．基于城市群的新能源汽车动力电池产业竞争力研究[D]．北京:北京交通大学，2019.

[121] 徐悦．新能源汽车上市公司竞争力研究[J]．中国经贸导刊(中)，2020(2):51－53.

[122] 王维，李昊展，乔朋华，等．政府补助方式对新能源汽车企业绩效影响研究:基于企业成长性的深入分析[J]．科技进步与对策，2017，34(23):114－120.

[123] 崔帅．新能源汽车行业政府补贴对研发支出和绩效影响的实证研究[D]．杭州:浙江大学，2019.

[124] 储纯纯．新能源汽车企业的经营效率和影响因素分析[D]．合肥:中国科学技术大学，2018.

[125] 朱政，张振鹏．东中西部文化产业发展真的存在差异吗:基于新三板文化企业成长性综合评价的实证分析[J]．艺术管理(中英文)，2019(4):39－48.

[126] 刘晓玲，钟芷珊，梁彩萍．基于因子分析法的中山上市公司成长性评价实证研究[J]．会计师，2019(23):79－80.

[127] 马建，刘晓东，陈轶嵩，等．中国新能源汽车产业与技术发展现状及对策[J]．中国公路学报，2018，31(8):1－19.

[128] 李茜，王昊，葛鹏．中国新能源汽车发展历程回顾及未来展望[J]．汽车实用技术，2020(9):285－288.

[129] 搜狐网．戴家权:新能源汽车发展对石油市场有怎样的挑战[EB/OL]．(2017－11－15)．https://www.sohu.com/a/204733431_650865.

[130] 黄龙．新能源汽车发展对我国成品油市场影响的研究[D]．成都:西南石油大学，2018.

[131] 搜狐网．仅仅排名第17,2019全球各国千人汽车拥有量出炉！[EB/OL]．(2019－08－28)．https://www.sohu.com/a/337060240_817091.

[132] 陈璇璇．人口、资源与环境视角下的汽车保有量影响因素研究[D]．北京:首都经济贸易大学，2008.

[133] 刘斌，赵天舒，张冉霞．基于改进PCA－Logistic模型对个人汽车保有量预测[J]．公路交通科技，2020，37(8):136－143.

[134] 曲双红，李华，李刚．基于主成分分析的几种常用改进方法[J]．统计与决策，2011(5):155-156.

[135] 姜靖，戴慧兰．汽车保有量首次破亿，我国到底能承载多少汽车[N]．科技日报，2011-09-26(1).

[136] 徐娜．新能源汽车替代燃油车？[J]．国企管理，2018(24):18-19.

[137] 工业和信息化部装备工业司．公开征求对强制性国家标准《乘用车燃料消耗量限值》和《乘用车燃料消耗量评价方法及指标》(征求意见稿)的意见[EB/OL]．(2019-01-24). http://www.caam.org.cn/chn/9/cate_107/con_5221381.html.

[138] 焦燕青．新能源汽车扩散驱动因素及市场保有量预测研究[J]．汽车实用技术，2020, 45(17):33-37.

[139] 中商情报网．2020 年 1—8 月燃料电池车产销分析：销量同比增长 536.8% [EB/OL]. (2020-09-15). https://k.sina.com.cn/article_1245286342_4a398fc600100vs6i.html.

[140] 前瞻产业研究院．2020 年中国氢能源行业市场现状及发展前景分析 未来绿色供氢比重将大幅提升．[EB/OL]．(2020-06-23). https://bg.qianzhan.com/trends/detail/506/200623-bb2e93a8.html.

[141] 张同林．日本新型氢燃料电池汽车及其产业发展前景[J]．上海节能，2016(2):86-91.

[142] 吴俊，姚波．基于 SWOT 分析的重庆市氢能及燃料电池汽车产业发展建议[J]．汽车实用技术，2020, 45(17):17-19+43.

[143] 王琦，罗马吉，罗仲．燃料电池汽车车载氢气安全研究[J]．武汉理工大学学报，2011, 33(2):232-235

[144] 夏良康．成品油市场营销[M]．北京：中国石化出版社，2010：1-16.

[145] 张海霞．双放开后市场开放和规范化进程加快[J]．中国石油和化工(综合版)，2007(1)：10-15.

[146] 田景惠．中国成品油市场与营销[M]．北京：中国财政经济出版社，2005：30-33.

[147] 高昉，王桂林．成品油零售价格变动对销售量影响研究：基于成品油价格时序数据挖掘分析[J]．价格理论与实践，2019(10):67-70+167.

[148] 朱润民．扩大成品油市场准入意义有三[J]．中国石油石化，2019(18):35.

[149] 李利兵. 互联网背景下加油站销售模式的优化策略探讨[J]. 企业改革与管理, 2019(11):85+110.

[150] 邱凌越, 吴炜航. 互联网情境下的智慧加油站建设[J]. 化工管理, 2018(25):126-130.

[151] 焦靖东. 互联网时代下智慧加油站的系统组成[J]. 化工设计通讯, 2019, 45(6):22-24.

[152] 杨波. 中国石化加油站"互联网+"的转型路径[J]. 石油化工管理干部学院学报, 2017, 19(1):45-49.

[153] 单建明. 智慧加油站的内涵及构成方式分析[J]. 化工管理, 2017(35):176.

[154] 刘国栋. 智慧加油站:新零售商业结构的探索[J]. 中小企业管理与科技(上旬刊), 2019(9):113-114.

[155] 王文彦. 用互联网思维推进智慧加油站建设 打造现代化的综合服务商[J]. 北京石油管理干部学院学报, 2016, 23(5):29-35.

[156] 林桂喜. 用互联网思维推进智慧加油站建设打造现代化的综合服务商[J]. 全国流通经济, 2020(28):15-17.

[157] 庄雪涛, 侯延鑫. 以大数据分析平台为基础的加油站升级管理[J]. 中国石油企业, 2019(11):47-53+110.

[158] 车燕玲. 互联网大数据下智能化加油站建设研究[J]. 网络安全技术与应用, 2019(9):117-119.

[159] 社会科学报. 数字经济:擘画中国经济增长新图景[EB/OL]. http://www.shekebao.com.cn/shekebao/n440/n442/u1ai12908.html.

[160] 新华网. 什么是数字经济? [DB/OL]. (2018-04-03). http://www.xinhuanet.com/info/2018-04/03/c_137084919.htm.

[161] 李欣. "构建网络空间命运共同体"国际合作的中国贡献[EB/OL]. (2018-04-23). http://theory.people.com.cn/n1/2018/0423/c40531-29944073.html.

[162] 中国经济网. 推进数字经济——大批数字技术应用走进现实[EB/OL]. http://m.iewzx.com. zixun. kuaixun.

[163] 周佳雯. 后危机时代企业财资风险识别及管理策略探讨[J]. 中国外资, 2012.

[164] 新华社. 中央《十四五规划建议》:推动数字经济和实体经济深度融合[EB/OL].(2020-11-03). https://finance.sina.com.cn/china/gncj/2020-11-03/doc-iiznezxr9713105.shtml.

[165] 新华社. 中共中央办公厅 国务院办公厅印发《建设高标准市场体系行动方案》[EB/OL].(2021-01-31). http://www.gov.cn/zhengce/2021-01/31/content_5583936.htm.

[166] 李明. 国内外工程项目风险管理和保险的实证研究:暨我国工程项目风险管理和保险的发展战略研究[D]. 上海:同济大学, 2003.

[167] 葛雪刚. 中国数字经济迈入黄金期[J]. 经济视野, 2019.

[168] 陕西发改研究. 数字经济的3大特征及5大发展趋势[EB/OL].(2019-05-11). https://www.sohu.com/a/313391473_99917590.

[169] ALICE. 深度解析:新时代新发展数字经济将迎来哪些机遇和挑战?[EB/OL].(2020-11-05). http://www.huichengtimes.com/news/238.html.

[170] 王伟. 互联网基础信息服务的发展与治理[J]. 中国信息界, 2018.

[171] 安蓓, 王雨萧, 张璇启. 动数字经济新引擎:15种新业态新模式创造中国发展新机遇[J]. 中国产经, 2020.

[172] 孙仁金, 李喆, 董秀成, 等. 2019年中国成品油行业运行特点与近期展望[J]. 国际石油经济, 2020, 28(6):95-98.

[173] 刘红德, 冯晓丽, 单建明, 等. 构建智慧加油站商业生态系统的策略与建议[J]. 中国石油企业, 2020(4):73-76.

[174] 秦曼曼, 孙仁金, 李喆, 等. 生物航空煤油发展问题及对策研究[J]. 现代化工, 2019, 39(11):1-4.

[175] 贾珍, 方红, 胡东欧, 等. 中国成品油消费需求波动及影响因素分析[J]. 现代化工, 2019, 39(7):6-10.

[176] 姜洪殿, 董康银, 杨立雷, 等. 我国炼油工业能源效率提升对策研究[J]. 现代化工, 2017, 37(4):11-15.

[177] 郦白珂, 孙仁金, 荀永平. 从市场化趋势看地方炼油企业发展[J]. 现代化工, 2015, 35(6):1-6.